99%의
롤모델

오늘의 부족한 1%를 채우는 역사

99%의

오늘의
부족한 1%를 채우는 역사

롤모델

권홍우 지음

인물과
사상사

마사다의 항전. 이 책에 실린 365개의 글에서 딱 하나만 고르라면 '마사다의 항전'을 내세우고 싶다. 로마군에 끈질지게 저항하던 이스라엘 사람들이 함락 직전, 처자식까지 죽여가며 전원 자결을 택한 마사다 요새의 '뜻'은 집단적 광기의 발현을 넘어 수천 년 동안 살아 숨쉬며 역사에 영향을 미쳐오고 있기 때문이다.

마사다의 항전과 비교해 한 가지 더 꼽을 만한 글이 있다. 임진왜란 중에 4만 8,000여 명의 조선군이 왜군 1,600명에 무참하게 패배했던 '용인전투'다. 마사다의 항전과 용인전투는 패배라는 공통점을 갖고 있지만 그 차이는 하늘과 땅만큼이나 크다. 마사다의 경우는 '뼈에 새겨야 할 패배'로 각인되어 오늘날 세계를 지배하는 유대인의 의식 속에 살아 있는 반면 용인전투를 기억하는 한국인은 많지 않은 게 사실이다. 이 책을 펴내게 된 중요한 동기가 바로 여기에 있다.

'역사를 망각하는 민족에게는 내일이란 없다.'

역사를 소재로 삼았지만 이 책은 역사책이 아니다. '경제 기자의 눈으로 본 매일매일의 역사'가 담겨 있을 뿐이다. 서울경제신문에 '오늘의 경제소사'라는 타이틀로 연재되었던 짧은 칼럼을 엮은 이 책의 소재는 다양하다. 정치와 경제, 종교와 과학, 문학과 발명, 투기와 기업, 무역 경쟁과 전쟁에 이르기까지 온갖 사건과 사람들의 얘기를 '경제'라는 프리즘으로 해석하려고 애썼다.

지나온 일들을 되새기면서 느꼈던 감흥을 꼭 밝히고 싶다. 어떤 사건, 어떤 인물이든 당대뿐 아니라 오늘날의 세상살이에도 연결되어 있다는 점이다. 사건의 누적이 역사의 방향을 정하고 방향을 향한 운동의 크기가 나라와 민족들의 흥망성쇠를 결정해왔다는 나의 느낌이 책을 통해서 독자들에게 조금이라도 전달되었으면 좋겠다. 제목을 '99%의 롤모델'로 정한 것도 이런 의미에서다. 앞선 시대의 사건과 사람들을 통해 우리를 돌아보고 교훈을 얻자는 희망이 깔려 있다.

문장의 형식과 관련해 독자들에게 양해를 구하고 싶은 점이 있다. 이 책에는 축약된 형식의 문장이나 명사형 종결어미로 끝나는 문장이 적지 않게 나온다. 여기에는 모든 문장을 '다.'로 끝내기보다는 문장에 변화를 주고 싶었던 오랜 나의 바람이 스며 있다. 접속사도 가능하면 쓰지 않았다. 굳이 접속사를 사용하지 않아도 얼마든지 문장을 만들고 뜻을 전달할 수 있다는 생각에서다. 글을 단축하고 생략한 점에 대해 불편하게 여길 독자도 적지 않으리라. 관심과 질책을 바라마지 않는다.

감사드리고 싶은 분들이 많다. 경제와 역사에 대해 관심을 지녀야 하는 직책을 허락한 나의 일터 서울경제신문에 감사드린다. 누구보다 좋은 동료이자 동지이며 아내인 정현주에게 고맙다. 형석과 수경의 어머니로서, 홀로 남으신 시아버지의 며느리로서 그의 헌신 덕분에 일하고 글 쓰고 고민할 수 있었다.

각각의 글들을 쓸 때마다 나는 어머니를 떠올렸다. 어려웠던 살림살이에도 어머니가 만만치 않던 가격의 다섯 권짜리 백과사전을 사주지 않았다면 이런 글을 쓰려는 시도조차 불가능했을 것이다. 세월이 지나면 지날수록 백과사전에 빠져 살았던 열 살 소년 시절이 그립다. 학교보다도 책에서 더 많이 배운 것 같다. 군 시절, 임종도 지켜드리지 못한 어머니의 영전에 이 책을 바친다.

2010년 2월 4일

권홍우

| 차례 |

6 June_245

7 291_July

앞당긴 노아 웹스터 ● 재벌 수녀의 상표권 사수 – 마리아 마르틴 ● 몽끗왕, 휘지만 부러지지 않는다 ● 북해 유전, 파티는 끝났다 ● 대장정, 미래를 열어나가는 씨앗 ● '죽음의 상인'의 인류를 위한 기부 – 알프레드 노벨 ● 복사기, 구텐베르크 인쇄기 이후 최고의 작품 ● 이라크 석유의 이방인 지배 ● 아침 같은 겸손, 대낮 같은 명랑, 저녁 같은 온화, 한밤 같은 침착 – 메리 마셜 ● 전자레인지의 변천사 ● OK목장의 결투에 숨은 진실 ● 풍운아 엔리코 마테이 – 국제 석유 자본의 공적 ● 반시장석 법률이 부른 폐해 – 금주법 ● 석유 황제 아마니의 실각 ● 스위스=평화=앙리 뒤낭 ● 지하철 2호선, 편중 개발의 역사

1월

1월 1일
민주화와 인권 존중의 초석, 77헌장

정치적 억압과 경제난이 겹친 프라하의 겨울. 체코슬로바키아 지식인들이 남몰래 연판장連判狀을 돌렸다. 전 공산당원까지 포함한 243명이 지하선언문에 서명을 완료한 시점이 1977년 1월 1일. A4 용지 4장 분량의 선언문에는 이런 제목이 달렸다. '77헌장Charter77'.

바츨라프 하벨 ©Martin Kozák

공동대변인을 맡은 시인 바츨라프 하벨 Václav Havel이 기초한 선언문은 민주화와 인권 존중을 핵심 내용으로 담았다. '헬싱키 선언에 명시된 인권이 체코에서는 문서로만 존재하며 수십만 명이 단지 생각이 다르다는 이유로 일할 권리를 박탈당하고 있다'는 내용을 엿새 후에 파악한 공산정권은 즉각 하벨 등 주모자 4명을 잡아들였다.

다음 날인 1월 7일, 서방 유수 언론에 주모자 체포 소식이 실리며 77헌장은 세계적인 뉴스거리로 떠올랐다. 당황한 공산정권은 즉각 관련자를 석방하는 한편 '서명자들은 서방 진영으로부터 데탕트(화해) 파괴를 사주받은 새로운 용병이며 조국의 배신자'라고 몰아붙였다.

과연 그들은 체코를 배반했을까. 헌장이 잉태된 배경은 억압과 독재. 반정부 성향의 한 록그룹이 '평화 파괴죄'라는 죄목으로 투옥된 게 선언의 직접적 원인이지만 그 바닥에는 소련군 탱크로 뭉개진 '프라하의 봄(1968년 체코슬로바키아에서 일어난 민주자유화 운동)'에 대한 갈망이 깔려 있었다.

77헌장 그룹은 민의를 등진 집권 공산당으로부터 철저하게 탄압받았으나 억압과 몇 년째 계속되는 가뭄으로 경제난에 빠진 국민들에게 희망을 안겨주었다. 결국 공산정권은 무혈혁명(벨벳혁명)으로 1989년에 무너지고 하벨은 대통령으로 뽑혔다. 77헌장은 무혈혁명과 모범적인 체제전환국으로 손꼽히는 체코와 슬로바키아의 초석이었던 셈이다.

신년벽두에 우리를 돌아본다. 이 땅에는 억압과 차별이 없다고 자신할 수 있을까. 행동하는 양심이 정치와 경제를 이끌고 역사를 만든다.

1월 2일
스탠더드 오일과 휴양지 마이애미의 탄생 – 헨리 플래글러

헨리 플래글러Henry M. Flagler. 미국의 석유업을 일으킨 숨은 실력사다. 록펠러의 스탠더드 오일Standard Oil도 그가 없다면 불가능했을지 모른다. 혹한의 계절일수록 각광받는 휴양지 마이애미의 개발도 플래글러가 원조다.

1830년 1월 2일, 미국 뉴욕에서 가난한 목사의 아들로 태어난 그는 14세 때 학업을 접고 집을 떠났다. 월급으로 5달러를 받는 가게 심부름꾼으로 출발한 소년은 5년 후 월급 400달러를 받는 판매책임자로 성장하고 주인집 딸까지 아내로 맞아들였다. 독립 후 첫 사업인 소금장사에서 수익을 거두었으나 남북전쟁 종결 직후 불황으로 모든 재산을 날렸다.

자기 자본 5만 달러에 처가 돈 5만 달러까지 잃은 그는 곡물중개상으로 재기를 모색하던 중 곡물상 출신의 석유업자 록펠러를 만난 뒤 처가에서 자금 10만

플로리다 동해안 철도

달러를 빌려 1867년 합자회사를 차렸다. 회사 이름은 록펠러, 앤드루와 플래글러Rockefeller, Andrews & Flagler 컴퍼니. 플래글러는 곧바로 회사 형태를 주식회사로 바꿔야 자본 조달이 쉽다고 동업자들을 설득하여 1872년 사명도 바꿨다. 스탠더드 오일로.

19세기 말과 20세기 초를 주름잡았던 석유 독점자본이자 오늘날 국제 석유메이저 4개사의 전신인 스탠더드 오일이 이렇게 탄생했다. 주별 영업 제한을 넘기 위한 방편으로 지주회사 제도를 고안해 거대 트러스트(시장 독점을 위해 개개의 회사가 독립성을 버리고 합동하는 행위)를 만든 사람도 플래글러다.

정작 인생 중반 이후 그는 석유보다 다른 곳에 온 힘을 기울였다. 휴양을 위해 들렀던 플로리다의 풍광에 반해 개발에 매진한 것. 스탠더드 오일에서 번 돈으로 플로리다 곳곳에 호텔은 물론 병원과 학교, 교회를 짓고 세계에서 가장 아름다운 해안 철도라는 플로리다 동해안 철도를 깔았다. 철도의 종착역은 마이애미. 1913년 세상을 떠난 그의 이름은 대학을 비롯해 플로리다 곳곳에 남아 있다.

1월 3일

토머스 롬브, 산업혁명의 초석이 된 산업스파이

부르는 게 값. 이탈리아 도시국가들은 비단으로 폭리를 누렸다. 일찌감치 훔친 중국의 비단 제조 비법을 발전시킨 덕이다. 독점 구조가 깨진 것은 1717년. 영국인 토머스 롬브Thomas Lombe의 등장 이후다. 그의 비단은 이탈리아 제품에 견주어 손색이 없었다. 비결은 기술 절도. 보안을 뚫고 볼로냐의 기술과 공장 도면을 빼돌렸다. 토머스는 '영국에 없는 세 가지 비단 생산 기술'이라는 특허도 냈다.

롬브의 실크 공장이었던 영국 더비 산업박물관

1685년 섬유업자의 아들로 태어나 가업을 물려받은 토머스는 기존 기술로는 성공할 수 없다는 판단 아래 이복동생 존 롬브를 시켜 기술을 훔쳐냈다. 롬브 형제가 더비 공장에서 뽑아낸 싸고 품질 좋은 영국산 비단의 출현에 격분한 볼로냐는 암살단을 보냈다. 동생 존의 갑작스런 사망(1722)이 여성 암살단의 독살 때문인 것으로 전해진다.

토머스의 사업은 나날이 번창했다. 1732년에 특허연장 신청이 기각되었지만 1만 4,000파운드(약 33억 원 가치)의 특별 보상금도 받았다. '이탈리아의 비단 독점을 깬 공로'를 인정받아서다. 기술 공유에도 그의 재산은 계속 불어나 1739년 1월 3일 사망 시 유산 12만 파운드(약 238억 원 가치)를 남겼다. 토머스의 진짜 유산은 의욕 고취. 토머스의 성공 신화에 자극받은 신기술이 봇물처럼 터져 종국에는 산업혁명으로 이어졌다. 산업스파이 형제가 산업혁명에 기름을 부은 셈이다.

토머스가 신경을 곤두세운 것은 기술 역 유출. 공장입지를 강가로 정한 것도 공업용수 확보 외에 종업원 감시가 용이하다는 이유에서다. 첨단 기술 보호는 오늘날에도 절체절명의 과제다. 우리나라에서 2006년부터 2009년 7월까지 발생한 주요 상업기술 유출만 127건. 185조 원의 국부가 샌 것으로 추정된다. 드러나지 않은 피해가 얼마나 될지는 아무도 모른다.

1월 4일

문제아의 문제적 사업 수완- 감자 튀김과 존 심플롯

햄버거와 감자튀김. 어느 게 더 이윤이 클까. 후자다. 그런데 프렌치 프라이 소비자 가격에서 감자 재배농의 몫은 2% 안쪽이다. 그렇다면 패스트푸드점과 감자 공급업체 중 누가 더 많은 이윤을 가져갈까. 역시 후자다. 맥도널드를 세운 레이 크록은 백만장자로 죽었지만 냉동 감자를 공급한 존 심플롯John R. Simplot은 억만장자로 살다 죽었다.

1909년 1월 4일 아이오와 주에서 태어난 심플롯은 '문제아'로 소년기를 보냈다. 부친의 권위주의에 맞서 열네 살 때 집을 나왔다. 학업도 접었다. 농장에서 날품을 팔던 그의 최초 수익원은 어음 할인. 급여를 어음으로 받는 교사들에게 액면가 1달러짜리 어음을 50센트에 사들여 지역 은행에 90센트를 받고 넘겼다.

이렇게 만든 종잣돈으로 그는 마리당 1달러짜리 돼지새끼 600마리를 샀다. 사막에 울타리를 치고 들소와 야생마를 사냥해 가죽은 2달러에 팔고 고기는 삶아 겨우내 돼지들에게 먹였다. 다음 해 봄, 돼지는 12달러 50센트씩에 팔렸다. 목돈을 쥔 열여섯의 심플롯은 감자 농장과 영농 기계화에 투자해 10년 만에 33개의 창고를 보유한 서부 최대의 감자농으로 떠올랐다. 운도 좋았다. 곡물 가공 공장을 세운 지 두 달만에 미국의 2차 대전 참전으로 감자와 양파의 대량 군납길이 열렸다.

그에게 억만금을 안긴 것은 프렌치프라이. 1965년 맥도널드 체인에 냉동 감자를 공급하면서부터다. 감자를 일일이 깎았던 맥도널드는 일손을 덜 수 있는 냉동 감자를 반겼다. '감자왕' 심플롯은 1980년 반도체 회사인 마이크론사까지 설립, 부를 늘렸다.

심플롯의 성공 스토리는 고품질 원자재·부품·소재의 위력을 알려준다. 무역수지 흑자의 대부분을 일본산 부품과 소재 수입에 지출하는 처지에서 심플롯의 사업 구조가 부럽다. 한때 세계 최고령 갑부로 손꼽히던 심플롯은 2008년 5월 25일 99세를 일기로 생을 마감했다.

1월 5일
공급은 스스로 수요를 창출한다 - 장 바티스트 세이

프랑스 최초의 경제학 교수, 보험사 직원이자 혁명전사, 잡지 편집장. 나폴레옹의 노여움을 샀던 학자이며 기업가. 세이Jean-Baptiste Say의 이력이다. '공급은 스스로 수요를 창출한다'는 세이의 법칙(판로설

販路説)의 주인공.

근대 경제학의 기본으로 군림했던 판로설은 대공황 직후 케인스의 유효수요 이론에 밀렸지만 위력은 여전하다. 레이거노믹스(미국 레이건 대통령의 경제 정책)의 이론적 원천이기도 하다. '기업가entrepreneur'라는 용어를 처음 사용한 사람도 세이다. 1767년 1월

장 바티스트 세이

5일, 프랑스 리옹에서 태어난 그의 당초 인생 항로는 상인. 사회의 비주류인 위그노(신교도) 집안 태생이어서 선택의 여지가 많지 않았다. 첫 직장인 보험 회사에서 그는 인생의 전기를 맞는다. 훗날 프랑스 재무장관에 오른 클라비에 사장의 권유로 애덤 스미스의《국부론》을 읽은 후 경제학의 바다에 빠져든 것이다.

1789년 발생한 대혁명은 22세의 청년을 흥분시켰다. 시민 군대의 척후병으로 활동했던 세이는 자코뱅당과 나폴레옹의 독재에 군복을 벗고 자유주의자 클럽이 발행하는 철학 잡지의 편집장으로 변신한다. 6년간의 편집장 경험은 1803년 명저《정치경제학요론Traité d'éonomie politique》을 낳기도 했다.

미국 3대 대통령 제임스 메디슨이 '사상 최고의 경제서'라고 극찬한 이 책자를 프랑스는 금서로 묶었다. 경제 현실을 신랄하게 비판했다는 이유에서다. 항로를 바꿔 영국의 최신 기술을 적용한 섬유 사업을 벌인 세이가 큰돈을 만질 무렵 나폴레옹이 실각하고 세이의 학문도 되살아났다.

아테네대학에서 교직을 시작한 세이는 프랑스 종합예술학교를 거

처 파리대학 최초의 경제학 교수로 안착, 여생을 보내다 1832년 사망했다. 후손들도 학자의 길을 걸었다. 보불전쟁 패배로 막대한 배상금에 허덕이던 프랑스를 재정 위기에서 구해낸 명名재무장관 레온이 그의 친손자다.

1월 6일
그레고르 멘델, 결국 나의 시대가 올 것이라 말할 수 있는 자

아무도 몰랐다. 그의 논문은 35년간 도서관에서 잠잤다. 1884년 1월 6일 사망한 지 16년이 지나서야 사람들은 그레고르 멘델Gregor J. Mendel의 위업을 깨달았다.

가난한 농부의 아들로 태어난 멘델은 평생을 역경 속에서 지냈다. 고등학교를 누이가 내준 결혼준비금과 고학으로 겨우 마쳤다. 사제의 길을 택한 것도 돈 들이지 않고 공부할 수 있었기 때문이다. 자연과학과 수학, 통계학에 몰두했던 빈대학 유학 시절도 멘델 신부의 학문적 재능을 눈여겨본 성 토마스 수도원의 지원으로 가능했다.

학업을 마치고 수도원에 돌아온 멘델은 고등학교 교사로 일하면서 식물의 유전을 연구하기로 결심한다. 대상은 완두콩. 성장 주기가 짧고 종자가 많으며 잘 자라 실험 대상으로 삼기에 매우 적합했다. 멘델은 7년여 실험 끝에 우성만 남고 열성은 소멸된다는 다윈의 유전 가설을 뒤집는 연구 결과를 내놓았다.

우열과 분리, 상반교잡 등 유전학의 기본 법칙이 담긴 논문 〈식물의 잡종에 관한 실험Versuche über Pflanzen-Hybriden〉을 1865년 발간했지만 '아마추어 괴짜 신부' 를 주목하는 사람은 없었다. 46세에 수도원장에 피선된 멘델은 업무에 묻혀 더 이상 연구를 진전시키지 못한 채 1868년 62세를 일기로 눈을 감았다.

그레고르 멘델

'멘델의 법칙' 이 빛을 본 것은 1900년. 3명의 유명 학자가 제각기 멘델의 보고서를 재평가하면서 '멘델 바람' 이 불었다. 시대를 앞선 천재의 업적에는 노력이 숨어 있다. 실험 기간 동안 5평 남짓한 텃밭에서 완두콩을 325번 심고 갈아엎었다. 잡종만 1만 2,980개를 만들어냈다.

멘델이 닦은 유전 · 생명공학의 세계시장 규모는 2013년께 2,100억 달러로 커질 전망이다. 세상의 무관심 속에 눈을 감으면서도 멘델은 '결국은 나의 시대가 올 것이다' 라는 말을 남겼다. 그가 옳았다.

1월 7일
성을 연구하고 산업화하는 시대의 개막 - 킨제이 보고서

보고서 하나에 세상이 뒤흔들렸다. 알프레드 킨제이Alfred C. Kinsey 는 하룻밤 사이에 유명인사가 되었다. 1948년 1월 7일 상 · 하권으로 발간된 '킨제이 보고서' 때문이다. 원제는 《남성의 성행위Sexual Behavior in the Human Male》. 단어의 사용조차 금기시되었던 혼외정사와 동성애, 매춘에 대한 통계자료를 가득 담았다.

성행위 횟수와 인종별·국가별 성기의 크기 비교 결과까지 그대로 실리자 보수적인 학지와 종교·정치인들은 분노를 내뿜었다. 그러나 대중의 반응은 엄청났다. 미국에서만 25만 부 이상 팔리고 12개국에서 번역본이 나왔다.

논란 속에서도 킨제이는 5년 후인 1953년 후속편을 발간한다. 이번 주제는 여성. 《여성의 성행위Sexual Behavior in the Human Female》보고서 내용은 전편보다 더 충격적이었다. 세상의 비난 속에 정부와 록펠러 재단의 연구비 지원이 끊어졌다. 킨제이는 연구를 잇기 위해 여론과 싸우다 과로가 겹쳐 1956년 62세로 세상을 떠났다.

킨제이의 보고서는 성생활에 대한 최초의 통계분석서로 꼽힌다. 그는 남성 5,300명, 여성 5,940명과의 개별 인터뷰를 통해 보고서를 남겼다. 1940년대 후반부터 1950년대 초반까지 매카시즘의 광풍 속에서 공산주의자로 몰리고 연구를 방해받았지만 말벌을 전공한 인디애나대학 동물학 교수의 성행위 보고서는 지금까지 영향력을 잃지 않고 있다.

킨제이 이후 성은 대중에게 파고들었다. 킨제이 보고서에서 힌트를 얻은 미국의 휴 헤프너가 1953년 선보인 〈플레이보이〉지의 판매 부수는 한때 700만 부까지 올랐다. 4,000억 달러를 웃돈다는 전 세계 섹스 산업의 규모는 날이 갈수록 커져만 간다. 킨제이 보고서가 나온 지 불과 52년 만의 일이다.

1월 8일
죽이지도, 수탈하지도, 추방하지도 않았다- 거지 황제

1880년 1월 8일 샌프란시스코. 육군 대령 정복을 입은 사람이 길거리에서 심장 발작으로 쓰러졌다. 빈소에는 시민 1만여 명이 찾아왔고 장례 행렬에는 3만여 명이 몰렸다. 묘지의 비석에는 '미합중국 황제이며 멕시코의 보호자, 조슈아 노턴Joshua A. Norton 1세(1819~1880)' 라는 비문이 새겨졌다.

미국의 황제라니. 가당치 않은 말 같지만 그는 실존 인물이다. 등장은 1859년. 자신을 '미합중국 황제 노턴 1세' 라고 주장한 40대 남자는 신문에 소개된 후 가는 곳마다 화제를 뿌렸다.

부패를 이유로 대통령직을 박탈하고 의회 해산을 명령했을 때는 사람들의 갈채를 받았다. 시민들은 고개를 조아렸다. 식비며 열차 운임도 모두 무료였다. '황제가 방문했다' 는 사실이 홍보용 자료였으니까.

노턴 1세는 권력도 휘둘렀다. 증기선 무임 승

노턴 1세

선을 거부당한 후 '운행을 금지한다' 는 칙령을 내렸을 때 시민들의 항의를 받은 기선 회사는 자비를 구하며 황금빛 평생 무료 이용권을 바쳤다. 예복이 남루해지자 시 의회는 특별 결의로 황실 의복 예산을 짰다. 황제는 교단 간 질시를 피하기 위해 교회도 돌아가며 다녔다. 그가 발행한 소액 지폐와 채권은 요즘도 애호가들의 수집 대상이다.

나폴레옹 3세의 동생이니 빅토리아 여왕의 정혼자였느니 하는 소문이 돌았지만 그의 진짜 정체는 몰락 상인. 영국에서 태어나 30세 때 미국에 들어와 유산 4만 달러를 25만 달러까지 불렸지만 투기로 전 재산을 날린 뒤 정신을 잃고 사라졌다가 어느 날 '황제'라고 주장하며 재등장한 사람이다.

　권력에 대한 조소와 '괴짜'에 대한 막연한 호기심이 '황제 노턴 1세'를 가능하게 만들었을까. 글쎄다. 신문의 부고 기사가 답을 대신해준다. '노턴 황제는 아무도 죽이지 않았고 수탈하지도, 추방하지도 않았다.' 노턴 2세임을 주장하는 사람들이 요즘도 가끔 출몰한다.

1월 9일
1920년대 등장한 하늘을 나는 오토자이로

　1923년 1월 9일, 스페인 마드리드 외곽 콰트로 비엔토스 비행장. 굵은 시거형의 동체 위에 회전날개(로터rotor)를 단 'C-4'가 하늘로 솟아올랐다. 오토자이로Autogyro가 최초로 하늘을 난 순간이다.

　오토자이로란 프로펠러 비행기에 헬기의 날개를 얹은 비행체. 엔진의 힘으로 로터를 가동하는 헬기와 달리 오토자이로의 로터는 무동력으로 움직였다. 프로펠러의 힘으로 비행할 때 생기는 기류에 따라 로터가 양력(뜨는 힘)을 얻어 안정적인 비행을 유지하는 방식이다.

　왜 이렇게 복잡한 비행 구조를 택했을까. 안전을 위해서다. 엔진이 꺼져도 로터가 회전하면 보다 안전하게 착륙할 수 있다는 발상이 그 출발점. 단풍나무 씨앗이 바람을 타고 회전하며 나는 것과 같은 원리다.

오토자이로 개발자는 스페인의 28세 청년 시에르바 Juan De la Cierva. 비행기에 매료되어 17세부터 소형기를 제작했던 그는 군용기 설계 공모전에 출품했으나 추락하는 실패를

이륙하는 최초의 오토자이로

겪은 뒤 '비상시 안전한 착륙'을 고민하다 오토자이로를 고안해냈다. 실패도 많았다. C-4는 네 번째 시제품이라는 뜻이다.

시에르바는 1936년 사망하기까지 모두 12개종의 오토자이로를 선보였다. 1926년부터는 영국과 프랑스, 독일이 면허 생산 방식으로 180여 대의 기체를 만들었다. 그러나 민간과 군대에서 우편과 정찰·감시용으로 사용하던 오토자이로는 갑자기 자취를 감추었다. 수직 이착륙과 정지비행이 가능한 헬리콥터에 밀려서다.

기술이 끊긴 지 70여 년이 지난 오늘날 오토자이로는 다시금 부상하고 있다. 안전성이 뛰어난데다 제작과 운용 비용이 상대적으로 저렴하기 때문이다. '하늘을 나는 자동차'에도 오토자이로 제작 기술이 들어간다. '자이로콥터' 또는 '자이로플레인'으로도 불리는 오토자이로 개발의 주도권을 잡기 위한 각국의 물밑 경쟁이 한창이다.

1월 10일
우연한 발견이 건설한 철의 마천루 - 베세머 제강법

공장에 갑작스런 돌풍이 몰아닥쳤다. 거센 바람은 마침 용광로에

베세머 전로

서 막 쏟아진 쇳물과 만나 거대한 화염을 일으켰다. 쇳물 속에 섞여 있던 불순물도 함께 타버렸다. 쇳물은 순식간에 강철로 변했다. 1854년 베세머Henry Bessemer의 공장에서 일어난 사건이다.

신형 대포를 개발하던 베세머는 작업을 중단하고 자신이 목격한 현상을 재연하는 공정을 만들었다. 거대한 도가니를 제작해 쇳물을 부은 다음 공기를 주입한 것. 실험은 놀라운 결과를 낳았다. 쇳물(선철)을 주철로 만들고 다시 연철로 녹인 후 탄소를 섞어 며칠 동안 열을 가하는 옛 방식으로는 소량 생산에 그쳤던 강철이 대량으로 쏟아져 나왔다. 선철에서 바로 강철을 뽑아냈기에 생산 가격도 이전과는 비교할 수 없을 만큼 싸졌다.

베세머는 대형 도자기에 '베세머 전로(轉爐)converter' 라는 이름을 붙이고 1855년 1월 10일 특허를 신청했다. 전로를 활용한 새로운 제강법의 발명으로 유럽의 연간 강철 생산량은 25만 톤에서 1,000만 톤으로 증가했다. 1만 톤에 불과했던 미국의 생산량은 700만 톤을 넘어섰다.

강하지만 부서지기 쉽고 팽창력이 약한 주철과 부드러운 연철의 장점을 고루 갖춘 강철의 대량생산은 세상을 바꾸었다. 선박과 무기의 발달 속도가 빨라지고 석조 건물의 한계였던 5층을 훨씬 넘는 고층 건물이 속속 등장했다. 큰 강이나 계곡도 철제 교량으로 넘을 수 있는 시대가 열렸다.

베세머 제강법은 국가 경쟁력도 갈랐다. 베세머의 조국인 영국에서는 기존 업자들의 견제로 설비 교체가 이루어지지 않았던 반면 산업화 후발 주자였던 독일과 미국은 재빨리 신기술을 받아들여 제조업의 중심 국가로 떠올랐다. 파리의 명물인 에펠탑과 자본주의의 상징인 맨해튼의 마천루(고층 건물군) 역시 베세머 제강법의 산물이다.

1월 11일
고고장, 억압과 자유가 이끈 대중문화

'닐바나, 풍전, 코파카바나' 이게 뭘까. '마이하우스'와 '우산속'도 있다. 답은 고고장. 청바지를 입은 장발족이 몸을 흔들던 곳이다. 1970년대 밤 문화의 상징이던 고고장의 원조는 '위스키 어 고고 Whisky a Go-Go'. 1964년 1월 11일 미국 캘리포니아에서 문을 열었다.

전직 경찰관과 변호사가 2층짜리 은행 건물을 사들여 리모델링한 이곳의 특색은 두 가지. 나이트클럽이면 으레 끼고 많은 대형 악단 대신 가수나 그룹사운드가 음악을 맡아 신체 접촉이 많은 터치 댄스 대신 노터치 댄스곡을 연주했다. 대중의 호기심은 바로 열광으로 바뀌었다. 엘리자베스 테일러 등 인기 여배우들이 찾은 덕분이다. 스타들의 단골가게라는 소문에 입장권을 사려는 사람들이 장사진을 쳤다. 고고 열풍은 곧 미국 전역으로 번졌다.

미국 캘리포니아의 '위스키 어 고고'

한국에 내국인 고고장을 선보인 것은 1971년 봄. 남산 기슭의 '닐바나' 가 처음이다. 힙합가수 타이거 JK의 부친인 대중음악 평론가 서병후 씨의 아이디어로 생긴 닐바나는 대박을 터뜨렸다. 말단 공무원의 봉급이 1만 원 미만이던 시절 입장료 1,000원이라는 거금에도 가게는 늘 문전성시를 이루었다. 비슷한 업소가 잇따라 개점하고 '막걸리 고고장' 까지 생겨났다. 야간 통행금지가 적용되는 자정부터 4시까지의 변태 영업(논스톱 고고) 단속을 둘러싸고 당국과 업소는 숨바꼭질을 했다.

억눌린 시대와 불법, 제한된 자유가 뒤엉켰던 고고장은 1980년대 들어 유흥을 죄악시하는 대학생들의 정서와 맞물려 거의 자취를 감추었지만 흔적은 아직까지 살아 있다. 대중문화를 이끄는 댄스 가수와 그룹사운드, 록그룹 등이 바로 고고장 문화의 산물이다. 형태만 변했을 뿐 숨바꼭질도 여전하다. 전국 유흥업소의 대부분은 국세청의 '특별관리 대상' 이다.

1월 12일
냉동 인간, 유한한 인간의 무한을 향한 꿈

1967년 1월 12일, 캘리포니아대학의 심리학 교수를 지낸 베드퍼드

박사가 74세를 일기로 생을 마쳤다. 사인은 간암. 그는 확실히 죽었지만 그의 부활을 기다리는 사람들이 있다. 냉동 처리된 시신이 보존되고 있으니까.

베드퍼드는 불치 사실을 알게 된 직후부터 냉동을 자처했다. 훗날 의학이 발전하면 소생해 병을 고치겠다는 희망에서다. 과연 죽은 사람이 살아날 수 있을까. 숨이 멎더라도 세포가 살아 있다면 소생할 수 있다는 '가설'에 따르면 가능하다. 〈데몰리션맨〉 같은 영화가 현실이 될 수 있다는 얘기다.

유한한 인간의 무한을 향한 꿈은 지금도 이어지고 있다. 영생의 꿈을 좇는 사람들은 베드퍼드가 최초의 냉동 인간이 된 지 5년 뒤에 설립된 '알코르생명연장재단 Alcor Life Extension Foundation'의 문을 두드린다. 비영리 재단인 이곳에서는 계약자가 사망하는 즉시 냉동 작업에 들어간다.

냉동된 신체 혹은 장기를 보관하는 탱크 '듀어'

시신을 인수해 특수 처리를 하고 영하 196도의 액화질소 탱크에 보관하는 데 들어가는 비용은 15만 달러. 머리만 보관하는 경우는 8만 달러를 내야 한다. 왜 머리만 냉동할까. 영화 〈쥐라기 공원〉에서 호박(보석) 속 화석으로 남은 모기가 빨았던 공룡 피의 DNA를 복제해 공룡을 만들어낸 것처럼, 머리만 있다면 미래에 몸까지 재생할 수 있다는 믿음에서다. 알코르재단이 전신 냉동 중인 시신만 87구. 부분 냉동 중인 머리의 수도 비숫하다. 전 세계를 합치면 냉동 보관 중인 시신은 수백 구에 이를 것으로 추정된다.

냉동 인간들은 부활할 수 있을까. 냉동이 풀려도 복잡하기 그지없는 신경세포와 기억회로망이 되살아날까. 새로운 세상에서 적응할 수는 있을까. 도무지 모를 일이다. 확실한 점은 단 한 가지다. '30년쯤 지나면 소생할 수 있을 것'으로 기대했던 베드퍼드의 시신은 사후 43년이 지나도록 기약 없는 세월을 기다리고 있다는 사실이다.

1월 13일
빈약한 문학적 상상력의 경제사회적 가치- 호레이셔 엘저

19세기 말 미국, 누구의 소설이 가장 많이 읽혔을까. 마크 트웨인이 쓴 《톰 소여의 모험》이 아니다. 베스트셀러 작가는 바로 호레이셔 엘저Horatio Alger, Jr. 미국인들의 경제와 노동관에도 큰 영향을 미친 인물이다.

소설가 이전의 직업은 교사와 목사. 서사시 〈에반젤린Evangeline〉으로 유명한 시인 롱펠로 밑에서 시인의 꿈을 키운 적도 있다. 1832년 1월 13일 미국 매사추세츠에서 유니테리언(삼위일체를 부인하고 하나님의 존재만 인정하는 신교 교파) 교회 목사의 아들로 태어나 고향에서 잠시 교편을 잡았다. 하버드대학 신학과를 졸업한 뒤 유럽 여행을 거친 그는 목회 활동에 들어갔다. 목사로서 지낸 기간은 불과 2년. 동성애자라는 추문 탓이다.

낙심한 채 뉴욕으로 이주한 엘저는 소설로 대성공을 거두었다. 첫 작품은 《누더기 소년 딕Ragged Dick》. 가난한 소년이 도덕심과 굳센 의지로 역경을 딛고 끝내 성공한다는 해피엔딩 작품이다. 135편의 중편소설 등 다른 작품의 내용도 거의 같다. '소년의 고난과 극복, 마음씨 좋은 신사'가 한결같이 등장한다. '모두가 마찬가지'라는 평에도 그의 소설은

《누더기 소년 딕》의 표지

1,800만 부나 팔렸다. 읽기 쉽고 가격이 10센트로 저렴했기 때문이다.

미국판 무협지라는 성격 탓인지 엘저는 영문학사에서 크게 다루어지지 않지만 경제사회사의 관점으로는 얘기가 달라진다. '하면 된다'는 자수성가, 즉 '아메리칸 드림'을 심어주었기 때문이다. 19세기 말 대도시에서 극빈층의 성공 가능성이 희박한 현실을 호도해 독점 자본을 옹호했다는 논란 속에서도 미국 사회는 역경을 이겨낸 학생이나 단체에 '호레이서 엘저' 상과 장학금을 주고 있다. 유명 방송인 오프라 윈프리도 이 상을 받았다. 호레이서 엘저라는 이름은 지금도 희망의 상징어로 쓰인다.

1월 14일
불구의 몸, 불굴의 집념에서 싹튼 근대해양학- 매튜 모리

보험업자들이 증기선 때문에 골머리를 앓았다. 바람을 등지고 항

매튜 모리

해하던 범선 시대에는 발생하지 않았던 충돌 사고가 자체 동력으로 어디든 갈 수 있는 증기선 시대가 열리며 빈발한 탓이다. 늘어나는 보험금에 울상 짓던 보험사들의 고민은 한순간에 날아갔다. 이 사람 덕분이다. 매튜 모리Matthew F. Maury.

1806년 1월 14일 미국 버지니아 주에서 태어난 소년 모리의 꿈은 해군 제독. 해군사관학교를 나온 뒤 세계 각지를 항해했지만 1839년 마차 사고로 다리가 부러졌다. 함정 근무 부적합 판정을 받은 모리 대위는 도서관에 처박혀 해류를 연구하기 시작했다. 연구에 몰두한 지 8년 만인 1847년, 모리는 독립전쟁 당시 대륙 해군의 낡은 자료에서부터 민간 상선에게 넘겨받은 최신 자료까지 한데 모아 대서양의 풍향·풍속과 해류의 흐름을 담은 항적도를 펴냈다. 결과는 대성공. 모리의 지도에 의존해 뉴욕~브라질 항로를 1개월이나 단축시킨 선장도 있었다.

유명해진 모리는 1853년 브뤼셀에서 열린 최초의 국제해양회의에 미국 대표로 참가해 증기선과 범선이 다닐 뱃길을 처음으로 제시, 충돌 사고를 줄이는 데 결정적으로 기여했다. 국제수로기구IHO와 세계기상기구WMO도 이 회의의 후신이다.

최초의 근대적 해양학 교과서인《바다의 자연, 지리학The Physical Geography of the Sea》(1855)을 발간하고 대서양 해저케이블의 가설도 제의했던 모리는 남북전쟁이 터지자 연방 해군 사령관 제의를 일축하고 남부 해군을 이끌었다. 종전 후 사관학교 교수로 재직하다 1872년 강연 여행 도중 숨졌다.

모리의 해도는 풍향과 해류의 움직임에서 해저 지형과 고래 분포도, 기상 상태까지 망라한 명작으로 유명하다. 마차 사고가 일어나지 않았다면 모리는 평범한 군인에 그쳤을지도 모른다. 근대 해양학도 불구의 몸에 좌절하지 않고 자료실의 곰팡이 냄새와 싸운 모리의 용기와 집념에서 싹텄다.

1월 15일
무정부주의와 노동화폐, 제3의 길 – 피에르 프루동

'재산은 도둑질의 산물이다.'

무정부주의 원조로 꼽히는 프루동Pierre-Joseph Proudhon의 어록이다. 화폐도 부정한 프루동은 '노동화폐'를 도입하려고 애썼다.

프루동은 빈민 출신. 1809년 1월 15일, 브장송의 농가에서 태어났다. 도시로 이주한 16세부터 중학교에 다녔으나 부친의 포도주통 제조 사업이 망한 후에 학업을 접었다. 첫 직장인 인쇄소에서 그는 식자공 보조로 일하며 온갖 서적을 섭렵했다. 고전을 읽으며 라틴어와 그리스어, 히브

구스타프 쿠르베, 〈푸르동과 그의 아이들〉(1865)

리어까지 독학으로 익혔다.

일찌감치 경험한 사회적 불평등을 그는 《소유란 무엇인가 Qu' est-ce que la propriété》(1840)에 담아냈다. 법정에도 섰다. '노동으로 인한 재산이 아니면 비도덕적이며 도둑질' 이라는 프루동의 주장과 검사의 기소, '책의 내용을 이해할 수 없기에 죄를 물을 수 없다' 는 판사의 판결 등 재판 과정은 그를 유명인으로 만들었다. 마르크스와 만나고 사이가 벌어진 것도 이 무렵이다.

공산주의를 '또 다른 속박' 이라고 본 그는 자본주의와 상품 생산을 부정하지 않았으나 '사회악의 근원인 부의 불평등한 분배' 의 원인으로 정당하지 못한 권력, 즉 국가를 지목했다. 원조 무정부주의자로 불리는 것도 이런 맥락에서다. 불평등의 핵심을 교환가치(화폐)로 본 그는 국회의원에 당선된 뒤 노동화폐 도입을 위한 인민은행을 세웠다. 노동 시간과 가치에 따라 교환 비율이 매겨지는 노동화폐는 정치적 탄압으로 빛을 못 봤으나 소지역 단위의 대안 화폐로 요즘도 꾸준히 거론되고 있다.

프루동이 추구했던 무정부주의 운동도 공산주의가 몰락한 오늘날 자본주의의 한계를 극복 또는 보완할 제3의 길로 새롭게 조명받는 분위기다. 프루동의 영향이 살아 있는 곳도 있다. 사용권은 인정하되 소유권은 국가가 갖는 중국 토지 제도가 프루동에서 나왔다.

1월 16일

면죄부와 자선 – 메디치 가문

　면죄부를 팔아 종교 개혁을 초래한 교황 레오 10세와 불멸의 천재 레오나르도 다빈치. 둘을 하나로 묶을 만한 공통점이 있다. 바로 메디치Médicis 가문이다. 레오 10세는 메디치가의 일원이고 다빈치는 메디치가의 식객이었다. 메디치 가문의 후원을 받은 사람들 명단에는 미켈란젤로와 라파엘로, 《군주론》을 지은 마키아벨리도 포함되어 있다. 종교재판에서 근신을 명받은 후 여생을 메디치가의 보호 속에서 보낸 갈릴레이는 새로 발견한 목성의 위성에 '메디치의 별'이라는 이름을 붙이기도 했다.

코시모 메디치

　이탈리아 피렌체의 후발 은행업자인 메디치 가문이 도약한 계기는 1412년 1월 16일 체결한 교황청과의 전속 은행 계약. 메디치는 프랜차이즈 제도를 처음 도입해 유럽 16개 도시에 지점을 깔았다. 돈은 권력으로 이어졌다. 1743년까지 피렌체를 지배한 메디치는 가장 많은 교황(레오 10세, 클라멘트 7세, 레오 11세)을 배출한 집안으로도 유명하다. 동서고금을 통틀어 상업 자본으로 출발한 정치권력이 300년 넘게 유지된 사례도 메디치가 유일하다.

　중세 후반과 근대 이탈리아 역사를 대변하는 메디치 가문사에서 가장 돋보이는 인물은 두 사람. 코시모Cosimo de Médicis(1389~1464)와 그의 손자 로렌초Lorenzo de Médicis(1449~1492)다. 문화 예술을 후원하고 대학에 막대한 기부금을 낸 '위대한 로렌초'는 수필과 극화를 남긴 르네상스의 문장가로도 기억되고 있다.

코시모는 현대 기업 경영에도 영향을 미친 인물. 상인과 군인, 예술가, 성직자 등 도저히 어울릴 것 같지 않은 사람들을 모아 네트워크를 형성하고 창조와 혁신으로 연결시킨 그에게서 '메디치 효과'라는 용어가 나왔다. 코시모는 고리대금업으로 번 막대한 돈을 교회와 도서관·병원 건립, 학문 지원에 쏟아부었다. 면죄부를 팔아 종교 개혁의 빌미를 제공한 교황 레오 10세와 서구적 자선 문화의 선구자가 한 집안에서 나왔다는 점이 이채롭다.

1월 17일
발렌베리 그룹, 국민의 존경과 사랑을 받는 족벌 경영

라울 발렌베리Raoul Wallenberg. 스웨덴판 '쉰들러 리스트'의 주인공이다. 나치의 학살에서 그가 직간접적으로 구해낸 유대인은 약 10만여 명. 오스카 쉰들러의 구출 명단에 오른 1,200여 명보다 훨씬 많다.

그는 스웨덴 최대 재벌인 발렌베리가의 일원. 1912년 태어나 미국 미시간대학에서 건축학을 공부한 뒤 은행업에 종사하던 중 독일의 유대인 학살을 감시할 중립국 외교관이 필요하다는 소식에 주저 없이 직업을 바꾸고 부다페스트를 찾았다. 스웨덴 정부 명의의 건물 23개 동 매입, 여권 발행 등으로 직접 구출한 유대인이 3만 3,000여 명. 독일군 사령관에게 '전범으로 고발하겠다'는 으름장을 놓아 7만여 명의 가스실행도 막았다. 독일은 그를 눈엣가시로 여겼으나 스웨덴과의 관계 악화를 우려해 대놓고 막을 수는 없었다.

라울 발렌베리

위기는 소련군 진주 뒤 찾아왔다. 1945년 1월 17일 행방불명. 발렌베리 납치 의혹을 받던 소련은 침묵으로 일관하다 1957년에야 '라울은 독일 스파이 혐의로 체포되어 조사를 받던 중 1947년 심장마비로 숨졌다'고 발표했으나 진상은 확실치 않다. 1980년대에 시베리아 수용소에서 라울을 보았다는 사람부터, 처형되었다는 소문까지 여러 가지 설이 분분하다.

라울의 죽음은 베일에 가려졌지만 그 고귀한 삶은 '발렌베리 그룹'의 명성을 한 차원 끌어올렸다. 발렌베리 가문은 세금 회피를 위해 본사를 외국으로 옮기는 다른 재벌들과 달리 끝까지 스웨덴에 남아 국민들의 사랑을 받는 국민 기업이다. 해군 장교 복무와 자력에 의한 해외 유학이라는 조건을 충족시키지 못하면 경영 승계권을 인정받지 못하는 가풍도 유명하다.

핏줄로 이어지는 경영권이 국민의 존경과 사랑 속에 6대째 승계되는 비결에는 희생과 솔선수범, 라울로 대표되는 숭고한 인간애가 깔려 있다. 부럽다.

1월 18일

2등을 기억하는 나라- 스콧 탐험대와 영국

1912년 1월 18일, 지치고 지친 다섯 명의 사내가 남극점에 도달했다. 로버트 스콧Robert F. Scott이 이끄는 영국 탐험대. 목표 지점에 도달했다는 기쁨도 잠시, 탐험대는 허탈감에 빠졌다. 아문센Roald Amundsen이 36일 전 남긴 편지와 함께 노르웨이 국기가 꽂혀 있었기 때문이다. 절망이 발길을 누른 탓일까. 스콧 일행은 귀환길에서 전원 얼어 죽었다.

스콧의 실패 요인은 준비 부족. 극지 탐험 경험을 책으로 출간하여 얻은 명성, 범국민적 지원을 안고도 서두르는 통에 경쟁에서 졌다. 반면 재정이 빈약했던 아문센은 탁월한 피복·이동수단 채택과 치밀한 보급지·탐험 경로 선택으로 승리를 따냈다. 아문센이 고의로 스콧의 방심을 유도했다는 비판도 있지만 승부를 가른 것은 사전 대비의 차이다.

로버트 스콧이 이끈 영국 탐험대

중요한 점은 역사의 평가. 역사는 패자인 스콧을 더 기억하거나 최소한 아문센과 동격으로 친다. 승자만을 알아주는 역사의 속성과 한참 다르다. 왜 그럴까. 탐험대가 보여준 의지와 명예의식 때문이다. 죽음의 여정에서도 그들은 먼 길을 우회해가며 채집한 지질 견본을 끝까지 포기하지 않았다. 동상으로 대열에서 처지자 '볼일 보러 나간다. 오래 걸릴 것 같다'며 동료의 짐을 덜어준 대원도 있다. 스콧은 그가 '신사답게 처신했다'고 일기에 적었다. 최후의 순간에도 그들은 안락사할 수 있는 모르핀을 '영국인답지 않다'고 거부하며 자연사를 택했다.

스콧 일행의 시신이 확인된 후 영국은 국왕과 총리가 나서 국가장으로 장례를 치렀다. '경솔한 판단으로 동료를 죽음에 몰아넣었다'는 유족들의 항의와 오열 속에서도 스콧은 넬슨Horatio Nelson(영국의 제독)에 버금가는 명예를 안았다. 독일의 부상과 1차 대전의 전운 가운데 '영웅 스콧'은 영국을 하나로 묶었다. 패배지만 불굴의 패배가 국민적 에너지를 결집시키는 응집원으로 승화한 것이다.

1월 19일
성공과 실패, 재기- 애플 리사와 아이패드

마우스나 그래픽 기능이 없어도 컴퓨터로 쳐줄까. 그랬다. 애플컴퓨터가 1983년 1월 19일 '애플 리사'를 선보이기 전까지는. 신제품을 내놓은 공동 창업주 스티브 잡스Steve Jobs는 기대에 부풀었다. 리사는 그만큼 혁신적이었다. 4년 동안 개발비만 5,000만 달러가 들어갔다.

마침 언론의 스포트라이트를 받던 터. 공장도 없이 차고에서 손으로 두드려 PC를 만드는 '괴짜들의 히피 기업'이란 평가를 비웃듯 1982년 매출 10억 달러 선을 넘어서며 승승장구하던 시절이다.

결과는 기대와 딴판. 대당 9,995달러라는 가격에 소비자들은 등을

애플 '리사'

돌렸다. 2년간 판매 대수는 고작 10만 대. PC 대중화 시대를 연 애플II의 신화는 이어지지 않았다. 스티브는 첫째 딸 리사 잡스의 이름에서 따왔다는 브랜드명을 매킨토시로 바꾸었지만 판매는 여전히 부진했다. 리사 생산 라인은 1985년 폐쇄되었다. 판매 잔여분은 유타 주의 땅속에 묻혔다.

실패한 모델로 끝났지만 리사는 PC 역사의 한 페이지를 차지하고 있다. 마우스며 그래픽 · 플로피디스크 채용 등 오늘날 PC의 원형을 제공했기 때문이다. 업계는 '고가 = 판매 불가능'이라는 반면교사를 얻었다. 가격 인하 경쟁도 불붙었다.

리사의 실패 후유증으로 스티브는 1985년 회사에서 쫓겨났다. 그가 회사로 돌아온 것은 1997년. 경영난을 겪던 애플의 마지막 카드였다. 마이클 델 델컴퓨터 회장은 "차라리 문 닫는 게 나을 것"이라며 스티브의 복귀를 조소했지만 처지는 얼마 안 지나 뒤바뀌었다. 애플이 눈부신 성장가도를 달린 것. 스티브가 마이클 회장에게 '1997년 발언'의 공개 취소를 요구했다는 소식도 들린다.

MP3 '아이팟'과 휴대전화 '아이폰'으로 대박을 거둔 스티브는 휴대폰과 노트북을 결합한 신개념의 태블릿 PC '아이패드'까지 선보였다. 애플 리사에서의 실패 경험은 성공을 위한 보약이었던 셈이다.

1월 20일

미국의 토대를 마련한 대법원장, 존 마셜

부시, 키신저, 케네디, 루스벨트. 당적과 직위는 달라도 공통점이 있다. '위대한 미국'을 지상 목표로 삼았다는 점이다. 뿌리는 누구일까. 조지 워싱턴 초대 대통령? 글쎄……. 주인공은 군인이자 정치인 출신 대법원장인 존 마셜John Marshall. 단 6주짜리 강의를 듣고 변호사 자격을 얻었지만 '가장 존경받는 대법원장'으로 기억되는 인물이다.

대법원장 임명은 정치적 이해타산의 산물. 1881년 1월 20일, 임기 만료를 눈앞에 둔 존 애덤스 대통령은 공석인 대법원장에 마셜 국무장관을 지목했다. 대통령 선거와 의회 선거에서 모두 패배한 마당에 사법부에만이라도 제 사람을 심고자 했던 연방파의 고육지책이었다.

애덤스는 임기 하루 전까지 밤새 임명장을 남발, 친연방파인 '한밤중의 법관들 midnight judges'로 법원을 채웠다.

주권州權 우선을 주장하는 공화파의 제퍼슨 당선자가 반발했지만 마셜은 대법원장에 올랐다. 눈엣가시 격인 마셜을 제거하려는 제퍼슨의 노력은 번번이 실패로 돌아갔다. 공화파 출

존 마셜

신 대법관들도 마셜에게 설득당해 전원일치 판결을 내리기 일쑤였다. 마셜의 잣대는 단 한 가지. '미국 연방의 이익 우선'이었다. 독립국처럼 행세하던 주정부들은 마셜 이후 연방 법률 아래로 들어왔다. 대법원은 위헌 판결권까지 갖게 되었다. 마셜은 독점을 부인하고 사유재

산권과 계약을 적극 옹호, 미국식 자본주의의 법률적 토대를 제공했다는 평가를 받는다.

마셜에 내한 역사가들의 해석은 엇갈린다. '미국 건국의 실질적인 아버지'라는 찬사와 '수구 꼴통의 온상'이라는 비판이 공존한다. 분명한 것은 34년이라는 재임 기간을 거치며 마셜의 판결은 미국의 법제도뿐 아니라 사회의 보편적 가치로 자리 잡았다는 점이다. 마셜을 보면 미국이 읽힌다.

1월 21일

불행을 부르는 불후의 명작, M2 중기관총

89년. 미군의 중重기관총 M2 브라우닝의 나이다. 1921년 선보인 이래 여태껏 현역의 자리를 지키고 있다. 우리나라도 K6이라는 이름으로 면허 생산 중인 이 기관총은 신뢰성과 내구성이 뛰어나 수명 100년을 넘길 전망이다.

초장수 무기가 또 하나 있다. M1911 콜트 거버먼트 권총. 미군은 1982년 신형(이탈리아제 베레타)으로 교체했지만 우리나라에서는 여전히 현역인 이 권총(45구경)은 1년만 지나면 탄생 100주년을 맞는다. 신형을 갖추어야 적에 대한 우위를 확보할 수 있는 군용 무기의 특성에도 초장수를 누리고 있다는 것은 그만큼 성능이 뛰어나다는 얘기다.

두 가지 초장수 무기는 모두 존 브라우닝John M. Browning의 설계작이다. 1855년 1월 21일 유타 주에서 모르몬교 신자이자 총기 제작업

자인 조너선 브라우닝의 둘째
부인 소생으로 태어난 그는
14세 때 장난 삼아 제작한 소
총이 명총으로 꼽힐 만큼 뛰
어난 재능을 타고났다.

삼각대에 거치된 M2 기관총

　레버 장전식 사냥총의 대명
사로 꼽히는 '윈체스터 모델
1887'을 비롯해 19세기 말에 그가 제작한 모델은 3세기를 뛰어넘어
21세기인 오늘날에도 민수용으로 쓰인다. 1970년대까지 서방 진영의
대표적인 분대 공용화기였던 바BAR 자동소총도 그가 1차 대전 중반
에 설계한 것이다.

　브라우닝은 1926년 71세로 사망할 때까지 128건의 특허를 남겼다.
그의 설계로 제작된 총기류는 수천만 정으로 수백억 달러가 넘는 가
치를 지닌다. 돈도 많이 벌었지만 그만큼 수많은 사람들이 그의 총으
로 죽었다. 벨기에 FN사를 위해 설계한 M1910 권총은 1914년 세르비
아 청년이 오스트리아 황태자 부부를 저격하는 데 사용해 1차 대전의
빌미를 제공하기도 했다. 독실한 기독교인, 총기 역사상 최고의 천재
가 남긴 불후의 명작에 앞으로도 얼마나 많은 목숨이 사라질지는 아
무도 모른다.

1월 22일

하늘을 지배하기 위한 쉼 없는 경쟁

1952년 1월 22일 영국 런던. 신설된 히드로 국제공항에서 여객기 한 대가 솟아올랐다. 최초의 제트여객기 '코멧Comet'이 상업 화물 운항에 투입된 순간이다. 같은 해 5월부터는 여객 운송도 시작되었다.

최초의 제트여객기 '코멧'

코멧은 장점이 많았다. 우선 빨랐다. 최대 시속 784㎞. 기존 여객기의 두 배 이상 속도였다. 가격도 25만 파운드(1952년 기준)로 그리 비싸지 않고 기체 디자인 역시 우수하다는 평가를 받았다. 제작사 (하빌랜드사)는 승객 정원을 36명에서 279명(최종형 기준)으로 늘리는 등 개량한 기체도 선보였다.

막상 판매 실적은 저조했다. 항공 사고 탓이다. 운항 2년째에는 100일 동안 3대가 추락한 적도 있다. 총 생산대수 112대 중 21대가 사고로 떨어졌으니 팔리지 않을 수밖에. 항공사들의 외면 속에 코멧은 1960년대 초부터 생산을 멈추었다. 영국과 캐나다에 정찰기와 대잠초계기의 기체로 전용된 15대만 남아 있을 뿐이다. 반짝하고 사라졌다는 점이 혜성comet이라는 이름과 걸맞다.

제트여객기 시장의 승자는 미국 항공 산업. 코멧이 경쟁 기체로 여겼던 보잉 707이 1,010대, 맥도널더글러스의 DC-8이 566대나 팔렸다. 코멧의 상업 운항 18년 후인 1970년 2월 22일 뉴욕~런던 구간에 처음 선보인 보잉 747 점보제트기도 꾸준한 개량을 거쳐 여전히 최고 기종으로 손꼽히고 있다.

오늘날 세계 민간여객기 시장의 판도는 양강 체제. 미국 보잉사의 아성에 유럽의 에어버스가 도전하는 구도다. A-380(에어버스), B-787, 7E7(보잉) 등을 앞다투어 개발하는 양사의 첨단 기종 개발 경쟁에는 '1등만이 존재한다'는 정글의 법칙이 깔려 있다. 앞으로 20년간 최소한 2,600억 달러에 이른다는 여객기 시장을 둘러싼 소리 없는 공중전이 펼쳐지고 있는 셈이다.

1월 23일
최용신, 낮은 곳에서 얻은 불멸의 생

'나의 몸과 마음을 남김없이 태워 이 마을을 밝히도록 해주소서.' 농촌 계몽에 나선 최용신이 1931년 샘골(안산시 본오동)에 도착해 올린 기도다. 신학교에 다니다 농촌 운동에 뛰어든 지 2년여, 경험이 쌓이고 자신감도 있었지만 주민들은 반응은 여느 곳과 똑같았다. '곰보 신여성'에 대한 편견도 없지 않았다.

이를 앙다문 최용신은 몸이 부서져라 일했다. 강습소를 세워 학생들을 가르치는 한편 아낙네들과 들에 나가 농사도 지었다. 밤에는 한글과 산수, 재봉과 수예를 교육하는 야학을 운영했다. 자신은 굶주려도 학생들은 먹였다.

사람들의 호기심은 2년의 시간이 흐른 뒤 적극적인 참여로 바뀌었

최용신

다. 샘골 사람들은 스스로의 힘으로 학교를 짓고 공동 생산을 늘렸다. 주민들의 단결을 일제가 반길 리 만무. 110명이 다니던 강습소의 학생 수를 60명으로 묶어버렸다.

최용신은 정원 초과에 걸린 50여 명의 학생들을 버리지 않고 따로 야학을 차려 가르쳤다. 재충전을 위해 일본 고베여자신학교에 들어간 그는 6개월 만에 되돌아왔다. 누적된 영양실조와 중노동의 후유증이 각기병으로 번졌기 때문이다. 최용신은 고향 원산에서 요양할 생각이었지만 샘골 주민들이 '누워만 있어도 좋다' 며 모셔갔다.

몸이 다소 나아지자 활동을 개시했지만 이번에는 창자가 뒤틀렸다. 죽음 앞에서도 그는 농촌을 걱정했다. '나는 갈지라도 사랑하는 강습소는 영원히 경영하여 주시오. ……샘골 여러 형제를 두고 어찌 가나, 애처로운 우리 학생들의 전로前路는 어떡하나……' 라는 유언을 남기고 1935년 1월 23일 눈을 감았다.

'샘골의 성자' 최용신은 26세의 짧은 삶을 살았지만 심훈의 소설 《상록수》로 다시 태어났다. 소설 주인공 '채영신' 의 모델이 최용신이다. 사람들의 마음속에서 영생을 얻은 최용신은 푸르디푸르게 살아 있다.

1월 24일

종이에 권위를 불어넣다- 쿠빌라이칸

1260년 1월 24일. 칭기즈칸의 손자 쿠빌라이가 스스로 대칸大汗의 자리에 올랐다. 형인 몽케칸이 남송과의 전쟁에서 전사하자 후계를 잇기 위해 선수를 친 것. 막내 동생 아리크부카의 저항을 물리친 그는 1271년 대원大元 제국 성립을 선포했다. 몽골 제국의 정통성 계승을 둘러싼 싸움도 끝났다. 몽골의 5대 칸으로 원 제국을 창립한 쿠빌라이 칸忽必烈汗(원세조元世祖)의 통치 아래 몽골은 전성기를 누렸다.

원세조는 화폐사에도 이름을 남겼다. 세계 최초로 종이돈을 대량 발행한 군주가 바로 그다. 원세조는 금·은·동을 독점하고 유통은 지폐를 사용하는 화폐 시스템을 완성시켰다. '중통원보교초中統元寶交抄' 등으로 불린 원의 지폐는 뽕나무 속껍질을 재료로 만들어졌다. 오늘날 A4 용지 정도 크기가 주종인 가운데 33cm가 넘는 것도 있었다.

쿠빌라이칸

서양인의 눈에 지폐는 경이롭게 비쳤다.《동방견문록》을 쓴 마르코 폴로는 쿠빌라이칸의 지폐를 '연금술'로 보았다. 금도 은도 아닌 종이가 절대적인 권위를 갖는다는 점을 믿을 수 없었다. 지폐는 원나라뿐 아니라 몽골 4개 한국汗國에서 통용되었다. 사용을 거부할 경우 형벌을 받았다.

문제는 지폐의 효율성이 오래 지속되지 못했다는 점. 몽골 제국 스스로 지폐의 권위를 깎아내렸기 때문이다. 라마교 행사라도 있으면 대량의 지폐를 찍어냈다. 지폐의 남발은 극심한 인플레이션을 야기하고 결국 제국 멸망의 요인으로 작용했다.

유럽에 지폐가 등장한 것은 17세기 무렵. 쿠빌라이보다 400년 이상 뒤졌다. 구미의 지폐도 남발과 인플레이션 과정을 겪었다. 미국이 독립전쟁 시 선보인 '컨티넨탈 지폐the continental'와 프랑스혁명기에 발행된 '아시냐assigna 지폐'는 20세기 중반까지도 쓸모없는 물건을 지칭하는 대명사였다. 화폐 남발의 유혹과 인플레이션에는 동서고금이 따로 없다.

1월 25일
로버트 번스, 평등을 꿈꾸는 시인이자 세금 징수원

로버트 번스Robert Burns. 영국 시인이다. 우리와도 인연이 깊다. 졸업식장에서 울리는 '석별의 정'을 작사·편곡한 주인공이니까. 민요 가락에 시어詩語를 입힌 '올드 랭 사인Auld Lang Syne'의 음률은 한동안 애국가의 곡조로도 쓰였다.

스코틀랜드에서 번스의 위치는 더욱 확고하다. 국민 시인으로서 추앙받는 그의 생일인 1월 25일이면 대규모 축제가 열린다. 잉글랜드풍과 달리 스코틀랜드풍의 소박하고 순수한 감정을 노래했기에 문화적 우상(icon)으로도 손꼽는다. 가난한 농가에서 태어나 배운 것은 없었지만 스스로 전통가요와 시를 익힌 그는 잉글랜드에서도 필명을 날리며 스코틀랜드 사람들의 자존심을 세워주었다.

잉글랜드와 합병(1707)에 반대하는 저항이 완전히 실패(1745)한 후 정치적 좌절감에 빠져 있던 사람들은 스코틀랜드 방언으로 쓰인 번스의 시와 노래가 영국 전역에서 불리는 데 문화적 자긍심을 느꼈다. 때문에 번스는 정치 이외의 분야만큼은 잉글랜드를 앞서겠다던 스코틀랜드 계몽주의자 그룹의 일원으로 분류된다.

로버트 번스

애덤 스미스 등을 포함한 이들 그룹은 '브리튼britain'이라는 기치 아래 잉글랜드 출신보다 대영제국의 발전에 더 기여한 사람들로 꼽힌다.

창작 이외에 짭짤한 수입을 보장하는 간접세 징수원이라는 직업을 유지하기 위해 도중에 프랑스혁명에 대한 공식 지지를 포기했지만 번스는 인간의 존엄과 평등을 부르짖은 인도주의자였다. 차별 없는 세상을 꿈꾼 번스의 소망이 담긴 시 〈아무리 그래도A Man's a Man for a' that〉의 한 구절이 귓가를 맴돈다.

'……아무리 그래도, 아무리 그래도/ 그날은 다가오네, 아무리 그래 봐도/ 온 세상의 모든 사람과 사람이/ 아무래도 결국은 형제가 될 날이.'

1월 26일
전형필, 대한민국만 한 한 사람의 가치

사람들은 그를 이해하지 못했다. 더러는 바보라고 여겼다. 고서화

제68호 국보 '청자운학상감문매병'
(간송미술관 소장)

며 도자기를 사들이는 데 10만 석 재산을 쏟아부었으니 그럴 만했다. 간송澗松 진형필. 사재를 털어 문화재 해외 유출을 막아낸 그는 국가와 후손에게 막대한 경제적·문화적 가치를 남겼다.

휘문고보와 일본 와세다대학 법학부를 마친 그에게 돌아온 것은 10만 석이 넘는 유산. 증조부 때부터 종로 일대의 상권을 거머쥔 전씨 가문은 조선 최고의 부자였다. 전형필의 부친은 통정대부 벼슬도 지냈다.

젊고 돈 많은 청년이 택한 것은 문화재 수집. 식민지의 젊은이는 일본인 손에 넘어가는 문화재를 건져냈다. 명품에는 돈을 아끼지 않았다. 시세의 2~3배를 얹어주니 시중에 나온 명품은 자연스레 그에게 흘러왔다.

일본으로 건너가 영국인 개츠비에게 10만 원을 주고 국보급 청자 10점을 사들인 적도 있다. 서울 시내 번듯한 집 한 채에 1,000원 하던 시절이다.

간송은 한 번 사들인 문화재는 다시 내다 팔지 않았다. 2만 원에 구입한 고려청자(천학매병千鶴梅甁·국보 68호)를 4만 원에 사겠다고 제의한 일본인에게 "이보다 더 좋은 물건을 갖고 온다면 팔겠다. 가격은 매입가 그대로"라고 말한 일화는 조선 사람들의 어깨를 으쓱하게 만들었다.

소장품은 날로 쌓여갔다. 1938년 간송은 서울 성북동에 한국 최초의 사립박물관인 보화각保華閣을 세웠다. 오늘날의 간송미술관이다. 그곳에는 국립중앙박물관과 견줄 만한 국보와 보물이 가득하다.

간송은 나라가 할 일을 대신 해냈다. 1962년 1월 26일 세상을 떠난 그가 남긴 문화재의 경제적 가치는 수천억 원을 넘는다. 모든 게 민족의 자산이다. 우리도 이런 조상이 있다.

1월 27일
새뮤얼 곰퍼스, 미국 노동 운동사의 반쪽 선각자

'미국 노사관계 안정의 공로자', '원조 귀족 노조'. 새뮤얼 곰퍼스 Samuel Gompers에 대한 상반된 평가다. 곰퍼스는 미국 노동 운동사에 가장 큰 영향을 끼친 인물. 세계 최대 노조인 미국 산별노조총연맹 AFL-CIO의 모태를 만들어 37년간 위원장을 지냈다.

새뮤얼 곰퍼스

1850년 1월 27일 런던의 유태인 가정에서 태어난 곰퍼스는 열 살 때부터 부친의 담배 제조업을 거들었다. 노동 운동과 인연을 맺은 것은 열네 살. 미국으로 이민한 직후다. 조숙했는지 17세에 결혼하고 이듬해 아이를 낳은 곰퍼스는 24세부터 연초 공장 노조위원장을 맡으며 노동 운동 일선에 나섰다.

강성 노조를 조직하고 노동 이론을 공부하던 그는 1881년 지역 노조 통합에 이어 1886년에는 미국노동총연맹AFL을 결성, 위원장을 맡았다. 미국노동총연맹의 태동은 대규모 집회에서 괴한이 던진 폭발물에 경찰과 노동자들이 사망한 '헤이마켓Haymarket' 사건 직후. 사건의 배후에 자본가들이 개입되었다는 점이 밝혀지기 전이어서 노동 운동이 극도로 위축된 상황에 봉착한 곰퍼스는 이전과 다른 길을 걸었다.

정치·사회 개혁 요구는 배제하고 노동 시간 단축, 급여 인상, 단체교섭권 확보에만 주력한 것. 노조원 자격도 백인 숙련공으로 제한했다. 흑인과 중국인 고용을 막으려고 파업을 벌인 적도 있다. '숙련공에게 돈만 많이 주면 된다'는 운동 방향을 핵심기술 인력들은 쌍수를 들어 반겼다. 안식년(1895)을 제외하고 창립부터 사망할 때까지 종신위원장을 지낸 것도 이 덕분이다. 초장기 집권 속에 곰퍼스의 힘은 1차 대전 중 전시산업위원회의 부위원장을 맡을 만큼 커졌다.

곰퍼스의 영향력은 미국 노동 운동의 백인 숙련공 중시 성향 속에 아직도 남아 있다. 집단 이기주의로 노조의 기득권만 챙겼다는 비판도 없지 않다.

1월 28일
프랜시스 드레이크, 해적이며 구국의 영웅

1596년 1월 28일, 파나마 앞바다. 영국인 선원들이 열병에 걸려 죽은 시신 하나를 논란 끝에 바다에 던졌다. '바다의 사나이' 프랜시스 드레이크Francis Drake의 최후다. 드레이크에게는 극단적으로 상반된 평가가 따라붙는다. 영국인들에게는 모험과 도전, 애국심의 상징이지만 다른 나라에서는 '간 큰 해적'일 뿐이다.

프랜시스 드레이크

농가에서 태어났으나 바다와 인연을 맺었던 드레이크의 첫 사업은 노예 무역. 친척인 존 호킨스 선장 밑에서 일을 배우던 중 스페인에 걸려 화물과 선원을 잃은 후부터 보복을 결심했다. 국가로부터 허가받은 해적, 즉 사략私掠 선장으로서 그의 정점은 1579년 3월 칠레 해역에서의 스페인 보물선 '카카푸에고' 호 나포. 옮겨 싣는 데만 나흘이 걸린 은화 26톤과 금화 36kg 등을 빼앗은 드레이크는 선박을 되돌려주면서 안전통행증과 약탈한 물품의 명세서까지 발급해주었다. 다른 영국 사략선에 다시 걸렸을 때 무사 항해를 보장하고 스페인 정부로부터 선장이 화물을 착복했다고 추궁받을 것을 염려한 '배려'였다.

스페인의 추적을 피하기 위해 선택한 태평양 항로는 그에게 '두 번째 세계일주자', '자기 배로 세계를 돈 최초의 선장'(마젤란은 항해 도중 사망)이라는 명예까지 안겨주었다. 보물을 가득 싣고 세계를 일주해 돌아온 그는 함선을 직접 방문한 엘리자베스 여왕으로부터 기사 작위까지 받았다. 동인도회사 설립 논의가 시작된 것도 그의 귀환 이후부터다.

폴리머스 시장과 하원의원으로도 재직했던 그는 영국 해군의 부사령관에 임명되어 스페인의 무적함대까지 궤멸(1588)시켰다. 덕분에 영국은 해양 강국으로서의 지위를 다졌다. 다른 나라에서 드레이크 같은 인물이 나오는 길을 원천봉쇄하고 싶었는지 영국은 훗날 해적 행위를 엄금하는 국제조약 체결에 누구보다 앞장섰다.

1월 29일
생명과 죽음의 마법- 프리츠 하버

프리츠 하버Fritz Haber의 화학은 생명과 죽음의 마법이었다. 공기에서 빵을 얻고 소금으로 독가스를 만들었으니까. '20세기가 낳은 최고의 화학 천재'로 불리면서도 크게 기억되지 않는 이유도 여기에 있다. 인간에게 약과 병을 동시에 주었기 때문이다.

1868년 독일에서 유대인 화학약품상의 아들로 태어난 하버는 화학사 최대 발견이라는 '공중질소 고정법'을 찾아낸 주인공. 비료의 원료인 암모니아를 공기에서 뽑아낸 덕분에 질소 비료의 무한 공급이 가능해졌다. 그가 아니었다면 식량 부족에 직면한다던 영국 경제학자 맬서스의 예언이 적중했을지도 모른다. 오늘날에도 세계 인구가 섭취하는 단백질의 약 3분의 1이 질소 비료에서 나온다.

하버는 전쟁에도 영향을 미쳤다. 공중의 대기에서 뽑아낸 암모니아는 비료보다 1차 대전 중 독일군이 사용할 탄약과 폭탄을 만드는 데 주로 들어갔다. 애국자를 자처한 하버는 독가스도 주도적으로 만들었다. 동료 화학자이자 평화 운동가였던 부인이 암모니아에서 염소 가스를 추출하려는 남편의 연구를 괴로워한 나머지 자살했을 때도 하버는 화학 무기 개발에 매달렸다.

패전 후에도 독일에 대한 하버의 충성심 은 식지 않았다. 바닷물을 정제하면 막대한 금을 뽑아낼 수 있다며 사비를 턴 것도 패전 배상금을 마련하겠다는 생각에서다. '해수 를 정제한 금 추출'에 10년 세월을 보낸 후 실패를 선언한 하버를 기다린 것은 유대인 박해. 자신을 유대인보다 독일인으로 여겼

프리츠 하버

던 하버는 한곳에 정착하지 못하고 유럽을 떠돌다 1934년 1월 29일, 스위스 바젤의 호텔에서 심장 발작으로 숨졌다.

사망 직전까지 하버는 정체성의 혼란 속에 괴로워했다고 전해진 다. 하버의 최대 피해자는 동족인 유대인. 히틀러의 유대인 학살에 쓰 인 독가스가 하버의 개발품이다.

1월 30일
해저 영토 주권 넘어가나 – 한일 대륙붕 협정

1974년 1월 30일 한국과 일본 두 나라가 대륙붕 협정을 맺었다. 2개 협정, 5개 부속 문서로 이루어진 대륙붕 협정의 골자는 제주도 남부 해역 공동개발. 분쟁의 초점이었던 영유권 주장을 서로 덮어둔 채 해 저 자원 공동개발에 합의한 것이다. 협정은 '제7광구에서 기름이 솟 을 것'이라는 꿈을 안겨주었다.

대륙붕에 대한 관심이 높아진 것은 한 국제기구가 1968년 발표한 보고서 때문. '거대한 유전의 존재 가능성이 크다'는 보고서가 나오자 우리 징부는 제주도 남쪽 8만㎢를 제7광구로 정하고 한국령으로 공식 선포했다. 거리상으로는 한국보다 훨씬 가까웠던 일본이 즉각 반발하고 나섰다. '경제 지원을 중단하겠다'는 엄포까지 놓았다.

양국의 대립 속에 1972년 일본이 뜻밖의 제의를 해왔다. 바다의 중간선에서 일본 쪽으로 넘어온 부분에 대해 50%씩의 지분을 갖자는 것. 일본이 태도를 바꾼 이유는 당시까지 해저 영토에 대한 지배적 이론이었던 '자연연장설'로 볼 때 불리하다는 판단에서다.

기대와 달리 제7광구에서는 원유가 쏟아지지 않았다. 몇 차례 미량의 유징이 발견되었을 뿐이다. 문제는 앞날이다. 50년으로 정한 시한이 만료될 경우 우리가 불리해질 수 있다. 유엔이 해양법협약(1982)에서 지형(자연연장설)이 아니라 거리를 기준으로 바다를 갈랐기 때문이다. 2024년이면 제7광구의 권리가 일본으로 완전히 넘어갈 수 있다는 얘기다.

일본은 총리실 산하에 전담 연구소를 설치해 미래에 대비하는 반면 한국은 그나마 있는 부처마저 폐쇄하는 실정이다. 중국과의 대륙붕 협정도 과제다. 서해에서의 탐사 작업이 중국 군함의 위협으로 무산된 적도 있다. 중국과 일본의 공세로부터 수많은 지하자원이 묻혀 있는 해저 영토 대륙붕을 지켜낼 수 있을까. 걱정된다.

1월 31일
나우루, 인류 미래의 예고편?

1만 7,000달러. 태평양 한복판의 작은 섬나라 나우루Nauru 공화국의 1981년도 1인당 국민총소득GNI이다. 요즘 기준으로는 그저 그런 정도의 소득이라고 여길 수 있겠지만 당시에는 최고의 부자 나라로 꼽힐 정도의 액수였다. 우리나라가 1,088달러, 일본이 9,834달러였던 시대였으니까.

울릉도의 3분의 1 면적에 인구 1만 명 남짓한 나우루를 부국의 반열에 올린 것은 똥. 바닷새의 배설물이 수백만 년 동안 쌓여서 형성된 인광석 덕분이다. 최상품 비료와 각종 공업용 원자재로 쓰이는 인광석이 주는 풍요를 나우루가 본격적으로 누리기 시작한 것은 1968년 1월 31일 독립 이후부터.

나우루 공화국

신생 나우루 공화국의 정부는 국민들의 절대적인 지지를 받았다. 인광석을 마구잡이로 개발해 교육에서 치료, 노후까지 모든 것을 국가에서 책임졌기 때문이다. 세금도 없었던 나우루는 유토피아였을까. 정반대다. 국민들은 노동을 잊었고 성인의 90%가 비만증에 걸렸다. 사람들은 간단한 쇼핑을 할 때도 람보르기니 같은 외제 스포츠카를 몰고 다녔다.

나우루의 번영은 오래가지 못했다. 인광석 자원이 고갈된 탓이다.

이미 베짱이로 변해버린 국민들은 생활이 어려워져도 일하기보다 정부를 원망했다. 2006년에는 1인당 국민총소득이 2,500달러 수준으로 떨어졌다. 경제도 파탄 직전이다. 호주가 나우루에 세운 국제난민수용소 사용료 수입이 끊기면 국가 부도를 피할 수 없는 상태다. 지구온난화로 섬 전체가 바다에 잠길 것이라는 암울한 전망도 있다.

나우루의 과거와 현재, 미래에는 모든 인류의 모습이 고스란히 담겨 있다. 수천만 년 동안 퇴적된 지하자원을 순식간에 써버린 '문명국가'들과 나우루가 다른 게 무엇인가. 환경 파괴로 인한 재앙이 눈앞에 닥친 나우루와 지구촌 전체의 처지는 또 무엇이 다른가.

2월

2월 1일

법, 보호받을 수 있다는 확신– 대법관 에드워드 쿡

종교적 갈등 끝에 주교 한 사람이 왕을 상대로 소송을 제기했다. 1606년 영국에서 일어난 일이다. 제임스 1세는 혐의를 부인하며 재판 연기를 요구했지만 대법관은 듣지 않았다. 뿐만 아니라 '왕의 요구는 불법'이라는 편지를 판사들에게 돌렸다. 왕은 패소했다.

대헌장 마그나카르타(1215)

분노한 왕은 판사들을 소집, 판결 취소 명령을 내렸다. 무릎을 꿇고 용서를 구한 동료 법관들과 달리 대법관은 "법관의 임무를 수행할 뿐"이라며 버텼다. 그는 즉각 파면되었다. 재판관이 군주의 권력에 맞선 영국 최초의 사례를 남긴 주인공은 에드워드 쿡Edward Coke. '보통법의 수호자'로 역사에 살아 있는 인물이다.

쿡 최대의 업적은 《영국법 제요Institutes of the Laws of England》. 대헌장(마그나카르타Magna Carta)을 영국법의 기초로 간주해 자유민의 권리를 강조한 이 저술은 근대적 사유재산권의 보호 개념을 낳고 미국 독립정신에 스며들었다.

쿡은 독점도 부인했다. 의사면허증 발급 권한을 가진 런던의 한 의과대학이 케임브리지 출신 개업의에게 벌금을 매기고 대학 감옥에 가둔 '보넘Bonham 박사' 사건에서 '대학의 면허 발급권은 인정하지만 유능한 의사임이 분명한 자의 생계 활동의 자유 박탈은 부당하다'는

판결을 내렸다. 길드의 하나인 대학의 독점적 지위를 부인한 판결은
자유 경쟁을 촉발시켰다.

　내전과 국왕 처형, 공화정, 왕정복고, 명예혁명의 와중에서도 영국
이 강대국으로 성장할 수 있었던 배경에는 독립된 법원과 보통법으로
개인의 자유, 특히 사유재산권을 보호받을 수 있다는 확신이 깔려 있
다. 지하 금고에 머물 필요가 없어진 돈의 자유는 자본시장의 발달을
이끌었다. 쿡이 법제사뿐 아니라 경제사에서도 기억되는 이유다. 쿡
탄신(1552년 2월 1일 출생) 458주년, 권력으로부터 자유로운 사법부는
여전히 이 땅의 과제 같다.

2월 2일
스탈린그라드전투, 2차 대전의 전환점

　동상으로 오른손이 썩은 병사는 왼팔로 수류탄을 던졌다. 건물 모
퉁이에서 2개 독일 기갑사단을 막아낸 소대도 있었다. 전사자가 속출
해도 소련군은 좀처럼 줄지 않았다. 노동자와 여자들까지 총을 들었
으니까. 1942년 초겨울의 스탈린그라드는 처절했다.

　슬라브인을 경멸했던 독일군은 "개가 사자처럼 싸운다"며 혀를 내
둘렀다. 도시의 90%까지 내주었던 소련군은 겨울 공세와 함께 전세를
뒤집었다. 독일 제6군의 후퇴 요청에 대한 히틀러의 응답은 '현지 사
수'. 죽음의 도시에서 빠져나갈 기회를 놓친 10만여 독일군은 결국 백
기를 들었다. 전투는 8개월 만에 끝났다. 1943년 2월 2일의 일이다.

승리의 대가는 비쌌다. 도시가 완전히 파괴되고 100만 명의 병사와 시민이 죽었다. 군수 공장이 밀집된 거대 산업단지이며 코카서스 유전 지대로 통하는 전략적 요충지인 스탈린그라

1943년 스탈린그라드의 모습 ⓒGeorgii Zelma

드를 탐낸 독일은 33만 명의 훈련된 병력과 75개 사단을 무장시킬 수 있는 장비를 잃었다. 전투의 승패는 전쟁의 판세를 갈랐다. 연합국은 수세에서 공세로 돌아섰다. 동부 전선의 독일군은 서쪽으로 밀려났다.

스탈린그라드 공방전은 역사상 가장 치열한 전투이자 시가전의 모범 사례로 꼽힌다. 전술학 교과서에는 도시의 지형지물을 이용하고 민·관·군이 단결할 때 압도적인 적도 퇴치 가능하다는 내용이 실려 있다.

스탈린그라드의 시민과 병사들이 남긴 '조국에 대한 헌신, 불굴의 의지'라는 정신적 유산은 세계인의 공유물임에도 한국인에게는 익숙하지 않다. 시대를 억압했던 '레드 콤플렉스' 탓이다. 가리고 가려도 역사의 진실은 빛난다. 오늘날 볼고그라드로 이름이 바뀐 스탈린그라드의 볼가강에는 조국과 세계를 구했다는 러시아의 자긍심이 함께 흐른다.

2월 3일

그림자 재무장관 월터 배젓, 위기 연구의 시발점

위기가 왜 일어났나. 주기적 공황은 자본주의의 모순 탓이라는 마르크스의 좌파경제학을 제외하면 크게 시장실패론과 정부실패론이라는 두 가지 견해가 존재한다. 특이한 대목은 상반된 시각의 두 이론이 월터 배젓Walter Bagehot이라는 동일한 출발점을 갖고 있다는 점. 위기에 대한 연구가 배젓부터 본격화했다는 얘기다.

월터 배젓

가장 저평가된 경제학자로 꼽히는 배젓은 은행 가문 출신. 1826년 2월 3일 영국 랭포트에서 태어나 런던대학에서 석사 과정을 마친 후 소망하던 문필가 대신 가업을 맡아 7년간 은행 실무를 익혔다.

경제학 지식과 은행 경험, 문장력이라는 3박자는 장인이 창간한 경제 잡지 〈이코노미스트 The Economist〉에서 꽃피었다. 배젓이 편집장으로 활동하던 시기는 '혼돈의 시대'. 초고속 성장이 차츰 한계를 보이며 공황이 반복되고 전통적 사고방식과 다윈의《종의 기원》, 밀의《자유론》등 새로운 지적 탐구가 충돌하던 전환기에 배젓은 명칼럼니스트로 이름을 날렸다. 한창때는 국무회의에 참석하는 각료들에게만 제출되는 경제 관련 보고서를 열람하고 정책 방향을 조언해 '숨은 재무장관'으로도 불렸다.

정치권력의 권위와 권한 분리를 주장한《영국의 국가 구조The English Constitution》(1867)를 펴내는 등 정치이론가로도 활약한 그의 대표작은 1873년 출간한 《롬바드 스트리트Lombard Street》. 중앙은행의 기능 중 하나인 '최종 대부자lender of last resort' 라는 용어도 여기서 처음 쓰였다. 위기 시 대응 방법을 담은 이 책은 각국의 중앙은행 제도의 성립과 발전으로 이어졌다.

한국도 그의 영향을 받았다. 1997년 외환위기 당시 한국에 돈을 주는 대신 고금리를 강요한 국제통화기금IMF의 정책에도 고금리로 무제한 신용(돈)을 풀라는 배젓의 처방이 깔려 있다.

2월 4일
저가 서적, 자유가 만든 세계적 지식 상품– 루이스 엘제비어

주머니에 쏙 들어가는 작은 판형에 낮은 가격. 루이스 엘제비어Louis Elzevir가 찍어낸 책들의 특징이다. 가죽으로 감싼 호화판 양장본이 주류를 이루던 시절 엘제비어의 저가 서적은 큰 인기를 끌었다.

엘제비어의 주 고객은 대학생. 네덜란드의 유명한 대학 도시인 레이던에서 1580년부터 인쇄업을 시작한 그는 학생들이 적은 돈으로 사볼 수 있는 고전 서적 발간에 중점을 두었다. 종이 가격이 책값을 좌우하던 시대에 그는 판형을 줄이고 이윤도 최소한으로 붙였다. 오늘날 문고판의 원조 격이다.

유럽에서 호평받은 엘제비어판은 네덜란드 상인들을 통해 전 세계로 퍼졌다. 서인도제도의 사탕수수밭에서 뉴암스테르담(뉴욕)과 자카르타, 일본까지 네덜란드인들이 진출한 곳이면 어디든 그가 펴낸 책이 있었다. 지구촌 전역에 깔린 최초의 지식 상품으로 엘제비어의 서적을 꼽는 것도 이런 이유에서다.

엘제비어는 1617년 2월 4일 사망했지만 사업은 더욱 커졌다. 다섯 명의 아들들이 네덜란드 주요 도시에 인쇄소를 차리고 고전과 과학 서적을 주로 찍었다. 갈릴레이 갈릴레오 등의 학설을 책자로 소개한 것도 엘제비어다. 엘제비어 가문의 직영 인쇄 그룹은 1791년까지 존속했다. 엘제비어 그룹의 전성기는 네덜란드의 황금 시기(16~18세기)와 정확하게 일치한다.

엘제비어가 번창할 수 있었던 최대 요인은 자유. 저자와 출판, 인쇄, 판매업자에 대한 검열이 없다는 네덜란드의 정치적 자유가 양서를 쏟아낼 수 있었던 배경이다. 엘제비어가 길을 튼 문고판 도서는 최근 다시 각광받고 있다. 일본에서는 고전 위주의 문고판이 새 책 판매량의 절반가량을 차지한다. 커피 한 잔 값으로 좋은 책과 만날 수 있었던 옛 시절이 생각난다. 우리의 문고판은 다 어디로 갔는지 모르겠다.

2월 5일
공기 타이어, 아버지의 마음이 만들어낸 편리

열 살짜리 꼬마의 깨진 무릎이 세상에 쿠션과 속도를 안겼다. 1886년 아일랜드 벨파스트. 스코틀랜드 출신 수의사 존 던롭John B. Dunlop은 아들이 안쓰러웠다. 자전거를 탈 때마다 무릎이 깨지고 엉덩이에 멍이 들었기 때문이다. 미국인 찰스 굿이어가 1839년 발명한 탄화고무로 만든 통고무바퀴는 질겼지만 충격을 흡수하지 못해 나무바퀴와 진배없었다. 묘수를 궁리하던 던롭은 무심코 축구공을 보다가 탄성을 질렀다. "이거다!"

존 던롭

던롭은 즉각 고무호스를 바퀴 테두리에 감고 바람을 집어넣었다. 타이어 속의 공기가 용수철처럼 완충 작용을 해 승차감이 좋아졌다. 지면과 바퀴의 마찰이 줄어 속도까지 붙었다. 2년 후 특허를 따낸 그는 바로 회사를 차렸다. 철제바퀴의 둘레에 통고무를 입혀 1848년 특허를 얻은 로버트 톰슨과 특허 분쟁을 겪으면서도 던롭의 공기 타이어는 급속하게 영역을 넓혀갔다.

던롭의 성장 무대는 자동차. 프랑스인 미슐랭이 1895년 파리~보르도 구간 랠리에서 선보인 공기 타이어 장착 자동차의 성공에 너도나도 통고무바퀴를 버리고 공기 타이어를 찾았다. 선두주자 던롭의 영역도 넓어졌다. 공기 타이어의 확산은 아시아의 숲을 바꾸었다. 말레이시아가 세계 최대의 천연고무 생산 국가가 된 것도 던롭이 처음 세운 대규모 고무 농장(플랜테이션)에 연유한다.

타이어의 초기 역사를 이끈 굿이어와 던롭, 미쉐린은 세계적인 타이어 회사의 사명 속에서 여전히 살아 숨 쉰다. 1840년 2월 5일 태어난 던롭이 만든 공기 타이어는 발명이라기보다 '생활 속의 지혜'에 가깝지만 인류에게 안전과 안락함을 남겼다. 우리의 발밑에서 굴러다니는 타이어에는 아들의 부상을 염려하는 아버지의 애틋한 마음이 담겨 있다.

2월 6일
후고 스티네스, 돈에 묻힌 독일 경제의 황제

물가가 뛸 때 어떻게 하면 돈을 벌까. 매점매석보다 더 큰 이익을 누리는 방법이 있다. 바로 대출이다. 금리가 급등해도 낮은 고정금리로 돈을 빌려 썼다면 그보다 더 큰 이익은 없다.

1920년대 독일 경제를 쥐락펴락했던 후고 스티네스Hugo Stinnes가 딱 이랬다. 수단은 독점과 대출. 1870년 2월 12일 탄광 사업가의 손자로 태어난 그는 23세 때부터 가업을 이어받아 회사를 키웠다. 채굴한 석탄을 운반하는 선박 회사와 무역 회사를 세운 데 이어 제철업과 전력·가스·수도 사업으로까지 영역을 넓혔다.

후고 스티네스

1차 대전 도중에도 쓰러지는 기업을 마구잡이로 사들였다. 부실한 기업을 인수해 부분으로 쪼개 포장한 뒤 값을 부풀려 팔아 차익을 챙겼다. 오늘날 '인수 후 개발매각Acquisition & Development'의 선구자 격이다.

수많은 기업을 소유한 그에게 패전은 오히려 약이었다. 초인플레이션 덕이다. 전쟁 전까지 미화 1달러당 4.2마르크였던 환율이 1923년 4조 2,000만 마르크로 뛰는 초물가고 아래 독일 국민들은 한 조각에 800억 마르크에 달하는 빵을 구하지 못해 굶었지만 그의 재산은 하루가 다르게 늘어났다. 가치가 떨어진 지폐로 세금을 내고 대출금을 갚았기 때문이다.

초물가고라는 광풍이 멎었을 때 그의 재산은 10억 금金마르크로 전쟁 전보다 10배나 불어났다. 지멘스와 라인 등 그의 콘체른(기업 결합)에 소속된 기업은 4,500여 개가 넘었다. 언론사도 60개나 사들였다. 1923년 〈타임〉지는 그를 '독일의 새로운 황제'라고 지칭한 기사를 실었다.

정치권력까지 꿈꿔 의회에도 진출했던 스티네스는 정치·언론·기업 제국 속에 파묻힌 채 1924년 54세의 나이로 죽었다. 원인은 과로사. 과연 그가 돈을 소유했을까, 돈이 그를 소유했을까.

2월 7일
암울한 현실을 고발하며 희망을 노래하다– 찰스 디킨스

《올리버 트위스트》,《크리스마스 캐럴》,《위대한 유산》. 찰스 디킨스Charles Dickens의 작품군이다. 셰익스피어에 버금간다는 그는 파산을 극복한 자수성가의 주인공이며 산업사회의 이면을 고발한 개혁주의자다. 혹독한 노동 현실을 그렸지만 그의 소설에는 희망이 깔려 있다. 건전한 노동 정신과 윤리 의식을 이끈 작가로 꼽히는 것도 이 때문이다.

1812년 2월 7일 영국의 항구 도시 포리머즈에서 태어난 그는 가난에 시달렸다. 부친이 채무 불이행죄로 수감된 후에는 학업을 중단하고 구두약 공장에서 일했다. 열악한 노동 환경에서 하루 13시간씩 일하던 열두 살 소년의 눈에 비친 런던 뒷골목의 풍경은 음산한 소매치

《두 도시 이야기》의 삽화

기 소굴에서 지내던 고아 소년이 악당의 유혹을 물리치고 행복을 찾는다는 내용의《올리버 트위스트》에 녹아 있다.

독학으로 변호사 사무실 직원, 법원 속기사를 거쳐 신문기자로 일하던 디킨스가 작가로 변신한 계기는 신빈민구제법(1834). 공적 구호가 빈민을 게으르게 만든다며 예산을 대폭 줄인 이 법안이 나오자 디킨스는 펜으로 세금을 적게 내려는 상류층의 행태를 꼬집고 번영의 그늘인 빈곤과 불평등을 들추어냈다.

사회의 어두운 면을 파헤치면서도 그는 희망을 전했다.《크리스마스 캐럴》에서 구두쇠 스크루지의 회심은 '반성과 희망'을 압축적으로 보여준다. 검약도 강조했다. 소설《데이비드 코퍼필드》의 한 구절.

"소득 20파운드에 지출이 19파운드 6센트면 행복하고 지출 20파운드 6센트면 불행하다."

프랑스대혁명을 소재로 삼은《두 도시 이야기》는 이렇게 시작한다.

"그때는 최상의 시간이었고 최악의 시간이었다. ……모든 것을 갖고 있었고 아무것도 못 가졌다."

갈림길에 서 있는 인간 앞에 모든 가능성이 열려 있다는 뜻이다.

2월 8일

좀처럼 사라지지 않는 천재의 실수 - 폰 노이만

1957년 2월 8일. 그가 이날 죽지 않고 좀 더 오래 살았더라면 인류는 이미 멸망했을지도 모른다. 임종 직전까지도 소련에 수소폭탄을 날리자고 주장했으니까. 아인슈타인과 더불어 20세기 최고의 천재로 꼽히는 폰 노이만John von Neumann 얘기다. 한동안 노벨 경제학상을 휩쓸던 게임이론의 창시자다. 컴퓨터 시대를 연 주역이기도 하다.

1903년 헝가리 부다페스트에서 유대계 독일인 부모 아래 태어난 그의 전공은 수학. 부다페스트대학에서 박사 학위를 받았던 23세에는 이미 국제적인 명성을 얻고 있었다. 부전공인 물리학과 화학에서도 당대 최고의 석학으로 인정받았다. 학문이 꽃핀 곳은 프린스턴대학의 고등연구소. 1933년 아인슈타인과 함께 이 연구소의 종신교수로 부임한 이래 수학과 물리학은 물론 경제학, 컴퓨터 공학에도 업적을 남겼다.

폰 노이만

경제학자로서의 업적은 크게 두 가지. 게임이론과 '미니맥스 정리(이해가 상반되는 두 경기자는 자기의 이익을 최대로 하고, 상대편이 취하는 전략으로 입을 수 있는 피해를 최소화하는 방향으로 행동한다는 원리)'다. '제로섬 게임(참가자가 각각 선택하는 행동이 무엇이든 참가자의 이득과 손실의 총합이 제로가 되는 게임)'이며 '죄수의 딜레마(협력을 통해 서로 이익이 되는 상황이 아닌 더욱 불리한 상황을 선택하는 문제가 발생하는 것)' 등도 그에게서 비롯되었다. "경제학은 고등학문인 물리학에 비하면 석기시대 학문에 속한다"며 기존의 학설을 무시한 그는 경제를 다수의 사람들이 참여하는 대규모 게임으로 간주했다. 수학과 게임이론을 동원하면 경제뿐 아니라 정치와 외교 정책의 모범 답안까지 낼 수 있다고 확신한 노이만은 원자탄 개발 계획인 맨해튼 계획에 적극 참여한 것으로도 유명하다.

히로시마와 나가사키가 원자탄 투하 지점으로 정해진 데에도 노이만의 '최대의 폭격 효과' 계산이 한몫했다. 노이만 게임이론의 극치는 대소 선제 핵공격론. 노이만의 사망으로 폭격도, 3차 대전도 일어나지 않았지만 게임이론의 호전성이 한반도를 노렸던 적도 있다. 미국의 북한에 대한 선제 공격론의 이론적 배경이 바로 게임이론이다.

2월 9일
극우 올가미의 망령– 매카시즘

1950년 2월 9일 미국 웨스트버지니아 주 여성 공화당원 대회. 연사인 조지프 매카시Joseph McCarthy 상원의원의 발언에 모두가 입을 벌렸다.

"국무부 내 공산주의자 205명의 명단이 여기 있다!"

현대판 마녀사냥 '빨갱이 소동Red Scare'의 시발점이다.

소련이 원자폭탄 개발에 성공하고 중국 대륙이 홍군에게 넘어간 직후 터져 나온 매카시의 폭로는 검거 선풍으로 이어졌다. 광풍의 중심은 매카시가 위원장인 상원의 비미非美 활동위원회. 정부와 의회, 학계와 문화계를 망라한 색출 작업은 수많은 희생자를 낳았다.

근거도 제시하지 못한 '빨갱이 명단 205명' 때문에 과학자 로젠버그 부부가 사형당하고 찰리 채플린이 쫓겨났다. 아인슈타인과 월트 디즈니, 트루먼, 아이젠하워 대통령까지 의심 받았다. 용공 시비로 옷을 벗은 공직자만 5,300여 명에 이른다. "국가가 연주되는 동안 엉덩이를 긁은 사람도 혐의를 받은"(험프리 보가트)

조지프 매카시

이 시기는 미국 역사상 가장 비이성적 시대로 꼽힌다.

기고만장했던 매카시가 한계에 봉착한 것은 1954년. 군 수뇌부를 좌익으로 몰아세운 게 결정적인 패착이었다. 4월 말부터 36일 동안 방송된 육군에 대한 매카시 청문회를 지켜본 미국민들은 염증을 느꼈다. 같은 해 12월 상원의 매카시에 대한 위원장 자격 박탈 결의로 매카시즘 광풍은 가라앉았다. 매카시즘은 '근거 없이 반대편을 매도·억압하는 행위'의 보통명사가 되었다.

정작 고통을 당한 것은 이 땅이다. 반공 이데올로기가 정권의 안위를 추구하고 부정부패, 인권 말살을 감추는 수단으로 악용되었다. 독재정권 밑에서는 정경유착과 관치금융, 독과점 심화, 계층·지역 간 불균형 발전이라는 경제 고질병도 뿌리를 내렸다. 매카시즘의 망령은 여전히 살아 있다. 툭하면 '좌익'으로 찍히고 견해가 다르면 '좌경'으로 몰리기 십상이다. PD에서 교사, 판사까지.

2월 10일

우리들의 자화상 – 세일즈맨의 죽음

'평생을 정직하게 일한다면 그만큼 보상받을 수 있을까.'

통설로는 그렇다. 36년간 길바닥을 누빈 62세의 세일즈맨 윌리 로먼도 땀의 대가를 믿었다. 그러나 결말은 완전히 달랐다. 직장에서 해고되고 한때 총명했던 두 아들까지 타락해 희망을 잃었다. 로먼은 마지막으로 차를 과속으로 몰아 자살을 택한다. 가족에게 보험금을 남겨주기 위해서다.

《세일즈맨의 죽음》의 저자
아서 밀러

1949년 2월 10일, 뉴욕 모로스코 극장에서 처음 공연된 연극 〈세일즈맨의 죽음Death of a Salesman〉의 줄거리다. 극의 끝자락 장례식에서 로먼의 아내는 '할부금 불입이 막 끝났는데 이제는 이 집에 살 사람이 없다!' 고 울부짖는다. 아서 밀러Arthur A. Miller가 쓴 이 극은 각종 비평가상을 휩쓸었다. 2년간의 장기 공연은 물론 세 차례나 영화로 제작되고 29개국 언어로 번역되어 전 세계의 수많은 극장에서 공연되었다. 우리나라 연극계에서도 대표적인 흥행 보증작으로 손꼽힌다.

〈세일즈맨의 죽음〉이 시대와 공간을 뛰어넘는 이유는 보편성에 있다. 주인공인 로먼의 소시민적 삶과 행복, 좌절은 1940년대 후반 미국 소시민을 넘어 전 세계 보통 사람들의 이야기였기에 지구촌의 공감을 얻었다. 죽음으로 끝맺은 이 작품은 사회적으로 새로운 탄생을 이끌었다. 미국에서 하층민 지원과 교육, 각종 보장 같은 사회안전망이 확충된 데에도 이 극에서 제시한 물음이 깔려 있다. '열심히 살았다면 최소한의 보장은 필요하지 않느냐'라는.

첫 공연을 시작한 지 61년이 지난 오늘날은 예전보다 얼마나 나아 졌나. 〈세일즈맨의 죽음〉을 통해 우리를 본다. 한국의 처지는 연극보 다도 훨씬 나쁘다. '62세까지의 노동'과 내 집 마련이 부러운 사람이 한둘일까. 자살률이 경제협력개발기구OECD 평균의 두 배를 넘는 나 라, 한국에 사는 수많은 로먼들의 어깨가 더욱 처져 보인다.

2월 11일
26년간의 타당성 조사로 건설된 이리 운하

분열과 가난. 독립 직후 미국의 모습이다. 식민지 시절을 그리워하 는 사람들도 생겨나고 서부는 프랑스와 캐나다·스페인의 영향권으 로 빨려 들어갔다. 나라가 애팔래치아산맥을 경계로 동부와 서부로 나 뉠 뻔한 상황을 이 사람이 앞장서 막아냈다. 드윗 클린턴Dewitt Clinton.

뉴욕의 명문가에서 1769년 태어나 연방 상원 의원을 거쳐 1804년부터 12년간 뉴욕 시장으로 재임한 클린턴의 가장 큰 치적은 이리 운하. 연 방 정부 예산에 버금가는 700만 달러의 공사비 가 필요하다는 보고에 토머스 제퍼슨 대통령이 '100년 후에나 가능할 일'이라며 예산 지원을 거부했음에도 클린턴은 밀고 나갔다.

드윗 클린턴

주민들을 설득하고 공채를 발행해 공사를 추진한 클린턴은 뉴욕 주지사 선거에서 승리한 직후인 1817년 7월 첫 삽을 떴다. 584㎞의 운하가 완공된 1825년부터 서부의 경제권은 동부와 합쳐졌다. 밀가루 1톤(40달러)을 버펄로에서 뉴욕시로 보내는 데는 운임 120달러와 3주의 시간이 필요했지만 운하 개통 후 운임이 6달러로 떨어지고 시간도 8일로 짧아졌다. 서부 개척이 촉진되고 시카고와 디트로이트는 공업도시로 변모했다. 통행료 수입만으로 7년 만에 공사비를 뽑은 뉴욕은 미국 최대 도시에서 세계의 중심 도시로 거듭났다.

운하 완공 3년 만인 1828년 2월 11일, 그가 주지사 집무실에서 급서(59세)하지 않았다면 미국은 클린턴이라는 성을 가진 대통령을 보다 일찍 맞이했을지도 모른다.

이제 이리 운하는 관광용으로 쓰이지만 화물 운송의 기능도 일부는 남아 있다. 대규모 토목 공사를 두고 말이 많은 한국에서도 클린턴 같은 인물이 나오고 치밀한 준비를 거치는 분위기가 형성되었으면 좋겠다. 이리 운하도 처음 논의가 시작된 지 118년, 타당성 조사가 끝난 지 26년 만에 착공됐다.

2월 12일
그린백, 세계를 지배하는 달러의 탄생

링컨이 고민에 싸였다. 돈이 궁해서다. 남부와의 전쟁에 막대한 비용이 들어갔지만 연방 금고는 바닥이 난 상태. 대형은행은 대부분 유

럽 자본의 소유였다. 돈을
빌려주겠다는 은행은 연
25~35%의 고금리를 요구
했다.

1917년에 통용되던 1달러 지폐

링컨의 선택은 지폐 발
행. 링컨은 의회를 설득해 1861년 2월 12일 지폐를 찍어낼 수 있는 권
리를 따냈다. 금화와 은화, 동전만 주조해온 조폐국은 새로운 지폐 뒷
면에 녹색을 입혔다. 개별 민간 은행의 은행권과 구별하기 위해서다.
녹색 지폐는 얼마 안 지나 '그린백greenback'이라고 불렸다. 요즘도
달러의 통칭이 그린백인 연유다. 달러화에 녹색을 넣는 전통은 지금
까지 계속되고 있다.

링컨이 발행한 그린백 총액은 4억 5,000만 달러. 요즘 돈으로 환산하
면 450억 달러에 달하는 어마어마한 규모다. 남발된 그린백은 전후 인
플레이션을 가져왔지만 뜻밖의 효과도 낳았다. 바로 화폐 통일이다.
전쟁 이전 각 은행들이 발행한 금융 증서와 지폐의 종류는 무려 1만여
가지. 전쟁이 끝나자 개별 은행권은 그린백에 파묻혀 차츰 사라졌다.

1914년에 이르러 미국의 지폐는 하나로 통일되었다. 화폐가 정리
되자 위조 증서와 악화의 남발도 사라졌다. 은행에 대한 신용도 역시
높아졌다. 남북전쟁이 연방 구성보다 어렵다던 화폐 통합을 촉진한
셈이다.

온갖 은행권이 통용되었던 원인은 각 주의 주권州權 의식 때문. 독
립전쟁의 원인을 영국의 식민지 화폐 통용 금지에 대한 반발로 보는

시각도 있을 만큼 각 주는 화폐 발행에 집착했다.

링컨의 그린백으로부터 시작된 미국의 달러화는 오늘날 세계를 지배한다. 비슷한 시기 조선도 경복궁 중건을 위해 당백전을 마구 찍어냈다. 악화인 당백전 발행은 재정 악화와 망국으로 이어졌다. 화폐사에서도 한국과 미국의 영욕이 교차한다.

2월 13일
윌리엄 쇼클리, 인류를 반도체 세상으로 이끈 최악의 경영자

쇼클리William B. Shockley는 천재로 통했다. 과학을 쉽게 풀이하는 재주도 뛰어났다. '증폭'에 대한 그의 설명.

"당나귀 꼬리에 성냥을 그어봐라. 성냥을 켜는 데 소모한 에너지와 꼬리에 불이 붙은 당나귀가 뛰는 힘의 차이가 바로 증폭이다."

1910년 2월 13일 영국 런던에서 미국인 광산 기사의 외아들로 태어나 세 살 때 미국으로 이주한 그는 '증폭'에 반평생을 바친 인물. 트랜지스터 개발의 주역이다. 무겁고 비싸며 열 때문에 잘 터지던 진공관을 대신할 증폭기의 가능성을 논문으로 발표한 게 AT&T의 벨연구소에서 일하던 1939년. 전쟁으로 중단된 연구가 재개된 1947년에는 트랜지스터를 개발해냈다.

문제는 공명심. 8년간의 연구 끝에 봉착한 마지막 난관을 쉽게 뚫은 후배 바딘과 브래튼에게 밀리고 회사에 요구했던 특별대우를 거부당하자 그는 1956년 고향에 쇼클리연구소를 차렸다. 실리콘밸리가 형성된 게 이때부터다. 노벨 물리학상도 공동 수상했다. 이 시절이 그의 정점이었다.

연구소에 최고 인재 12명을 불러들였지만 경영자로서 그는 낙제였다. 연구원들의 지능을 검사하고 경쟁을 부추긴다며 벽에 봉급 일람표를 붙였다. 결국 기행을 못 견딘 핵심 연구원 8명이 독립해 '페어차일드반도체'를 세웠다. 인텔과 AMD가 여기서 갈라져 나온 회사다.

최고의 과학자였지만 최악의 경영자였던 그는 사업 실패 후 우생학 연구에 빠져들었다. '인류의 미래를 위해 IQ 100 이하인 사람들은 불임수술을 받아야 한다'는 말도 거침없이 뱉어냈다. 1989년 79세로 사망했을 때는 극단적 백인우월주의자라는 평판이 업적과 명성을 덮었다. 과학에만 매진했다면 그는 이렇게 기억되었을지도 모른다. '인류를 반도체 세상으로 이끈 모세'.

2월 14일
미국 · 사우디 밀월의 시작, 밸런타인데이의 함상 정상회담

1945년 2월 14일 수에즈 운하 내 크레이트 비터 호수. 미국 중순양함 퀸시호 갑판에 루스벨트 대통령과 이븐 사우드 사우디아라비아 국왕이 마주 앉았다. 얄타 회담 귀환길에서 루스벨트는 사우드에게 최대한 예의를 갖추었다. 예정된 두 시간을 넘어 다섯 시간 동안 이어진 회담 내내 좋아하는 담배도 참았다.

사우드가 젊은 시절 입은 총상으로 다리가 불편하다고 말하자 루스

통역관을 통해 대화를 나누는 사우드와 루스벨트

벨트는 여분의 휠체어를 선물했다. 기분이 좋아져 '우리는 쌍둥이처럼 비슷하다'고 화답한 사우드는 휠체어를 평생 소중하게 간직했다고 전해진다. 루스벨트뿐 아니라 미국은 접대에 온 신경을 기울였다. 회담 장소까지 사우드와 수행원 48명을 호송한 구축함 머피호에는 양탄자 깔린 천막이 설치되고 냉동육 대신 살아 있는 양이 실렸다.

석유가 발견되었다고 하지만 당시 사우디는 영국의 원조로 연명하던 나라. 세계 최강국 대통령 루스벨트는 왜 사우드를 만났을까. 중동산 석유 없이는 전후 미국의 지도력을 유지할 수 없다는 판단 때문이었다. 정상회담의 결과는 나흘 후 열린 처칠과 사우드 간의 회담이 대신 말해준다. 퀸시호 정상회담 소식을 뒤늦게 알게 된 처칠은 비행기로 사우드를 찾아가 영국의 기득권 유지를 요구했다. 권고를 무시한 채 국왕의 면전에서 술을 마시고 담배를 피우며.

무리한 여행 일정 탓인지 루스벨트는 사우드와의 회담 2개월 후 사망했지만 중동에서 영국이 누리던 영향력은 미국이 가져갔다. 처칠이 선물한 롤스로이스 승용차도 소용없었다. 원유 수급의 고비마다 미국 입장을 '쌍둥이처럼' 옹호한다는 사우디의 전통도 이때부터 생겼다. 요즘도 각국 정상들은 석유를 찾아 세계를 누빈다. 국가원수 자원 외교가 바로 여기에서 시작되었다. 1945년 밸런타인데이의 함상 정상회담.

2월 15일
사회과학의 원리와 원형 감옥 – 제러미 벤담

'파놉티콘Panopticon'이라는 감옥이 있다. '모두'를 뜻하는 'pan'과 '본다'는 뜻의 'opticon'의 합성어인 파놉티콘의 외형적 특징은 원형. 중앙에 감시탑을 세우고 원둘레를 따라 감방을 만들면 소수의 간수가 다수의 죄수를 용이하게 감시할 수 있다.

인권이 다소 무시되더라도 감시에는 효율적인 구조인 감옥 파놉티콘을 설계한 사람은 제러미 벤담Jeremy Bentham. 영국의 철학자이자 경제사상가, 법학자다. 벤담은 인간에게 쾌락을 주는 것은 선善이고 고통을 안기는 것은 악惡이라고 규정하며 선악의 기준을 개인이 아니라 사회적 측면에서 판단했다. 여기서 '최대 다수의 최대 행복'이라는 공리주의 철학이 나왔다. 원형 감옥도 이런 생각에서 기인했다.

벤담의 공리주의는 19세기 초·중반 영국 사회개혁에 영향을 미쳤다. 법이나 제도가 소수 기득권층의 이익을 대변하는지, 아니면 전체의 이익을 위한 것인지를 따져가며 선거법이 개정되었다. 시간이 흐름에 따라 정부의 역할도 자연스레 공익에 맞추어졌다.

1848년 2월 15일 유명한 변

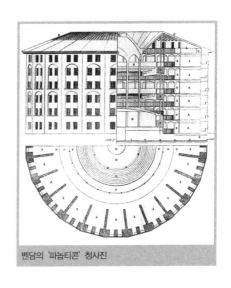

벤담의 '파놉티콘' 청사진

호사의 아들로 런던에서 태어나 신동으로 자라난 그는 사회과학에서도 수학 공식이나 물리학 법칙처럼 확고한 원리를 구축하고자 쾌락과 고통의 계산법을 개발하고 수많은 그래프를 그렸다. 오늘날까지 각국 정부가 예산을 짜고 정책을 수립할 때 기본으로 삼는 '비용편익 분석'도 벤담이 제시한 것이다.

그가 남긴 500만 단어가 넘는 원고는 런던대학에서 1968년부터 정리 및 출판 작업을 시작해 25권이 나왔지만 아직도 갈 길이 멀 정도로 양이 방대하다. 자신을 미라로 만들어 보관해달라는 유언에 따라 벤담의 시신은 런던대학에서 공개 전시되고 있다. 원고에서 미라까지 후세에서 전달하고 싶은 게 많았던가 보다.

2월 16일
압제에 맞서는 의지가 키워낸 미국 조선 산업-해적과의 전쟁

신생국가 미국은 해적들에게 쩔쩔맸다. 미국 선박을 공격하지 않는다는 조건으로 해마다 공물까지 바쳤다. 상대방은 지중해를 무대로 악명을 떨치던 바바리Barbary 해적.

오스만튀르크로부터도 반독립국으로 인정받던 바바리 해적들이 미국을 본격적으로 괴롭히기 시작한 것은 1783년부터. 독립전쟁 동안 미국 선단을 보호해주던 프랑스 해군의 방패막이 없어지면서 해적들의 집중적인 공격을 받았다. 운영비가 없어 해군까지 폐지했던 연방 정부는 바바리 해적들에게 공물을 바친 후에야 안전 항해를 보장받았다.

해적들의 요구는 점점 커졌다. 15년간 매년 100만 달러씩 공물을 바치라는 요구까지 들이댔다. 연방 정부 예산의 20%가 넘는 금액을 부정기적으로 내주던 미국은 참다못해 1974년 해군을 부활시키고 전쟁 준비에 들어갔다. 해적들이 새로운 지도자를 뽑았다며 축하금 명목으로 22만 5,000 달러의 공물을 요구해왔을 때 미국은 신형

미군의 폭파로 불타는 필라델피아호

함 7척으로 구성된 원정 함대를 꾸려 1802년 지중해로 내보냈으나 1803년 10월 위기를 맞았다.

1,240톤짜리 범선 필라델피아호가 트리폴리 항구에서 좌초해 승무원들이 포로로 잡힌 것. 위기 상황에서 미 해군은 특공대를 투입해 1804년 2월 16일 새벽, 적의 손에 넘어간 필라델피아호를 폭파시켰다. 이때부터 전황이 미국에 유리하게 돌아가고 해적들은 결국 1805년 무릎을 꿇었다.

트리폴리 해전으로 지중해의 골칫거리였던 바바리 해적을 무찌르자 유럽 국가들은 미국을 다시 보기 시작했다. 독립 후 최초의 대외 전쟁에서 승리한 미국은 공들여 해군을 키웠다. 덕분에 조선 산업이 건국 초기 미국을 대표하는 산업으로 급성장했다. 부당한 압제에 맞서려는 의지와 풍부한 삼림자원의 결합이 미국의 초기 제조업을 키운 셈이다.

2월 17일

노동력은 비용이 아니라 자원이다- IBM을 세운 토머스 왓슨

양복 정장에 넥타이. 비스니스맨의 기본 복장이다. 누가 퍼뜨렸을까. IBM을 세운 토머스 왓슨Thomas J. Watson이다. 세일즈맨은 금융인 이상으로 깔끔하고 신사의 덕목을 갖추어야 한다는 그의 생각이 오늘날 직장 남성의 표준으로 굳어졌다.

1874년 2월 17일 뉴욕에서 태어난 왓슨은 전형적인 자수성가형 인물. 17세부터 회계출납원, 피아노·재봉틀 세일즈를 거쳐 금전등록기 제작·판매사인 NCR에 들어갔다. 현대 세일즈의 원조 격인 패터슨 사장 밑에서 그는 최고 성적을 올렸다. 왕성한 영업의 결과는 재판. 경쟁사의 비밀을 캐내 저가에 매수하는 파괴 전략의 책임을 사장 대신 떠안아 징역 1년을 선고(1912)받았다.

토머스 왓슨ⓒ1920s, from
IBM Corporate Archives
Paul C. Lasewicz

보석으로 풀려났지만 직장과 재산을 잃은 왓슨의 새 직업은 계산기와 저울, 시간기록계를 생산하는 CTR의 최고경영자. 오너를 찾아가 사무기기 시장을 석권해주겠다며 자신을 세일즈한 결과다. 약속대로 그는 CTR을 1등으로 만들었다. 비결은 인력 정예화. 영업맨들에게 종신고용을 보장하고 판매와 리스 전략을 병행하니 매출이 가파르게 올라갔다. 지분을 사들여 경영권을 얻은 그는 사명을 IBM으로 바꾸고 대공황기에 오히려 설비를 늘렸다. 1950년대 IBM의 미국 사무용 계산기 시장점유율은 90% 선까지 올랐다.

왓슨은 몇 가지 실수도 저질렀다. 제록스 복사기로 이어진 발명가 칼슨의 특허기술 판매 제의를 거절해 두고두고 후회했다. '컴퓨터의 세계 수요는 연간 5대가 고작일 것'이라며 컴퓨터 개발에 뒤늦은 적도 있다. 아들과 사이도 좋지 않았다. 왓슨의 판단 착오에도 당시의 IBM은 늘 수위를 달렸다. 직원들의 충성도가 남달랐던 덕이다. 1956년 사망할 때까지 왓슨이 좌우명처럼 여긴 게 있다. '노동력은 비용이 아니라 자원이다.'

2월 18일
미국식 의료보험의 함정-닉슨의 의료 개악

2조 6,000억 달러. 미국인들이 지출한 연간(2008) 의료비다. 한국이 1년 동안 생산한 상품이나 용역 합계(국민총생산GNP)의 2.8배가 넘는 돈을 쓰고도 미국은 최악의 의료보험 제도를 운영하는 나라로 손꼽힌다.

무엇보다 국민의 15%가 무보험자다. 의료보험료가 비싸기 때문이다. 병원비도 비싸기 짝이 없다. 출산 후 하루만 지나면 퇴원해야 하는 산모가 병원에서 하루 묵는 비용이 1만 달러. 보험이 없다면 비용은 더욱 올라간다. 무보험자가 가운뎃손가락을 사고로 잃었다면 접합 수술에 6만 달러를 내야 한다. 파산자 절반의 파산 이유가 의료비 지출이다. 병원도 마찬가지다. 무조건 치료해주어야 하는 응급 환자 중에는 수술 후 도망하는 경우도 많고 의료보험에서 내주는 보험금은 갈수록 적어진다.

그렇다면 천문학적인 액수의 의료비는 누가 가져갈까. 민영 보험 회사다. 진료비를 많이 청구하는 병원은 보험사의 눈 밖에 나 보험사와 계약한 환자를 받기 어렵다. 의사들이 환자의 상태보다 보험사의 호주머니를 살핀다는 말이 나올 정도다. 보험사의 눈을 의식해 검사 항목을 줄이는 경우도 많다.

'고비용 저효율' 구조가 시작된 것은 닉슨 대통령 시절부터다. 마이클 무어 감독의 영화 〈식코Sicko〉(환자를 뜻하는 속어)에는 닉슨이 민영 보험업자들의 이익과 부합하는 신의료보험 정책을 단 하루 만에 결정, 1971년 2월 18일 발표하는 비밀 녹화 장면이 나온다. 역대 대통령들은 개혁을 추진했으나 번번이 로비에 막혔다. 클린턴은 '의료사회주의자'라는 비난까지 뒤집어썼다. 오바마가 가까스로 의료개혁안을 통과시켰으나 알맹이가 빠져 효과는 미지수다.

정작 문제는 한국이다. 공적 의료보험의 핵심인 '당연지정제' 폐지론이 솔솔 나오고 있다. 시장 원리도 좋지만 국민 건강이 자칫 미국식 의료보험이라는 함정에 빠지지 않을까 걱정된다.

2월 19일
물타툴리, 해적 국가의 양심

물타툴리Multatuli. 소설가 에두아르드 데커Eduard D. Dekker의 필명이다. 대표작은 1860년 발표한 자전적 소설인 《막스 하벨라르Max Havelaar》. 네덜란드의 인도네시아 식민지 수탈에 고민하는 가상의 관

료 막스 하벨라르를 주인공으로 삼은 이
소설은 19세기 유럽 문학의 걸작으로 꼽힌
다. 정신분석학을 개척한 프로이트는 '10
권의 책을 추천해 달라' 는 의뢰를 받고 주
저 없이 이 책을 첫 번째로 올렸다.

《막스 하벨라르》 표지(1891)

1820년 암스테르담에서 태어나 선장이
었던 부친을 따라 18세에 인도네시아로 이
주했던 데커의 직업은 식민지 관료. 말단
으로 시작해 부통감의 자리에까지 오른 그는 36세 때 전임자의 비리
를 고발했는데 오히려 정직을 당하자 사표를 던지고 귀국해 한 호텔
에 머물며 소설을 써내려갔다.

내용은 식민지 학정 폭로. 강제 노동에 동원되어 당국의 지시대로
특정 작물만 파종했다가 수확이 나쁘면 굶어 죽어야 하는 인도네시아
인들의 고통과 문명국가라고 믿었던 조국 네덜란드의 착취, 토착 지
주들과 유착해 부패를 저지르는 현지 관리들의 실상을 낱낱이 고발한
소설《막스 하벨라르》가 나오자 유럽은 충격과 논쟁에 휩싸였다.

불온주의자로 찍혀 직업을 얻지 못한 데커는 각국을 방랑하며 집필
과 연설로 생계를 꾸리다 1887년 2월 19일 67세로 가난하게 죽었지만
'해적 국가의 양심' 으로 기억되고 있다. 오늘날의 '막스 하벨라르' 는
희망의 상징이다. 제3세계의 생산물을 제값 주고 수입하자는 공정무역
fair trade을 시작한 국제단체도 막스 하벨라르라는 이름을 갖고 있다.

공정무역은 '희망무역' 으로도 불린다. 모두 함께 살아갈 수 있는

희망이 공정무역에 있다는 뜻에서다. 물타툴리는 라틴어로 '수많은 고통', '시련을 견디다' 라는 뜻을 갖고 있다. 지구촌 경제가 되살아나려면 얼마나 많은 물타툴리를 치러야 할까.

2월 20일
람보르기니, 무엇이든 최고를 만든다

람보Rambo와 람보르기니Lamborghini. 철자는 달라도 둘은 공통점을 갖고 있다. 근육질의 영화 주인공 람보와 비슷하게 람보르기니는 파워 스포츠카의 대명사로 꼽힌다.

람보르기니를 세운 페루치오 람보르기니Ferruccio Lamborghini의 삶은 더욱더 역동적이다. 폐허 속에서 손대는 사업마다 명품으로 만들었으니까. 1916년 이탈리아 북부의 부유한 농가에서 태어난 그는 공군 정비사로 참전한 2차 대전 종전 후 곳곳에 방치된 군용 트럭을 트랙터로 개수하는 사업으로 돈과 명성을 얻었다.

이탈리아 최대 트랙터·에어컨 업자로 성장한 그가 스포츠카 제작을 결심한 원인은 복수. 레이서로도 활동했을 만큼 속도를 즐겼던 그는 선호 차종인 페라리 클러치에서 이상을 발견했다. 개선을 촉구하기 위해 설립자인 엔초 페라리에게 편지를 보내고 면담을 신청했으나 '트랙터나 만들라' 는 비아냥거림만 돌아왔을 뿐이다. 분노한 람보르기니는 직접 스포츠카 제작에 뛰어들었다.

페라리를 능가하겠다는 다짐으로 1964년부터 생산한 스포츠카는 선풍적인 인기를 끌었다. 최고 전문가들에게 최고 보수를 주고 일을 완전히 맡긴다는 원칙 덕분이다. 문제는 제조원가가 과도하고 적절한 광고와 마케팅도 없었다는 점. 결국 이익을 낼 수 없는 구조에 몰리자 1972년 '노년을 즐기겠다'며 회사를 스위스 사업가에게 넘기고 포도농장주로 변신했다.

페루치오 람보르기니 ⓒAutomobili Lamborghini S.p.A., PRESS DATABASE

　얼마 안 지나 '람보르기니 와인'은 명품으로 자리 잡았다. 자동차 사업은 끝까지 영위하지 못했지만 그는 무엇이든 최고를 만들겠다는 고집으로 수많은 명품을 세상에 남겼다. 이루지 못한 한 가지 꿈은 수명. 평생의 라이벌로 여겼던 페라리(90세)보다 오래 살 것이라고 장담했으나 뇌졸중으로 1993년(77세) 사망했다. 기묘하게도 그의 사망일(2월 20일)은 페라리의 생일(1898년 2월 20일)과 같았다.

2월 21일
최초의 기관차가 최초의 열차를 매달고 최초의 승객과 화물을 실어 나른 사건

　1804년 2월 21일, 영국 남부 웨일스 지방의 제철소. 괴기한 모습의 기관차가 '칙칙' 소리를 내며 움직이기 시작했다. 목적지는 16km 떨어

트레비식의 기관차(1804)

진 운하 부근의 선적장. 승객 70명과 철광석 10톤을 실은 기차는 무사히 운행을 마쳤다. 소요 시간 총 4시간 5분. 평균 시속 4km에 불과했던 이날의 운행은 '최초의 기관차가 최초의 열차를 매달고 최초의 승객과 화물을 실어 나른 사건'으로 기억되고 있다. 철도가 탄생한 것이다.

군중은 광산업자 홈프레이에게 축하를 보냈다. 대저택을 매입할 수 있는 거액인 500기니가 걸린 내기였기 때문이다. 기관차를 설계·제작한 리처드 트레비식Richard Trevithick에게 특허권을 사들인 홈프레이는 '바보짓을 했다'는 다른 광산업자의 비아냥거림에 내기를 제안해 돈도 따고 최초의 철도업자라는 기록을 남겼다.

누구보다 운행 성공을 반긴 사람은 트레비식. 문맹이면서도 공학에 특별한 재능을 지녀 제임스 와트의 저압 증기기관을 고압기관으로 개량하고 1801년에는 증기자동차를 선보여 주목받았던 사람이다. 문제는 여기가 트레비식의 정점이었으며 본격적인 철도의 등장에도 20여 년의 세월이 걸렸다는 점이다. 왜 트레비식의 철도는 성공하지 못했을까. 협궤형 목제 궤도가 2차 운행 이후부터 기관차의 하중을 견뎌내지 못한 탓이다.

트레비식은 1808년 기차 운행을 보여주는 서커스 사업을 시작했으나 입장료가 2.05파운드로 너무 비쌌던데다 주철로 만들어진 협궤 철로 역시 약해 얼마 안 지나 문을 닫고 말았다.

결국 '철도의 아버지'라는 영광은 기관차 개량에서 철로의 재질 개선, 폭 확장에까지 힘을 쏟은 조지 스티브슨George Stephenson에게 돌아갔다. 산업화 초기 공간 혁명을 이끈 철도 혁명에는 트레비식의 작은 성공과 큰 불운이 깔려 있다.

2월 22일
매일 만나는 헤르츠

전기진동회로의 양극에서 불꽃이 일었다. 고무된 하인리히 헤르츠Heinrich R. Hertz는 실험을 반복했다. 결과는 마찬가지. 전기적 진동이 공간을 통해 퍼진다는 사실이 규명되었다. 인간은 전자기파를 이렇게 찾아냈다.

헤르츠의 전파 발견으로 빛은 과학의 영역으로 들어왔다. 뉴턴에 버금가는 영국 학자로 평가되는 패러데이와 맥스웰의 전자파 이론도 헤르츠에 의해 입증되었다. 헤르츠 이후 전자파를 이용한 과학기술의 진보는 말 그대로 빛의 속도다.

전파를 상업화한 최초 주자는 이탈리아의 마르코니Guglielmo Marconi. 그는 1906년 헤르츠의 전파 발생 장치를 이용해 무신통신을 선보였다. 1906년에는 3극 진공관이 발명되어 전자

하인리히 헤르츠

시대가 열렸다. 1920년 미국 KDKA 라디오방송국 개국은 1 대 1에 머물던 통신의 영역을 불특정 다수로 넓혔다. 1936년에는 영국 BBC가 TV 전파를 쏘았나.

전파의 발전은 갈수록 빨라지고 있다. 휴대폰 등 무선통신 사업의 번창이 대표적이다. 방송과 통신의 결합으로 전파가 제공할 수 있는 콘텐츠도 무궁무진하다. 미래 산업의 총아로 주목받는 정보통신의 시발점이 바로 헤르츠의 전파 발견이다.

1857년 2월 22일 기독교로 개종한 유태인 집안에서 태어난 헤르츠는 전파의 속도가 빛과 같다는 점도 밝혀냈다. 지병인 만성패혈증이 도져 1894년 37세의 나이로 요절했지만 헤르츠의 명맥은 오랫동안 이어졌다. 원자구조론으로 1925년 노벨 물리학상을 받은 구스타프 헤르츠가 그의 조카다. 병원에서 쓰는 초음파 진단기도 구스타프의 아들인 카를 헤르츠의 발명품이다.

요즘도 사람들은 하인리히 헤르츠를 거의 매일 만난다. 주로 접하는 무대는 라디오. 주파수 영역의 표시 단위인 '헤르츠Hz'는 그의 이름에서 나온 것이다.

2월 23일

진실한가?- 국제 로터리클럽

1905년 2월 23일, 미국 시카고의 한 사무실. 변호사 폴 해리스Paul P. Harris의 주도로 4명의 사업가들이 모였다. 각기 전문 영역에서 일하던 이들은 봉사와 인화를 도모하자는 데 뜻을 같이했다. 로터리 Rotary 운동이 출발한 순간이다.

당시 미국 고도성장의 그늘에서는 부패와 독점, 투기가 판쳤다. 기업 간 경쟁과 갈등, 반목이 극에 달하고 기업윤리와 사회가치관도 땅에 떨어져 있었다. 회원들은 거듭된 만남을 통해 지역에 대한 봉사와 사회 개혁에 전력하기로 방향을 정하고 각기 사무실에서 돌아가며 만나기로 약속했다. 로터리라는 명칭이 이렇게 생겼다.

'초아의 봉사 Service Above Self'라는 모토의 로터리클럽은 순식간에 미국 전역과 세계로 퍼졌다. 우리나라에서도 일제치하였던 1927년 '경성 로터리클럽'이 결성되었다. 각국의 클럽은 박해도 받았다. 독일 로터리클럽은 히틀러에 항거하다 폐쇄되는 아픔을 겪었고 동구권에서는 1947년부터 1989년까지 클럽 결성이 금지되었다.

압제에도 국제 로터리는 뚜렷한 흔적을 남겼다. 유네스코 UNESCO도 교육 사업에 관한 로터리 회원들의 국제회의(1942)에서 비롯되었다. 로터리는 아직도 가장 많은 장학금을 내주는 국제단체이며 소아마비가 거의 퇴치된 것도 로터리의 기금 덕분이다.

우리나라의 로터리 운동도 활발하다. 1,341개 클럽, 5만 4,529명의 회원을 보유한 한국은 국제사회에서 로터리 강국으로 인정받고 있다. 전 세계 121만여 명 회원을 대표하는 국제 로터리클럽의 2008~2009년 회장직도 한국인이 맡았다. 전 세계 어디서나 로터리 회원들은 네 가지 표준을 외치며 모임을 갖는다. 강령 격인 '표준'의 첫 조항. '진실한가? Is it TRUTH?'

2월 24일

존중으로 이루어낸 27년간의 여행– 이븐 바투타

중세시대에 여행 거리가 가장 길었던 사람. 누구일까. 마르코 폴로가 떠오르겠지만 그보다 더 많은 거리를 여행한 인물이 있다. 이븐 바투타Ibn Battuta다. 27년간 발과 낙타, 배로 다닌 여행 거리가 약 12만 km. 베이징~파리 직선 구간을 여섯 번 오간 거리다. 오늘날 국경 기준으로는 44개국을 거쳤다.

이븐 바투타의 여행을 형상화한 그림

1302년 2월 24일 이슬람 문화의 황금기에 튀니지 탕헤르의 명문가에서 태어난 그는 법관 교육을 받으며 자랐다. 여정을 시작한 것은 1325년, 21세 때였다. 메카 순례를 위해 떠난 청년은 27년이 지나서야 고향에 돌아왔다. 인도, 중국에서 동아프리카 해안, 서남아시아, 유럽까지 그는 알려진 세계의 모든 곳을 다녔다. 인도에서는 군주가 하사한 영지를 남겨두고 여행길에 오른 적도 있다.

수많은 위험이 도사린 여행길을 무사히 마친 비결은 남에 대한 존중. 독실한 무슬림임에도 바투타는 예수에 대해 말할 때면 언제나 '그에게 평화를' 이라는 축원을 달았다.

고향에 돌아온 바투타가 남긴 여행기는 최고의 작품이자 귀중한 사료로 손꼽힌다. 여행지의 풍토와 관습, 상품 매매 등 교환 제도까지 꼼꼼하게 기록되어 있기 때문이다. 옥중 구술을 받아 적었다는 폴로의 《동방견문록》에 비할 바가 아니다. 폴로를 바투타와 비교해 '보름달 옆의 뭇별'이라고 말한 학자도 있다.

바투타의 여행기는 대항해 시대 개막에도 영향을 미쳤다. '적도 이남의 아프리카는 너무 더워 사람이 살지 않는다'는 프톨레마이오스의 세계관이 바투타로 인해 깨졌기 때문이다. 《동방견문록》의 내용에 대해 반신반의하던 유럽인들은 바투타의 여행기를 보고서야 비로소 배를 타고 아프리카 해안을 돌아 희망봉과 인도 항로를 찾아냈다. 여행객의 발이 역사를 연 셈이다.

2월 25일

신이 창조한 인간을 평등하게 보낸 새뮤얼 콜트

콜트. 19세기 후반 이후 전쟁터에 가장 많이 등장한 제품이다. 콜트사에서 찍어낸 총기류만 3,000만 정. 묵직한 45구경 '권총이며 M16 소총이 콜트사에서 나왔다. 콜트사의 창립자 새뮤얼 콜트Samuel Colt는 무기뿐 아니라 산업사에도 뚜렷한 족적을 남겼다. 부품 규격화를 통한 호환성 확보, 작업 세분화, 제품 일련번호(시리얼넘버), 영업 전문 대리점 등을 처음 선보인 사람이 콜트다.

성공의 시발점은 1836년 2월 25일의 특허 취득. 권총을 쏠 때마다 회전 탄창을 손으로 돌려야 하는 불편함을 없앤 반자동식 리볼버 권총으로 특허를 따낸 22세의 외항선원 출신 청년은 바로 공장을 세웠다. 결과는 6년 만의 도산. 특허 분쟁 탓이다.

새뮤얼 콜트

1847년 특허 연장에 고무된 그는 다시 사업에 나섰다. 남의 공장을 빌렸지만 장인의 수작업에 의존하던 공정을 세분화·자동화하여 제품의 질을 높였다. 사업 영역도 넓혔다. 리모컨으로 조종하는 폭발 장치를 개발하여 대서양 해저 케이블 가설 공사에 납품하고 마취제로 쓰이던 아산화질소를 '웃음 가스'로 팔아 돈을 벌었다.

주력인 총기 사업에서도 대박이 터졌다. 인디언 사냥과 멕시코전쟁, 남북전쟁 덕분이다. 1851년에는 현대화 공정을 갖춘 최초의 사업장이라는 하트포트 공장을 세우고 미국인으로는 최초로 영국 런던에 지사를 개설했다. 남북전쟁 발발(1861) 당시 그는 이미 미국의 10대 부호로 꼽혔다. 건강 악화로 1862년 47세로 사망한 그가 남긴 재산은 1,500만 달러. 요즘 가치로 3억 달러가 넘는 유산의 대부분은 총을 팔아 번 돈이다. 콜트사가 만든 총에 얼마나 많은 사람들이 죽었는지 이런 말이 있다고 한다.

'신은 모든 인간을 창조했다. 콜트는 그들을 평등하게 보냈다.'

2월 26일
버큰헤이드를 기억하라

영국 해군 수송함 버큰헤이드호. 1,918톤짜리 외륜증기선에 불과하지만 숭고한 인간정신의 상징으로 꼽히는 선박이다. 위험 상황에서 여자와 어린아이부터 구출하는 전통의 시발점으로 여겨지기 때문이다.

1852년 2월 26일 아프리카 남단 해역에서 발생한 버큰헤이드호 침몰 사건의 '알려진' 개요는 이렇다. '암초에 걸려 침몰 직전의 혼란한 상황에서 병사들이 갑판으로 물러섰다. 승선 인원이 제한된 구명보트에 여자와 어린아이를 먼저 태우기 위해서다. 보트에 옮겨 탄 군인 가족들은 부동자세를 유지한 채 바닷속으로 빠져 들어가는 남편과 아버지를 보며 울부짖었다.'

가슴이 저미는 이야기지만 전후 관계가 불투명한 구석이 있다. 승선 인원 643명 가운데 193명이 살아남았는데 '전원 구조되었다'는 여자와 어린아이는 전부 합쳐 20명. 나머지 생존자는 모두 군인이었다. 사고가 새벽 2시에 발생했는데 가족들이 보트에서 침몰 순간을 제대로 목격했다는 점도 의문이다. 사건이 널리 알려진 것도 발생 직후가 아니라 7~8년의 세월이 흐른 뒤 새뮤얼 스마일스의 《자조론》(1859)과 키플링의 시 《버큰헤이드 드릴》(1860)이 출간된 뒤다.

무게 3톤에 달하는 금화를 배에 적재했느냐도 논란거리다. 억측이기를 바라지만 병사들을 집합시킨 진짜 이유는 혼란을 틈탄 금화 탈취를 방지하기 위해서라는 해석도 있다. 영국과 남아프리카공화국은 1989년 해저에서 금화가 발견될 경우 양분한다는 협정을 맺었다.

중요한 점은 무엇이 진실이든 이로 인해 고귀한 전통이 생겼다는 사실이다. 타이타닉호가 침몰할 때도 사람들은 '버큰헤이드를 기억하라'는 귓속말을 나누며 여자와 어린아이를 먼저 구했다고 전해진다. 우리에게도 이런 전통이 접목되었으면 좋겠다. 경제가 어렵고 상황이 고약해도 중심을 잡고 약자를 위한다면 기회가 오지 않을까.

2월 27일
파블로프, 중년의 승리

'개에게 고기를 보여줄 때마다 종을 치는 실험을 반복했더니 개가 종소리만 듣고도 침을 흘렸다.'

러시아 생리학자 이반 파블로프Ivan P. Pavlov는 실험을 통해 동물인 개의 식욕이 종소리나 주인의 발걸음에 대한 대뇌의 인식에서 촉발된다는 사실을 밝혀냈다. 교과서에도 나오는 파블로프의 '조건반사'는 단순한 실험이었지만 현대 심리학을 발전시키고 광고 전략에도 영향을 미쳤다. 구매 심리를 이끌어내는 반복 광고에는 파블로프 이론이 깔려 있다.

1849년 러시아 랴잔에서 목사의 아들로 태어난 그는 20세까지 신학을 공부했으나 러시아에 불어온 개혁과 탐구의 바람을 타고 과학으로 관심을 바꾸었다. 상트페테르부르크대학에서 화학과 생리학을 공부해 의사 자격을 취득한 후 1936년 2월 27일 87세로 사망할 때까지 그는 평생을 연구에 바쳤다.

유명해지기 전까지 방 한 칸도 못 구할 만큼 가난했지만 그는 모든 것을 실험에 쏟아부었다. 요양비가 없어 첫째아이를 잃은 뒤 출산한 둘째아이를 위해 제자들이 걷어준 돈마저도 실험용 동물을 구입하는

데 사용했을 정도다. 조건반사 실험을 통해
1904년 노벨 생리·의학상을 받은 그는 소련의
기초과학 발달에도 영향을 미쳤다.

이반 파블로프

　연구원들에게 자신과 같은 수준의 식량과 물
자가 배급되지 않는다면 공산 정권이 베푸는 모
든 특혜를 거부할 것이라는 파블로프의 으름장
은 연구원 우대 풍토와 과학기술 발달로 이어졌
다. 공산당이 성직자 집안 태생인 학생들을 쫓아내자 '나도 성직자의
아들'이라며 교수직을 내던진 사례도 유명하다.

　파블로프는 오늘날을 살아가는 중년들에게 특히 귀감이 된다. 나
이 50세가 넘어 생리학에서 심리학으로 관심을 돌려 일가를 이루었으
니까. 명저로 평가받는《조건반사와 심리 치료Conditioned Reflexes and
Psychiatry》(1941)를 저술했을 때 나이가 80세였다.

2월 28일
평화의 댐, 정권 안보의 수단이 된 대규모 토목공사

　"불신과 낭비를 상징하는 사상 최대의 기념비적 공사".

　미국 〈워싱턴포스트〉지의 '평화의 댐'에 대한 평가다. 대학생들을
상대로 '대한민국 최대 거짓말'을 묻는 여론조사에서 '한국 경제의
펀더멘털fundamental은 튼튼하다'는 외환위기 직전 경제부처 수장의
호언에 이어 2위로 꼽힌 게 평화의 댐이다.

어떤 거짓말을 했을까. 북한이 추진하던 금강산댐의 위협을 과대 포장했다. 건설부 장관의 '북한이 200억 톤의 담수 용량을 가진 금강산댐을 건설 중이며 댐이 무너지면 63빌딩 중턱까지 물이 차오르게 될 것'이라는 발표에 여론이 들끓었다. 이때가 1986년 10월 말.

바로 대응댐 건설 계획이 나왔다. 63빌딩 허리까지 물에 잠기는 그래픽이 연일 TV 화면을 장식하면서 국민들은 성금을 모았다. 말이 성금이지 실은 반강제 할당이었다. 안기부는 연말연시 불우이웃돕기 운동까지 미루어가며 기업들을 채근, 700만 원에서 10억 원까지 성금을 할당했다. 초등학교에서도 코 묻은 돈으로 할당액을 채웠다. 이렇게 모은 성금이 모두 733억 원. 정부는 이듬해인 1987년 2월 28일 총 공사비 1,509억 원을 들여 대응댐 공사에 들어갔다.

완공 직후 미국 언론의 조롱에도 조용히 묻혀 있었던 평화의 댐이 문제로 부각된 것은 문민정부 출범 직후인 1993년. 조사를 벌인 감사원은 직선제 요구가 고개를 들 무렵 '시국 안정 및 국면 전환을 위한 과잉 대응'으로 평화의 댐을 건설했다는 결론을 내렸다. '댐은 위협이 못 된다'라는 미군의 분석이 묵살되었다는 사실도 밝혀졌다. 국가 안보를 팔아 정권 안보를 꾀한 대표적인 경우다.

대국민 사기극이었던 평화의 댐 건설을 가장 반겼던 것은 해외공사 수주 격감으로 불황을 겪던 건설업체들이었다. 역사는 반복되는 것인지 요즘 건설업체들은 정부 주도의 대형 토목공사에 목을 매고 있다.

3월

3월 1일

돈은 개인의 인격을 지키는 수문장이다- 게오르그 지멜

생전은 물론 사후에도 그는 제대로 평가받지 못했다. 불우한 학자로 여겨졌을 뿐이다. 오늘날 사정은 정반대다. 시간이 흐를수록 각광받고 있다. 게오르그 지멜Georg Simmel. 《돈의 철학Philosophie des Geldes》(1900)을 저술한 독일의 사회학자다.

1858년 3월 1일 베를린에서 태어난 그는 철학과 문학, 예술에 이르기까지 특출한 능력을 보였어도 교수직 임용에
내내 탈락하는 불운을 겪었다. 유대인에 대한
편견 탓이다. 나이 40줄을 넘긴 1901년 모교인
베를린대학의 조교수 자리를 겨우 얻었다.
1914년에 지방 대학의 정교수로 임용되었지만
1차 대전으로 강의도 제대로 못 해보고 1918년
간암으로 죽었다.

게오르그 지멜

평생을 강사로 떠돌면서도 그는 수많은 저작을 남겼다. 200여 편의 논문과 기고, 20편의 책자 중 대표작은 《돈의 철학》. 머리말에 "이 책의 단 한 줄도 경제학적 연구를 지향하지 않는다"고 적었지만 실제로는 시장경제가 촉진시킨 개인의 발전을 연구한 책이다.

지멜은 '어떻게 살아갈 것이냐'의 문제를 구매에 대한 선택으로 보았다. 의식주는 물론 여흥까지 시장에 의존하는 시대의 삶은 구매의 문제라는 것이다. 사람들이 점점 냉정해지는 것도 어떤 물건을 사는가에 대한 고민의 귀결로 여겼다.

교수로 자리 잡지 못해 '아웃사이더'로만 여겨졌던 지멜은 1980년대 이후 재평가받고 있다. 개인의 역할이 갈수록 커진다는 논지가 자본주의 흐름과 맞아떨어지기 때문이다. 화폐가 물물교환─금속화폐─지폐로 발전하는 과정을 '돈의 추상화'라고 해석했던 그의 생각은 요즘 플라스틱머니(신용카드)와 전자화폐로 이어지고 있다. 《돈의 철학》에서 그는 이런 구절을 남겼다. '돈은 개인의 인격을 지키는 수문장이다.'

3월 2일
물류 산업의 해방 선언─기번스 대 오그던 소송

경인 운하가 뚫렸는데 인천시에서 지정한 독점업자만 운항할 수 있다고 치자. 화물 운송이 제대로 될 턱이 없다. 불만도 쌓인다. 180여 년 전 허드슨강이 딱 이랬다. '증기선의 아버지'인 풀턴과 후원자인 리빙스턴에게 뉴욕이 부여한 증기선 독점권 탓이다.

증기선 수요가 늘어나며 미국 뉴저지와 필라델피아 수운업자의 불만이 터져 나왔지만 발명가 풀턴의 명성과 국무장관까지 지낸 리빙스턴의 영향력이 합쳐진 독점권은 요지부동. 두 사람의 사망 직전에 권리를 사들인 애런 오그던도 독점권을 누렸다.

독점에 맞선 다른 수운업자들의 대안은 불법 운행. 오그던은 본업보다 경쟁 업체를 고발하는 데 더 많은 시간을 보냈다. 최대 라이벌은 토머스 기번스Thomas Gibbons. 연방 정부가 인가한 범선 운항권을 가진 기번스는 강심장인 밴더빌트를 선장으로 기용해 짭짤한 수익을 올렸다.

참다못한 오그던이 공권력을 동원하자 기번스는 1819년 독점 자체에 대한 소송을 걸었다. 뉴욕 법원에서 연패한 기번스는 대니얼 웹스터(훗날 국무장관에 올라 대권까지 넘보았던 변호사)와 전직 법무장관을 변호사로 고용, 소송을 대법원까지 몰고 갔다.

1824년 3월 2일 마셜 대법원장은 '주간 통상을 규제할 권한은 연방 정부에 있을 뿐'이라는 판결을 내렸다. 기번스가 승리한 지 2년 만에 허드슨강의 증기선은 6척에서 43척으로 늘어났다. 운임도 40%나 떨어졌다. 전국의 모든 강과 호수, 항구에 대한 독점과 간섭도 사라졌다. 젊은 선장 밴더빌트는 미국 최고 갑부로 떠올랐다.

독점은 위헌이라는 인식이 확산되고 주정부가 유력 인사에게 독점권을 베푸는 관행도 없어졌다. 지방의 이익을 보장하는 장벽이 무너진 결과는 '세계 최대 단일 공동시장'으로서 미국의 재탄생. 기번스 대 오그던 소송의 판결은 '물류 산업 해방령'이었던 셈이다.

3월 3일

미래에 대한 통찰의 승리 - 알렉산더 벨

전화를 발명한 사람은 누구일까. 대부분 알렉산더 벨Alexander G. Bell이라고 답하지만 아니다. 독일인 필립 라이스의 전화 발명이 벨보다 15년 앞선다. 그리스어 'tele(원격)'와 'phone(음성)'을 합성해 '텔

시험용 전화기를 통해 말하고 있는 알렉산더 벨

레폰telephone' 이라는 용어를 만든 사람도 라이스다. 특허 신청이 2시간 늦는 통에 '전화의 발명자'라는 영예를 놓친 미국인 그레이가 만든 전화기는 벨의 제품보다 성능이 훨씬 좋았다.

후발 주자에 품질까지 떨어졌음에도 벨은 전화의 아버지로 기억된다. 그가 설립한 전화 회사는 알짜 거대 기업 AT&T와 루슨트테크놀로지사로 남아 있다. 벨의 성공 요인은 추진력과 미래에 대한 통찰. 라이스는 사업화를 망설이다 기회를 놓쳤고 당대 최고의 전신 전문가였던 그레이에게 전화는 무선전신의 부수물이었을 뿐이다. 반면 전화의 시대를 확신한 벨은 전화기 개량에 온 힘을 쏟았다. 자신의 이름을 딴 전화 회사까지 세웠다.

당시로서는 모험 중의 모험. 전화를 처음 접한 헤이스 대통령이 '놀랍지만 누가 이렇게 쓸데없는 물건을 사겠느냐'고 반문하던 시대였다. 모험은 대박을 낳았다. 거부의 대열에 오른 벨은 축음기 개량과 비행기 연구, 과학 전문 〈사이언스〉지 창간 등의 업적을 쌓았다. 무엇보다 애착을 보인 분야는 농아 교육.

1847년 3월 3일 그가 태어날 무렵 아버지 M. 벨이 시화법視話法을 개발해냈을 만큼 청각장애 연구는 가업이었다. 의학을 공부한 벨이 전화기를 만든 것도 농아를 위한 음성학 연구의 소산이다. 농아학교 교사 시절에는 여섯 살짜리 헬렌 켈러를 가르친 적도 있다. 1922년 8

월 22일 벨이 사망했을 때 미국 전역의 전화 시스템은 1분간 침묵에 빠졌다. 인간을 사랑한 발명가 벨을 애도하기 위해서다.

3월 4일
니콜라이 콘드라티예프의 경기 사이클 읽기

니콜라이 콘드라티예프 Nikolai D. Kondratiev. 경기순환론을 발표한 경제학자다. 소련 국적을 지닌 사람으로서는 경제학 교과서에 이름을 올린 유일한 인물.

1892년 3월 4일 모스크바 부근에서 농노의 아들로 태어나 상트페테르부르크대학에서 경제학을 공부한 그는 일찌감치 혁명에 뛰어들었다. 당원으로서 그의 역할은 농업과 식량 공급 문제에 대한 조사 연구. 차르 체제가 무너진 1917년에는 25세의 나이에 식량 공급 책임자로 지명되기도 했다.

니콜라이 콘드라티예프

경제학자로서 이름이 알려지기 시작한 것은 1925년. 《장기파동론》을 발표한 이후다. 평균 50~60년을 주기로 호황과 불황이 반복된다는 장기파동론의 골자는 원천 기술의 변화에 따라 경기 사이클의 큰 흐름이 변한다는 것. 슘페터와 프리만 등은 그의 이론을 바탕으로 산업혁명(1771) – 철도 · 증기기관 (1829) – 철강 · 전기 · 중공업(1875) – 석유 · 자동차(1908) – 정보통신 (1971) 등 신기술이 본격 확산되는 시점을 호황 국면으로 해석했다. 빗

나갔지만 콘드라티예프 파동론에 데이터를 접목시켜 세계 경제가 2006
년부터 침체기를 벗어난다는 분석을 내놓은 곳(MIT대학)도 있었다.

학문적 업적과 달리 콘드라디에프는 비극적인 삶을 살았다. 시장
주의 요소가 가미된 신경제정책을 입안하고 부농(쿨라크kulak) 육성책
을 주장해 스탈린의 미움을 산 탓이다. 1930년 체포. 감옥에서도 연구
를 계속하던 그는 스탈린의 대숙청에 걸려 1938년 10월, 형장의 이슬
로 사라졌다. 당시 나이 46세. 가족에게 보낸 마지막 편지에는 책 5권
을 새로 저술하겠다는 글이 적혀 있었다. 처형 49년 만인 1987년 소련
은 그의 복권을 선언했다. 짧은 생을 살다 갔지만 생동하는 경제 사이
클 속에서 그의 이름은 살아 숨 쉰다.

3월 5일
제임스 토빈, "계란을 한 바구니에 담지 마라."

금융 포트폴리오 이론 정립. 1981년 노벨 경제학상 선정 이유다. 쉽
게 풀어달라는 기자들의 요구에 수상자 제임스 토빈James Tobin 예일
대 교수는 이렇게 말했다.

"계란을 한 바구니에 담지 마라."

1918년 3월 5일 일리노이 주에서 태어난 토빈은 법학을 공부하며
부친과 같은 언론인이 되기를 꿈꿨지만 하버드대학에서 경제학으로
항로를 바꾸었다. 슘페터와 산업연관표를 만든 러시아 출신의 레온티
에프 교수와 대학원생 폴 새뮤얼슨의 영향 때문이다.

법학 대신 경제학을 선택한 토빈은 케인스 연구에 빠져 모호하고 문학적 표현이 많은 케인스 이론을 구체화하고 모델화했다. 전통적으로 자유방임을 중시하는 공화당 출신인 닉슨 대통령이 1971년 '우리 모두는 이제 케인스언'이라고 말할 정도로 케인스 경제학이 뿌리내리는 데 토빈은 결정적으로 기여했다.

경제를 시장에만 맡기기보다는 정부의 제한된 개입이 필요하다고 생각한 토빈은 밀턴 프리드먼과 함께 20세기 중·후반을 수놓은 '케인스언 대 통화론자' 논쟁의 주역으로도 유명하다. 포트폴리오를 연구한 학자답게 '토빈의 Q'란 기업가치 평가 모델도 만들고 생계최저임금을 정부가 부담하는 '역逆소득세' 이론도 제시했다.

2002년 심장병으로 사망한 그가 말년에 전력했던 것은 '토빈세' 도입. 토빈세란 세계 외환 거래액의 95%를 차지하는 투기성 자금 이동에 대해 전 세계 국가들이 0.05%의 세금을 매기자는 것이다. 국제 간 세정 협력을 통해 핫머니로부터 외환·금융 시장을 지키고 세수도 늘리자는 토빈의 주장은 선진7개국G7 정상 모임과 국제연합UN에서 논의 중이다. 토빈세의 최대 약점은 단 한 나라라도 반대하면 효과가 없어진다는 것. 미국이 반대 입장을 언제까지 고수하느냐가 관건이다.

3월 6일
아스피린, 신비의 약

1899년 3월 6일, 독일 베를린 특허국이 프리드리히 & 바이엘사에

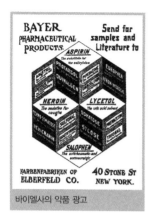

바이엘사의 약품 광고

상표등록증을 내주었다. '아스피린' 상용화의 출발점이다. 최고의 제약 회사로 올라선 바이엘의 딩초 사업 영역은 섬유와 염색. 석탄의 부산물인 타르를 이용하는 바이엘의 염료는 색상이 곱기로 유명했다.

제약 사업도 염료에서 나왔다. 염료의 폐기물을 이용한 해열진통제 제조가 가능하다는 점을 발견한 바이엘은 1888년 의약품 사업부를 신설하고 약품 생산에 들어갔다. 1891년부터는 과학연구소를 설립, 본격적인 신약 연구에 착수했다. 아스피린은 당시 민간 기업으로서는 유례를 찾을 수 없었던 연구 투자의 결과물인 셈이다.

아스피린 가루약이 성공을 거두자 유사품이 쏟아져 나왔다. 품질 향상과 모조품 방지를 위해 바이엘이 개발한 게 알약. 아스피린 알약은 생산원가도 절반으로 떨어뜨렸다. 덕분에 마약 환자도 줄어들었다. 술과 아편, 모르핀에 의존하던 두통 환자들은 값싸고 강력한 아스피린을 찾았다.

그러나 잘나가던 바이엘도 1차 대전으로 난관을 맞는다. 전승국들은 독가스 원료를 제조한 공장을 12개로 분할했다. 전쟁 배상금 명목으로 '바이엘 아스피린'이라는 등록상표도 미국 회사로 넘어갔다. 바이엘사는 1995년에야 상표를 되찾아왔다. 최근 구조조정을 겪으면서도 바이엘은 전 세계 316개 지사에서 종업원 10만 8,600명이 매출 329억 유로(2008년 기준)를 올리고 있다.

바이엘사의 부침에 아랑곳없이 아스피린의 신화는 계속될 것 같다. 모르고 있던 약효가 속속 규명되고 있기 때문이다. 해열, 진통은 물론 심장 질환과 각종 암에도 효과적이라는 연구도 나오고 있다. 부작용과 내성도 크지 않아 '신비의 약'으로도 불린다. 100년이 넘는 세월을 이겨낸 아스피린 같은 약품이 다시 나왔으면 좋겠다.

3월 7일
성 토마스 아퀴나스, 시장경제의 디딤돌을 놓다

경제는 없었다. 종교적 억압 밑에서 상업은 천박 또는 타락의 동의어였으니까. '부자가 천국에 가는 것은 낙타가 바늘구멍을 통과하는 것만큼이나 어렵다'는 인식은 어떻게 깨졌을까. 신앙과 이성을 분리한 성聖 토마스 아퀴나스Thomas Aquinas가 그 시발점이다. 경제사에서 그는 시장경제의 디딤돌을 놓은 인물로 평가된다.

《신학대전》(1265~1274)

아퀴나스는 중세를 대표하는 종교 철학자. 1225년 나폴리 부근 로카세가 성 영주의 아들로 태어나 1274년 3월 7일 사망할 때까지 49년이라는 길지 않은 삶을 살았지만 《신학대전Summa Theologiae》을 비롯한 수많은 저술을 통해 세상의 흐름을 바꾸었다. 학문적 스승은 아리스토텔레스. 십자군전쟁을 통해 이슬람에서 유럽으로 되돌아온 그리스 철학을 접한 아퀴나스는 논리적 사고가 신앙을 강하게 만든다고 주장했다.

신이 인간의 믿음을 보다 완전하게 하기 위해 '자유의지'를 부여했다는 그의 논지는 '무조건 믿으라. 믿기 위해 알려들지 말고 알기 위해 믿으라'는 교회의 입장과 상반되는 것이었으나 처벌받지는 않았다. '벙어리 황소'라는 별명처럼 위압적인 외모에 정교한 논리로 무장한 그의 주장은 오히려 교회의 주류 이론으로 자리 잡았다.

아퀴나스는 종교로부터 인간의 이성을 자유롭게 했을 뿐만 아니라 상업에 대한 족쇄도 풀었다. '공정 가격으로 거래되는 시장은 보다 편안하고 가치 있는 삶을 누릴 수 있도록 도와준다'는 논리로 상인들이 마음 놓고 영업할 수 있는 토양을 마련한 것. 다만 '부의 축적은 천박하다'며 이자 수취는 허용하지 않았다. 이는 중세까지 주로 농업과 가내수공업에 종사하던 유대인들이 금융업자로 변신하는 계기가 되었다.

아퀴나스가 종교적 의무로 제시한 '공정 가격'의 흔적은 오늘날에도 남아 있다. 독점방지 제도(한국은 공정거래위원회)와 최저 가격·임금의 이론적 뿌리가 아퀴나스다.

3월 8일
제펠린의 비행선, 세계 최초의 상업 항공
유람하는 데 50달러, 다른 도시로 가려면 150달러. 만만치 않은 운임에도 승객들은 웃으며 내렸다. 하늘을 만끽했으니까. 세계 최초의 상업 항공회사인 도이치비행선㈜은 1910년부터 1차 대전으로 운항을 중단하기까지 4년

제펠린의 첫 번째 비행선 'LZ 127' ⓒGrombo

동안 3만 4,000여 명의 승객을 실어 날랐다.

운송 수단은 비행선. 알루미늄으로 만든 골격에 여러 겹의 천을 감싼 후 수소가스 주머니를 넣은 경식硬式 비행선은 속도가 초기 비행기에 못지않았다. 1차 대전 중에는 도버 해협을 건너 영국을 폭격하는 데 동원될 만큼 적재량과 항속력도 뛰어났다. 연식軟式 비행선과는 차원이 달랐다. 발명자는 제펠린Graf Zeppelin. 1900년 비행선을 처음 만든 후 개발 비용에 허덕이던 제펠린은 상업 운항 덕에 6만 마르크의 빚을 갚았다.

귀족인 아버지와 섬유업자의 딸인 어머니 사이에서 태어난 제펠린은 군인으로도 유명하다. 사관학교 졸업 후 미국 남북전쟁에 북군의 참관단으로 참전하여 전술을 익혔으며 프로이센·프랑스 전쟁에서는 적진의 배후를 기습 공격해 위명을 떨쳤다. 비행선과 대형 엔진 개발에 몰두한 것은 1890년 육군 중장으로 전역한 다음이다.

비행선은 1917년 3월 8일 제펠린이 사망한 후에도 20년간 독일 민항의 중추를 맡았다. 1937년 미국~독일 노선을 운항하던 LZ 137 힌덴부르크호의 폭발 사고로 자취를 감추었지만 최근 들어 비행선을 주목

하는 국가들이 늘고 있다. 안전도가 높아진데다 연료가 비행기의 1%에 불과하기 때문이다. 장시간 체공이 가능해 감시용으로는 안성맞춤. 저궤도 통신·기상 위성을 내신할 주요국의 성층권 비행선 개발 경쟁도 한창이다. 2003년 크기 50m급 비행선을 제작했던 우리나라는 2007년께 200m급 성층권 비행선을 띄울 계획이었으나 경제성과 안전성 논란으로 140억 원의 예산만 날린 채 2006년 사업을 접었다.

3월 9일
바비, 플라스틱 여신의 탄생

나이 50줄의 섹시 아이콘. 쉬지도 않고 불평 없이 1조 원을 벌어준 달러박스. 외설 만화 주인공에서 소녀로 변신한 플라스틱……. 누굴까. 바비 인형이다.

전 세계에서 2초마다 1개꼴로 팔린다는 바비 인형의 탄생은 1959년 3월 9일. 뉴욕 장난감 전시회에서다. 바비 인형의 산모는 루스 핸들러 Ruth Handler. 1945년 공동 창업한 마텔사의 이사로 지내던 루스는 딸 바버라에서 '바비'라는 이름을 얻고 독일 신문에 연재되던 포르노그래피의 여주인공 '릴리'에서 인간으로서는 불가능한 39-18-33 몸매를 따왔다.

'인형은 귀엽고 통통해야 팔린다'는 통념이 지배하던 시절, 전문가들은 바비의 앞날을 어둡게 보았다. 전망을 비웃듯 '롱다리 쭉쭉빵빵' 바비 인형은 불티나게 팔렸다. 최대 고객층은 아이들. 1950년대 어린

이 소비자들은 귀여운 장난감 대신 바비를 골랐다. 마침 인기를 끌던 재클린 스타일로 꾸민 바비 인형은 미국 시장을 휩쓸었다. 속속 선보인 친구와 형제자매 인형까지 히트하자 세계의 유명 디자이너들은 바비에게 의상과 보석을 대겠다고 줄을 섰다. 바비는 플라스틱 여신으로 자리 잡았다.

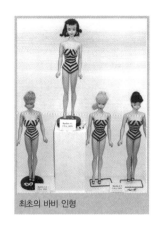

최초의 바비 인형

바비의 상업적 성공은 거센 논란을 낳았다. 의사, 여군, 대통령, 운동선수로 분장을 거듭하며 여성의 사회 진출에 기여했다는 찬사의 뒤편으로 외모 지상주의와 왜곡된 미의식을 낳는다는 비판이 쏟아졌다. 수많은 바비 동호회가 생겨난 반면 팔레스타인해방기구PLO를 패러디한 바비해방기구BLO가 등장, 인형 진열대를 습격한 적도 있다.

긴 다리와 풍만한 가슴의 체형과는 거리가 멀어서인지 아시안들은 바비의 백치미에 유독 약한 것 같다. 2008년 59억 달러를 기록한 마텔사 매출의 절반 이상을 채워준 해외 시장 가운데 가장 큰 시장이 아시아 지역이었다.

3월 10일
일본의 진주 양식 성공과 쿠웨이트의 석유 개발

쿠웨이트 경제가 일본인 때문에 거덜 날 뻔했다. 일본의 진주 양식

미키모토 고키치

성공으로 외화벌이 수단이던 천연진주가 설 자리를 잃었기 때문. 1930년대의 일이다. 쿠웨이트를 파탄 지경으로 몰고 간 주인공은 미키모토 고키치御木本幸吉(1858. 3. 10~1954. 9. 21).

가난한 우동집의 장남으로 태어난 그가 진주 양식에 나선 것은 32세 무렵. 고생 끝에 마련한 쌀가게를 처분, 외딴 섬에 들어가 실패를 거듭한 지 4년 만인 1893년 미키모토는 반원형 진주를 만들어냈다. 1905년에는 원형 진주를 선보였다. '생명'에 대한 최초의 특허도 인정받았다.

세계는 그의 '연금술'에 경악했다. 보석의 대량생산을 인정할 수 없다는 논란도 일었다. 런던과 파리의 보석상들은 '교묘한 모조품'이라며 양식진주를 오랫동안 배격했다. 불신과 기득권의 벽을 무너뜨린 것은 철저한 품질 관리. 생산량의 90%를 불태워버리는 미키모토의 고급화 전략과 '천연진주와 양식진주는 동일하다'는 학계의 연구가 맞물려 일본은 진주 수출 대국으로 떠올랐다. 왕족의 전유물이던 진주는 만인의 보석이 되었다.

누구보다 다급해진 것은 쿠웨이트. 가진 것이라고는 사막과 해안뿐인 조그만 토후국은 주력 산업인 천연진주 수출 격감과 줄도산을 겪었다. 배는 방치되고 잠수부는 유목 생활로 돌아갔다. 대안으로 택한 게 자원 개발. 5년여 탐사 끝에 1938년 2월 말 버간 유전이 터지고 위기도 날아갔다. 일본산 양식진주가 석유 개발을 자극한 셈이다.

검은 황금이 준 풍요가 얼마나 갈지는 아무도 모른다. 자원 고갈 위기 탓이다. 인류는 과연 석탄 시대로 돌아갈까. 희망이 없지는 않다. 역경을 딛고 보석을 창조한 미키모토 같은 의지가 있다면. 땅속 자원 보다 더 값진 신의 선물은 인간 바로 그 자체다.

3월 11일
늙는 돈, 경제 위기의 처방전 – 실비오 게젤

'돈에도 생명이 있을까. 시간이 흐르면 부패하는 음식이나 성능이 떨어지는 기계처럼 돈도 쇠약해지는가. 답은 그 반대다. 돈에는 이자가 붙어 갈수록 불어난다. 바로 이게 문제다.'

사업가 실비오 게젤Silvio Gesell의 지금으로부터 104여 년 전 생각이다. 1862년 벨기에에서 태어난 게젤은 대학 진학을 마다한 채 우체국과 상점에서 일을 시작했다. 25세 때 아르헨티나로 이주해 수입업으로 큰돈을 벌던 그가 돈의 속성에 관심을 가진 계기는 1890년의 베어링 위기.

영국계 자본의 투기로 아르헨티나 경제가 휘청거리자 독학으로 경제학을 공부하며 해법을 찾았다. 머지않아 얻은 해결책이 '늙는 돈aging

실비오 게젤

money'. 화폐 발행 이듬해부터 일정 비율씩 가치를 깎는 '자유화폐'를 발행하자는 주장을 1906년에 내놓았다. '역(−)이자'로 돈의 축재 기능을 없애고 교환 기능을 극대화하자는 것이다.

사업가로, 재야 경제학자로 이름을 날리던 게젤은 1919년 비상과 추락을 동시에 맛보았다. 독일 지역 내 바바리안 소비에트공화국의 재무장관에 임명된 지 6일 만에 발생한 유혈 쿠데타로 쫓겨난 것이다. 1930년 3월 11일 68세로 사망할 때까지도 그는 뜻을 펼치지 못했지만 자유화폐는 결코 죽지 않았다.

대공황기에 오스트리아의 한 지역에서는 가치가 떨어지기 전에 돈을 사용하려는 사람들로 화폐 유통 속도가 빨라지고 일자리가 늘어나는 기적이 일어났다. 경제 위기를 맞은 오늘날 게젤의 '늙는 돈'은 일자리 창출과 지역 공동체 발전을 위한 처방전이자 '탐욕을 배제한 시장경제'라는 평가 속에 급속히 퍼지고 있다.

게젤에게 가장 후한 점수를 준 사람은 케인스다. 명저 《고용·이자 및 화폐의 일반이론》에서 케인스는 이렇게 썼다.

"마르크스보다 게젤로부터 더 많은 것을 배울 시대가 올 것이다."

3월 12일
사상 최고의 협상가 세르게이 비테와 일본

1905년 가을 일본 도쿄. 시내 전역에 계엄령이 내려졌다. 러일전쟁 보고대회에서 시위대로 돌변한 시민들을 진압하기 위해서다. 국민적 축제로 기획된 승전 보고대회가 왜 성토장이 되었을까. 이 사람 때문이다. 세르게이 비테Sergei Y. Witte.

러시아 재무장관 출신 비테는 러일전쟁에서 승리한 일본의 기세를 종전 협상에서 꺾은 인물. 협상을 주선한 미국 대통령 루스벨트가 은근히 일본 편을 들던 상황에서 비테는 미국 기자들은 물론 마차의 마부와 식당 종업원에게도 친절하고 다정하게 대해 언

포츠머스조약(1905)

론의 지지를 얻었다. 러시아에 대한 동정적 여론이 일자 루스벨트는 일본에 양보를 종용하고 나섰다.

결국 배상금 12억 엔을 요구했던 일본은 한 푼도 받지 못한 채 포츠머스조약을 맺었다. 10년 전 청일전쟁에서 승리해 받아낸 배상금으로 공업을 진작하고 금본위 제도까지 도입한 기억이 선명했던 일본인들로서는 뼈아픈 일이었지만 러시아는 한숨을 돌렸다.

역사상 최고의 협상가로 손꼽히는 비테는 러시아가 배출한 명재상으로도 기억된다. 1849년, 독일계인 부친과 러시아 전통 귀족 출신인 모친 사이에서 태어나 차별 속에서도 1892년 교통장관을 거쳐 재무장관 자리에까지 올라 13년간 재임했다. 외자 유치와 보호무역 정책, 금본위 제도 등을 시행하고 시베리아 철도를 개통했다. 친구인 화학자 멘델레예프를 표준도량국장에 임명해 미터법도 받아들였다.

러일전쟁에 반대했다는 이유로 장관직에서 쫓겨났던 비테는 종전 협상 대표로 임명되어 절체절명의 러시아를 구했으나 의원직 외에는 중책을 맡지 못했다. 공업화에 반대하던 토지 귀족들의 견제 탓이다.

비테는 1915년 3월 12일 실의 속에서 생을 마쳤으나 그의 꿈은 아직도 진행형이다. 오늘날 러시아의 지향점이 비테의 꿈과 동일하다. 공업 기술력을 갖춘 강대국 러시아.

3월 13일
실패란 있을 수 없다— 수잔 앤서니

미국 달러화 도안에 여성이 있을까. 있다. 잘 통용되지 않을 뿐이다. 주인공은 수잔 앤서니Susan B. Anthony. 일생을 여권 신장과 인종차별 폐지에 헌신한 인물이다. 그가 들어간 돈은 1달러짜리 동전. '앤서니 달러'라고도 부른다. 1979년 처음 선보인 후 누계 10억 달러어치가 공급되었지만 유통이 미미해 존재조차 모르는 사람도 적지 않다. 달러뿐 아니라 법률에도 그의 이름이 전해 내려온다. 여성의 참정권을 인정한 1920년 헌법 19조 수정안의 통칭이 '수잔 앤서니' 법이다. 〈라이프〉지가 1999년 선정한 '지난 1,000년간 100대 인물'에도 그의 이름이 들어있다.

퀘이커교 집안에서 태어난 그가 차별을 실감한 것은 학교. 여교사 연봉 110달러는 남교사의 연봉과 비교했을 때 3분의 1 수준에도 못 미쳤다. 30세에 교직을 버린 그는 해마다 75~100회의 전국 순회 강연회를 가지며 아동 보호와 절약·금주, 여성 지위 향상의 중요성에 대해 설파하고 흑인·인디언 인권 보호 운동을 벌였다.

앤서니가 특히 강조한 것은 여성의 자기계발과 절제. 강연 때마다 결혼이나 육아보다 인간으로서의 꿈을 실현하기 위해 절약하고 공부하라고 목소리를 높였다. 대학이 여성의 입학을 허용하도록 만드는 일에도 앞장섰다. 그의 지향점은 딱 한마디로 설명된다. 커리어우먼. 오늘날 미국 여성들이 행정부에서 차지하는 비율은 약 45%로 경제협력개발기

앤서니 달러

구 가입국 중 가장 높다. 평생을 독신으로 지냈지만 앤서니의 수많은 정신적 분신들이 각계에서 활동하고 있는 셈이다.

앤서니는 끝까지 열정을 다한 지칠 줄 모르는 삶을 살았던 것으로도 유명하다. 사망(1906년 3월 13일)하기 한 달 전 열린 86회 생일 축하연에서는 이런 말을 남겼다. "실패란 있을 수 없다Failure is impossible."

3월 14일
606, 마법의 탄환- 파울 에를리히

콜럼버스와 괴테, 니체, 고갱……. '르네상스의 에이즈, 매독'으로 죽은 사람들이다. '고귀한 신분' 때문에 공개되지 않았을 뿐 매독에 걸린 교황과 각국의 군주도 무수히 많다. 매독으로 인한 사망자가 급감한 것은 20세기 이후. 독일인 의사 에를리히Paul Ehrlich 덕분이다.

1854년 3월 14일 슐레지엔의 유대인 가정에서 태어난 그는 총명했지만 '표준'만을 요구하는 선생들에게 엉뚱한 학생으로 불렸다. 고교 시절에 '인생은 꿈'이라는 주제의 작문 숙제를 받고 '인생은 산화 작

파울 에를리히

용이다. 꿈은 뇌의 활동이며 뇌의 활동이란 산화 작용이기 때문이다'라는 내용의 과제물을 제출해 혼난 적도 있다.

마음이 여린 그는 의대에 진학해서도 환자의 고통스러운 비명이나 죽음에 괴로워했다. 환자를 대면하지 않을 방법으로 고른 분야가 미생물학. 결핵균의 존재를 규명한 로베르트 코흐를 찾아가 혈청학과 면역학 연구에 매달렸다. 1908년에는 면역학 연구 공로로 메치니코프와 함께 노벨 생리·의학상을 받았다.

노벨상 수상 1년 후 에를리히는 10년 숙원도 풀었다. 매독균만 공격하는 화합물질을 배양해낸 것. 606번째 인공 합성물질에서 치료제가 추출되어 '606'으로 불리는 매독 치료제 살바르산은 '부도덕에 대한 신의 징벌을 무효화한다'는 비난에도 선풍적 인기를 끌었다. 606에는 이런 이름까지 붙었다. '마법의 탄환'.

과연 606은 완전약품이었을까. 그렇지 않다. 효과가 탁월했지만 수많은 부작용이 뒤따랐다. 매독균을 확실하게 잡았다는 페니실린(1946년 일반화)도 부작용이 많기는 마찬가지다. 요즘은 4세대 항생제를 견디는 병원균까지 나왔다. 병균과 인간의 싸움은 끝이 없다. 오늘도 인간은 돈을 싸들고 '마법의 탄환'이라는 무지개를 좇고 있다.

3월 15일

3월 15일을 조심하라- 율리우스 카이사르 암살

"Beware the Ides of March."

'3월 15일을 조심하라'는 게 본래 뜻이지만 '흉사凶事에 대비하라'는 의미로 통용되는 문구다. 3월 15일이 뭐기에. 율리우스 카이사르 Julius Caesar가 기원전 44년 암살당한 날이다. 카이사르는 세계사에 거대한 영향을 미친 인물. '카이저', '차르' 같은 독일과 러시아 제국 황제의 명칭도 그의 이름에서 딴 것이다. 오늘날 법률 체계와 재정 정책의 원형도 카이사르다.

성공 비결은 크게 두 가지. 돈과 칼의 적절한 활용이다. '병사와 돈이 권력을 창출하고 보존하며 확장한다. 돈이 있으면 병사도 생긴다'는 말을 남겼다. 사재를 털어 병사들이 기대하지 않았던 보너스를 지급하고 신전과 경기장을 지어 로마 시민의 환심을 샀다.

돈은 어디서 났을까. 꿨다. '빚이 많을수록 채권자에게 큰소리치며 더 빌릴 수 있다'고 장담했다. 대마불사大馬不死는 그 시대에도 통했는지 로마는 거액

주화에 처음으로 자신의 흉상을 새긴 카이사르 ⓒCNG coins

채권자인 그를 성장 기대주로 여겼다. 카이사르가 막대한 부채를 상환할 수 있었던 것은 정복지에 대한 관대한 세금 정책 덕분이다. 세율을 절반으로 낮추자 오히려 더 많은 세금이 걷혔다. 세금을 피해 도망

다니던 피정복민들의 자진납세가 확산되었기 때문이다. 의사와 교사 등 전문직 종사자들에게는 인종과 민족을 가리지 않고 로마 시민권을 내주었다.

인기 정책은 로마에서도 통했다. 서민의 빚을 탕감해주어 대중의 마음을 사로잡은 것. 화폐 제도에도 손을 대 그가 정한 금과 은의 교환 비율은 19세기까지 쓰였다. 가장 역점을 둔 사업은 조폐국 설립. 원로원의 화폐 주조권을 국가로 귀속시킨 것이다. 화폐 주조 차익을 빼앗긴 귀족들의 불만은 암살로 이어졌다. 귀족들이 밝힌 '공화정을 지키려고 암살에 나섰다'는 신념의 배경은 돈이었는지도 모른다.

3월 16일
시부사와 에이이치, 일본 노동·경영관의 주추

담합. 일본 기업들의 특징이다. 국내에서는 경쟁해도 해외에서는 그렇지 않다. 중요한 문제가 발생하면 기업 총수끼리 머리를 맞대는 '재계 협조주의'의 일면이다.

요즘은 다소 바뀌고 있다는 일본식 자본주의, 특유의 기업문화에는 한 사람의 족적이 녹아 있다. 시부사와 에이이치澁澤榮一. 일본 현대 기업사에 가장 큰 영향을 미친 인물이다. 유교문화와 자본주의를 결합한 사람으로도 평가받고 있다.

1840년 3월 16일 도쿄 인근의 부농이자 상인 집안에서 태어난 사부사와는 유학을 익힌 후 막부의 재정 확충에 힘을 쏟았다. 공을 인정받아 참가한 1867년 파리 만국박람회에서 증기기관과 방적기계 등 서구 문물에 충격받은 그는 일정을 연장하며 회계법과 주식시장, 은행 제도에 대해 익혔다.

시부사와 에이이치

귀국 후 대장성 관료직을 벗어던진 그는 1874년 '국립 제일은행'을 설립하며 새출발했다. '국립'이라는 명칭만 들어갔을 뿐 사설 은행인 제일은행을 통해 거의 모든 영역에 손을 뻗었다. 일본 최초의 주식회사는 물론 제지·방적·비료 회사도 세웠다. 1931년 죽을 때까지 그가 설립에 참여한 기업은 모두 500여 개. 역사상 전무후무한 기록 속에는 한국의 경인·경부 철도도 포함되어 있다. 대한제국 초기 통용화폐인 제일은행권의 도안에는 그의 초상이 들어 있었다.

시부사와 경영관의 바탕은 공자孔子. '경제·도덕 합일설'을 주창해 '유교자본주의'와 일본 특유의 노동·경영관의 기초를 깔았다. 85세에 18세 여성을 만나 아들까지 낳았지만 정작 본인은 논어의 도덕률과 경영 간 결합을 강조하며 다녔다. 오늘날 일본은 시부사와를 인정하면서도 극복하려 애쓴다. '결과의 평등'과 '공공 협조'를 추구하는 시부사와 모델이 21세기 성장의 발목을 잡고 있다는 판단에서다.

3월 17일

형식적 교육이 죽인 가능성- 크리스티안 도플러

잠수함과 일기예보, 임신 진단에 공통점이 있을까. 그렇다. 수중 레이더나 기상 관측, 초음파 진단기의 원리는 똑같다. '도플러 효과'.

운전자들이 매일 만나는 과속 감지 카메라와 스피드 건에 달린 센서도 이를 응용한 기기다. 목표 미사일의 궤적을 추적하여 명중시키는 요격 미사일에도 같은 원리가 스며 있다. 박쥐가 어둠 속에서 나방을 낚아챌 수 있는 것 역시 내장된 천연 도플러 시스템 덕분이다. 우주의 영역을 규명하는 데도 도플러 효과가 쓰인다.

도플러 효과는 음향의 실제 속도와 관측자가 느끼는 상대 속도 간 차이. 구급차가 다가올수록 크게 들리던 경광음이 바로 앞을 지날 때는 작게 들리는 현상이 도플러 효과다. 빛의 전달에서도 이 원리가 통한다.

크리스티안 도플러

원리를 발견한 사람은 크리스티안 도플러 Christian A. Doppler. 1803년 오스트리아에서 태어나 일생을 형식적 교육 풍토에 짓눌려 지낸 사람이다. 허약 체질을 극복하고 수학과 물리학, 기계학에서 남다른 재능을 보였던 그의 꿈은 학자였지만 평생을 불우하게 지냈다. 교수 임용 시험에서 번번이 떨어졌기 때문이다. 당대 최고의 수학 실력을 지녔어도 12시간씩 치러지는 작문에서는 성적을 내지 못했다. 교수 자리는 32세에야 겨우 얻었다. 기술학교를 전전하며 기초 산수를 강의하는 데 염증을 느껴 미국 이민을 결정한 직후다.

어렵게 따낸 교수직도 그를 괴롭혔다. 대학이 과도한 시험을 요구한 탓이다. 학생 526명과 하루 6시간씩 한 달의 절반가량을 면접시험으로 보낸 적도 있다. 건강은 더욱 나빠졌다. 선택은 휴양. 도플러 효과 등의 학문적 업적은 이때 나왔다. 유명해진 그는 숙원이던 빈대학의 정교수가 되었지만 건강은 이미 돌이킬 수 없는 지경에 이르렀다. 1853년 3월 17일 베네치아에서 단기 요양 중 폐렴으로 사망했을 때 나이 49세였다.

3월 18일
미국 최초의 작전단은 현직 재무부 차관보

태초에 투기가 있었다. 초대 미국 대통령인 조지 워싱턴을 비롯하여 벤저민 프랭클린, 토머스 제퍼슨과 알렉산더 해밀턴의 공통점은 두 가지. 건국과 부동산 투기다. 하나같이 땅으로 돈을 벌었다.

부동산의 후속 격인 투자 대상은 주식. 1790년 필라델피아 거래소가 설립되며 증권 붐이 일었다. 주요 투자 대상은 국채와 은행주. 사회지도층과 상인, 기업인들의 투자 클럽은 고급 정보를 바탕으로 시세 차익을 누렸다. 작전 세력도 덩달아 활개 치며 주가를 끌어올렸지만 오래가지 못했다. 현직 재무부 차관보인 윌리엄 듀어 William Duer (1747.3.18~1799.5.7)를 정점으로 하는 주가 조작이 적발되었기 때문이다.

국채 발행 규모의 40%에 달하는 어음을 남발해 마련한 투기 자금

월리엄 듀어

으로 은행주를 매집한 후 루머를 퍼뜨려 차익을 얻는 수법이 들통 나자 거액 피해자가 꼬리를 물었다. 토머스 제퍼슨을 포함해 그에게 투자한 사람들이 입은 피해액은 뉴욕 전체의 부동산 가격과 맞먹었다.

증시 붕괴는 경제 공황으로 이어졌다. 은행들은 자금 운용을 꺼렸고 공장의 기계가 멈추었다. 미국 최초의 공황으로 꼽히는 1792년의 위기를 극복한 주역은 듀어의 사촌 매형인 재무장관 해밀턴Alexander Hamilton. 주요 채권에 대한 정부의 지급 보증을 선언하고 은행에 대출을 독려한 결과 시장은 빠르게 평정을 되찾았다. 해밀턴이 역대 최고의 재무장관으로 평가받는 이유 중 하나가 여기에 있다. 뉴욕 증권거래소도 이 사건의 영향으로 생겼다.

해밀턴에 의해 감옥에 보내진 듀어는 7년 뒤 옥사했다. 원조 작전 세력의 말로는 금세 잊었으나 뉴욕 증시가 15~20년을 주기로 출렁거린 1837년과 1857년, 1873년, 1893년, 1907년, 1929년에도 주가 조작이 판쳤다. 회계 부정과 시세 조정은 요즘도 여전하다. 투기로 시작한 나라가 아니랄까봐.

3월 19일
이븐 할둔을 복습하는 경제학

이븐 할둔Ibn Khaldun. 《역사서설Muqaddimah》로 유명한 14세기 이

슬람 학자다. 아놀드 토인비는 《역사서설》을 '역사상 가장 위대한 작품'이라고 평가했다. 《역사서설》에 무엇이 담겼기에. 《역사서설》은 14세기의 관점으로 본 '강대국의 흥망' 격이다. 할둔을 따라 가보자.

"새로운 왕조의 힘은 수공업과 분업을 일으킨다. 인구가 늘면 총생산이 증가한다. 증가된 생산과 소득 속에 시장이 커진다. 중요한 것은 지속적인 성장이다. 성장이 정지되면 왕조가 약해지거나 붕괴한다. 이런 과정은 보통 서너 세대에 걸쳐 일어난다."

무엇과 비슷하다. 우선 '분업'부터 그렇다. 경제학의 아버지라는 애덤 스미스의 《국부론》이 나온 1776년보다 훨씬 이전에 분업과 산업화의 기본 개념을 파악한 셈이다. 할둔의 성찰은 여기서 그치지 않는다. 20세기 경제학의 대가라는 콘드라티예프의 '경기순환론'조차 할둔과 유사하다. 경제학의 발달은 할둔의 이론을 되새김하는 과정인 셈이다.

할둔은 어떻게 시대를 앞섰을까. 두 가지 이유로 설명된다. 첫째는 당시 이슬람 문명이 서구를 압도했다는 점. 둘째는 할둔 자신이 이방인이었다는 점이다. 할둔의 출생지는 스페인. 1332년 안달루시아에서 태어났으나 평생을 떠돌았다. 유럽의 스페인 아랍족 축출로 북아프리카까지 밀리며 평생 주류에 끼지 못했지만 저술 활동으로 이름을 남겼다. 당대 최고의 정복자이자 학살자로 유명한 티무르조차 그의 학문에 감탄해 35일간 대화를 나누었다.

할둔이 눈을 감은 1406년 3월 19일까지 일관한 합리적 사고와 역사에 대한 생각의 계승자는 아랍이 아니라 유럽. 스페인을 거쳐 네덜란드와 영국이 이어받았다. 만약 할둔이 북아프리카에서 주류 사회에 입성하고 학문을 이어갔다면 경제와 역사는 바뀔 수 있었을까.

3월 20일
'교육은 돈입니다' – 하버드의 성장 견인차, 찰스 엘리엇

하버드. 세계 랭킹 1위의 대학이다. 언제부터 그랬을까. 엘리엇 Charles W. Eliot 이후다. 엘리엇은 40년간 총장으로 재임하며 지방 단과대학인 하버드를 세계적인 종합대학으로 변신시킨 인물.

1834년 3월 20일 미국 보스턴의 부유한 수입상의 아들로 태어난 그는 하버드에서 수학과 화학을 전공하고 1853년 졸업과 동시에 수학을 가르쳤다. 24세에 조교수에 임용되는 등 순항하던 그는 2년간의 유럽 방문에서 변화의 계기를 맞았다. 엘리엇의 눈에 비친 유럽의 대학은 충격이었다. 미국 대학의 학과목이 고전과 기독교 교리 중심인 반면 프랑스와 독일 대학은 이공계 인재 양성소였기 때문이다.

귀국 후 MIT 교수로 일하던 그는 1869년 모교의 부름을 받았다. 35세의 젊은 총장은 바로 개혁에 나섰다. 방향은 연구 중심의 대학. 획일적으로 강요되던 라틴어와 고전문학 대신 산업화와 도시화에 필요한 과목을 도입하고 선택과목의 폭을 넓혔다. 1909년 총장 자리에서 물러났을 때 하버드뿐 아니라 엘리엇의 개혁을 본뜬 미국의 대학들은 세계적인 학교로 발전했다. 오늘날 미국 대학들의 경쟁력에는 엘리엇의 그림자가 담긴 셈이다.

개혁을 뒷받침한 것은 돈. 엘리엇은 기업가들로부터 후원을 얻어내 건물을 짓고 연구 기자재와 장서를 늘렸다. 하버드대학이 보유한 부동산과 주식, 채권은 2009년 기준으로 260억 달러. 비영리 재단으로는 빌 게이츠 재단(350억 달러)에 이어 세계에서 두 번째 규모. 1636년 '뉴 칼리지New College'로 설립되어 유산 779파

찰스 엘리엇

운드와 장서 400권을 기증한 존 하버드 목사의 이름으로 개칭한 1639년과 비교할 때 하늘과 땅 차이다. 시카고대학이 설립 당시(1890) 일류대학의 조건을 자문하자 엘리엇은 이렇게 답했다.

"교육은 돈입니다."

3월 21일
자유방임 시장의 자연법칙– 존 베이츠 클라크

폴 새뮤얼슨과 밀턴 프리드먼, 제임스 토빈, 케네스 애로. 노벨상을 받은 미국 경제학자들이다. 여기에 폴 그루먼과 로런스 서머스 전 재무장관, 《괴짜 경제학》을 지은 스티븐 레빗을 포함시킨다면 답이 이렇게 바뀐다. '존 베이츠 클라크John Bates Clark' 메달 수상자.

새뮤얼슨이 1947년 제정된 이 상을 첫 번째로 받았을 때 나이가 32세. 나머지 수상자도 40세 전에 이 상을 받았다. 소장 학자를 대상으로 격년제로 시상하는 이 상은 '예비 노벨상'으로도 불린다. 30명의 수상

자 가운데 11명이 평균 22년 후 노벨 경제학상을 받았기 때문이다.

젊은 경제학자들에게 꿈의 대상인 이 상은 클라크를 기리기 위해 미국 경제학회가 제정한 것. 클라크는 영국과 독일에 밀려 변방으로 평가되던 미국 경제학의 수준을 세계 정상으로 끌어올린 인물이다. 의도하지는 않았지만 당시 미국 경제를 주름잡던 독점자본가의 이익과 노동자의 저임금을 정당화한 사람으로도 유명하다.

1847년 로드아일랜드 주에서 태어난 클라크는 신학을 공부하다 경제학으로 전공을 바꾸어 애머스트대학에서 수학했고 이후 하이델베르크대학과 취리히대학에서 역사학과 경제학을 배웠다. 귀국 후 칼턴 · 콜롬비아대학의 교수직을 밑았던 그는 1899년 저서 《부의 분배 Distribution of Wealth》를 출간하며 세계적인 명성을 얻었다. '사회의 소득 분배는 자연법칙의 지배를 받으며 자유방임 시장에서는 누구도 자신이 받고 있는 것 이상의 몫을 요구할 권리가 없다' 는 이론은 자본가들의 환영을 받았다.

정교한 수학 방정식을 동원해 '한계생산력 체감의 법칙' 을 설명한 그의 논리는 1938년 3월 21일 사망 이전부터 오류가 많은 것으로 판명났지만 영향력은 여전하다. '불평등한 소득 분배조차 자연법칙의 결과이기에 정당하다' 는 정글 자본주의도 세를 불려가고 있다.

3월 22일
레이저의 발견과 금세기 최대 특허 분쟁

"레이저는 어느 아름다운 봄날 아침 공원 벤치에서 탄생했다."
레이저의 발명자 찰스 타운스Charles H. Townes 콜롬비아대학 교수가
지은《레이저의 탄생》의 첫 구절이다. 진달래꽃을 보면서 아이디어가
떠올랐다는 것이다. 이때가 1951년. 성과는 9년 뒤에 나왔다. 1960년
3월 22일 특허 취득. 인간이 만든 '인위적인 빛'이 실용화한 것이다.

최초의 레이저 특허를 공동으로 따낸 타운스와 매제인 아서 숄로
Arthur L. Schawlow는 돈과 명성에 노벨 물리학상(타운스 1964년 · 숄로
1981년 수상)까지 품었다. 레이저 발명은 그만큼 큰 사건이었으나 특허
는 즉각 공격을 받았다.

상대방은 제자인 고든 굴드Gordon Gould. '레이저Laser'라는 신조
합성어도 굴드가 만들었다. 타운스가 제자의 연구를 가로챘다는 주장
으로 시작된 공방전은 굴드가 사망(2005)하기까지 45년간 이어진 금세
기 최대의 특허 분쟁으로 손꼽힌다.

특허 전쟁의 와중에서도 레이저
는 의학과 산업 · 군사용으로 영역
을 넓혀나갔다. 1972년 월남전에서
는 난공불락이었던 월맹의 탄호아
다리가 레이저로 유도되는 스마트
폭탄 한 방으로 파괴되어 세계를 놀
라게 했다. 미국과 이스라엘은 최근

고든 굴드

로켓탄과 박격포탄을 요격하는 레이저 무기 시스템도 선보였다.

레이저는 이미 일상 속에 파고들었다. 할인매장의 계산대에서부터 DVD오디오, 레이저 포인트, 네온사인, 박피술과 제모술, 치과 치료, 외과 수술에 이르기까지 레이저가 없는 현대 문명은 생각하기도 어렵다. 레이저는 진화를 거듭 중이다. 통신과 에너지 분야에서도 미래 성장 동력원으로 꼽힌다. 선진국은 물론 중국까지 레이저에 거액을 투자하고 있는 것도 미래를 선점하기 위해서다. 한국의 수준은 여전히 걸음마 단계다. 지원 기관마저 통째로 없어지는 판이다.

3월 23일
프리드리히 폰 하이에크, 수정처럼 영롱한 눈을 지닌 외눈박이

케인스와 하이에크. 20세기 경제학을 대표하는 두 사람이다. 누가 더 많은 영향을 끼쳤을까. 이름의 중량감은 케인스가 앞서지만 시점을 1970년대 이후로 자른다면 하이에크가 더 커 보인다.

프리드리히 폰 하이에크Friedrich von Hayek. 오스트리아 출신의 영국 경제학자이자 사회철학자다. 1899년 빈에서 태어나 경기순환연구소장으로 일하며 미국의 경기 불황을 예고한 하이에크는 1931년 런던으로 둥지를 옮겼다. 케임브리지대학의 케인스에 대항할 학자를 찾던 런던정경대학의 초빙을 받은 그는 16년 연상인 케인스와 치열한 논쟁을 벌였다.

대공황의 원인을 과소 투자·소비로 보고 정부의 개입을 강조한 케인스와 달리 그는 과잉 투자·소비를 문제로 들며 계획 경제를 배격했다. 논쟁은 케인스의 승리로 끝나고 대부분의 정부가 케인스를 교과서로 삼자 그는 우울증에 빠졌다. 아내와 이혼한 뒤 다시 만난 첫사랑과의 재혼에서도 극복하지 못한 중년의 우울증은 1974년 노벨 경제학상 수상을 계기로 사라졌다.

프리드리히 폰 하이에크

노벨상 수상 이후의 행로는 승승장구. 케인스 경제학이 효력을 상실했다는 비판과 함께 하이에크가 미국 대통령 레이건과 영국 수상 대처에 의해 재평가를 받으며 해법으로 떠올랐다. 모든 것을 시장에 맡기라던 그는 화폐 발행까지 민간에 넘기라는 주장도 내놓았다. 1992년 3월 23일 사망하기 전 사회주의의 몰락과 독일 통일을 보았을 때 그는 이렇게 말했다. "거 봐, 내가 뭐랬어."

똑같은 독일어권 출신으로 영국에 체류하며 연구한 마르크스와 그를 비교한 대목이 흥미롭다. 공교롭게도 마르크스는 오른쪽 귀, 하이에크는 왼쪽 귀가 먹었기에 각기 우파와 좌파의 목소리를 못 들었다나. 번역서로 소개된 《자본주의의 매혹》에 나오는 제리 멀러 교수의 하이에크에 대한 평가, "수정처럼 영롱한 눈을 지닌 외눈박이".

3월 24일

존 해리슨, 뉴턴을 넘어선 시계공

영국의 고급 두뇌들이 런던에 몰려들었다. 1714년 의회가 내건 상금 2만 파운드(요즘 가치로 64억 원)를 따내기 위해서다. 시상 조건은 정확한 경도 측정. 선박의 현 위치와 목적지를 알지 못해 난파하는 선박이 많아지자 영국은 거액의 상금을 내걸었다.

심사위원장을 맡은 뉴턴은 천체 측정에서 가능성을 찾았으나 진전

해리슨의 정밀시계 H5
ⓒRacklever

이 없었다. 수많은 천문학자와 수학자, 해군 장교들의 도전이 모조리 실패하고 경도국의 존재마저 잊혀져가던 1735년 이변이 일어났다.

존 해리슨John Harrison이 하루 오차 3초인 캐비닛 크기만 한 시계 H1을 들고 나타난 것. 경도국은 경악했다. '기후는 물론 중력마저 변화하는 해상에서 정확하게 작동하는 시계란 존재할

수 없기에 시계를 이용한 경도 측정 역시 불가능하다'는 뉴턴의 생각이 깨지는 상황이었기 때문이다. 해리슨이 교육을 받지 못한 목수 겸 시계공이라는 점도 심사위원들의 자존심을 긁었다.

의구심과 시샘 속에서 진행된 3년간의 해상 실험 결과는 대성공. H1은 경도를 완벽하게 측정해냈다. 마땅히 경도상을 받았어야 할 해리슨은 이때부터 30년 고난의 길에 들어섰다. 위원회는 온갖 이유를 달아 심사를 지연시켰다. 설계도와 완성품을 압수하고 똑같은 제품을 만들라고 종용한 적도 있다.

인고의 세월 동안 해리슨은 어렵사리 구한 책을 모조리 필사해 머릿속에 담아가며 개량을 거듭, 1759년 야구공 크기의 H4를 선보였다. 쿡 선장의 명성도 이 시계 덕분이다. 결국 해리슨은 1776년 3월 24일 사망하기 3년 전인 1773년 83번째 생일에야 상금을 타냈다.

해리슨의 시계는 영국 선박에 탑재되어 해상 교역을 배증시켰다. 편견과 차별, 억압에 맞선 한 시계공의 끈질기고 장엄한 생애가 대영제국의 영광을 앞당긴 셈이다.

3월 25일
에디슨 최고의 발명품, 멘로파크연구소

1,093건. 발명왕 에디슨Thomas A. Edison이 평생 동안 얻은 미국 특허다. 국제 특허는 1,293건에 이른다. 어떻게 가능했을까. 에디슨 자신은 '천재란 99%의 노력과 1%의 영감이 만들어낸 결과물'이라고 말하지만 진짜 비결은 여기에 있다, '시스템'.

에디슨 발명 시스템의 핵심은 연구소. 에디슨은 1876년 3월 25일 뉴저지 주 멘로파크Menlo Park에 산업 연구소를 세우고 각 분야 전문가 25명을 불러들였다. 과학기술 실용화를 위한 민간 연구소가 설립된

에디슨의 멘로파크연구소 ⓒAndrew Balet

것은 이때가 처음이다. 학계의 반응은 싸늘했다. 연구와 실험은 인류 전체를 위한 것이지 개인의 사유물이 아니라는 생각에서다.

에디슨은 학계의 냉소를 이렇게 맞받아쳤다.

"열흘에 한 건씩 간단한 발명, 6개월에 한 건씩 굉장한 발명을 해낼 것이다."

장담은 현실로 나타났다. 9년 동안 이 연구소가 등록한 특허는 400여 건. 축음기와 백열전구, 영사기, 확성기, 복사기, 전기 퓨즈, 전동차 등 에디슨의 대표적 발명품이 여기서 나왔다.

성공 요인은 집적화. 연구원 주택 단지까지 만들어 주 80시간씩 연구와 실험에 매달렸다. 연구원들이 1%의 성과를 위해 99%의 노력을 쏟아붓는 체제가 바로 멘로파크연구소였다. 문제는 멘로파크연구소의 마법이 도중에 끊겼다는 점. 1887년 규모가 10배 확장된 웨스트오렌지로 이전하며 새로운 도약을 꿈꾸었지만 에디슨의 무리한 광산 투자 후유증으로 발명 중심권에서 밀려났다.

짧은 기간 존속했지만 멘로파크연구소는 역사에 뚜렷한 자취를 남겼다. 19세기 말부터 미국과 유럽의 유력 기업들은 잇따라 산업 연구소를 세웠다. 멘로파크를 벤치마킹한 것이다. 경제사가 존 스틸 고든은 명저 《부의 제국》을 통해 이런 평가를 내렸다.

"멘로파크연구소는 에디슨의 최고 발명품이며 20세기 자본주의를 향한 가장 중요한 이정표다."

3월 26일

세실 로데스, 다이아몬드로 일어나 다이아몬드로 쓰러지다

다이아몬드와 학살, 흑백 차별과 전쟁, 그리고 장학금. 난집합 같지만 세실 로데스Cecil J. Rhodes가 남긴 궤적이다.

목사의 아들로 1853년에 태어나 평범하게 자라던 로데스는 17세 때 폐가 나빠 요양차 찾은 남아프리카에서 다이아몬드 사업에 뛰어들었다. 삼촌에게 돈을 빌려 시작한 사업의 결과는 대박. 운보다도 적극적인 인수합병 전략을 구사한 덕이다.

순식간에 대형 광산주로 자리 잡은 그는 19세에 돌연 영국으로 돌아갔다. 못 다한 학업을 마치기 위해서다. 온전한 수업은 단 두 학기밖에 못 채웠지만 옥스퍼드대학에서 그는 '영국에 의한 미개인의 문명화'를 강조했던 학내 분위기를 타고 영국 우월주의에 빠져들었다.

유대계 자본인 로스차일드가의 지원으로 세계 다이아몬드 공급량의 90%를 장악한 그는 식민지 의회에 진출, 37세에는 케이프 총독까지 올랐다. 영국보다 4배 넓은 땅을 원주민들에게서 빼앗아 자기 이름을 딴 사설 국가 로디지아Rhodesia도 세웠다.

승승장구하던 그를 정치적으로 주저앉힌 것은 다이

세실 로데스의 장례식 광경

아몬드. 네덜란드계 이민들이 세운 트랜스발 공화국에서 초대형 광산이 발견되자 사병을 동원해 강제로 빼앗으려다 실패한 것이다. 영국은 그를 비난하면서도 결국 보어전쟁을 일으켰다. 상심한 로데스는 1902년 3월 26일 49세로 사망했으나 아프리카 종단 철도를 깔겠다던 그의 야망은 사라지지 않아 아프리카 분할 경쟁과 1차 대전으로 이어졌다.

로데스 사망 이후 108년, 로디지아라는 국명은 없어졌지만 그의 이름은 여전히 기억된다. 로데스가 전 재산을 헌납해 출범한 '로데스 장학 재단'은 세계 굴지의 장학 기금으로 유명하다. 클린턴 전 미국 대통령과 블레어 전 영국 총리가 로데스 장학생 출신이다. '전 재산 헌납', 어디서 들었던 얘기 같다.

3월 27일

80년 만에 이룬 꿈- 도요타 시이치로

245대. 일본의 국내 업체가 1927년 한 해 동안 생산한 승용차 대수다. 관동대지진(1923)을 겪은 뒤 유사시에는 자동차가 철도보다 효율적이라 판단하고 자동차 산업을 육성한 지 5년이 지났지만 성과는 미미했다. 포드의 현지 법인이 판매한 8,677대의 3%에도 못 미치는 상황에서 33세 청년 도요타 기이치로豊田喜一郎는 '미제보다 좋은 차를 만들겠다'고 마음먹었다.

계획을 실행에 옮긴 것은 1930년. 씨줄과 날줄이 얽히면 기계가 멈추는 G형 자동방직기의 특허권을 영국에 판 돈 10만 파운드를 밑천으로 부친의 방직기 제작소 구석에 연구실을 차리고 엔진과 강판까지 직접 개발, 1935년부터 승용차와 트럭을 생산했다.

기이치로는 이때부터 공장 곳곳에 'Just-in-Time!'이라는 구호를 붙였다. 부품을 적시에 공급하자는 뜻이다. 1937년 도요타시 아이치현 고로모촌에 공장을 세울 때도 그는 창고를 짓지 않았다. 생산성 극대화를 위한 그의 노력은 오늘날 최고의 경영 성공 모델로 손꼽히는 '도요타 생산방식TPS(Toyota Production System)'으로 이어지고 있다.

도요타자동차와 간반看飯생산 방식을 창시했음에도 그는 비운의 창업자로 기억된다. 노사 분규와 경영 위기 끝에 퇴진했기 때문이다. 1950년 극심한 불경기로 인원 감축이 불가피해지자 그는 직원 해고에 대한 책임을 지겠다며 사장직에서 물러났다. 퇴임한 지 불과 보름 후 한국전쟁이 터져 미군이 발주한 트럭 생산으로 도요타가 회생의 발판을 다지는 동안 그는 바깥에서 연구와 개발에 매진했다.

경영 일선 복귀가 결정된 직후인 1952년 3월 27일 갑작스러운 뇌출혈로 사망했지만 미국을 넘겠다는 그의 꿈은 도요타가 GM을 제치고 세계 1위로 등극한 2007년 현실이 되었다. 청년의 육신은 세월 속에 사라졌어도 꿈은 80년 만에 이루어졌건만 도요타의 미래는 불안하다. 미국의 집중적인 견제 탓이다.

3월 28일

경제학, 실생활의 학문이 되다- 마르키 드 콩도르세

양성 평등, 공교육 강화. 18세기 프랑스 계몽주의자 콩도르세 Marquis de Condorcet의 슬로건이다. 콩도르세는 경제학의 선구자이기도 하다. 도박에서 승리할 가능성이나 따지던 확률 이론을 선거에 대입해 실생활의 학문으로 끌어들였다.

1743년 귀족의 아들로 태어난 그는 수학 신동으로 불렸다. 26세의

마르키 드 콩도르세

나이에 과학학회 정회원으로 파격 선출된 후 볼테르, 애덤 스미스 등과 교류하며 당시 학계의 최대 과제였던《대백과사전》편찬에서 경제 분야를 맡았다. 지방 조폐국장, 프랑스아카데미 사무총장의 자리에까지 올랐지만 사교적 세련미가 부족했던 탓에 노총각으로 지내던 그는 42세 때 파리 최고의 미인이라는 20세 연하의 소피와 결혼해 가정을 꾸렸다.

미국 독립전쟁의 영웅인 라파예트 장군의 애인에서 콩도르세 후작 부인이 된 소피는 집을 살롱으로 개조해 지식인들의 사교장으로 만들었다. 확률을 정치에 대입, 선거 결과가 유권자들의 의도와 달라질 수 있다는 '콩도르세 패러독스'가 담긴 저술도 결혼 후 아늑함과 활발한 지적 교류에서 나왔다.

1791년 입법의회 의원으로 선출된 그는 여자와 유색인종을 포함하는 의무 교육 실시 등 공교육 혁신을 부르짖었다. 진정한 자유와 정치

적 평등은 대중에 대한 교육에서 나온다는 생각에서다. 이후의 삶은 내리막길이었다. 1793년부터는 도망자 신세로 전락했다. 공포정치를 펼친 로베스피에르가 속한 자코뱅당의 반대파였기 때문이다.

콩도르세는 '최고의 클럽, 공화국의 중심'으로 불렸던 후작부인의 살롱 단골들과 함께 피신하다 체포 하루 만인 1792년 3월 28일 감옥에서 죽었다. 향년 51세. 타살설이 돌았다. 혁명의 소용돌이에서 잊혔던 그의 확률 이론은 20세기 중반 이후 재평가받기 시작하여 1972년 노벨 경제학상을 받은 케네스 애로 같은 후학으로 이어졌다.

3월 29일
근대적 식품 산업 탄생의 명암 – 구스타프 스위프트

육식과 자동차 대량생산, 지구온난화. 관계없어 보이지만 구스타브스 스위프트Gustavus F. Swift라는 연결 고리가 있다. 냉동 열차를 개발하고 식품 유통업을 일으킨 사람이다.

1839년 매사추세츠의 한 농가에서 태어난 그는 공부와는 담을 쌓았어도 남다른 상재商材를 타고났다. 8세부터 정육점에서 일해 16세에 자본금 20달러로 독립한 그는 고기를 덩어리째로 판매하는 다른 상인들과 달리 소량이라도 고객이 원하는 만큼 잘라 팔아 주부들의 호응을 받으며 돈을 모았다.

유력 정육업자로 성장한 스위프트는 1878년 전 재산을 건 모험에 나섰다. 카우보이가 소 떼를 몰거나 살아 있는 소를 화차에 우겨 넣어

도시로 운반한 뒤 도축하던 방식과 달리 산지에서 도살해 식육 부위만 냉동 열차에 실어 나른 것. 새로 선보인 냉방 기술을 적용하고 식용 부분만 실었기에 그의 방식은 이전보다 수송 비용을 70% 가까이 줄였지만 기존 업자들의 반발에 부딪쳤다.

1899년 만들어진 스위프트 냉동 열차

소비자들도 처음에는 그의 쇠고기를 마뜩잖게 여겼다. 하지만 얼마 안 지나 품질에 이상이 없는데다 절반 가격이라는 점이 부각되며 스위프트를 돈방석에 앉혔다. 폭주하는 주문에 그는 대형 농장을 짓고 도시별로 냉장 창고와 정육 공장을 세워 통조림과 마가린, 버터, 비누까지 만들어 팔았다. 얼마 후 과일과 채소상들도 그의 뒤를 따랐다. 근대적 식품 산업이 이렇게 생겨났다. 1903년 3월 29일 스위프트 사망 이후 '혁신'은 헨리 포드로 이어졌다. 20세기 대량생산 시대를 열었다는 '컨베이어벨트 시스템'은 포드가 스위프트 정육 공장을 방문했을 때 얻은 아이디어에서 비롯되었다.

스위프트는 그림자도 남겼다. 숲을 밀어낸 경작지에서 나오는 세계 곡물량의 30%가 축산 사료로 쓰인다. 전 세계 가축의 트림과 방귀는 한국이 배출하는 이산화탄소의 60% 수준에 이른다.

3월 30일
연필과 지우개의 결합

연필과 볼펜, 어느 게 오래갈까? 연필이다. 볼펜으로 선을 그었을 때 최대 길이는 1km. 연필의 필기 거리는 56km가 넘는다. 헤밍웨이는 연필 두 자루로 소설 한 권을 쓴 적도 있다.

가장 값싸고 오래가는 필기구인 연필의 시발점은 1564년. 폭풍우에 뽑혀 나간 영국 시골 마을의 거목 뿌리에 흑연이 딸려 나오면서 비롯되었다. 이듬해에는 스위스의 한 과학자가 삼나무 사이에 흑연을 끼워 넣는 형태의 연필을 개발해냈다. 연필의 품질 향상에 가장 많은 영향을 미친 곳은 독일의 파버 카스텔사. 1761년 설립되어 무려 245년간 세계 1위를 고수하면서 육각형의 외관과 같은 연필의 표준을 거의 대부분 만들었다. 단 한 가지만 빼고.

부동의 세계 1위 회사가 놓친 것은 '지우개 달린 연필'. 연필과 지우개를 결합한 사람은 미국인 하이멘 립먼Hymen L. Lipman이다. 1858년 3월 30일 특허 취득. 가난한 10대 화가 지망생이던 립먼은 연필 회사에 특허를 넘기고 매출의 2%를 받으며 짭짤한 수익을 올렸다. 1875년 '단순 결합에 지나지 않다'는 소송에 걸려 패소 판결을 받았지만 립먼의 아이디어는 간단한 발상의 전환이 발명으로 이어진 사례로 자주 인용되고 있다. 판결에서는 졌

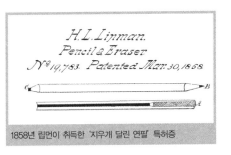

1858년 립먼이 취득한 '지우개 달린 연필' 특허증

어도 고무가 달린 연필은 미국 표준으로 자리 잡았다. 유럽의 연필에 고무지우개가 달리지 않은 연유도 여기에 있다.

한국의 연필 산업은 사양 산업이다. 중국산 연필의 저가 공세와 수요자의 외면 탓이다. 외국에서는 그렇지 않다. 파버 카스텔사가 연필을 팔아 연 180억 달러의 매출을 올리는 것도 수요가 살아 있기 때문이다. 이어령 이화여대 석좌교수는 연필을 통한 창조적 사고를 강조한다.

"연필처럼 유연해야 한다. ……쓰고 지우고, 지우고 써라. 지우개가 달린 연필로 사고思考하라."

3월 31일
존 모건, 중앙은행을 대신한 금융 황제

세계 예술품 시장이 요동쳤다. 모건John P. Morgan이 이집트 여행 도중 쓰러졌다는 소식 때문이다. 수집광인 그가 사망하면 가격이 폭락할 것이라는 우려 속에서 모건은 1913년 3월 31일 숨을 거두었다.

모건이 최후를 맞았던 로마의 그랜드호텔에는 교황을 비롯해 각국 국가원수와 정치인, 예술가들이 보낸 조전弔電 3,698통이 쌓였다. 역사상 그 누구도 받지 못했던 대접이다. 남긴 유산은 6,830만 달러. 요즘 가치로 61억 달러에 해당하는 거액이었지만 사람들은 세계 최고의 부자치고는 많지 않다며 뜻밖으로 여겼다. 록펠러는 "단지 부자라는 단어로는 모건을 다 표현할 수 없다"고 말했다. 부자 이상의 부자라는 뜻이다.

존 모건

우량 기업만 골라 상대하며 철강과 철도 · 해
운 · 농기구 제작업체들의 인수합병을 주도해
최고 은행가로 명성을 쌓았던 모건이 절정을 맞
았던 시기는 1893년과 1907년. 월스트리트의
주가가 폭락하고 주요 투자은행(증권사)들이 도
산하며 위기를 맞을 때마다 모건은 자금을 무제
한 대출, 위기를 잠재웠다. 중앙은행의 역할을 대행한 셈이다.

공교롭게도 모건의 생애는 미국 중앙은행의 공백기와 정확하게 일
치한다. 중앙은행 기능을 제한적으로 수행하던 제2합중국은행이 없
어진 1837년 태어나 연방 준비 제도가 생긴 1913년 죽었으니까.

모건은 별명인 '금융 황제'처럼 군림했다. 협상을 중재할 때는 결
말이 나올 때까지 양측을 감금한 적도 있다. 개인적으로는 불행한 삶
을 살았다. 결혼 4개월 만에 폐결핵으로 죽은 첫 아내를 잊지 못해 미
술품 수집에 빠져들고 다양한 여성과 만났다.

대중의 존경도 받지 못했다. 록펠러나 카네기와 달리 기부에 인색
했던데다 남북전쟁 참전을 기피해 평생 '병역기피자'라는 비난과 질
시 속에 살았다.

4월

4월 1일
저축이 번영의 토대를 침식한다- 존 홉슨

런던대학교는 그를 강사 명단에서 지워버렸다. 1889년 발표한 《산업생리학The Physiology of Industry》에서 '저축이 번영의 토대를 침식할 것'이라는 견해를 밝혔기 때문이다. 미덕으로 여겼던 저축이 경기 침체의 원인이라니! 학계는 물론 사회단체까지 그를 이단아로 몰아 붙였다.

한창인 31세에 강단에서 쫓겨난 홉슨John A. Hobson은 1940년 4월 1일 82세로 사망할 때까지 평생을 기고와 사회 비평으로 보냈다. 단한 번도 경제학의 주류에 포함되지 못한 채 눈을 감았지만 그는 20세기 경제학의 흐름에 커다란 흔적을 남겼다. 케인스 유효수요 이론의 원형도 바로 '과소 소비론'에 있다. 홉슨의 진단을 좀 더 살펴보자.

"가난한 자는 없어서, 부자는 너무 많아 쓰지 못한다. 고전적인 해답은 쓰이지 못한 돈이 저축을 통해 공장과 생산에 투자되어 더 많은 산출을 가져온다고 설명하지만 실제는 그렇지 않다. 물건이 팔리지 않는 상황에서 투자해봐야 새로운 소비를 기대할 수 없기 때문이다."

홉슨은 '과소 소비=저축=과잉 생산'으로 이어지는 딜레마가 해외 투자로 시작되는 금융제국주의로 풀렸다고 보았다. 문제는 결과가 비참했다는 점. 잉여를 바깥에 이식하려는 국가가 하나둘이 아니었기에 제국주의 경쟁이 일고 종국에는 전쟁으로 번졌다.

강단에서 추방된 후 한 신문의 특파원 신분으로 남아프리카에 파견되어 새로 발견되는 금광을 둘러싼 자본의 각축전과 보어전쟁을 지켜본 홉슨은 자본 잉여와 저축, 해외 투자가 침략과 전쟁으로 연결되는 과정을 한 권의 책 《제국주의론Imperialism》(1902)에 담았다. 레닌이 1916년 펴낸 《제국주의론》도 홉슨의 영향을 받은 것이다.

홉슨 사망 70주기, 케인스 경제학과 레닌의 사회주의도 힘을 잃고 있지만 홉슨이 주목했던 금융제국주의의 힘은 여전히 막강하다.

4월 2일
피가 보장한 철의 여인 대처의 장기 집권

1982년 4월 2일 새벽, 포클랜드가 총성에 휩싸였다. 아르헨티나군 2,000여 명의 기습을 받은 영국군 80여 명은 8시간 만에 대영 제국의 깃발을 내렸다.

독립 이래 166년 동안 코앞의 섬을 영국에 내주어야 했던 아르헨티나는 감격에 젖었다. 군사독재정권에 대한 시위도 자취를 감추었다. 영토 분쟁을 통해 정치적 불만을 잠재우려던 대통령 갈라티에 장군은 '영국이 지구 반대편의 쓸모없는 섬을 위해 전쟁에 나설 턱이 없다'며 자신했으나 기대는 완전히 빗나갔다.

주요 전투함정의 3분의 2를 긁어모아 포클랜드제도로 보낸 영국은 최신 무기와 미국 인공위성의 정보 제공에 힘입어 75일 만에 승리를 따냈다. 덕분에 마거릿 대처는 '철의 여인'이라 불리며 1990년까지 장기 집권의 발판을 마련했다. 프랑스도 휘파람을 불었다. 아르헨티나의 프랑스제 전투기가 발사한 11만 파운드짜리 프랑스제 엑조세 미사일한 방에 영국이 2,329만 파운드를 들여 건조한 최신예 구축함 세필드호가 가라앉자 무기 구매 요청이 쏟아졌기 때문이다. 반면 패전은 아르헨티나 군정을 무너뜨렸다. 미국이 미주상호조약을 어겨가며 영국 편에 섰다는 배신감에 남미 전역에서 반미 감정도 넓게 퍼졌다.

'철의 여인' 마거릿 대처 수상

영국이 일방적인 승리를 거둘 수 있었던 근본요인은 '노블레스 오블리주'. 부유층과 지도층 자제는 징병을 기피했던 아르헨티나와 달리 영국에서는 앤드루 왕자까지 헬기 조종사로 참전하여 대함 미사일을 가짜 표적으로 유도하는 극히 위험한 임무를 맡았다.

아르헨티나가 말비나스로 부르는 포클랜드제도를 영국은 영유할 수 있을까. 장담하기 어렵다. 우리나라에도 수입되는 오징어를 비롯한 어족 자원이 풍부한데다 북해 유전보다 큰 원유와 천연가스까지 매장되어 있기 때문이다. 포클랜드는 자원 확보전이라는 새로운 전쟁을 예고하고 있다.

4월 3일
포니 익스프레스, 배달의 기수

"사람 구함. 깡마르고 죽음의 위험도 불사할 만큼 강인한 18세 이하의 승마 도사. 고아 우대."

1860년 봄 미국 신문에 실린 살벌한 구인광고에 소년들이 밀려들었다. 이유는 돈. 하루 12시간 노동으로 잘해야 1달러를 받던 시절에 주급 25달러가 걸렸다.

소년 기수들을 고용한 회사는 포니 익스프레스Pony Express. 미국 동부와 서부를 오가는 특급 우편물 운송망을 구축하겠다는 명분 아래 북부와 중부의 자본가들이 공동출자한 회사다. 명분 뒤에는 철도 유

포니 익스프레스의 소년 기수

치 경쟁이 숨어 있었다. 곧 건설될 대륙횡단 철도가 겨울철 폭설을 피하려면 남부를 통과해야 한다는 주장에 맞서 중앙부 노선의 타당성을 입증하기 위한 방편으로 내세운 게 포니 익스프레스다.

포니 익스프레스는 분명한 성과를 거두었다. 1860년 4월 3일 미주리를 출발한 우편물이 3,200㎞ 떨어진 캘리포니아에 도달하기까지 소요된 시간은 열흘 반나절. 남부

통과 역마차로보다 보름이나 빨랐다. 링컨 대통령의 취임 연설문을 전할 때는 7일 17시간이라는 기록을 세웠다. 소년 기수들이 20㎞ 간격으로 설치된 역驛마다 말을 갈아타고 밤낮없이 달린 결과다.

숱한 화제 속에서도 포니 익스프레스는 1861년 10월 대륙횡단 전신망이 깔린 뒤 바로 폐쇄되고 말았다. 18개월 동안 손익은 지출 20만 달러에 수입 9만 달러. 적자에도 주주들은 엄청난 실수익을 거두었다. 대륙횡단 철도의 노선이 원하는 대로 정해진데다 150만 달러라는 거

금을 받고 포니 익스프레스를 넘겼기 때문이다.

인수자는 현금 호송업체였던 웰스파고. 회사의 상징물로 포니 익스프레스를 내세웠던 웰스파고는 오늘날 초거대 은행으로 자리 잡았다. 포니 익스프레스의 이름은 우표와 신용카드, 고속도로에도 남아 있다. 거친 황야를 달리던 소년들의 육신은 백골을 거쳐 흙으로 돌아갔을지언정 그 용기와 모험은 영원히 살아 숨 쉰다.

4월 4일
브레다 선언, 국운을 가른 통치자의 관용

1660년 4월 4일 네덜란드 남부 도시 브레다. 망명 중인 찰스 2세가 영국 의회에 편지를 보냈다.

"짐은 누구든 지난날의 잘못을 용서하고 신앙의 자유를 허락하노라. 또한 세금과 법령 등의 문제는 의회에서 결정해주기 바라노라."

'브레다 선언'으로 불린 이 편지는 영국인들을 열광시켰다. 내전과 국왕의 참수형, 공화정과 크롬웰의 독재정치를 거치는 동안의 혼란과 사분오열의 위기를 극복하려면 왕정으로 되돌아가는 방법밖에 없다고 생각하던 터에 적법한 왕위계승자가 자애롭고 관대한 입장을 밝혀왔기 때문이다.

찰스 2세

고무된 의회는 찰스 2세를 영국 국왕이라고 선포했다. 아버지인 찰스 1세가 의회군에게 처형(1649)된 뒤 스코틀랜드로 피신, 스스로 왕위에 올라 군사를 일으켰으나 패배를 맛보고 망명을 택한 지 9년 만에 찰스 2세는 영국으로 돌아왔다. 왕정복고가 이루어진 것이다.

찰스 2세는 브레다 선언을 준수했을까. 그렇지 않다. 부왕의 처형에 관련된 13명을 골라내 참수형을 내렸다. 뿐만 아니라 왕정을 폐지했던 크롬웰을 무덤에서 파내 사체의 목을 잘라 거리에 내걸었다. 핍박을 못 이긴 청교도는 아메리카로 대거 떠났다.

약속을 제대로 지키지 않았음에도 찰스 2세에 대한 영국인들의 평가는 후한 편이다. 항해조례 강화, 휘그·토리당의 양당제 시작, 순도 높은 은화 제작에 따른 파운드화의 신뢰도 향상 등이 그의 치세에 이루어졌기 때문이다. 무엇보다 주목할 대목은 화합을 중시했다는 점. 국교(영국 성공회)와 마찰을 피하기 위해 임종(1685) 직전에야 자신의 신앙이 가톨릭이라는 사실을 겨우 밝혔다.

제대로 지켜지지 않았다고 하지만 관용이라는 골격만큼은 유지했기에 국왕 자신도 나라도 건사할 수 있었던 셈이다. 통치자의 관용과 편협 여부는 국운을 가른다.

4월 5일
공포와 투쟁을 잠재우는 계약– 토머스 홉스

스페인 무적함대의 침입이라는 공포 속에서 태어났기 때문일까. 아니면 사람을 때려 목사직에서 쫓겨난 부친의 피를 이어받아서일까.

1588년 4월 5일 태어난 영국의 정치철학자 토머스 홉스Thomas Hobbes의 사상에 잔뜩 깔린 게 있다. 공포와 투쟁, 열정. 청교도 혁명이 한창이던 1651년 출간된 《리바이어던Leviathan》을 더듬어보자.

《리바이어던》 표지

"자연 상태의 삶은 고독하고 불결하며 야만적이고 부족하다. 자연 상태란 만인萬人의 만인에 대한 투쟁이다."

17세기 유럽판 성악설인 셈이다. 늑대의 심성을 가진 인간들의 사회가 어떻게 굴러갈까. 이른바 '홉스적 질문'이다. 홉스는 답을 '계약'으로 보았다. 개인들이 욕구와 의지를 군주에게 위임하기로 계약하고 통치에 따른다는 것. 리바이어던은 구약성서에 나오는 수중 괴물. 권력에 무한한 권한을 부여해 사회를 유지·발전시키자는 얘기다.

《리바이어던》은 논란을 낳았다. 당장 교회가 발끈했다. '나'라는 주체를 신에게서 분리했기 때문이다. 국가를 괴물로 비유한 점을 못마땅하게 여긴 의회파를 피해 파리에 망명한 그를 왕당파는 무신론자라며 따돌렸다. 평가도 분분하다. 《군주론》을 지은 마키아벨리와 더불어 절대왕정에 힘을 실어주었다는 시각과 자연 상태의 인간을 시장적 개인으로 보았다는 점에서 시장주의의 원형이라는 해석이 엇갈린다.

후자가 우세해지는 분위기이지만 분명한 사실은 개인의 권리를 강조한 존 로크와 더불어 초기 경제학에 가장 큰 영향을 미친 사람 중 하나로 꼽힌다는 점이다. 홉스는 학문적 박해와 특별연금 수혜라는 냉온탕을 겪으며 91세까지 장수를 누렸다. 화폐를 국가의 혈액으로 비유한 점으로도 유명하다. 영국 왕립 학회의 기원도 홉스의 토론 모임으로 거슬러 올라간다.

4월 6일
조·미 수호통상조약, 반면교사의 역사

"朝, 美條約成(미국과 조약을 맺다)."

《조선왕조실록》, 〈고종〉편 19권(1882) 4월 6일(양력 5월 22일)자의 기록이다. 조·미 수호통상조약은 조선이 서양과 맺은 첫 근대적 조약이지만 정작 협상 주역은 청나라. 일본 견제용으로 조선·미국 간 국교를 중재한 청은 문구 작성까지 도맡았다. 조약 체결 순간 제물포 화도진 앞바다에서는 미국과 청의 군함들이 번갈아가며 축포를 쏘아 올렸다.

조·미 수호통상조약을 신호탄으로 물밀듯 밀려들어온 열강의 외교사절단 중에서도 고종은 미국인들을 유달리 아꼈다. 미국을 '영토 욕심이 없는 나라'로 인식했기 때문이다. 미국인들에게 금광이며 철도, 전기회사 부설권 등 알짜 이권을 내준 것도 이런 맥락에서다. 미국인 선교사들이 양대인洋大人으로 행세한 것도 이때부터다. 이완용 등 친미파도 대거 생겨났다.

고종은 미국을 안보의 버팀목으로도 여겼다. 근거는 조·미 수호통상조약 1조에 명시된 '불공경모不公輕侮' 관련 문구. 제3국으로부터 부당하게 업신여김을 당하면 서로 돕는다는 뜻의 문구를 조선은 외세 침략을 막아줄 바람막이로 믿었지만 미국에는 외교적 수사에 불과했을 뿐이다. 미국은 오히려 철저히 일본 편에 섰다. 가쓰라-태프트 밀약에서 일본의 조선 지배에 동의한 미국은 을사늑약 직후 공관을 가장 먼저 철수시켜 숭미崇美 조선을 배신감에 떨게 만들었다.

조선 제26대 임금인 고종

조 · 미 수호통상조약 128주년. 한국은 미국과 자유무역협정FTA을 맺었다. 자유무역협정 자체가 조 · 미 조약 같은 '불평등 조약'도 아니고 한국의 힘도 이전과 비교할 수 없을 만큼 커졌지만 변하지 않은 게 하나 있다. 격랑 한가운데 있다는 점이다. 오욕의 역사를 딛고 일어설지, 아니면 되풀이할지 기로에 서 있는 셈이다.

4월 7일
엘리베이터, 고층 빌딩의 중추

뱃살의 주범, 현대 문명의 이기. 뭘까. 엘리베이터다. 거대 도시의 고층 빌딩 숲도 이게 없으면 불가능했다. 9 · 11 테러 공격으로 붕괴된 무역센터 건물에는 255개의 엘리베이터가 사람을 실어 날랐다.

엘리베이터가 처음 등장한 것은 그리스 시대. 철학자 아르키메데스가 밧줄과 도르래를 이용해 엘리베이터를 처음 고안했다고 전해진다.

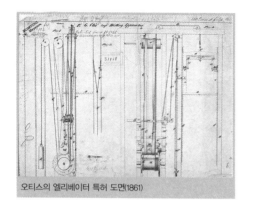
오티스의 엘리베이터 특허 도면(1861)

로마의 폭군 네로 황제도 3층짜리 궁전에서 노예의 인력으로 움직이는 승강기를 운행했다. 화려한 귀족 문화를 연 '태양왕' 루이 14세는 베르사유 궁전의 3층짜리 건물에 간단한 기계식 엘리베이터를 달았다.

현대식 엘리베이터의 시발점은 엘리샤 오티스Elisha G. Otis. 1811년 4월 7일 태어난 그는 침대 회사에 다니며 설계를 배웠다. 오티스가 개발한 엘리베이터의 최대 장점은 안전. 케이블이 끊어져도 엘리베이터 박스를 톱니바퀴가 잡아주는 장치를 선보였다. 케이블이 끊어져 추락하는 엘리베이터의 장면이 영화 속에 종종 나오지만 오티스 이후 엘리베이터 추락은 상상일 뿐이다.

발명가였음에도 오티스는 가난 속에서 살았다. 해적판이 쏟아진 탓이다. 1853년 뉴욕에서 열린 만국박람회에서 오티스는 엘리베이터에 몸을 싣고는 케이블이 끊어져도 정지할 수 있는 엘리베이터를 선보이며 명망을 얻었지만 사업 성공을 확인하지 못한 채 1861년 눈을 감았다.

2005년 기준 엘리베이터의 세계 수요는 연간 37만여 대. 한국 업체들은 약 3억 5,000만 달러어치를 수출하고 있다. 1914년 조선호텔이 처음 운행한 엘리베이터의 지난해 국내 시장 규모는 7,983대. 오티스가 개발한 엘리베이터는 시속 12㎞에 불과했지만 최신형은 그 10배가 넘는 속도로 움직인다. 시속 600㎞급의 초고속 엘리베이터 개발 경쟁도 한창이다.

4월 8일
와우아파트, 불도저식 행정과 부실공사가 낳은 비극

1970년 4월 8일 오전 6시 30분, 서울 와우동의 시민아파트 한 동이 폭삭 주저않았다. 현장은 참혹했다. 입주 예정 30가구 가운데 먼저 들어온 15가구 주민 41명이 중경상을 입고 33명이 깔려 죽었다. 사고 발생 나흘 전 금이 갔다는 주민들의 경고만 받아들였어도 인명 피해는 막을 수 있었을지 모른다. 어떻게 준공한 지 4개월밖에 되지 않은 아파트가 기둥 하나 남기지 않고 무너져버렸을까. '불도저식 행정과 부실공사' 탓이다.

와우아파트는 설계와 시공, 감리까지 부실과 총체적 부패 그 자체였다. 쌀 한 가마니에 5,220원 하던 시절 시공비가 평당 1만 원에도 못 미쳤다. 당초 공사비는 평당 2만 원꼴이었지만 경험 없는 업체가 계약을 따내 커미션만 챙기고 시공은 무허가 업체에 맡기는 과정에서 시공비가 새나갈 수밖에 없었다.

부족한 공사비는 부실시공을 불렀다. 기둥 하나에 70개씩 들어가야 할 철근은 불과 5개만 쓰였다. 건설 현장의 금기사항인 한겨울의 콘크리트 시공은 배합마저 엉망이었다. 시멘트 대신 모래가 대부분인데다 한 지게에 30~40원씩 주어야 하는 물을 아낀다고 제대로 섞지도 않았다.

자재와 자금 부족에도 와우지구 아파트 단지(15개동)가 착공 6개월 만에 완공되었다는 '실적'은 부실시공을 기획하고 자재를 빼돌린 공무원들에게 돌아갔으나 국제적 망신을 샀다. 붕괴 사건이 일어난 다음 날 서울에서 아시아개발은행ADB 총회가 열렸기 때문. '한국의 발전상을 알린다'는 생각으로 유치한 국제대회에서 치부만 드러낸 꼴이 되었다.

'부실 공화국 한국'은 옛말일까. 그렇지 않다. 성수대교와 삼풍백화점이 무너지고 또 무너져도 '빨리빨리 유전자'의 생명력은 끈질기기만 하다. 불편한 진실과 부패, 불도저의 추억이 뒤엉킨 채 국토를 가로지르는 '삽질'이 한창이다.

4월 9일
3D, 새로운 차원의 거대 시장

1953년 4월 9일 미국 전역의 영화관에서 〈하우스 오브 왁스House of wax〉가 개봉되었다. 〈인형 박물관의 미스터리Mystery of the wax museum〉(1933)를 리메이크한 이 영화는 관객들의 열띤 호응을 불렀다. 3D(입체)영화가 주는 현실감 때문이다.

입체 영상은 무성 영화 시대부터 선보였지만 정교한 입체 화면에 음향까지 여러 방향에서 전달되는 3D영화는 〈하우스 오브 왁스〉가

시초로 꼽힌다. 흥행 성적이 얼마나 좋았는지 할리우드에는 공포 3D 영화 제작 붐이 일었다. 3D영화는 극장가를 뒤덮다시피 했으나 곧 시들해지고 말았다. 전용 안경을 써야 하며 오래 관람하면 두통과 메스꺼움까지 유발할 수 있다는 단점 탓이다.

제작비는 물론 관람료까지 비쌌던 3D영화는 결국 잊히고 말았지만 요즘 들어 부활할 조짐을 뚜렷하게 보이고 있다. 두통 유발 등의 부작용도 거의 사라졌다. 미국의 3D영화 〈아바타〉는 한국에서도 1,000만 이상의 관객이 관람했다. 영화제작사인 '드림웍스'와 '디즈니'는 앞으로 모든 애니메이션을 3D로 제작할 계획이다.

거대 영화사들의 판촉 속에 불과 4년여 전 100여 개에 불과했던 미국의 입체 영화 상영관 수는 1,300여 개로 불어났다. 그만큼 관객이 몰린다는 얘기다. 3D영화는 불법 복제가 불가능하다는 점도 영화사들이 꼽는 장점이다. 올해를 기점으로 미국에서 3D영화가 2D(일반 영상)보다 더 많은 관객을 동원할 것이라는 전망도 있다.

과연 3D영화가 영화 산업 중흥의 계기로 작용할지는 미지수지만 확실한 점은 두 가지 있다. 완성도 높은 미국산 3D영화가 국내 영화 시장을 잠식할 가능성이 크다는 점과 3D가 영화 외에도 다양한 분야에서 무한한 발전 가능성을 발휘할 수 있는 기술이라는 점이다.

휴대폰과 게임기기 · TV 분야에서 3D기술을 개발하고 표준을 선점하려는 경쟁이 한창이다. 디스플레이 분야의 강국인 한국에는 기회가 아닐 수 없다. 새로운 차원의 거대 시장이 열리고 있다.

4월 10일

산업스파이 프랜시스 로웰, 미국 제조업의 개척자

"원사에서 옷까지!"

프랜시스 로웰Francis C. Lowell이 1814년 매사추세츠 주 월담에 세운 섬유 공장의 슬로건이다. 섬유 산업의 모든 공정을 한자리에서 처리하기는 월담Waltham 공장이 세계 최초다. 영국으로도 역수출되었다는 월담형 공장의 특징은 대자본 고기술. 엄청난 자본과 최신 기술이 들어갔다.

로웰은 이를 빌리거나 훔쳤다. 보스턴의 유명 가문에서 1775년 태어난 그는 35세에 영국으로 여행을 떠나 2년간 직물 공장의 기계를 남몰래 그리는 방법으로 산업 기술을 빼내 미국으로 옮겼다. 방직기 등은 불법 복제했지만 공장의 배치와 일관형 작업 공정 등은 그의 머릿속에서 나왔다. 공장을 세우는 데 필요한 돈은 친지와 함께 일반 대중에게 주식을 팔아 조달했다. 주식 사모사채의 미국판 원조 격이다.

로웰은 여직공 최초 고용이라는 기록도 갖고 있다. 미혼의 여직공들을 채용하여 숙식을 제공하고 결혼할 때까지 일하도록 했다. 새로운 기술과 인력 구조, 거대한 자본이 결합된 로웰의 섬유 사업은 주주들에게 25.7%라는 고율배당을 할 만큼 처음부터 성적이 좋았다. 영국산 수입 면제품을 대체할 미국산 면제품에 대한 수요가 급증한 덕분이다.

로웰의 성공은 사람들의 투자 의욕을 자극해 미국 각지에 220여 개의 섬유 공장이 새로 생겼다. 영국과의 제조업 경쟁에서도 이길 수 있다는 자신감이 공장 설립 급증으로 나타난 것이다.

오늘날의 매사추세츠 소재 월담 보스턴 섬유공장

로웰은 1817년 4월 10일 42세를 일기로 사업의 번창을 못 보고 사망했지만 미국 제조업의 개척자로 기억된다. 미국 최초의 역사박물관에는 그의 이름이 붙어 있다. 로웰의 공장이 있던 도시는 이제 로웰시市로 불린다. 그는 노동 운동에도 영향을 미쳤다. 미국 여성 노동 운동 초기 지도자의 대부분이 로웰 공장 출신이다.

4월 11일
존 메카서, 호주 양모 산업의 시조

20억 달러. 호주의 2008년 양모 수출액이다. 세계 시장의 25%를 점하는 부동의 1위. 유형지였던 호주가 낙농 · 산업 국가로 변모한 기반도 양모 산업에서 나왔다. 호주 양모 산업을 키운 인물은 존 메카서 John Macarthur. 무일푼에서 호주 최대 부호로 자수성가한 사람이다.

성장의 기반은 군대. 1782년 16세에 향토 부대의 견습사관으로 시작해 전역과 정식 군대 편입을 거쳐 1789년 호주 파견 기회를 잡았다. 보급과 구매 업무를 담당했던 그는 거저 받은 광대한 토지에 죄수들을 동원해 농사를 짓고 농산물을 군대에 팔아 재산을 불렸다.

존 매카서 사망 100주년 기념우표

최대 소득원은 럼주 밀매. 죄수들이 밥보다 좋아했다는 럼주의 매매를 독점해 총독 이상의 권력을 휘둘렀다. 1796년 전역한 뒤에도 영향력은 여전해 장교단의 투기와 부정을 파헤치려는 역대 총독들과 갈등을 빚었다. 총독 대리인과의 결투로 영국에 소환당한 뒤 돌아오는 길에 그는 스페인 원산 개량종 메리노 7마리를 들여와 호주 곳곳에 양떼를 퍼뜨렸다.

1808년에는 군대의 럼주 독점권을 제한하려는 총독에 대항하는 반란을 일으켜 8년을 영국에서 지냈지만 어떠한 처벌도 받지 않았다. 양모 덕분이다. 나폴레옹의 대륙봉쇄령으로 최대 양모 생산국이던 스페인으로부터의 수입이 끊긴 상태에서 호주산 양모는 영국 모직 산업의 생명줄이었다.

귀국 후 호주은행 설립을 주도하고 자치의회 의원에도 뽑혔던 그가 1834년 4월 11일 68세로 사망할 무렵 호주는 세계적인 양모 생산지의 지위를 굳혔다. 매카서의 흔적은 2호주달러짜리 구권 지폐에 남아 있다. 매카서가 영국에 두 차례 머물 동안 농장을 지키고 키워냈던 아내 엘리자베스도 5달러짜리 동전의 뒷면에 올랐다. 뒤가 좀 구리지만 매카서 부부의 손끝에서 현대 양모 산업이 태동한 셈이다.

4월 12일
윌리엄 트위드의 거대한 부정부패를 잉태한 작은 이기심들

엉터리 계약과 착복, 뇌물수수. 부정부패가 판치던 지난 60년대 풍경이다.

무대는 20세기 한국이 아니라 19세기 미국 뉴욕. 작가 마크 트웨인이 《도금시대The Gilded Age》에서 국가 전체의 총체적 부패를 고발한 시대였지만 뉴욕은 도가 지나치기로 유명했다. 핵심은 윌리엄 트위드William M. Tweed. 공무원 출신 정치인이다. '보스 트위드'로도 불렸다.

특기는 공사비 부풀리기. 실제 비용이 400만 달러인 시청사 건설비를 1,400만 달러로 책정해 차액을 챙겼다. 투기꾼이 마음 놓고 철도 주식 등을 매집할 수 있도록 악법을 만들고, 도피 중인 경제사범에게 뇌물을 받고 죄를 사해주는 법률을 통과시킨 적도 있다. 사업 아이디어가 있어도 트위드에게 뇌물을 바치기 싫어 뉴욕을 피했던 사업가도 적지 않았다.

윌리엄 트위드

트위드는 여론도 무시했다. '고발 기사는 두렵지 않다. 어차피 읽지 못하는 유권자가 태반이니까. 글을 몰라도 만화는 볼 수 있다는 점이 걸리지만'이라며 시사만화를 껄끄럽게 여겼을 뿐이다. 법원의 대부분도 그의 돈에 놀아났다.

트위드가 뉴욕시를 쥐락펴락했던 2년 8개월 동안 축재액은 약 2억 달러에 달했다. 반대로 뉴욕시의 빚은 361%나 증가했다. 영원할 것 같았던 권력은 내부 분열과 언론의 끈질긴 추적으로 무너졌다. 검은 돈의 분배에 불만을 품은 동료들의 밀고로 1872년 꼬리가 잡혀 12년 징역형을 선고받은 후 특별 사면, 해외 도피, 강제 송환, 재수감을 거친 끝에 1878년 4월 12일 55세의 나이에 감옥에서 죽었다.

생전의 트위드가 대놓고 악행을 일삼을 수 있었던 배경은 유권자들의 지지. 이민자들에게 일자리를 알선하고 민원을 해결해 환심을 샀다. 시민들은 당장 편하다는 생각에 트위드의 문제를 애써 외면했다. 작은 이기심과 무지, 무관심은 필연적으로 부정부패를 부른다.

4월 13일
'먹보' 제임스 브래디, 자본재 세일즈맨

제임스 브래디James B. Brady의 아침 메뉴. 계란 5개과 팬케이크, 포크찹, 옥수수빵, 구운 감자, 옥수수, 머핀케이크에 비프스테이크. 입가심으로 초콜릿 1파운드와 오렌지주스 1갤런. 점심은 '조금만' 먹었다. 바닷가재 2마리, 양념 대게, 조개, 굴, 쇠고기. 저녁에는 성찬을 즐겼다. 굴 20~30개, 대게 6마리, 거북이 수프가 입맛을 돋우기 위한 전채 요리. 본 요리에서는 오리 2마리, 바닷가재 6~7마리, 등심, 식용 거북을 먹어치웠다. 디저트 메뉴는 패스트리와 사탕 2파운드.

그는 보석 사재기로도 유명했다. 별명은 '다이아몬드 짐'. 다이아몬드와 루비, 사파이어가 박힌 자전거를 타고 유명 여가수와 거리에 나섰을 때는 몰려든 구경꾼으로 전체 교통이 뒤엉켜버렸다.

브래디는 〈포천〉지가 '역사상 최고의 자본재 세일즈맨'으로 평가했던 인물. 1856년 뉴욕의 선술집에서 태어나 호텔 벨보이, 철도역 직원으로 일하며 야간 대학을 마친 후 기관차와 철도 관련 제품 세일즈맨으로 부를 움켜잡았다.

다이아몬드 짐

브래디는 자신을 움직이는 광고판으로 삼았다. 보석으로 치장하기 시작한 것도 홍보 효과 극대화 차원에서다. 눈만 뜨면 새로운 노선이 생기던 시절 철도업자들은 앞다투어 '그 유명한 다이아몬드 짐'의 기관차를 샀다. 단 한 번에 3만 8,000여 대의 자동차를 판 적도 있다.

세일즈로 성공해 은행과 증권사까지 사들인 그는 크게 질시받지 않았다. 베푼 덕분이다. 존스홉킨스 대학병원 비뇨기과 연구소에는 그의 이름이 아직도 걸려 있다. 평신 독신으로 살았던 그는 전 재산과 시신을 뉴욕 병원에 기부하고 1917년 4월 13일 61세를 일기로 눈을 감았다. 사망 후에도 그는 뉴스를 탔다. 해부 결과 '보통 사람보다 8배나 큰 위장을 갖고 있었다'는 소식으로.

4월 14일
타이타닉, 황금알을 낳는 거위

1912년 4월 14일 밤 11시 40분 북대서양. 시속 22노트의 전속력으로 달리던 타이타닉호 앞에 큰 빙산이 나타났다.

침몰한 타이타닉호의 선수 부분

조타륜을 황급히 돌린 끝에 충돌은 겨우 피했지만 선체 옆구리가 80m 정도 찢겨나갔다. 들이치는 바닷물에 16개의 격벽도 소용없었다. 사고 2시간 40분 만에 침몰.

'절대로 가라앉지 않을 불침선不沈船'이라는 각광 속에 영국에서 출발, 미국으로 가는 처녀항해에서 침몰한 타이타닉의 최후다. 4만 6,328톤짜리 호화 여객선은 1,513명의 목숨도 함께 안고 갔다. 구조된 사람은 695명. 1등실과 2등실 승객이 대부분이었다. 1등실 운임은 3,100달러, 3등실은 38달러. 부상당한 엄마의 치맛자락에서 손을 떼지 않았던 세 살배기 여자아이를 제외한 1·2등실의 어린이 승객들은 전원 구조되었지만 3등실에 탔던 어린이들의 절반은 바다에 잠겼다.

비극을 망각시키는 시간 속에서 타이타닉은 '황금알을 낳는 거위'로 바뀌고 있다. 1997년 개봉된 영화 〈타이타닉〉의 흥행 수입만 19억 달러. 역대 1위다. 바닷속 타이타닉의 소유권을 둘러싼 보험사와 선주사 유족, 탐사 회사 간 공방도 치열하다.

정작 타이타닉으로 재미를 본 사람은 따로 있다. 러시아 출신의 스무 살짜리 유대인 데이비드 사르노프David Sarnoff가 주인공. 가난 때문에 학교에 다니지 못하고 마르코니 전신 회사에서 사환으로 일하며 어깨너머로 무선 기술을 익혀, 이후 한 백화점의 전신 기술자로 일하던 중 사고 소식을 접하고 인근의 배들과 교신, 72시간 동안 구조 상황과 생존자 소식을 타전했다고 전해진다. 영웅담의 진위 논쟁 속에서도 그는 RCA(Radio Corporation of America)를 통해 라디오 방송과 가전기기 사업에 진출한 데 이어 NBC TV까지 세웠다. 심해에서 녹슬어가는 타이타닉의 영향력이 그 선체만큼이나 거대하다.

4월 15일
맥도널드, 950달러의 신화

질주는 시골 가게에서 시작되었다. 1955년 4월 15일 미국 일리노이 주의 한 마을에 개점한 햄버거 가게가 세계적 기업으로 클 줄은 아무도 몰랐다. 창업자는 종이컵 외판원 출신인 53살의 레이 크록Ray A. Kroc.

크록의 소유는 거의 없었다. 조리 기술에서 로고까지 소유권자는 맥도널드 형제. 크록이 가진 것은 프랜차이즈 사업권이 전부였다. 1940년 문을 연 가게에서 연 수입 10만 달러를 올리는 데 만족하던 형제는 크록의 끈질긴 설득에 가맹점 사업권을 950달러에 넘겼다.

크록은 형제의 모든 노하우를 규격화했다. 쇠고기의 크기에서 화장실 청소까지 5만여 개의 업무 기준이 만들어졌다. 싸고 맛있는데다 깨끗한 분위기에 손님이 몰리고 가맹점은 3년 만에 97

현재 박물관이 된 크록의 맥도널드 1호점(미국 일리노이 주 소재)

개로 늘어났다.

크록이 결정적인 위기와 기회를 맞게 된 것은 1961년. 사업비 과다 지출로 자금난에 빠진 가운데 맥도널드 형제가 계약을 어기고 따로 가맹점을 모집하자 결단을 내렸다. 대출을 받아 전체 권리를 270만 달러에 사들인 것. 이후는 승승장구. 마침 가맹점 증가를 예상하고 미리 확보한 부동산의 가격도 치솟았다.

사정이 좋아진 크록은 가맹점 체제를 직영점 중심으로 바꾸고 전 세계로 눈을 돌렸다. 1984년 크록 사망 후에도 맥도널드는 계속 뻗어나 갔다. 햄버거 가격으로 도시별 물가를 비교하는 '빅맥 지수' 가 생겼을 정도다. 2008년 매출 226억 달러. 전 세계에서 3만 1,000여 개의 점포가 성업 중이다.

겉과 달리 속으로는 위기다. 정크 푸드, 환경오염의 주범이라는 비판은 이젠 고전에 속한다. 파트타임 근로자의 낮은 임금을 빗댄 신조 어 '맥잡 Mcjob(먹고살기 힘든 수입의 직업)'을 사전에 올리려는 움직임 도 일고 있다. '스타벅스' 의 추격도 한창이다. 성장통일까, 한계일까.

4월 16일
윌리엄 클라크, "Boys, Be Ambitious!"

영어에 약하다는 한국과 일본에서 단단하게 뿌리를 내린 영문구가 하나 있다.

'Boys, Be Ambitious!'

'소년이여, 야망을 품으라' 라고 번역되는 이 말의 주인공은 윌리엄 클라크William S. Clark. 화학과 동물학을 공부했으며 매사추세츠대학 농대 학장을 지낸 학자이자 주 상원의원을 지낸 정치가다.

윌리엄 클라크

클라크가 극동과 인연을 맺은 것은 50세인 1876년. 농과대학을 키우려던 일본이 미국의 그랜트 대통령에게 전문가 파견을 요청했을 때 선발되어 홋카이도 땅을 밟았다. 처음에 뽑혔던 학자 케프론이 일본에 적응하지 못하고 돌아간 터. 비록 대타였지만 클라크는 일본인들의 마음을 사로잡았다.

무엇보다 학자이면서도 남북전쟁에 참전해 대령으로 예편했다는 경력이 사무라이의 나라 일본에서 통했다. 삿포로 농업학교(홋카이도 대학의 전신)의 설립 부학장으로 부임해 화학과 동식물학, 기독교 윤리학을 가르치던 그의 일본 체류 기간은 불과 8개월.

짧은 재임 기간에 대한 해석이 분분하지만 학생들에게 일본식 식사를 전면 금지시키고 빵과 고기만 먹게 하는 등 서구식 사고와 생활 방식을 강요했기 때문이라는 설이 유력하다. 인도의 전통 음식 '커리'를 변형한 '일본식 카레라이스'가 자리 잡는 데도 '쌀은 커리와 같이 먹을 때만 허용한다'는 클라크의 방침이 한몫했다고 전해진다. 이임일인 1877년 4월 16일, 그는 가까웠던 제자 10여 명과 악수를 나눈 뒤 이런 말을 남기고 떠났다.

"Boys, Be Ambitious!"

클라크는 1886년 60세로 세상을 떠났지만 지금도 삿포로시에는 먼 곳을 향해 손을 뻗은 그의 동상이 우뚝 서 있다. 그의 손가락이 가리키는 것은 무엇일까. 클라크의 다음 세대인 아인슈타인은 이렇게 말했다. "지성보다 중요한 것은 꿈이다."

4월 17일
니콜라이 부하린, "공산당원 여러분, 부자 되세요."

"부자 되세요."

누가 이 말을 처음 했을까. 광고 회사도 카드 회사도 아니다. 원조는 소련 공산당. 니콜라이 부하린Nikolai I. Bukharin이 1925년 4월 17일 모스크바 열성당원 회의에서 선보인 구호다.

부하린은 레닌이 '최고의 이론가'라고 손꼽았던 인물. 골수 빨갱이인 그가 과연 이런 말을 했을까. 그랬다. 식량난을 극복하려면 농민과 소기업인에 대한 동기 부여가 필요하다고 생각한 그는 분명히 말했다. "부자 되세요! Обогащай тесь!"

마침 자본주의 요소를 도입한 신경제정책NEP이 진행되던 무렵, 자본을 축적한 네프맨nepman과 부농(쿨라크)들은 더욱 힘을 얻었다. 공산당 내 우파 격인 부하린은 레닌 사망 이후 권력 승계 투쟁에서 중도파인 스탈린과 손잡고 좌파인 트로츠키를 내쫓는 등 승승장구의 길을 달렸다.

상황은 1928년부터 정반대로 바뀌었다. 정적 사냥을 끝낸 스탈린은 부하린도 숙청 대상에 포함시켰다. 1938년 총살형 집행. 자영농과 부농들은 토지를 집단·국영 농장에 빼앗겼다. 농민들은 중화학 공업 우선 정책에 반발했지만 돌아온 것은 피의 숙청. 1,000만 명 가까운 농민이 집과 농토 또는 목숨을 잃었다. 스탈린 치하에서 소련은 대공황에 허우적거리던 서방 국가들과 달리

니콜라이 부하린

1928년 이후 1950년대까지 초고속 성장가도를 질주했다.

문제는 지속 가능한 발전이 아니었다는 점이다. 농업과 경공업의 부진은 결국 소련 경제의 발목을 잡고 체제까지 무너뜨렸다. 약한 부문이 결과를 결정한다는 '최소율의 법칙'을 비껴가지 못한 셈이다.

소련의 사례는 남의 일 같지 않다. 우리 경제도 성장에 짐이 될 구조적 취약점을 안고 있기 때문이다. '양극화와 청년 실업, 고령화'라는.

4월 18일

유스투스 폰 리비히, 비료의 아버지

과학이 세상을 만났다. 학문을 위한 학문이었던 과학이 산업과 접목하고 실생활에 뿌리를 내리게 된 것은 그 이후부터다. 독일의 화학자 유스투스 폰 리비히Justus von Liebig. '비료의 아버지'로도 기억되는 사람이다.

염료상의 아들로 1803년 태어난 리비히의 중학교 성적표는 화학만

리비히 탄생 150주년 기념우표

빼고 전부 낙제. 학교에서 쫓겨날 정도였다. 보다 못한 아버지는 그를 당시 화학 연구의 중심지던 파리로 보냈다. 선생은 게이뤼삭. '기체 반응의 법칙'을 규명해낸 당대의 대가였다. 좋아하는 과목만 공부하게 된 리비히는 연구에 매달려 뇌산 등의 화학식을 규명해냈다. 낙제생에서 세계적 학자로 탈바꿈한 그는 독일로 돌아와 기센대학의 교수 자리를 꿰찼다. 21세의 나이였다.

에송이 교수의 강의는 인기를 끌었다. 실험 실습을 중시했기 때문이다. 여가 시간에나 실험을 하던 기존 교수들과 달리 그는 과학의 실용성을 최우선으로 삼았다. 리비히의 실험실은 유럽 최고의 과학 산실로 자리 잡았다. 독일이 2차 대전 직전 세계 약품·화학 제품 시장의 90%를 장악했던 것도 그가 길러낸 제자들 덕분이다.

리비히는 농업에서도 발자취를 남겼다. 공기 중에서 질소 비료를 생산하는 이론적 바탕이 그에게서 나왔다. 뮌헨대학으로 자리를 옮겨 1873년 4월 18일 사망하기까지 그는 의학과 화학을 연구하며 인간 활동의 에너지원이 단백질이라는 사실과 인공 합성 방법도 밝혀냈다. 인류의 신장이 커지는 데 공헌했다는 평가도 있다.

오늘날 리비히는 사회 전 분야에서 인용된다. '필수 영양소 중 성장을 좌우하는 것은 넘치는 요소가 아니라 가장 부족한 요소'라는 '리비히의 최소율 법칙'은 정치·사회 분야의 개선점을 지적할 때 전가의 보도처럼 쓰인다. '부족한 2%'에 우리는 얼마나 신경을 쓰고 있을까.

4월 19일
총과 다윗- 다윗파 사건

1993년 4월 19일 미국 텍사스 주 와코. 연방수사국FBI이 51일째 농성 중인 사교邪教 집단 '다윗파' 건물에 진입하려던 순간 총성이 울리더니 불길이 솟았다. 화마는 어린이 25명을 포함해 82명의 목숨을 삼켰다.

전 재산 헌금과 교주에 대한 성적 봉사를 신의 명령이라며 강요한 교주 데이비드 코레시David Koresh를 체포하려는 과정에서 발생한 참사다. 메시아를 자칭했던 크레시는 막대한 분량의 총과 탄약으로 끈질기게 저항했지만 끝내 타 죽었다. 과잉 진압 논란 속에서 조사 위원회는 광신도가 불을 질러 집단 자살을 택했다는 결론을 내렸다.

정확히 2년 뒤인 1995년 4월 19일. 오클라호마시 연방 정부 청사 폭탄 테러로 168명이 죽고 250여 명이 다쳤다. 아랍계의 테러일 것이라는 예상과 달리 배후는 정부의 권력 남용에 반대하는 극우 민병대. 주범 맥베이는 범행 동기를 '연방 정부가 와코에서 다윗파 신도들에게 저지른 행위에 대한 보복'이라고 말했다.

데이비드 코렛시

연이은 사건으로 보험금만 수억 달러가 나갔다. 주요 건물과 시설에 대한 보안 대책이 마련되기 시작한 것도 이때부터지만 정작 달라진 것은 거의 없었다. 사건과 테러의 주인공들이 백인인 탓인지 기억에서도 멀어졌다. 누구나 총기를 구할 수 있는 환경도 그대로 남았다.

지난 2007년 한국인 이민 1.5세에 의해 일어난 버지니아공대 총기난사 사건 직후 총기 규제 목소리가 높아졌지만 결국 무산되고 말았다. 미국 최대의 압력 단체라는 '미국총기협회NRA'의 이해관계에 맞설 정치인이 많지 않기 때문이다. 누구나 쉽게 총을 구하고 보복을 권리와 의무로 여기는 백인이 많은 나라 미국에는 수많은 교포와 유학생이 있다. 걱정스럽다.

4월 20일
자선가 록펠러? 학살자 록펠러!

1914년 4월 20일 아침 미국 콜로라도 주 러들로Ludlow. 민병대가 파업 중인 광부들을 향해 기관총을 갈겨댔다. 사망자 17명. 어린아이가 대부분이었다. '러들로 학살'을 야기한 강경 진압의 주인공은 록펠러. '자선가 록펠러' 바로 그 사람이다.

광부들이 뭘 요구했기에 총질까지 당했을까. 단순하다. 노동조합 인정과 임금 10% 인상, 사측의 노동 법규 준수가 핵심이었다. 광부들의 일당은 1달러 68센트. 다른 곳보다 20% 이상 적었다. 그나마의 임금도 현찰이 아니라 회사 소유의 상점에서만 쓸 수 있는 교환권으로

러들로 천막촌의 파업 노동자들

지급되었다. 사택인 오두막의 집세는 터무니없이 비쌌다.

록펠러는 광부들의 요구를 일언지하에 잘라버렸다. 이때가 1913년 9월. 광부들은 바로 탄광과 사택에서 쫓겨나 탄광 부근에는 거대한 천막촌이 생겼다. 협상만 끝나면 집으로 돌아갈 수 있을 것이라는 생각과 달리 겨울을 지나 6개월 넘게 이어진 농성이 잉태한 새봄의 희망은 총알과 함께 깨졌다.

광부들을 분노하게 만든 것은 최종 협상이 진행되는 동안 기관총좌가 몰래 설치되고 방화가 일어났다는 점. 기관총 난사와 불길 속에서 겁에 질려 피신하지 못한 여자 2명과 어린아이 11명이 죽었다.

법은 공평하지 않았다. 파업 참가자 400명 중 332명이 체포된 반면 사측에서는 민병대 장교 한 사람만 가벼운 처벌을 받았을 뿐이다. 보수 논객들은 사측의 행위를 '산업 평화를 위한 일격'이라며 치켜세웠다.

러들로 학살은 시간이 흐를수록 미국 사회에 영향을 미쳐 노동 조건이 다소 나아졌다. 러들로에 뿌려진 어린 생명들의 피가 부담스러웠기 때문일까. 록펠러 1세는 재산을 사회에 내놓기 시작했다. 덕분에 오늘날 록펠러는 '선행의 대명사'로만 기억된다.

4월 21일

'자본주의는 신교의 도덕관념에서 나왔다.' – 막스 베버

인류 역사에서 100대 사건에 들어가는 저술이 두 권 있다. 하나는 칼 마르크스의 《자본론》(1863), 다른 하나는 막스 베버Max Weber(1864. 4. 21~1920. 6. 14)의 《프로테스탄티즘의 윤리와 자본주의 정신The Protestant Ethic and the Spirit of Capitalism》(1904)이다. 자본주의라는 공통의 주제와 달리 두 책의 내용은 상반된다.

베버의 저술이 나온 것은 1904년. 국제 사회주의 운동 물결이 거세던 무렵이다. 베버는 책을 통해 '자본주의는 종교 윤리에 근거한 근검 절약으로 형성되었다'고 강조했다. 잉여 노동에 대한 수탈이 반복되어 자본주의로 발전했다는 마르크스의 유물론과 상치되는 내용이다.

베버 이론의 출발점은 캘비니즘Calvinism. 날 때부터 구원 여부가 정해졌다는 예정설에서 시작한다. 신이 부여한 소명이 무엇인지 알 수 없어 불안한 인간이 직업과 신의 소명을 일체화해 구원의 길로 삼고 열심히 일한 게 신교적 윤리이자 자본주의의 바탕이라는 게 베버 이론의 골자다. 베버는 돈이 생기는 대로 써버렸던 근대 이전과 달리 자기 절제를 요구한 신교의 도덕관념이 형성된 후 자본이 축적되어 결국 서구 자본주의로 이어졌다고 강조했다.

정작 베버 자신은 자유주의자. 사회주의적 성향의 진보 정당에 몸담은 적도 있다. 참전했지만 1차 대전을 반대했고 가장 이상적인 법률 체계라는 바이마르 공화국 헌법 제정 작업에도 참여했다. 베버가 가장 중시한 것은 학문의

막스 베버

객관성과 다원주의적 사고. 경제학과 법학, 역사학을 공부하며 얻은 다양한 지식을 접목해 현대 사회학의 문을 열었다.

'자본주의의 한계에도 불구하고 그보다 더 바람직한 대안은 없다'는 그의 이론을 둘러싼 논란은 요즘도 여전하다. 56세 짧은 생애의 절반 이상을 19세기에 보냈으나 21세기인 오늘날까지도 그의 영향력은 끝없이 이어지고 있다.

4월 22일
에스파냐의 영광과 한계 – 이사벨 여왕

이사벨Isabel la Católica 여왕. 콜럼버스의 항해를 후원해 에스파냐의 황금기를 연 인물이다. 사상 최고의 벤처 투자가이자 근대 경제사에 가장 많은 영향을 끼친 여성으로도 꼽힌다.

초년의 삶은 가시밭길. 1451년 4월 22일 이베리아 반도 중앙부를 차지한 카스티야 왕국의 공주로 태어난 그는 3세 때 부왕인 후안 2세

이사벨 여왕

를 여읜 뒤부터 견제 속에서 살았다. 오랜 감시 속에 눌려 지내던 그의 선택은 정략결혼. 방패막이가 되어줄 배우자로 아라곤 왕국의 페르난도 왕자를 골랐다.

국내외의 방해 공작을 뚫고 18세에 한 살 연하의 사촌 페르난도 2세와 결혼한 지 5년 뒤(1474) 배다른 오빠인 국왕 엔리케 4세가 사망하자 이사벨은 스스로 왕위 승계와 아라곤 왕국과의 통합을 선언하며 남편과 공동 군주에 올랐다.

통합 국가 에스파냐의 힘은 무서웠다. 내륙 국가적 성격이 강한 카스티야와 해양 국가 아라곤의 장점이 결합한 덕이다. 콜럼버스의 신대륙 발견(1492)이 성공한 것도 이런 분위기 속에서다. 이사벨의 1492년은 특히 주목할 만하다. 신대륙 발견에 버금가는 두 가지 사건, 즉 국토 회복(레콘키스타)의 완성과 유대인 추방령 시행이라는 두 사건이 일어났기 때문이다.

먼저 이베리아 반도에 남은 마지막 이슬람 국가인 그라나다 왕국을 내쫓은 레콘키스타로 유럽의 완전 기독교화라는 숙원을 풀었다. 유대인 추방령은 더욱더 눈여겨봐야 할 대목이다. 에스파냐에서 쫓겨난 유대인 23만 명 중 전문 인력과 재산가들이 포르투갈과 네덜란드, 영국을 거쳐 미국에 정착하는 경로가 세계 경제 패권의 이동 경로와 일치하기 때문이다.

이사벨 여왕은 오늘날 에스파냐에서 여걸로 기억된다. 17세기까지 초강대국으로 군림했던 에스파냐의 초석을 깔았기에 그럴 만하지만 이교도에게 관용을 베풀었다면 에스파냐의 영광은 더 오래 지속되었을지도 모른다.

4월 23일
콜라 전쟁

1985년 4월 23일 코카콜라가 기존의 콜라를 대체할 새로운 제품을 내놓았다. '최고가 더 좋아졌습니다' 라는 문구와 함께 등장한 신제품의 이름은 '뉴 코크New Coke'.

코카콜라는 왜 창립 이래 99년간 유지해온 콜라를 버리고 신제품을 출시했을까. 경쟁사의 추격 탓이다. 2차 대전 직후 60%에 이르던 세계 시장 점유율이 21.8%로 떨어진 상황에서 '캔자스 프로젝트' 라는 극비 계획을 진행시켰다.

단맛이 추가된 새 제품은 19만 1,000명을 대상으로 진행한 사전 테스트에서 극찬을 받았다. 기대대로 뉴 코크의 출발은 더할 나위 없이 좋았

뉴 코크

다. 발매 이틀 만에 소비자의 80%가 인지하고 판매량도 늘어났다.

문제는 기쁨이 순간에 그쳤다는 점. 옛 제품을 선호하는 소비자들의 혹평이 쏟아졌다. '이틀 묵은 펩시인 뉴 코크 대신 옛 코크를 돌려달라' 는 아우성 속에 항의 전화 40만 통이 걸려왔다. 야구장 전광판에

뉴 코크 광고가 나가면 관중은 야유를 보냈다. 판매도 뚝 떨어졌다. 덕분에 펩시콜라는 코카콜라를 추월하는 반사 이익을 누렸다.

소동은 뉴 코크 발매 79일 만에 코카콜라 클래식이라는 이름으로 옛 콜라를 생산하면서 잠잠해졌다. ABC는 인기 드라마인 〈종합병원〉 방영 도중 자막을 띄울 만큼 이 소식을 크게 다루었다. 코카콜라의 실수는 경영 실패 사례로 손꼽힌다. 55%의 불만 고객만 의식하고 골수 고객 45%를 무시한 결과는 마케팅 교과서에도 올랐다.

과연 코카콜라는 실패했을까. 천만의 말씀이다. 번복 이후 폭발적인 인기 덕분에 매출과 순이익이 각각 10%, 9%씩 뛰었다. 광고 효과도 톡톡히 누렸다. 전화위복의 본보기 격이다. 뉴 코크 출시를 둘러싼 콜라 전쟁에서 얻어야 할 진정한 교훈이 바로 여기에 있다. 과오를 인정하는 신속하고 대담한 의사결정.

4월 24일
꿈꿔라, 에스티 로더같이

'나는 도대체 뭐지?'

살림과 육아에 매달려 정신없이 살아오다 아이가 학교에 들어갈 즈음 이런 생각이 든다. 대부분의 전업주부가 비슷한 고민을 하지만 자괴감에 빠질 이유는 없다. 에스티 로더Estée Lauder처럼 성공할 수 있으니까.

세계 최대 화장품 그룹의 하나로 꼽히는 '에스티 로더 그룹'의 창업자인 그는 〈타임〉지가 선정한 '20세기의 천재 경영인 20인' 가운데 유일한 여성. 2004년 4월 24일 사망했을 때야 96세라는 나이가 알려졌을 정도로 고령에도 부지런히 미모를 가꾸었던 일화로 유명하다.

'에스티 로더 그룹'의 창업자 로더

헝가리계 유대인 가정에서 태어나 22세에 결혼한 에스티는 대공황으로 남편의 실크 사업이 실패하고 아이가 학교에 들어가자 어린 시절부터 취미로 만들던 화장품을 내다 팔려고 마음먹었다. 시작은 행상과 다름없었다. 단골 미용실의 모퉁이에서 크림을 발라주는 게 고작이었다.

어려웠지만 품질에 대한 자신이 있었다. 입소문을 타고 수제품이 인기를 끌자 그는 1946년 회사를 차려 본격적인 사업에 나섰다. 부드러운 이미지를 위해 성도 '라우터'에서 '로더'로 바꾸었다.

최초로 발매한 네 종류의 제품은 없어서 못 팔 정도였다. 비결은 무료 샘플과 고급화 전략. 공짜를 써본 여성은 평생 고객이 되었다. 백화점 매장 원칙도 고수해 고급 브랜드라는 이미지를 각인시켰다. 공익 마케팅도 적극적으로 펼쳤다. 박물관과 미술관을 후원하고 펜실베이니아대학에 사별한 남편의 이름을 딴 조셉 로더 경영대학원을 세웠다.

작금의 경기가 좋지 않다. 에스티 로더 그룹이 개발한 생활 경기 지표인 립스틱지수도 불경기를 예고한다. 립스틱지수 이론에 따르면 경기가 나빠질 때 립스틱 판매가 오히려 증가한다는데 2008년 이후 미국의 립스틱과 립글로스 판매가 꾸준히 늘어나고 있다. 어려운 국면이지만 꿈을 꾸시라. 에스티 로더같이.

4월 25일
디자인은 세계를 지배한다 – 바우하우스

삼성전자와 코카콜라. 양자는 공통점을 갖고 있다. 디자인이라는. 브랜드 파워 1위인 코카콜라의 재산은 잘록한 허리를 형상화한 병 디자인. 삼성전자는 휴대폰 메이저 중 가장 많은 디자인 인력이 쏟아내는 최첨단 휴대폰으로 유명하다. 디자인은 경쟁력이자 돈의 원천이다.

언제부터 디자인이 중시되었을까. 바우하우스Bauhaus 설립(1919년 4월 25일) 이후다. 독일어 'Hausbau(집을 짓는다)'의 음音을 뒤바꾼 바우하우스는 중세의 유산인 장인의 예술성과 현대적 대량생산을 융합시켰다.

독일 데사우 소재 '바우하우스'

1차 대전 패전으로 인한 상실감과 인간 진보, 과학 기술 발달에 대한 믿음이 뒤섞여 있던 시대에 태동한 바우하우스의 초대 교장을 맡은 건축가 발터 그로피우스Walter A. Gropius는 디자인을 '예술의 대중화' 도구로 사용했다. 장인―학생으로 이어지는 중세 길드식 교육 방법을 고집하면서도 일부 부유층의 전유물인 고급 디자인을 대중화하는 데 힘썼다. 천재의 감각이 결정하던 디자인을 보편화, 표준화한 셈이다. 칸딘스키 같은 유명한 화가도 교편을 잡았다.

바우하우스는 학문의 다양성을 이해하지 못한 독일 나치 정권의 박해로 1933년 폐쇄되었지만 오히려 그 덕분에 바우하우스의 영향력이 세계로 퍼져나갔다. 미국 뉴욕과 시카고 간 고층 건물 신축 경쟁도 하버드대학 교수로 자리를 옮긴 그로피우스와 그 제자들이 주도했다.

1996년 다시 문을 연 독일 바우하우스대학이 건축과 산업 디자인에서 '작지만 강한 대학'으로 위명을 떨치지만 아직 예전의 명성에는 못 미친다. 구 바우하우스가 존속했던 기간은 불과 14년. 짧은 시간에 사라졌지만 바우하우스는 '기계적 대량생산과 실용성, 아름다움의 조화'를 꾀했기에 아직도 현대 디자인의 원류로 기억된다. 디자인은 세계를 지배한다. 시간도 뛰어넘는다.

4월 26일
크루프 그룹, 전쟁과 질병이 키운 회사

유산이라고는 파산한 공장과 종업원 5명. 14세 소년은 이를 악물었다. 은식기를 처분해 급여를 지급한 적도 있다. 60여 년 후 그가 세상을 떠날 때 종업원은 2만 명으로 불어나고 회사는 세계 최고의 제철소가 되었다. 그가 만든 대포는 프로이센이 오스트리아와 프랑스를 연파하는 데 결정적으로 기여했다. '대포왕' 알프레드 크루프Alfred Krupp(1812. 4. 26~1887. 7. 14). 오늘날 20만여 명 종업원이 매출 534억 유로(2008)를 올리는 독일 티센크루프의 실질적인 창업자다.

크루프 가문이 역사에 처음 등장한 시기는 1587년. 전염병으로 희생된 사람들의 재산을 사들여 에센 지방의 갑부로 떠오른 무역업자 아른트 크루프가 시초다. 질병으로 쌓은 가문의 부는 전쟁이 불려주었다. 총기 제조업을 시작할 즈음 터진 30년전쟁으로 돈방석에 앉은 것. 19세기 초반 가문의 재산은 4개의 탄광과 제철소, 총기 공장으로 불어났다.

알프레드 크루프

크루프의 번창은 알프레드의 아버지 대에서 끊겼다. 설비 투자 확대가 화근이었다. 무너진 가업을 이어받은 소년 알프레드가 성공할 수 있었던 이유는 최신 공법인 '베세머 제강법'을 재빨리 도입하고 품질 관리에 만전을 기한 덕분이다. 명성은 미국에도 알려져 대륙횡단 철도 선로의 대부분이 크루프 제품으로 깔렸다.

정작 크루프를 유명하게 만든 것은 대포. 프로이센과 독일 제국의 막강한 군사력에도, 히틀러의 재군비에도 크루프사의 총과 대포는 늘 따라다녔다. 2차 대전 직후 해체 위기의 크루프를 살려준 것도 '냉전'이다.

질병과 전쟁으로 돈을 번 가문이 420여 년을 이어올 수 있었던 배경에는 노동자에 대한 배려가 있다. 종업원들을 위해 주택과 여가 시설, 교회 등을 지원한 알프레드는 '노동자들의 아버지'로 기억되고 있다.

4월 27일

종이컵

자판기와 종이컵. 어느 게 먼저 나왔을까? 자판기다. 기원전부터 존재했다고 전해진다. 종이컵 등장 시기는 1908년. 하버드대학생 휴 무어Hugh E. Moore가 만들어냈다. 1887년 4월 27일 캔자스에서 태어나 지역 신문 기자로도 일했던 그의 발명 계기는 매형 로렌스 룰렌과의 동업.

막 유행하기 시작한 '자동판매기'로 생수를 파는 매형의 사업에 합류한 무어는 고민에 빠졌다. 툭하면 깨지는 유리잔 때문에 사람들은 생수자판기를 기피했다. 돈도 많이 들어갔다. '깨지지 않는 자판기용 컵'을 연구하던 그는 어느 날 무릎을 쳤다. 나뭇잎으로 물을 나누어 마시는 모습이 그려진 영화 포스터를 보고 종이컵을 생각해낸 것이다.

전문가들은 그를 미친 사람으로 여겼지만 마침내 찢어지지도 젖지도 않는 재질의 종이를 찾아냈다. 남은 것은 제작과 판매, 성공뿐이라고 여긴 그는 학업도 중단하고 일에 매달렸다. 그러나 결과는 실패였다. 생수만으로는 회사 운영이 어려웠던 탓이다. 몇 차례 자본을 받아들이는 과정에서 매형은 회사를 떠났으나 무어는 성공을 확신하고 버텼다.

때마침 '인간을 바이러스에서 구하는 길은 오직 일회용 종이컵을 사용하는 것뿐'이라는 내용의 건강 보고서가 나오며 그의 사업도 비로소 순풍을 만났다. 미국이 1차 대전에 참전하자 아내를 남겨두고 자원입대해 육군 대위로 복무했던 그는 종전 후 사업에 복귀하여 1920

년에는 아이스크림용 종이컵까지 선보이며 돈방석에 앉았다.

1957년 은퇴해 산아 제한 등 다양한 사회 활동을 벌이다 1972년 사망했지만 무어는 아직도 아이디어 하나로 성공한 대표적인 인물로 기억되고 있다. 환경오염 논란 속에서도 커피 편의점 등의 확산으로 종이컵 사용은 늘어만 가고 있다. 우리나라에서만 매월 7,000톤씩의 종이컵 원지가 사용된다.

4월 28일
로이터의 비둘기

이스라엘 요자페트 Israel B. Josaphat는 꿈이 많았다. 랍비였던 아버지가 15세 때 사망하자 그는 삼촌에게 은행 일을 배우고 독일이 낳은 대수학자 가우스를 따라다니며 과학 지식도 익혔지만 성공과는 거리가 멀었다. 유대인이라는 제약 탓이다.

영국인 처녀와 29세에 결혼하기 직전 루터교도로 개종하며 얻은 독일식 새 이름이 율리우스 로이터 Julius Reuter. 영국인들의 '미스터 라이터'라는 빈정거림 속에 독일로 돌아와 출판 사업과 서점업을 거쳐 독일 신문의 파리 통신원으로 지내며 그는 두 가지 깨달음을 얻었다. '정보는 돈이다', '빠르면 빠를수록 좋다'.

뉴스 공급에 뛰어들기로 마음먹은 그는 빈틈을 찾아냈다. 독일과 프랑스-벨기에의 국경을 넘는 전신망이 연결되지 않았다는 점에 착안한 그는 독일 전신망의 서쪽 종점인 아헨을 찾아 통신용 비둘기 조

런업자와 만났다. 36세의 로이터가 전서구 45마리를 빌리는 계약을 체결한 1850년 4월 28일은 차별화한 근대적 정보 공급의 시발점이었다. 주가 시세표와 뉴스를 달고 브뤼셀을 출발한 로이터의 비둘기들은 기차보다 4시간 빠른 2시간 만에 아헨에 도착했으니까. 덕분에 로이터는 누구보다 빠르고 정확한 정보를 제공하는 뉴스 공급자라는 명성을 얻었다.

율리우스 로이터

독일과 벨기에를 연결하는 전신망이 완성되자 로이터는 주저 없이 금융의 중심지인 영국 런던으로 근거지를 옮겼다. 런던에서도 그는 빨랐다. 이탈리아 통일전쟁과 링컨 대통령의 암살 등 굵직굵직한 특종도 날렸다. 뉴스의 수집과 전달을 체계화하고 자체 전신망 확충에 주력한 결과는 오늘날까지 로이터 통신의 명성으로 이어지고 있다.

창의력과 차별화는 로이터뿐 아니라 세계적 통신사들의 공통점이다. 한국에서는 돈과 관습이 독점을 보장하지만.

4월 29일
리슐리외, 프랑스의 기초를 닦은 종교인

대신들이 놀랐다. 국왕이 성직자 한 사람을 대동하고 어전회의에 입장했기 때문이다. 1624년 4월 29일 루이 13세의 궁전에서 일어난 일

리슐리외

이다. 요즘으로 치면 국무회의 격인 어전회의 참석은 그 참석자를 각료로 임명한다는 뜻. 그는 1642년 사망할 때까지 절대 권력을 휘둘렀다. 그는 누구일까. 리슐리외Cardinal Richelieu. 뒤마의 소설 《삼총사》에서 악의 화신으로 묘사된 리슐리외 추기경 바로 그 사람이다.

간신으로 왜곡된 리슐리외는 부국강병을 평생의 업으로 삼았던 인물로 프랑스의 기초를 닦았다. 두각을 나타낸 것은 1614년 소집된 삼부회. 피렌체의 메디치 가문 출신으로 앙리 4세와 결혼한 후 남편이 죽자 섭정으로 군림하던 마리 드 메디치가 열네 살 난 아들 루이 13세와 스페인 공주와의 결혼을 합법화하기 위해 소집한 삼부회에서 29세의 리슐리외는 명연설로 결혼을 성사시키며 이목을 끌었다.

리슐리외는 한때 루이 13세의 반대편에 서기도 했지만 둘은 궁합이 맞았다. 절대 권력을 유지하려던 국왕과 강한 나라를 꿈꾸었던 리슐리외는 왕권 강화라는 목표 아래 하나였다. 조세 제도를 개혁하고 지역별 표준 징세 제도를 도입한 것도 체제 강화를 위해서다. 기득권 상실에 맞서 반란까지 일으킨 귀족들을 감시하기 위해 그가 프랑스 전역에 깔았던 첩보 조직을 근대적 관료 제도의 시발점으로 보는 시각도 있다.

국제 종교전쟁이었던 30년전쟁에서 리슐리외는 구교 형제국 스페인을 견제하려고 신교국 스웨덴과도 손잡았다. 추기경의 신분임에도 국가 이익을 종교보다 우선시하여 '신구교 동맹'의 첫 사례를 남긴 셈이다. 오늘날 그의 이름은 캐나다 쿼벡 주의 리슐리외강에서 흐른다. 프랑스 국립박물관 제1전시실 이름도 리슐리외실이다. 나라의 기틀을 잡으려 애쓴 재상을 기리기 위함이다.

4월 30일
콕시스 아미, 새로운 정치 구조와 문학을 낳은 투쟁

　1894년 4월 30일 워싱턴 국회의사당. 군 병력이 주변을 에워쌌다. 시위 때문이다. 시위대는 한 달 이상을 걷고 걸어 수도로 올라온 농민과 실직자. 1893년 발생한 불황으로 농산물 가격이 급락하고 기업이 문을 닫자 대통령과 의회를 찾아가면 대책이 있을 것이라고 생각한 사람들이다.

　오하이오에서 100여 명으로 출발했던 인원은 도시를 통과할 때마다 불어났다. 주동자 제이콥 콕시의 이름을 따 '콕시스 아미Coxey's Army'로 불렸던 행렬은 한때 4,000여 명이 넘었지만 워싱턴에 도착한 인원은 약 500여 명. 의사당 앞에서 이들은 공공 투자 확대와

콕시스 아미(1894)

은화 자유 주조를 통한 인플레이션 정책을 요구했다. 통화 공급이 늘면 물가와 농산품 가격도 오를 것이라는 기대에서다. 순박한 꿈은 경찰과 군의 말발굽에 밟혔다. 주모자들은 감옥에 갇혔다.

시위대는 형체도 없이 사라졌지만 두 가지 흔적을 남겼다. 첫 번째 흔적은 1867년 미국 대통령 선거에서 찾을 수 있다. 현대적 지역 순회 유세가 처음 동원된 선거이자 세계 정치사상 유일하게 통화 제도와 금본위 제도가 선거 쟁점으로 부각된 선거다. 콕시스 아미의 주장이 반영된 결과다.

두 번째 흔적은《오즈의 마법사》. 1900년 출간된 이 책은 저자 프랭크 바움이 콕시스 아미를 동행 취재하는 과정에서 구상했다고 전해진다. 작품 속에서 마법의 도시 오즈OZ는 시위대의 행선지인 워싱턴과 무게 단위가 온스인 금을 상징한다. 소녀 주인공 도로시는 현명한 미국인, 허수아비는 농부, 양철 인간은 노동자를 대표하는 캐릭터. 동화가 아니라 정교한 경제 풍자 소설인 셈이다.

콕시스 아미는 시대의 등불이었는지도 모른다. 불황 속에서 자신은 소멸되면서도 정치 구조를 바꾸고 역사에 길이 남을 문학 작품을 잉태했으니까.

5월

5월 1일

펭귄북에 담긴 애국심

피어슨 그룹. 한국에서는 잘 알려지지 않았지만 세계적인 출판·교육·언론 그룹이다. 경제지 〈파이낸셜타임스〉와 문고판 시리즈로 유명한 '펭귄북', 영어권 최대의 교과서 공급 업체인 피어슨 에듀케이션이 피어슨 그룹 소속이다.

피어슨 그룹은 건설업으로 1844년 창업해 1910년까지 업태를 유지했다. 사업을 다각화한 인물은 3대째 오너인 위트먼 피어슨Weetman D. Pearson. 학업을 마다하고 회사를 물려받아 지방의 무명 업체를 세계 굴지의 건설 회사로 키웠다. 24세인 1880년 본사를 요크셔에서 런던으로 옮긴 그는 공격적인 경영에 나서 도버와

위트먼 피어슨

핼리팩스 항만을 정비하고 철도·터널을 건설, 미국과 캐나다, 프랑스, 중국, 수단까지 공사현장으로 만들었다. 1895년에는 하원의원으로도 뽑혔다.

도약의 계기를 맞은 곳은 멕시코. 대서양과 태평양을 잇는 철도를 건설하던 중 1910년 초대형 유전을 발견해냈다. 유전 발견을 계기로 그가 설립한 멕시칸이글사 덕분에 멕시코는 순식간에 세계 2위의 원유생산국으로 떠올랐다.

한창 돈을 벌던 그는 1차 대전이 터지자 미련 없이 영국에 돌아와 탱크 부품 공장과 조선소를 짓는 데 재산을 쏟아부었다. 항공산업위

원정직을 맡아 영국 공군력을 키워낸 공로로 자작 작위도 받았지만 프랑스 전선에서 아들이 전사하는 아픔을 겪었다.

종전 이후 그는 더 큰돈을 벌었다. 멕시칸이글사를 로열더치셸에 매각한 덕분이다. 석유 사업을 정리한 그는 1927년 5월 1일 71세로 사망할 때까지 언론·출판 사업으로 방향을 바꾸는 데 여생을 바쳤다. 그의 후손들이 유지를 받든 결과가 오늘날의 피어슨 그룹이다.

사업 방향을 몇 번이나 틀었던 피어슨의 평생을 일관한 것이 하나 있다. 국가에 대한 헌신과 의무다. 참으로 부럽다. '친기업 정서'는 그냥 생기는 게 아니다.

5월 2일
역사를 망각하는 민족에게 내일은 없다 – 마사다의 항전

"내일이면 끝이다. 아내와 자식들을 적의 손에서 구하자."

사내들이 가족과 포옹한 후 칼을 들었다. 회의장에 다시 모인 전사들은 제비를 뽑았다. 뽑힌 사람 10명을 제외한 나머지는 집으로 돌아가 자기 손으로 처자식을 죽이고는 가만히 옆에 누웠다. 제비를 뽑은 10명은 성안을 돌며 전우의 목숨을 거두었다. 남은 10명은 또 제비를 뽑아 똑같은 방식의 죽음을 택했다. 마지막 남은 한 사람은 스스로를 찔렀다.

서기 73년 5월 2일 밤, 사해 부근 마사다 요새에서 일어난 일이다. 다음 날 아침 로마군에게 떨어진 요새에는 960구의 시체만 남았을 뿐이다. 마사다 함락으로 66년부터 시작된 1차 유대전쟁도 끝났다. 이 전쟁에 동원된 로마군은 8만여 명. 로마가 치렀던 어떤 전쟁보다 많은 병력이 투입되었다. 유대전쟁에서 이긴 로마는 반란의 싹을 잘랐다며 개선문을 세우고 기념

마사다

주화까지 만들었지만 저항은 113년과 133년의 2, 3차 유대전쟁으로 이어졌다. 마사다의 항전이 가슴속에 살아 있었기 때문이다.

로마와의 세 차례 전쟁 이후 전 세계에 강제로 흩어진 유대인이 끝내 민족의 정체성과 언어를 지켜낸 것도 입에서 입으로 전해진 마사다 전설의 힘이다. 마사다는 탈무드, 선민의식과 함께 이스라엘을 이끄는 3대 정신적 동력원으로 작동 중이다.

요즘도 마사다에는 사람의 발길이 끊이지 않는다. 이스라엘 각급 군사 학교 졸업생들은 훈련의 마지막 코스인 마사다 요새에서 '마사다를 기억하자' 고 외친다. 어디 군인뿐이랴. 유대인들이 노벨상을 휩쓸고 세계 경제를 좌우하는 데는 이유가 있다. 황사를 타고 멀리 마사다의 메시지가 들리는 듯하다.

'무엇보다 중요한 것은 인간의 정신이다. 조상의 수모를 잊지 마라. 역사를 망각하는 민족에게 내일은 없다.'

5월 3일

1800년대의 압축 공기 지하철

'압축 공기가 차량을 움직인다고? 그것도 지하에서!'

사람들은 알프레드 비치Alfred E. Beach의 계획을 비웃었다. 그럴 만했다. 1849년에 발표된 구상이었으니까. 자신이 운영하는 과학 잡지 〈사이언티픽 아메리칸Scientific American〉에 '압축 공기로 움직이는 지하철Pneumatic Subway' 계획을 발표한 비치는 냉소적인 반응에도 포기하지 않았다.

알프레드 비치의 압축 공기 지하철
터널 스케치

구상이 현실로 나타난 것은 1867년. 뉴욕에서 열린 박람회 전시장의 천장에 직경 1.6m, 길이 32m짜리 튜브를 매달고 튜브 속에서 압축 공기로 움직이는 구동 모델을 선보였다. 시민들의 호응에도 비치는 또다시 벽에 부딪쳤다. 정가를 주름잡던 트위드 상원의원의 반대 때문이다.

어렵게 기회를 잡은 것은 1869년 5월 3일. 트위드가 뇌물수수 논란으로 숨죽이고 있던 틈을 타 건설 허가를 얻어냈다. 빌딩의 안전을 우려하는 건물주들을 자극하지 않기 위해 남몰래 공사를 진행했던 그의 지하철은 1870년 2월 말 공개되어 사람들을 매료시켰다.

노선의 길이라야 95m. 100마력짜리 엔진에서 나오는 압축 공기로 움직이는 지름 2.7m짜리 원통형 차량도 최고 시속 10㎞ 안짝이었지만 승차감은 더없이 좋았다. 소음도, 진동도 없었던 비치의 지하철은

2년간 40만 명의 승객이 찾았다.

비치는 25센트씩 받았던 운임을 고아원에 기부해 명망도 얻었으나 사업은 진척되지 않았다. 트위드 일당의 반대 로비와 1873년 불어 닥친 주가 대폭락으로 인한 불황 탓이다. 결국 1896년 비치의 사망 이후 그의 시스템도 잊히고 말았다.

압축 공기를 사용하는 교통수단의 꿈은 아직도 살아 있다. 진공과 압축 공기를 결합한 지하 교통망은 미래의 대안으로도 꼽힌다. 인간은 죽어도 그 창의력과 의지의 수명은 영원하다.

5월 4일
불평등은 국가 발전을 저해한다 - 호레이스 만

"자본가의 재산은 공화국의 재산이며 청년을 빈곤과 악덕으로부터 구하는 수단이다."

사회주의 이념의 냄새가 풍기는 이 구절의 주인공은 호레이스 만 Horace Mann. 부유층과 종교 기관의 전유물이던 교육에 공공성을 부여한 미국인이다.

1796년 5월 4일 태어난 그는 가난 때문에 단 하루도 쉬는 날 없이 일했다. 학교에 다니지 못했어도 마을 도서관에서 책을 읽고 독학으로 라틴어를 공부하여 20세 때 브라운대학 2학년에 편입, 3년 후 수석 졸업했다. 모교의 라틴·그리스어 강사를 거쳐 법률 학교를 나온 후 법률 사무소를 개업한 그는 승소율 80%의 변호사로 이름을 날렸다. 매

호레이스 만의 은판 사진

사추세츠 주 상·하원의원, 연방 하원의원에 당선된 것도 변호사로서 쌓은 명성 덕분이다.

1837년 그는 인생 항로를 바꾸었다. 신설된 교육위원회를 맡은 것. 주 상원의장직과 고소득이 보장되는 변호사직을 포기한 이유를 묻자 그는 이렇게 답했다.

"다음 세대가 얻을 이익이 변호사 수임료보다 훨씬 크다."

교육위원장으로 12년간 재임한 그의 교육 개혁 수단은 연차 보고서. 교육 현실을 해부하고 대안을 제시한 보고서는 해마다 수만 부씩 출판되어 개혁에 대한 공감대를 확산시켰다. 사비를 들여 유럽의 교육 기관을 시찰하고 돌아온 후 프로이센의 의무 교육 도입을 역설하고 사범학교를 세웠다. 교육에 투입될 세금 증가에 항의하는 자본가들에게는 공교육이 생산성을 높여준다고 설득했다. 1859년 만의 사망 무렵 의무 교육은 매사추세츠를 넘어 미국 전역으로 퍼졌다.

만의 최대 관심사는 양극화 해소. 만의 주장을 들어보자.

"교육의 불평등은 부의 불평등에 기인한다. 불평등은 국가 발전을 저해한다. 공교육으로 사회적 불평등을 해소할 수 있다."

170여 년 후 한국인을 위해 준비한 말처럼 들린다.

5월 5일
나폴레옹의 몰락을 부른 세금 정책

1821년 5월 5일 새벽 2시. 황제의 입이 열렸다.

"프랑스…군…선봉…조세판……."

나폴레옹이 남긴 마지막 말이다. 만약 정신이 보다 또렷하고 삶에 대한 애착이 더 남아 있었더라면 최후의 언어에 '세금'이 추가되었을지도 모른다. 세금으로 융성하고 세금으로 망했으니까.

영웅이라지만 30세짜리 청년을 제1통령의 자리에 앉힌 것은 재정난. 특별 신분(성직자와 귀족)에 대한 과세와 반발로 야기된 프랑스혁명으로 국가 운영을 맡게 된 국민 의회는 공평한 세제를 제시하면 세금이 잘 걷힐 것이라고 생각했지만 오산이었다. 세수 부족을 메우기 위해 압수한 교회 재산을 기반으로 발행한 새 지폐 '아시냐assignat'는 오히려 물가고만 부추겼다.

아시냐 지폐

혁명의 확산을 막으려는 국가들이 프랑스를 넘보고 재정 파탄까지 겹치자 대안으로 등장한 것이 나폴레옹. 황제의 자리에 오르기까지 나폴레옹이 세제 개혁에 몰두한 것도 이런 맥락에서다. 인두세와 소득세를 보류하는 대신 도입한 토지세와 면허세, 사치세는 재정을 회복시켰다. 노동자, 농부의 3일 치 급료를 세수화하고 창문세 실시로 확충된 재정은 근대적 군대를 낳았다. 국민 개병제를 도입하고 장비를 통일한 프랑스군은 최강으로 떠올랐다.

문제는 군사비 지출이 끝없이 늘어났다는 점. 75만 명의 병력을 먹이고 입히며 무장시키는 데 돈이 달리기 시작했다. 국고가 바닥나고 1억 프랑이 넘던 나폴레옹의 개인 금고도 수백만 프랑으로 줄었다. 세금을 올리니 반발이 따랐다.

선택은 대륙봉쇄령. 영국을 고립시키는 한편 범유럽 경제권을 형성하기 위한 대륙봉쇄령이 통하지 않자 나폴레옹은 군사비 조달의 원천을 정복지 수탈에서 찾았다. 혁명의 전파를 기대했던 유럽 지식인들은 '약탈 경제'에 등을 돌렸다. 세수 확보 없이 밀어붙인 재정 확대가 나폴레옹의 몰락을 앞당긴 셈이다.

5월 6일
페니 블랙, 최초의 근대적 우표

'대한민국 우표', '中國郵政'처럼 각국 우표에는 공통점이 하나 있다. 국명이 표시된다는 점이다. 왜 그럴까. 가장 먼저 우표를 만든 나라와 구분하기 위해서다. 근대식 우편 제도를 두 번째로 도입한 스위스부터 우표에 국명을 넣었다.

세계 최초로 우표를 도입한 나라는 영국. 1840년 5월 6일 빅토리아 여왕의 얼굴 옆모습을 도안한 1페니짜리 우표가 선보였다. 검은색으로 인쇄되어 페니 블랙Penny Black으로 불린 이 우표가 등장하기 전에는 우편 제도나 우표가 없었을까. 그렇지 않다. 동서를 막론하고 고대부터 우편 제도는 존재했다. 1839년 영국에서 편지 8,200만 통이 오갔다는 기록도 있다.

페니 블랙

페니 블랙이 최초의 근대적 우표로 인정받는 이유는 크게 두 가지. 페니 블루(2페니짜리 우표)와 더불어 정액제이며 발송자가 요금을 부담하는 선불제라는 점이다. 이전까지는 요금이 들쭉날쭉한데다 수신자가 요금을 내는 후불제여서 불편이 많았다. 요금 부담 때문에 수신을 거부하는 사례도 많아 우편 사업은 비싼 요금에도 늘 적자 상태였다.

페니 블랙은 대성공을 거두었다. 예전보다 훨씬 싼 비용으로 정확한 배달이 가능해지면서 영국의 연간 편지 발송량은 1841년 1억 7,000만 통으로 늘어났다. 고향을 떠난 수많은 도시 노동자들은 저렴한 비용으로 가족 친지와 서신을 교환하고 일자리 정보도 나눌 수 있었다. 우표는 산업혁명을 뒷받침한 혁신이었던 셈이다.

발매 169주년을 맞은 페니 블랙은 보관 상태가 좋을 경우 수집가들 사이에서 최고 4만 파운드에 거래되는 호사를 누리지만 우정 사업 자체는 사양길을 걷고 있다. 우편은 과연 정보통신에 밀리고 말 것인가. 어려운 여건에서 소화물 배달 서비스로 성공한 기업도 적지 않다. 우편은 새로운 혁신을 기다리고 있다.

5월 7일

남북전쟁의 결과를 가른 금융 시스템 - 샐먼 체이스

돈, 돈, 돈! 남북전쟁에는 돈이 하염없이 들어갔다. 전쟁 직전 17만 2,000달러였던 연방 정부의 하루 지출액이 순식간에 150만 달러까지 올라갔으니까.

북부는 물론 남부도 돈을 구하기 위해 모든 수단을 동원했다. 결과는 극심한 물가 상승. 남부는 800%가 넘는 물가고에 경제 기반이 무너졌다. 반면 북부는 인플레이션을 75% 선에서 틀어막았다. 비결은 무엇이었을까. 남부보다 인구가 많고 제조업 기반을 갖추고 있었던데다 효율적인 금융 시스템이 존재했던 덕이다.

북부 금융의 구심점은 샐먼 체이스Salmon P. Chase 재무장관. 공화당 후보 선출전에서는 링컨보다 앞섰던 인물이다. 링컨의 간청으로 재무장관직을 맡은 후 전쟁이 터지자 그는 미국 최초로 소득세를 도입하고 불태환 지폐 '그린백'을 발행했다. 지폐와 동전에 'In God We Trust(우리는 신을 믿는다)'라는 문구를 새겨 넣은 주인공도 체이스다.

최대 업적은 국채 발행. 은행가인 제이 쿡의 도움으로 연방 정부 채권을 찍어내 전쟁 비용의 70%를 충당했다. 남부도 이를 흉내 냈지만 조달 액수는 무시할 정도의 수준에 그치고 결국 무너졌다. 금융 시스템이 전쟁 결과를 가른 것이다.

막상 체이스에 대한 평가는 엇갈린다. 갤브레이스는 '그가 한 일은 지폐를 찍어내라고 지시한 것뿐'이라는 혹평을 내렸다. 당시에는 더 나쁜 평가도 받았다. 차기 선거에 나서려고 링컨을 끊임없이 음해하고 다녔기 때문이다.

링컨은 배반한 체이스를 버리지 않고 대법원장에 앉혔다. 덕분에 1873년 5월 7일 65세로 사망할 때까지 대법원장으로 봉직할 수 있었다. 링컨이 있었기에 기

1868년 미국 대법원장 샐먼 체이스(중앙)

억되는 셈이다. 링컨이 보여준 포용과 통합의 리더십이 없었다면 오늘날의 미국도, 월가도 존재하지 않았을지 모른다.

5월 8일
금서의 종말은 필망

"어디서든 마르틴 루터의 저술이나 책, 교리를 인쇄하거나 읽거나 지지하는 행위를 금지하노라."

스페인 국왕이자 신성로마 제국 황제인 카를 5세가 1529년 5월 8일 내린 금서령禁書令의 골자다.

스페인과 독일 지역, 요즘의 네덜란드와 벨기에, 이탈리아 일부까지 지배했던 합스부르크 가문의 수장 카를 5세가 내린 칙령의 효력은 시퍼렜다. 루터의 책이 불타고 출판을 시도하면 반역죄로 몰렸다. 6개월 후 카를 5세는 칙령의 범위를 넓혔다. '이교도의 책과 그 비슷한 것들도 아울러 금지하노라.'

애매모호한 표현을 쓴 이유는 간단하다. 마음에 들지 않는 책은 모조리 금지하겠다는 의도다. 권력자의 비위를 거스르는 책자의 주종은 다름 아닌 성서. 라틴어 성서의 한 구절이라도 스페인어로 번역하면 처벌당했다. 평민이 읽고 토론하는 게 두려워서다. 루터의 저술에 국한되었던 스페인 금서 목록은 1551년 364권, 1559년에는 650권으로 늘어났다.

문맹과 맹목적인 복종을 강요하려던 정책은 성공했을까. 부작용만 낳았다. 나날이 발전하는 인쇄 기술 때문에 쏟아져 나오는 출판물을 모두 검열하기도 벅찼다. 오히려 금서로 지정된 책은 더 빠르게 퍼졌다. 합스부르크의 지배력이 상대적으로 약했던 독일 지역에서는 금서가 공공연히 나돌아 다녔다.

진짜 문제는 스페인의 창의력을 말살시켰다는 점. 신대륙에서 유입되는 막대한 금은보화를 갖고도 스페인이 세계 최강대국의 지위를 유지하지 못한 데도 지식에 대한 억압이 깔려 있다. 자유로운 출판이 가능했던 네덜란드와 영국이 스페인을 제치고 차례로 강대국으로 부상한 것 역시 우연이 아니다.

스페인의 사례는 옛날 얘기에 머물지 않는다. 성가시게 느껴지는 여론과 정보를 억지로 통제하려는 자의 말로는 예나 제나 똑같다. 필망必亡.

5월 9일

로버트 모리스, 미국을 만든 비즈니스 영웅

미국 최고의 갑부, 채무자 감옥에서 3년 6개월을 복역한 파산자. '건국의 아버지' 중 한 사람으로 추앙받는 로버트 모리스Robert Morris의 인생역정이다. 독립전쟁의 재정을 책임지고 화폐 단위를 '달러'로 정한 인물로도 유명하다.

영국 리버풀에서 담배 수입상의 아들로 1734년 태어난 그는 미국으로 이주한 13세 때부터 선박 회사 견습 사원으로 들어가 금융과 무역을 익혔다. 정계에 발을 디딘 31세 무렵에는 이미 필라델피아 거상으로 이름을 날렸다. 인도와 유럽을 오가는 해운업과 노예 매매업, 주정부가 발행하는 신용장을 싼값에 사들이는 금융업으로 재산을 모은 덕이다.

로버트 모리스

전국적인 인물로 떠오른 계기는 독립전쟁. 자금난에 허덕이던 대륙 회의의 강권으로 초대 재무관(재무부 장관에 해당)에 임명된 후 사재를 털고 13개 주로부터 자금을 갹출해 영국과 싸울 수 있는 군수 지원 체계를 다졌다. 토머스 제퍼슨과의 협의를 거쳤지만 미국 화폐 단위를 달러로 정한 사람도 모리스다.

전쟁 와중에도 그의 재산은 불어났다. 자신의 해운 회사에 소속된 선박들을 동원해 영국 선박들을 강탈했기 때문이다. 전쟁 기간 동안 그는 선박 150척에 해당하는 개인 재산을 잃었다고 주장했지만 종전 후에도 미국 최고의 부자로 남아 있었다. 여기까지가 인생의 정점.

초대 대통령 워싱턴이 제시한 재무장관 자리를 마다하고 다시금 돈벌이에 나섰지만 모리스는 몰락을 맛보았다. 땅 투기 탓이다. 유럽 자금의 유입을 예상하고 전 재산을 투자했으나 나폴레옹전쟁으로 영국과 네덜란드의 자금 유입이 끊겨 파산하고 말았다. 재기에 실패한 뒤 1806년 5월 9일 72세로 눈을 감은 그를 미국은 아직도 독립 영웅으로 기억한다. 〈포브스〉지는 그를 '미국을 만든 비즈니스 영웅 20인'의 첫 번째로 꼽았다.

5월 10일
대륙횡단 철도, 미국 경제의 전환점

월드컵 승전보가 1년 내내 전해진다고 치자. 넘치는 기쁨 속에 갈등의 봉합이 가능하다. 미국의 대륙횡단 철도가 그랬다.

완공 1년 전부터 신문들은 1면 머리기사를 두 철도 회사의 건설 경쟁으로 채웠다. 동쪽과 서쪽 끝에서 뻗기 시작한 두 개의 철로가 본격 시공 4년 만인 1869년 5월 10일 유타 주 프라먼토리 포인트에서 만났을 때 곳곳에서 축포가 터졌다. 남북전쟁으로 갈라졌던 나라도 하나가 되었다.

불구대천의 원수처럼 싸웠던 사람들이 철도로 뭉칠 수 있었던 것은 경제적 과실에 대한 기대감 때문이다. 노동자들이 선로를 닦으면 바로 기관차가 자재와 이주민을 실어 날랐다. 정비 공장과 터미널, 음식점

과 호텔도 생겼다. 도시에
몰려든 사람들은 인근 도
시를 연결하는 지역 철도
를 깔았다. 철로 옆에는
최첨단 통신 수단인 전신
주가 가설되었다.

미국 최초의 대륙횡단 철도 완공(1869)

사람과 물류 인프라, 통
신 혁명의 3박자는 경제
성장으로 이어졌다. 역마차로 한 달, 남미 남단을 배로 돌면 6개월이
걸리던 동부와 서부의 거리가 엿새로 줄자 화물·여객 운임도 10분의
1로 낮아졌다. 대륙횡단 철도 완공 이후 40년간 미국 제조업의 덩치는
3.5배 더 커졌다. 국민총생산도 4배로 늘어났다. 철도 총연장은 물론
경제 규모에서 유럽을 능가한 미국은 당당하게 국제무대에 나섰다.
세계 경제의 흐름도 미국으로 넘어왔다.

미국의 영광 뒤에는 중국인 노동자의 애환이 깔려 있다. 당시 샌프
란시스코 시장이던 스탠퍼드(스탠퍼드대학 설립자)가 '인종 쓰레기'라
고 혹평했다가 '성실하고 근면한 민족'이라고 정정했던 1만 명의 중
국인 노동자 '쿨리(苦力)'들은 최대 난공사 구간을 도맡았다. 스탠퍼
드는 '중국인 50만 명만 있으면 못할 게 없다'며 이들을 치켜세웠지
만 정작 돌아온 것은 1882년의 '중국인 배척법'이었다.

5월 11일
풀먼 파업, 미국 노동 운동사의 분기점

1894년 5월 11일 풀먼Pullman 객차 회사 시카고 공장. 노동자들이 파업에 들어갔다. 미국 노동 운동사의 분기점이라는 '풀먼 파업'의 시작이다.

파업의 시대적 배경은 1893년부터 시작된 불황. 객차와 화차를 제작하는 풀먼사가 5,800여 종업원 중 절반 이상을 내보내고 임금을 25~40% 삭감하자 노동자들이 뭉쳤다. 턱없이 높은 사택 사용료도 불만을 키웠다.

사내 적립금이 충분하다고 판단한 노조는 협상을 시도했지만 사측은 무반응. 법원 중재 신청도 마다한 사측이 노조 간부 3명을 해고하자 바로 파업이 일어났다. 마침 미국 철도 노조ARU(American Railway Union)의 동조 태업으로 사태는 더욱 커졌다. 철도 노동자들은 풀먼사가 제작한 객차를 단 열차 운행을 거부하고 나섰다. 철도 노동자 6만명의 동조 태업은 물류의 중추이던 철도망을 마비 지경으로까지 몰고 갔다.

파업의 위력이 미국 전역으로 확산될 조짐을 보이자 연방 정부가 개입하고 나섰다. 클리블랜드 대통령은 '연방의 우편물 운송이 차질을 빚었다'는 명분 아래 육군 병력 2,000여 명을 시카고 일대에 투입했다. 주지사의 공권력 개입 반대에도 연방군을 개별 사업장에 투입한 것은 위헌이라는 논란이 일었지만 법원은 '노동쟁의 금지 명령'을 내려 정부를 도왔다.

7월 말 군 병력이 연방군과 경찰, 보안관을 합쳐 1만 5,000명으로 늘어나고 미국 철도 노조 지도부가 체포되자 파업의 불길은 급속하게 꺼졌다. 노동자 13명 사망과 57명 중경상이라는 희생이 뒤따랐다. 풀먼 파업은

미국 철도 노조 파업 노동자가 풀먼 파업 중 일리노이 주방위군과 대치하고 있는 모습

급진적 경향을 보이던 미국 노동 운동이 보수화하는 전환점으로 작용했다. '주요 노사 분규에는 연방 정부가 개입할 수 있다'는 선례도 남겼다. 기업과 권력 간 결속력이 강해지고 인수합병을 통한 독점적 대기업이 탄생한 것도 풀먼 파업의 그림자다.

5월 12일
첨단에 대한 무지와 근시안으로 사장된 최초의 컴퓨터 Z3

1941년 5월 12일 베를린 한셀사 항공기 부문. 연구원 콘라드 추제 Konrad Zuse가 Z3를 선보였다. 기계식 계산기인 Z3는 10자리의 곱셈과 나눗셈을 3초, 덧셈과 뺄셈을 0.7초 만에 해냈다. 데이터 저장 기능이 없었을 뿐 이진법과 프로그래밍 등 Z3는 오늘날의 컴퓨터와 비슷한 원리로 움직였다. 때문에 Z3를 '최초의 컴퓨터'로 보는 시각도 존재한다.

Z3 ⓒVenusianer

미국이 난도 계산용으로 1946년에 완성한 '에니악' 과 영국이 독일군 암호를 해독하기 위해 1944년부터 비밀리에 운용한 '콜로서스' 처럼 Z3 역시 전투기 설계, 공기 역학 분석이라는 군사 용도였지만 여타의 것과 뚜렷한 차이를 갖고 있었다.

가장 큰 차이점은 개발 비용과 국가의 지원. 거액의 개발비에 수십 명 이상의 전문 인력이 따라 붙었던 미국, 영국과 달리 Z3 개발 비용은 6,500달러가 들어갔을 뿐이다. 연구도 거의 추제 혼자서 수행했다. 독일 정부의 지원이라고는 추제의 군 복무 기간을 6개월로 줄여준 정도다.

왜 지원이 적었을까. 근시안과 오만 탓이다. 전쟁을 일으킨 독일은 군 장비를 바로 개선하거나 제작할 수 있는 현장 기술이나 응용 기술 외의 기초 기술이나 효과를 증빙하기 어려운 원천 기술에 대해서는 자금을 지원하지 않았다. 일반병으로 징집된 추제를 데려오기 위해 제출한 '항공기 설계를 위한 계산과 분석은 승리에 대단히 중요하다' 는 회사의 건의서에 대해 독일 정부는 '공군은 천하무적이기 때문에 계산이 필요 없다' 는 답장을 보내왔다.

결국 독일은 패전뿐 아니라 컴퓨터 분야에서 단 한 번도 선두에 나서지 못했다. 컴퓨터 천재 추제도 인생 말년은 화가로 보냈다. 첨단에 대한 무지와 근시안은 남의 얘기가 아니다. 실명제 도입 등 연이은 규제 속에 한국의 인터넷 경쟁력은 날로 떨어지고 있다.

5월 13일
라자르 카르노, 국민 총동원 체제의 시초

프랑스가 위기를 맞았다. 혁명의 파급을 두려워한 유럽의 군주들이 처들어왔기 때문이다. 왕당파 잔존 세력도 꿈틀거렸다. 군대는 와해된 상태. 귀족의 망명과 처형으로 지휘관도 턱없이 모자랐다.

풍전등화의 프랑스를 구한 것은 마르세유 의용군도, 나폴레옹도 아니었다. '국민 총동원령'이라는 시스템이 프랑스를 지켜냈다. '국민 모두가 싸운다. 나이 든 남자는 무기와 마차를 만들고 여자는 병원에서 일한다. 공무원은 자리를 지키고 미혼 남자들은 맨 앞에서 싸운다'는 동원령을 마련한 사람은 라자르 카르노Lazare Carnot.

라자르 카르노

1753년 5월 13일 태어난 카르노는 공병 장교 출신의 국민 의회 의원. 그가 고안하고 실행한 동원령의 효과는 바로 나타났다. 역사상 최초의 국민 군인 80만 명의 혁명군이 조직되었다. 카르노는 대병력을 먹이고 입히는 것은 물론 봉화와 기구를 이용한 명령 전달 체계를 구축했다. 나라 전체가 사용할 생필품 생산과 조달도 그의 책임이었다. 때문에 그를 근대적 국민 경제 운용의 창시자로 평가하는 시각도 있다.

사회 구성원 모두의 참여로 이루어진 프랑스군은 국왕의 근위병과 용병이 주축인 침략자들을 물리쳤다. 카르노는 '행정의 귀재', '승리의 조직자'라는 명망을 안았다. 나폴레옹의 쿠데타에 반발하여 제네바에 잠시 망명했던 기간에는 미적분학과 기하학에 대한 저술도 펴냈다. 결국 나폴레옹에 의해 중용된 그는 워털루전투 패배 뒤에도 최후 항전을 주장하다 왕정 복고 후 추방되어 1823년 독일에서 생애를 마쳤다.

카르노의 이름을 더욱 빛낸 것은 후손. 아들 니콜라는 '열역학 제2법칙'의 근거인 '카르노 사이클'을 발견한 물리학자다. 1887년 제3공화정의 대통령에 당선되어 7년 후 외국인에게 암살된 손자 마리는 민초를 아꼈던 정치인으로 기억되고 있다.

5월 14일
앨버트 갤러틴, 미국 최장수 재무장관

1801년 5월 14일 앨버트 갤러틴Albert Gallatin이 미국 재무장관에 올랐다. 갤러틴이 제퍼슨과 매디슨 등 두 대통령 밑에서 장관으로 재임한 시기는 1814년 2월 초까지 만 12년 9개월. 75명에 이르는 역대 미국 재무장관 중 최장수다.

1761년 스위스 명문가에서 태어나 엘리트 코스를 밟던 그가 미국인이 된 계기는 '망각 여행'. 가족을 병마로 잃은 뒤 사랑하는 사람들을 잊으려고 찾은 미국 땅에서 그는 재능을 마음껏 펼쳤다. '뉴제네바'라는 지역 공동체를 만들어 유리 및 병기 제조 사업을 벌이고 하버드대학에서는 불어를 가르쳤다. 펜실베이니아 하원의원을 거쳐 1794년 연방 의회에 진출한 뒤에는 예산 전문가로 이름을 날렸다. 재무위원회, 세입 소위원회에서 주로 활동하며 초대 재무장관 해밀턴의 재정 팽창책에 맞섰다.

앨버트 갤러틴

재무장관 재임 시에도 건전 재정을 최우선 목표로 삼았다. 미국이 루이지애나 구입이라는 대사를 세목 신설이나 세금 증액 없이 치러낸 데도 그의 노력이 깔려 있다. 루이스와 클라크의 서부 탐험대를 지원하고 운하와 도로망 확충의 골격도 세웠다.

갤러틴은 자기 사업인 유리 공장의 종업원들에게 주식을 나누어주어 종업원 지주제의 시초로도 손꼽힌다. 인디언의 언어와 문화, 민속학을 연구한 학자로서 뉴욕대학 설립을 주도한 교육자로도 유명하다. 출신과 재산 유무를 가리지 않고 받아들인 학생 108명으로 뉴욕대학을 세울 때 그는 이렇게 말했다.

"부유층의 자제들만 수준 높은 교육을 받는다면 민주주의 국가로의 발전이 불가능하다."

13년 가까이 일관된 경제 정책을 펼쳤다는 점보다도 교육에 대한 인식이 부럽다. 부모의 재력과 자녀 성적이 정비례한다는 우리네 현실과 169년 전 미국과의 역逆 시차에 숨이 막힌다.

5월 15일
오리지널 에이트, 1930년 스튜어디스

1930년 5월 15일 샌프란시스코발 80-A 시카고행 여객기. 승객들의 눈의 커졌다. 똑같은 제복을 차려 입은 여성 8명이 탑승했기 때문이다. 최초의 스튜어디스인 이날의 여승무원들은 '오리지널 에이트 the Original Eight' 란 이름으로 항공사에 남아 있다.

유나이티드 항공의 전신인 보잉항공운수BAT사가 대공황의 와중에서도 여승무원 제도를 선보인 것은 철도와의 경쟁을 위해서다. '덜컹거리는 비행기는 운동 신경이 뛰어난 사람이나 타는 위험한 운송 수단' 이라는 선입견을 부수자는 전략이었다. 결과는 대성공. 승객들의 반응이 좋았다.

스튜어디스는 불과 3년 만에 세계로 퍼졌다. 오늘날 전 세계 스튜어디스와 스튜어드(남자 승무원)는 30만 명에 달한다. 여승무원 자격은 지금보다도 까다로웠다. 키 162cm에 체중 52kg 이하, 25세 미만의 미혼 간호사만 스튜어디스라는 직업을 가질 수 있었다. 신장을 제한한 것은 기내가 비좁았던 탓이다. 업무도 더 힘들었다. 기내 서비스에서 연료 주입, 수하물 운송, 청소까지 해냈다. 발권 업무와 조종사들을 도와 여객기를 격납고에 밀어 넣는 일도 거들었다.

힘들어도 스튜어디스는 인기 직업으로 떠올랐다. 무엇보다 급여가 높았다. 초기 임금이 월 125달러로 웬만한 사무직 남성의 급료보다 높았다. 당시의 125달러를 비숙련 노동자 임금 상승률을 감안해 요즘 가치로 환산하면 4,529달러에 이른다.

스튜어디스를 기획한 인물은 오리지널 에이트의 일원인 엘렌 처치 Ellen Church. 조종사를 지원했으나 거부당하자 스튜어디스라는 아이디어를 내놓았다. 자동차 사고 후유증으로 18개월 만에 스튜어디스의 날개를 접었지만 2차 대전이 일어나자 간호 장교로 참전, 수천 명의 생명을 구해냈다. 아이오아 주 크레스코시의 '앨런 처치 공항'에 그 이름이 녹아 있다.

5월 16일
제1회 아카데미상 시상식

1929년 5월 16일 저녁, 할리우드 루스벨트호텔. 250여 명이 참석한 가운데 제1회 아카데미상 시상식이 열렸다. 행사 소요 시간은 단 15분. 긴장감도 없었다. 수상자와 수상작이 2월 말에 이미 발표되었기 때문이다.

여우주연상을 받은 22세의 신인 여배우 재닛 제이너마저 고향인 함부르크를 방문한다며 불참하고 행사 후 식사도 부실했지만 주최 측은 '성공'을 자축했다. 무엇보다 밑지지 않았다. 거저 빌린 호텔에서 참석자들에게 요즘 가치로 380달러에 해당되는 1인당 10달러를 참가비와 식대 명목으로 받았으니까.

대회를 주관한 스타 출신의 영화 제작자 페어뱅크스부터 이재에 밝은 사람이었다. 미국 정부가 1차 대전 전쟁 비용 조달을 위해 발행한 '자유 공채'를 일반 국민에게 쪼개 팔아 채권 대중화 시대를 열고 증권 브로커 회사끼지 차렸던 그의 영향 때문일까. 아카데미상은 처음부터 짙은 상업성으로 출발했다.

호황의 끝자락에서 진행된 1회 시상식과 달리 2회부터는 대공황기에 열렸지만 관심은 오히려 더 높아졌다. 라디오 생중계가 시작된 덕

1959년 제31회 아카데미상 시상식

분이다. '오스카상'으로 불리는 아카데미상 트로피를 받은 작품들은 불경기에도 대박을 터뜨렸다. 흥행 보증 수표로 떠오른 것이다.

요즘도 마찬가지다. 창고로 보낸 필름마저 오스카상을 받으면 재개봉되고 관객이 몰려든다. 76회 시상식에서 11개 부문을 휩쓴 〈반지의 제왕〉이 촬영된 장소인 뉴질랜드는 관광 수입 증대는 물론 콘텐츠 사업 진흥이라는 덤까지 얻었다.

'미국 문화 제국주의의 상징', '예술성을 중시하는 유럽의 영화제와 달리 미국 일변도'라는 비평과 수상작의 흥행 효과가 이전만 못하다는 지적에도 아카데미상의 위력은 여전하다. 한국은 80년 역사의 아카데미상과 거의 인연이 없다. 단 한 번 호주 교포가 애니메이션 부문 감독상 후보에 올랐을 뿐이다.

5월 17일

버튼우드 협약, 나무 아래에서 탄생한 뉴욕 증시

1792년 5월 17일 미국 맨해튼. 증권 브로커들이 뒷골목의 한 나무 밑으로 모여들었다. 목적은 담합. 브로커들은 두 가지에 합의했다. 장외 거래가 대부분인 주식을 공동 사무실에서 매매하고 중개 수수료를 0.25% 이상씩 받아내자는 내용이다. 브로커 사무실 3곳과 개인 브로커 21명이 이런 내용의 '버튼우드 협약Buttonwood Agreement'에 서명했다. 미국 뉴욕 증시의 출발 순간이다.

과당 경쟁을 벌이던 중개인들이 신사 협정을 맺은 배경에는 재무장관 해밀턴의 입김도 깔려 있다. 두 달 전 해밀턴의 사촌 처남이자 현직 재무부 차관보인 듀어가 주가 조작 혐의로 체포된 후 공황 상태를 맞은 시장을 안정시키기 위해 장내 거래 활성화 유도책으로 업자들의 '도원결의'를 이끌어낸 것.

조직화한 뉴욕 증시는 해밀턴의 지원을 업고 무섭게 뻗어나갔다. 1817년에는 보다 체계적인 '뉴욕 증권 거래소NYSE'로 공식 출범했다. 경쟁자인 필라델피아 거래소도 제쳤다.

버튼우드 나무 아래 모인 브로커들의 모습을 형상화한 그림

1820년대부터는 운하 건설과 철도 붐을 타고 미국의 돈이 뉴욕에 몰리고 밴더빌트 같은 주식 벼락부자도 생겨났다.

뉴욕의 원래 주인인 네덜란드인들이 영국과 인디언의 침입을 막기 위해 설치한 나무 울타리에서 이름이 나온 월스트리트도 금융의 중심지로 자리매김했다. 브로커들에게 서명 장소를 제공했던 수백 년생 버튼우드(플라타너스의 일종)는 1865년 태풍으로 뽑혀 나갈 때까지 월가의 상징으로 사랑받았다.

2009년 말 기준, 시가 총액 10조 8,000억 달러로 세계 주요 주식 시장의 3분의 1을 차지하고 있는 뉴욕 증시는 새로운 변신을 모색하고 있다. 인터넷 전자 거래소와의 합병에 이어 기업 공개IPO를 거쳐 영리 법인화한다는 계획. 다른 나라 증권 거래소와의 통합도 추진 중이다.

5월 18일
부활하는 KKK

800만 명. 1920년대 중반 KKK(Ku Klux Klan)단원의 수다. 4만여 명이 워싱턴 시가를 행진한 적도 있다. 19세기 말 소멸되었던 백인 우월주의자 집단 KKK는 어떻게 살아났을까. 1차 대전을 거치면서 형성된 국가주의, 전체주의 물결 속에서 두 가지 요인이 작용했다.

첫째 요인은 최초의 흥행 대작인 영화 〈국가의 탄생〉. 수려한 영상으로 유명한 이 영화는 KKK를 정의의 십자군으로 그렸다. 백인 처녀가 흑인 병사의 겁탈을 피하려다 추락사하는 장면에 남부인들은 치를 떨었다. 영화 개봉 7개월 만인 1915년 10월, 윌리엄 시먼스William Simmons가 2기 KKK단을 출범시켰다. 미국·스페인 전쟁 참전 용사,

전도사라는 전력으로 '대령' 혹은 '목사'로 불렸던 35세의 시먼스가 이끈 KKK단은 1920년 초까지 수백 명에 불과했으나 광고 전문가 에드워드 클라크를 영입한 뒤부터 급팽창하기 시작했다.

1923년 KKK단의 집회 모습

클라크의 단원 모집 비결은 피라미드식 조직 관리. 단원 모집책에게 신입 회원의 가입비 10달러 중 4달러를 떼어주었다. 신입 회원이 모집책으로 성장해도 애초 모집책은 일정액을 받을 수 있었다. 모집책은 확실한 호구지책으로 자리 잡고 KKK단원은 기하급수적으로 불어났다. KKK 부활의 두 번째 요인이 바로 여기에 있다. 돈.

시먼스의 영화는 오래가지 못했다. '흑백 평등은 공산당', '히틀러와의 협조'라는 기조를 내세우다 2차 대전이 터져 된서리를 맞았기 때문이다. 1945년 5월 18일 시먼스의 사망 무렵 KKK단은 종적을 감추었으나 최근 다시 살아나 독일, 오스트레일리아까지 번졌다. 다른 인간에 대한 우월감과 증오심은 남의 얘기가 아니다. 아들의 복수를 위해 조폭을 동원해 사적 린치를 가하는 빗나간 부정父情에서 인터넷에 출몰하는 악플러까지. KKK와 닮은꼴이다.

5월 19일
인도 산업의 꿈, 잠세트지 타타의 꿈

'타타TATA'. 인도의 대형 간판마다 걸린 이름이다. 96개 기업을 거느린 인도 1위의 기업군인 타타는 한국에서도 만날 수 있다. 지난 2004년 대우 상용차 부문을 인수한 업체가 타타 모터스다.

타타의 씨앗을 뿌린 사람은 잠세트지 타타 Jamsetji N. Tata. '인도 산업의 아버지'로 불리는 인물이다. 페르시아(이란)계 성직자 집안에서

인도과학원 본관

상인으로 나설 만큼 진취적이던 아버지 누세르완지의 기질을 이어받은 잠세트지는 대학에 다니면서도 무역 실무를 익혔다. 1868년 독립 당시 종잣돈은 2만 1,000루피(현재 가치 약 1억 6,000만 원).

섬유업으로 인도 최고 기업가로 떠오른 47세 무렵 그는 다시 한 번 거듭나는 계기를 맞는다. 인도산 물품을 사용하자는 대영對英 저항 운동인 '스와데시 운동'에 동참해 '스와데시 밀' 공장을 세우고 진정한 자립을 위한 세 가지 길을 찾기 시작한 것이다. 잠세트지는 세 가지 길을 구체화한 '제철소 건설, 발전소 건설, 교육 투자'라는 3대 목표를 마무리하지 못한 채 1904년 5월 19일 65세로 눈을 감았으나 그의 꿈은 갈수록 현실화하고 있다.

최근 5년간 39개 국내외 대기업을 인수한 타타 그룹은 국제 M&A

시장의 돌풍이자 가장 빠르게 발전하는 제조업체로 꼽힌다. 후계 원칙도 독특하다. 외척이나 혼혈인이 회장을 맡은 적도 있다. 5대째인 현재 회장의 부친은 입양을 한 경우다. 능력이 뛰어난 자가 후계를 맡는다는 얘기다.

말년의 잠세트지가 영국을 능가하겠다며 재산의 절반을 내놓아 설립한 인도과학원IISc은 인도가 자랑하는 수많은 연구소의 모태다. 노벨상 수상자도 배출했다. '3원을 벌면 1원을 기부한다' 는 그룹의 전통도 여기서 나왔다.

인도와 타타의 성장은 어디까지 갈까. 오래 이어질 것 같다. '잠세트지의 꿈' 을 기억하는 한.

5월 20일
아지노모토, 인공 조미료의 탄생

도쿄 제국대학 이케다 교수는 다시마를 끓이고 또 끓였다. 성분을 규명하기 위해서다. 끝없는 실험 끝에 인공 조미료 제조에 성공한 그는 스즈키 제약소와 손잡고 1909년 5월 20일 '아지노모토味の素' 라는 신제품을 내놓았다.

세계 최초로 등장한 인공 조미료는 '뱀을 재료로 쓴다' 는 루머에도 불구하고 빠르게 퍼졌다. 주부들의 호응 덕이다. 식민지 조선에서도 '이씨 왕가도 애용한다' 는 대대적인 광고를 타고 인공 조미료 사용이 크게 늘어났다. 대일 무역이 끊긴 광복 직후에는 고가의 밀수 아지노

아지노모토의 제품들

모토가 돌아다녔다. 조미료를 '아지노모토'라고 부르는 사람들이 아직까지 남아 있는 것도 이런 이유에서다.

아지노모토는 국경을 넘으며 숱한 '전쟁'을 낳았다. 동화 화성 공업(대상 그룹의 전신)이 1956년 국산화한 '미원'도 한때 상표권 침해 소송에 걸렸다. 미원을 일본식인 '味の元'으로 변형하면 '아지노모토'로 발음되기 때문이다. 개발 연대에 벌어진 미원과 미풍의 시장 쟁탈전은 '조미료 전쟁'으로 기억되고 있다.

한국의 미원이 일본의 아지노모토를 제치고 1위를 차지했던 인도네시아에서는 아지노모토가 돼지고기를 원료로 사용해 회교도를 격분시키며 외교 분쟁까지 낳았다. 한일 양국의 조미료 업체들이 미국과 유럽에서 가격 담합 행위로 적발된 적도 있다.

가장 큰 전쟁은 유해성 논란. 주원료인 MSG가 건강을 해친다는 논쟁 속에 최근에는 전통 미각 상실의 주범으로 꼽히며 가정에서의 사용이 급감했으나 음식점 등에서는 여전히 인공 조미료로 맛을 내고 있다. 중국과 동남아에서도 인공 조미료 판매가 증가일로다. 중국어권에서 아지노모토의 이름은 '웨이징味精'. '맛의 정수'라는 뜻이다.

인류 최초의 인공 조미료, 일본인 10대 발명품 중 하나로 꼽히는 아지노모토는 과연 맛의 정수일까. 아니면 인간이 만들어낸 재앙일까.

5월 21일

찰스 린드버그의 33시간 혁명

1927년 5월 21일 밤 9시 52분 파리 상공. 린드버그Charles A. Lindbergh의 시야에 에펠탑의 실루엣이 들어왔다. 30분 뒤 그는 수많은 관중이 든 호롱불과 자동차 헤드라이트 불빛으로 불야성을 이룬 르부르제 공항에 내려앉았다. 최초의 대서양 단독 횡단 비행에 걸린 시간은 33시간 30분.

성공하기까지 그는 숱한 고비를 넘었다. 육군 비행 학교를 졸업하고 항공 우편 조종사로 체공 시간 2,000시간을 쌓으며 키운 꿈은 1926년 9월과 11월 두 차례 추락 사고에도 꺾이지 않았다. 실업가들의 도움으로 1만 580달러를 들여 제작한 '세인트루이스의 정신' 호에 보다 많은 연료를 싣기 위해 라디오와 무전기, 낙하산마저 가져가지 않고 유리창 자리마저 연료통으로 가렸다.

찰스 린드버그

세계는 26세 영웅의 탄생에 환호했다. 공항에 내린 린드버그는 한 시간 동안 땅을 못 밟았다. 파리 시민 10만여 명이 그를 어깨에 태우고 행진했기 때문이다. 미국의 쿨리지 대통령은 귀국하는 그를 위해 순양함을 보냈다. 뉴욕에서는 100만 환영 인파가 몰렸다. 호텔왕 오티그가 내건 상금 2만 5,000달러(요즘 가치 약 100만 달러)도 챙겼다.

키 191㎝의 훤칠한 미남, 세계 최고의 신랑감으로 떠오른 린드버그는 결혼에서도 화제를 뿌렸다. 파티에서 만나 1929년 결혼한 신부의 아버지는 주멕시코 미국 대사로 임명되기 전까지 금융 재벌 모건하우스를 경영했던 인물. 린드버그의 아버지인 찰스 린드버그 시니어 하원의원이 일찍이 미국을 갉아먹는 탐욕적 투기 자본이라고 비판했던 모건하우스와 연을 맺은 셈이다.

린드버그는 훗날 20개월짜리 아들의 유괴 살해라는 시련을 겪었지만 '33시간 혁명'이 준 감동 덕분에 평생토록 존경받았다. 린드버그의 아버지가 경고했던 투기 자본이 야기한 글로벌 경제 위기를 넘을 새로운 도전이 잇따랐으면 좋겠다.

5월 22일
드비어스, 흑인 수탈과 다이아몬드 잔혹사의 상징

결혼 예물로 쓸 다이아몬드가 너무 비싸다고? 어니스트 오펜하이머Ernest Oppenheimer 탓이다. 세계 다이아몬드 시장의 70~90%를 쥐락펴락하는 '드비어스' 사의 독점 구조를 만든 사람이다.

오펜하이머는 1880년 5월 22일 유대계 독일 담배상의 아들로 태어나 세계 최고의 갑부 대열에 오른 자수성가형 인물. 16세에 영국의 다이아몬드 브로커사에 입사한 후 업계와 정치권을 넘나들며 세계적인 독점 구조를 만들어냈다. '다이아몬드는 영원하다'라는 광고 문구도 그가 퍼뜨린 것이다.

광산업의 이익을 대표하며 킴벌리 시장과 남아공 의회 의원을 지내던 그가 국제적 기업가로 성장하게 된 전기는 미국인 광산가 허버트 후버와의 만남. 훗날 미국의 31대 대통령에 취임하는 후버의 소개로 J. P. 모건의 자금을 지원받아 1917년 '앵글로 아메리칸' 사를 설립한 후 피도 눈물도 없는 인수합병에 나섰다. 1925년에는 최대 회사인 드비어스사의 경영권도 따냈다.

오펜하이머는 대공황마저 기회로 바꾸었다. 드비어스를 완전 장악하여 회장직에 오른 1929년 뉴욕 증시발 공황과 새로운 광산 발견에 따른 공급 증가로 다이아몬드의 가격이 폭락하자 그는 두 가지에 몰두했다. 다른 회사를 헐값에 사들이는 한편 재고를 쌓기 시작한 것. 한때 42억 달러가 넘었던 다이아몬드 재고는 가격 회복세에 따라 조금씩 출하되기 시작했고 그가 사망하던 1957년까지 비싼 가격으로 시장에 나왔다.

오펜하이머와 드비어스의 성공에는 아프리카의 아픔이 깔려 있다. 600만 명이 희생된 시에라리온 내전도 그의 후손들이 주도한 국제 카르텔이 원석 확보를 위해 부족 간 감정싸움을 부추겼기 때문에 발발했다. 수급 조절의 전설적인 귀재로 전해 내려오는 오펜하이머라는 이름은 흑인 수탈과 다이아몬드 잔혹사의 상징이기도 하다.

5월 23일
NWMP, 역사상 가장 작고 효율적인 경찰 조직

캐나다 자치 정부가 골머리를 앓았다. 걸핏하면 캐나다 원주민(인디언)과 충돌을 일으키는 미국인들 때문이다. 고민하던 캐나다는 미국인 무법자들이 1872년 원주민 23명을 살해한 '사이프러스 학살' 사건을 일으키자 기마경찰을 창설해 대응에 나섰다.

1873년 5월 23일. 자치 의회의 '북서부 기마경찰법' 제정으로 탄생한 NWMP(North West Mounted Police)는 309명에 불과했지만 요즘 캐나다 국토의 절반에 해당하는 북서부 지역의 평화를 지켜냈다. 역사상 가장 작으면서도 효율적이고 경제적인 경찰 조직으로 손꼽힌다.

붉은 제복을 입고 있는 캐나다 기마경찰

비결은 공명정대. 원주민과 백인 정착민, 미국인을 차별하지 않았다. 얼마 안 지나 원주민들은 NWMP를 친구로 여겼다. 기마경찰의 붉은 제복은 신뢰의 상징으로 떠올랐다. 미국 캐스터 장군의 제7기병대를 물리치고 추격에 쫓기던 수족 인디언 추장 '시팅 불'까지 캐나다로 들어와 NWMP의 보호를 요청할 정도였다. NWMP의 왕성한 활동은 언제 미국에 편입될지 모르는 미개척 지역이던 캐나다 중부와 태평양 연안 지역을 확실한 자국 영토로 끌어들이는 데도 일조했다. 동계올림픽이 열렸던 중부의 대도시 캘거리를 비롯한 수많은 도시의 역사도 이들의 막사로부터 시작되었다.

캐나다가 1920년 경찰 조직을 통합해 연방 경찰을 창설할 때 이름을 '캐나다 기마경찰Royal Canadian Mounted Police'이라고 정한 것도 국민들의 신뢰와 사랑을 받는 NWMP의 이미지를 의식해서다.

참으로 부럽다. 화합의 상징으로 출발해 신뢰의 바탕 위에 공권력

의 권위를 인정받는 캐나다 경찰이. 미국산 쇠고기 수입에 반대하는
촛불 시위에 참가했다는 이유로 수업 중인 고교생을 끄집어내 조사했
던 한국 경찰에게 좀 배워보라고 권하고 싶다.

5월 24일
마이어 협정

1952년 5월 24일 한미 양국이 경제 조정 협정을 맺었다. 정식 명칭
은 '대한민국 정부와 통일 사령부 간의 경제 조정에 관한 협정'. 백두
진 재무부 장관과 미국 특사 마이어가 서명해 '마이어 협정'이라고
부른다.

한국과 미국이 전쟁의 와중에서 경제 문제를 놓고 머리를 맞댄 이
유는 크게 두 가지다. 한국은 유엔군에 빌려준 원화 자금의 상환을 원
했고 미국은 통일 사령부(유엔군 사령부)를 통해 제공되는 원조 물자의
분배와 집행에 관한 틀을 세우려 했다.

협정의 핵심은 한미 합동경제위원회 설치. 말이 합동이지 경제 주권
은 사실상 미국에 넘어갔다. 합동경제위원회의 의사 결정은 양국의 조
정관이 협의하는 형식이었지만 실질적 결정권은 미국 측이 행사했다.
'경제 대통령'으로 불렸던 역대 미국 측 조정관은 금융, 물가, 임금 등
은 물론 수출입과 외환 거래, 환율 등 거시 경제 정책을 주물렀다.

미국의 원조를 공장 건설과 생산재 투자에 활용하고 싶었던 당시
경제 관료들이 뜻을 꺾고 소비재 생산에 치중한 것도 미국 측 조정관

의 입김 때문이었다. 한국전쟁 직후 국내 산업의 중심이 최종 소비재인 삼백三白(면직 공업, 밀가루, 설탕) 산업으로 편성된 것도 같은 맥락에서다. 한국으로서는 불만이었지만 정부 재정의 40% 이상을 원조에 의존하는 구도에서 달리 방법이 없었다.

마이어 협정은 정치사에도 흔적을 남겼다. 국제 조약이었으나 국회로부터 어떠한 동의 절차도 밟지 않았다는 점은 이후 한미 간 협정 체결과 수정에 국회가 배제된 채 정부가 적당히 처리하는 관행을 낳았다.

마이어 협정으로부터 58년이 흐른 오늘날 경제 여건은 과거와 비할 바가 아니지만 감추고 싶어 하는 공무원들의 습성은 여전한 것 같다. 쇠고기 협상 과정에서 원자력 발전소 계약서 공개에 이르기까지.

5월 25일
대자보, 문화혁명의 신호탄

"지식인들은 위선의 탈을 벗어라. 학장과 교수는 물론이고 수정주의의 탈을 쓴 공산당 베이징시위원회도 봉건 시대와 자본주의의 폐습에 젖어 있다."

1966년 5월 25일 중국 베이징대학교 구내 식당 동쪽 벽에 붙은 벽보壁報의 골자다.

벽보는 말 그대로 벽에 견해나 주장을 붙이는 의사 표현의 방식으로 춘추전국 시대부터 내려온 중국 특유의 관습. 베이징대학에 붙은

이 벽보는 세상을 바꾸었다. 문화혁명의 신호탄이었기 때문이다. 이 때부터 벽보라는 이름보다는 대자보大字報가 통칭으로 자리 잡았다. 영어 사전에도 '다치바우dazibao'라는 단어가 올랐다.

　철학과 주임이던 녜위안츠聶元梓를 비롯한 7명의 공동 명의로 발표된 대자보를 중국의 권력층은 반대파 제거에 철저하게 써먹었다. 대자보가 나오자마자 마오쩌둥 주석은 '20세기 중국의 파리 코뮌 선언서'라며 전국에 방송하라는 지시를 내렸다. 마오 주석이 '사령부를 포격하라'는 대자보를 쓴 뒤에는 수백만 명의 대학생들이 문화혁명의 홍위병으로 나섰다.

　수많은 당 간부와 지식인들이 희생당한 문화혁명에 대한 평가는 제각각이다. 중국의 발전을 가로막은 마오 주석의 친위 쿠데타이자 이념적 광풍이라는 혹평의 이면에 문화혁명이 없었다면 오늘날 중국의 사회적 안정과 고성장도 불가능했다는 평가가 상존한다. 진실은 과연 무엇일까. 훗날의 역사는 이를 어떻게 평가할까.

　대자보는 한국에서도 친숙하다. 군사 정권의 거대한 억압에 종이와 매직펜으로 맞섰던 사람들의 대자보가 기억에 새롭다. 대자보에 익숙한 386세대와 온라인판 대자보를 기반으로 권좌에 올라 고집스레 개혁을 추진했던 노무현 전 대통령의 갑작스러웠던 서거는 우리 역사에 어떤 영향을 미칠까. 고인이 꿈꾸던 화합과 전진의 시대가 앞당겨지기를 바란다.

5월 26일

아브라함 드 무아브르, 죽을 날을 확률 계산으로 예측한 비운의 천재

뉴턴이 말했다.

"드 무아브르에게 물어보게. 나보다 많이 알고 있거든."

칭찬에 인색했던 뉴턴이 극찬했을 만큼 드 무아브르의 수학 실력은 뛰어났다. 당시 최고의 시인이던 알렉산더 포프의 서사시 〈인간론〉

아브라함 드 무아브르

에는 "드 무아브르 같다"라는 대목이 나온다. 정교하게 거미줄을 짜는 거미의 집짓기 본능을 그의 기하학 실력에 비유한 것. 핼리 혜성을 발견한 핼리도 그의 재능에 감복했다고 전해진다.

아브라함 드 무아브르Abraham de Moivre. 천재였지만 평생을 우울하고 궁핍하게 보낸 사람이다. 망명객이었기 때문이다. 1667년 5월 26일 프랑스 상파뉴 지방에서 외과의사의 아들로 태어난 그가 영국으로 이주한 해는 1688년. 3년을 복역하고 나온 직후다. 18세 청년을 감옥으로 보낸 것은 종교. 위그노(프랑스 신교도)였던 그의 가족은 종교의 자유를 위해 영국을 찾았다.

30세에 왕립 학회 회원으로 뽑혔지만 외국인이라는 이유로 원했던 교수 자리를 따내지 못한 드 무아브르의 선택은 커피하우스. 죽을 때까지 '슬로터 커피하우스' 모퉁이에서 항해가, 선주, 보험 브로커 등에게 자문을 해주며 생계를 꾸렸다.

주요 고객은 도박꾼과 보험업자. 확률 계산이 필요한 사람들이었다. '드 무아브르의 종 모양 곡선'도 이런 환경에서 나왔다. 독립된 사건들이 어떻게 정규 분포를 따르는지를 규명한 좌우대칭의 종 모양 곡선은 확률과 경제학을 예측 가능한 과학으로 불러들인 계기로 평가되고 있다.

말년에는 눈까지 멀었지만 드 무아브르는 연구를 그치지 않았다. 죽을 날도 확률 계산으로 예측해냈다. 계산대로 1754년 11월 27일 사망. 87세였다. 생전에는 커피하우스의 지식 장사꾼에 지나지 않았지만 후대는 드 무아브르를 경제사에 불멸의 업적을 남긴 인물로 기억하고 있다.

5월 27일
미국 참깨 산업을 일으킨 '닫혀라 참깨'

'열려라 참깨'와 '닫혀라 참깨'. 둘 중 어느 게 돈이 될까. 〈알리바바와 40인의 도적〉 이야기 속이 아니라 실제 참깨 농사라면 답은 명확하다. 후자가 답이다.

'열려라 참깨'는 수확기에 껍질이 갈라져 참깨가 땅에 떨어지는 개과開果종. 수확 능률이 낮은 참깨 농사는 미국에서 특히 외면을 당했다. 추수기가 목화와 겹치는데다 알갱이의 90%가 땅에 떨어져버렸으니까.

미국에서 상업적 참깨 농업이 시작된 것은 1950년대부터. 랭험 Derald G. Langham 박사가 1946년 껍질의 끝만 살짝 벌어지는 폐과閉 果 돌연변이종을 발견하고 '닫혀라 참깨' 종으로 발전시킨 덕분이다.

폐과종 참깨

신품종에 주목해 참깨 회사를 차린 앤더스 형제는 인종 차별 없이 사람을 뽑고 자녀들을 위한 최상의 교육 시설을 갖추어 명망을 얻었다. 앤더스 형제는 미국 내 참깨 수요가 적어 크게 성공하지 못했으나 큰 흔적을 남겼다. 어린이 교육 프로그램 '세서미 스트리트Sesame Street'의 이름이 차별 없는 교육을 추구한 이들의 뜻을 기리기 위해 붙여졌다.

세계로 퍼진 '닫혀라 참깨' 품종의 혜택을 본 나라는 중국과 인도, 미얀마. 참깨는 줄기가 약해 콤바인 수확이 불가능했기에 저개발 국가에 적합한 작물로 남았지만 상황이 변하고 있다. 미국의 기계화 참깨 농업이 급부상하고 있기 때문이다. 랭험 박사가 1991년 5월 27일 세상을 뜨기 전에 줄기가 강하고 키도 큰 품종을 개발한 덕이다.

미국의 생산량은 세계 수준에 못 미치나 종자와 재배 기술에 관한 기술을 독점하고 있기 때문에 마음만 먹으면 언제든 시장 장악이 가능한 상황이다. 갈수록 재배 면적이 줄고 수입이 늘어나는 처지에서 부럽기 짝이 없다. 우리 농업에도 과학의 마법이 걸렸으면 좋겠다. '닫혀라 참깨!'

5월 28일
시에라 클럽

　1892년 5월 28일 미국 요세미티 계곡. 박물학자 존 뮤어John Muir와 대학 교수들이 모여들었다. 산림 보호 클럽 결성을 위해서다. 오늘날 회원 73만 명을 보유한 미국 최대의 환경보호 단체 시에라 클럽Sierra Club이 탄생한 것이다.

　당면 목표는 요세미티 국립공원의 관리 강화. 공원 축소 법안을 제출했던 개발론자들과 7년간 맞선 결과 시에라 클럽은 승리를 얻어냈다. 국립공원의 관리권도 연방으로 넘어갔다. 초대 회장 뮤어가 '미국 국립공원의 아버지'로 불리는 것도 이런 이유에서다.

존 뮤어

　시에라 클럽은 1906년 대지진으로 상수도망이 파괴된 샌프란시스코시가 계곡에 거대한 용수 공급용 저수지를 개발한다는 계획을 저지하는 데는 실패했어도 수많은 공적을 남겼다. 요즘도 나돌고 있는 그랜드캐니언의 비경을 담은 사진 중 대부분은 2차 대전 귀향 장병의 일자리 마련을 위해 댐을 건설하려던 미국 정부에 맞서 시에라 클럽이 전문 사직 작가를 동원해 자연의 아름다움을 알린 홍보전의 결과물이다. 결국 2개 댐 건설을 취소시킨 시에라 클럽의 영향력은 더욱 커져 야생동물 보호법(1964), 하천오염 방지법(1972) 등을 이끌어냈다.

항공 기술의 조강국 미국이 초음속 여객기를 개발하지 않은 것도 이들 때문이다. 오존층을 파괴할 수 있다며 초음속기 개발을 무산시켰을 당시에는 비판이 없지 않았으나 영국과 프랑스가 공동 개발한 콩코드의 비경제성이 증빙된 후에는 자연 보호와 경제성은 한줄기가 될 수 있다는 인식이 퍼졌다.

시에라 클럽은 현장 제일주의를 표방하며 1971년 등장한 그린피스에 다소 밀리기도 했지만 온건 노선을 고수하고 있다. 선거 때마다 압력 단체로서 영향력도 행사한다. 최근에는 지구를 구하기 위해 폭력까지 마다하지 않겠다는 강성 환경 단체가 출현하는 가운데서도 시에라 클럽은 여전히 침착하게 미국 환경 운동을 주도해나가고 있다.

5월 29일
미쓰이 다카토시 - 17세기의 박리다매, 소액 다품종 생산, 고객 최우선 전략

동서양 상거래 역사상 최초의 단일 가격제, 분업 생산 체제 도입, 상업 광고와 화폐 경제의 선구자. 하나같이 미쓰이 다카토시三井高利의 업적이다. 일본 최대의 기업군인 미쓰이 그룹의 창시자다.

미쓰이가 에도(지금의 도쿄)에 포목점을 연 것은 1673년. 51세 때다. 동생의 상재商才를 시기해 장사를 금지시킨 큰형이 죽은 후에야 그는 자기 사업에 나섰다. 개점 당시부터 그의 가게 '에치고야越後屋'는 관심을 끌었다. 무엇보다 관행인 외상을 주지 않았다. 현금으로 거래하는 대신 값을 깎아주었다. 한 필 단위로 직물을 팔던 다른 가게와 달리 단 한 조각의 천도 끊어 팔았다. 전속 재단사와 재봉사를 고용해 급한 사람에게는 그 자리에서 옷을 만들어주는 서비스를 선보이는 한편 공정도 재단과 바느질, 마름질 등으로 나누었다. 애덤 스미스가 《국부론》에서 분업론을 제시하기도 전에 이미 경영에 도입한 셈이다.

박리다매, 소액 다품종 생산, 고객 최우선 전략은 멋지게 먹혀들었다. 은퇴할 나이에 사업을 벌인다며 비아냥거리던 주변 상인들의 상권이 그에게 들어왔다. 핵심 고객층이 밀집한 지역에는 로고가 새겨진 우산도 뿌렸다. 상업 광고와 사전 사은품의 효시에 해당된다.

종업원들도 그에게 충성을 다 바쳤다. 일이 고되었지만 일정 기간이 지나면 분점으로 독립할 수 있었기 때문이다. 미쓰이는 얼마 안 지나 에도의 상권을 휘어잡고 대금업에도 진출, 어음 제도를 창안해 부를 늘렸다. 1694년 5월 29일 72세 나이로 사망.

미쓰이의 뛰어남은 인생 말년의 불과 21여 년 동안 최고 거상이 되었다는 점이 아니라 그 계승에 있다. 그는 '나라에 대한 충성, 봉사와 근검절약'이라는 유훈을 남겼다. 미쓰이 가문의 부와 이름이 11대손에 이르기까지 지켜진 비결이다.

5월 30일
볼테르의 경제 활동

"런던 증권 거래소는 법정보다 더 존경스럽다. 유대인과 이슬람교

볼테르

도, 기독교인이 같은 신을 섬기는 것처럼 평화롭게 거래한다. 이교도란 신용불량자다."

조국 프랑스의 귀족 사회와 종교적 억압에 환멸을 느끼고 영국에 망명한 볼테르Voltaire가 막 피어나던 자본주의에 던진 찬사다.

볼테르는 루소, 몽테스키외와 더불어 프랑스 계몽주의를 대표하는 사상가. 1694년 평민으로 태어나 1778년 5월 30일 사망하기까지 99권의 저술과 2만여 통의 편지를 남겼다. 귀족의 부당한 권위와 권력에 저항하고 고문과 차별적 법 체계를 타파하려고 애썼으며 인간의 진보를 확신한 철학자다.

그가 머문다는 이유만으로 인구가 10배나 불어난 마을도 있다. 저술을 통해 여론을 형성해 '최초의 지식인'으로도 불렸다. 한 세기 후에 태어나 《레미제라블》을 지은 문호 빅토르 위고는 "이탈리아에 르네상스가 있다면 프랑스에는 볼테르가 있다"고 극찬했다.

자본 축적에서도 남달랐다. 책값이 없어 서점에서 박대까지 당했던 그는 돈벌이라면 수단과 방법을 가리지 않았다. 최초로 큰돈을 만진 것은 복권. 당첨 가능성을 치밀하게 계산하여 한밑천 잡은 후 그토록 경멸했던 귀족과 공모해 돈 되는 공채를 싹쓸이한 적도 있다. 국제 곡물 시장 투기, 유명세를 이용한 군납 독점, 부동산 개발과 주식 투기 등 건드리지 않은 게 거의 없을 정도다. 오랫동안 살을 맞대고 살았던 연인에게도 편법 고리대를 받았다. 말년의 그는 거대한 성에서 시종 160명을 거느리며 유럽 20위권의 부호로 살았다.

악착같이 돈을 모았음에도 사람들은 그를 좋아했다. 임종 직전 귀국할 때는 수십만 명의 파리 시민이 그를 반겼다. 돈과 명예를 함께 누린 비결은 억울하게 재판받는 보통 사람들을 적극적으로 도왔던 덕분이다.

5월 31일
마가린, 살찌지 않는 버터의 개발

1,120원 대 650원. 대표적인 대체재인 버터와 마가린 100g의 가격이다. 버터가 훨씬 비싸다. 당연하다. 버터 4.5kg을 만들려면 우유 100kg이 필요한 반면 마가린은 식물성 기름에서 추출하니까. 양 재화의 대체재 관계가 성립된 것은 1869년. 프랑스 화학자 무리에Hippolyte Mege-Mouries가 마가린을 발명한 이후부터다.

파리 소재 한 병원의 화학 연구소에서 근무하며 거품이 나는 알약, 종이 , 인공 피혁과 설탕을 발명한 무리에가 버터 대용품 개발에 나선 계기는 나폴레옹 3세의 친필 서신. 황제의 편지에는 프랑스 군대와 국민이 싸게 먹을 수 있는 버터 대용품을 개발해달라는 부탁이 들어 있었다. 크림전쟁과 청나라 출병, 멕시코 원정 등 수많은 전쟁을 벌였던 나폴레옹 3세는 새로운 전투 식량이 절실하게 필요했다.

이폴리트 무리에

연구를 시작한 지 4년 만인 1869년 10월 무리

에는 대용품을 만들어냈다. 쇠기름과 면양의 위액 추출물에 소량의 우유를 섞어 만든 대용품에 무리에는 '마가린(그리스어로 진주색이라는 뜻)' 이라는 이름을 붙였다. 색이 진주와 비슷했기 때문이다.

무리에는 금메달과 포상금을 받았지만 정작 프랑스는 신형 전투 식량 마가린의 효과를 얻지 못하고 프로이센과의 전쟁에서 패하고 말았다. 무리에도 1880년 5월 31일 63세를 일기로 쓸쓸히 숨졌다.

마가린으로 재미 본 나라는 네덜란드. 무리에의 특허를 사들인 네덜란드 유겐스사는 폭발적인 마가린 매출에 힘입어 세계적 식품 회사인 유니레버로 성장했다. 20세기 초반 식물성 유지로 원료가 바뀐 마가린은 '살찌지 않는 버터' 로 각광받았지만 요즘은 트랜스 지방 기피 현상으로 수요가 줄고 있다. 마가린은 버터의 대체재라는 경제 교과서도 다시 써야 할지 모르겠다.

6월

6월 1일
윤중제 그리고 한강 르네상스

1968년 6월 1일 오전 10시 여의도. 섬 둘레 7,533m를 잇는 윤중제輪中堤 준공식이 열렸다. 행사에 참석한 박정희 대통령은 제방의 40만 3,001장째 화강암 블록에 '한강 개발'이라는 휘호를 새겨 넣었다. 여의도뿐 아니라 한강과 강남 개발이 이때부터 불붙었다.

개발 전까지 여의도는 일제가 건설한 군용 비행장 외에는 아무것도 없는 황무지나 다름없던 지역. 월남 파병 국군 장병의 면회장으로 사용되는 정도였다. 갈수기 때면 밤섬과 영등포를 잇는 거대한 백사장이 드러나기도 했다.

여의도의 야경

택지 개발과 수해 방지를 목적으로 삼은 여의도 개발은 전광석화처럼 이루어졌다. 백사장을 합쳐 200만 평가량인 여의도 면적을 줄여 85만 평을 감싸 안는 16m의 제방을 쌓는 데 책정되었던 공사 기간은 1년이었으나 실제 공사는 5개월 만에 끝났다. 밤낮없이 교대 인력을 투입하고 인근의 밤섬에서 나온 트럭 4만 대 분량의 돌을 건축 자재로 썼다.

여의도 개발은 목적을 위해서는 수단을 가리지 않는 개발 연대의 전형을 보여준다. 밤섬 폭파 같은 거친 행정은 물론 온갖 지원책이 쏟아졌다. 윤중제 건설 이후 정부는 마포대교와 시범아파트 건설, 국회 이전 등으로 여의도를 적극 키워나갔다. 여의도 초등학교를 졸업한 학생이 여의도 중·고교에 진학할 수 있는 동계 진학 특혜까지 베푼 끝에 여의도 지역은 도심권으로 발전할 수 있었고 더불어 1970~1980년대 부동산 상승까지 이끌었다.

처음부터 영등포 일대의 백사장과 밤섬을 보전하는 개발 정책을 취했다면 오늘날 여의도는 어떻게 변했을까. 한강은 요즘 새로운 전기를 맞고 있다. '한강 르네상스'라는 이름의 프로젝트 아래 서울이 항구가 된다는 무지개 같은 소식까지 들린다. 윤중제 축조 이래 콘크리트 개발로 일관해온 한강의 모습이 이번에는 어떻게 변할지 주목된다.

6월 2일
선택과 집중의 위력- 금산 지구국 개통

1970년 6월 2일 충북 금산. 직경 27.5m, 무게 300톤짜리 안테나가 회전하기 시작했다. 금산 지구국의 첫 가동 순간이다. 지구국은 통신 위성과의 송수신 기지. 우주의 교환대인 통신 위성과 국제 전화, 방송용 영상과 음성을 주고받는 지구국 개통은 한국의 통신 수준을 몇 차원 끌어올렸다.

당장 통화 속도가 빨라졌다. 40분에서 길게는 1시간까지 걸리던 미국과의 국제 전화 대기 시간이 10분대로 줄어들었다. 국민들은 지구국을 통해 직접 중계되는 메르데카컵 축구 대회와 홍수환·유제두 선수의 권투 세계 타이틀매치에 열광했다. 원시적 단파 무선과 일본의 간접 중계에 의존하던 시절에는 꿈도 못 꾸던 통신 혁명이 현실로 다가온 것이다.

금산 지구국 건설에 들어간 비용은 내외자 18억 4,300만 원. 요즘이야 강남권 아파트 한 채 가격이지만 1969년의 일반 회계 예산이 2,509억 원이었다는 점을 감안하면 오늘날 1조 4,000억 원 가치에 해당하는 대형 국책 사업이었다.

금산 지구국이 전파를 송수신한 지 만 40년, 통신 한국의 위상은 과거와 비할 바가 아니다. 달랑 하나였던 지구국 안테나는 29개에 이른다. 보다 싸고 간편한 통신 인프라인 해저 케이블도 10개 간선망이 가설되어 전 세계 어디와도 교신할 수 있다.

무엇이 한국을 통신 강국으로 이끌었을까. 1970년 당시로 돌아가보자. 금산 지구국의 안테나가 최초로 분주하게 움직였던 때는 같은 해 12월. 한국이 유치했으나 돈이 없어 개최권을 반납한 방콕에서 열린 제6회 아시안게임 중계를 위해서였다. 국민들이 안방에서나마 직접 중계를 시청할 수 있었던 것은 금산 지구국 덕분이다. 한국의 정보통신이 강한 이유가 여기에 있다. 국제대회 개최를 포기하는 수모와 경제난 속에서도 미래를 위해 재원을 짜내고 투자했다는 점이다. 선택과 집중이 위력을 발휘한 대표적 사례로 꼽힐 만하다. 지금은 어떨까.

6월 3일
용암보다 뜨거운 열정- 운젠 화산의 기자들

1991년 6월 3일 오후 4시 8분 일본 나가사키현 운젠雲仙. 7개월째 연기를 내뿜던 후겐타케 봉우리가 거대한 폭발과 함께 용암을 토해냈다.

1934년 일본 최초의 국립공원으로 지정될 만큼 빼어난 경관과 수많은 온천을 자랑하는 운젠 지역에서 화산 활동이 시작된 것은 기록상으로 701년부터. 1792년에는 1만 5,000여 명이 사망하는 참사도 빚었기에 연기를 뿜어내기 시작한 1990년 말부터 전국적인 관심을 끌었다. 육상 자위대가 동원되어 주민 2만여 명을 신속하게 대피시켰지만

1991년 운젠 화산 폭발로 파괴된 집

시속 100㎞의 속도로 쏟아진 용암은 모든 것을 삼켰다. 재산 피해 2,300억 원에 사망 43명.

주목할 만한 대목은 가장 많은 희생자를 낸 집단이 언론이라는 점이다. 16명의 취재·사진 기자들이 보다 생생한 기사 한 줄, 보다 실감나는 사진 한 장을 위해 끓는 용암 속으로 사라져갔다. 2005년에는 운젠의 산속에서 기자들의 최후가 담긴 영상이 발견되어 '봉인 풀린 운젠 화산 378초의 유언' 이라는 타이틀로 전파를 탔다.

사실보도를 향한 열정이 용암을 이겨냈기 때문일까. 용암 분출이 점차 약해지더니 1995년부터는 화산의 연기마저 멈추었다. 2003년 드릴로 땅을 뚫어 용암을 채취한 사상 초유의 실험에서 확인된 운젠 지하 용암의 온도는 섭씨 155도. 예상했던 500도보다 훨씬 낮았다. 화산 폭발 위험도 그만큼 적어졌다.

운젠 화산을 통해 한국과 일본의 차이를 본다. 1인당 국민총소득 3만 8,457달러인 일본이 1만 달러에서 2만 달러로 뛰는 데 걸린 시간은 단 5년. 한국은 10년 만인 2007년 2만 달러 선을 넘었으나 환율에 따라 1만~2만 달러대를 오락가락하는 상태다. 용암마저 넘었던 일본 기자들과 같은 열정이 우리에게 있을까. 운젠 화산 소식을 들었을 때의 감동과 맹세는 어디로 갔는지……. 부끄럽다.

6월 4일
프랑수아 케네, 56세에 발견한 부의 흐름

나이 50대 후반에 새로운 도전이 가능할까. 프랑수아 케네François Quesnay를 보면 그렇다. 중농학파를 창시하고 '경제표Tableau économique'를 고안한 케네가 경제 공부를 시작한 게 50대 중·후반이다.

1694년 6월 4일 파리 근교 농가에서 태어난 케네의 일생을 지배한 것은 순환론. 의대생 시절부터 심취했던 윌리엄 하비의 혈액순환론은 의사로서의 성공은 물론 경제학자로 변신하는 계기로 작용했다. 국왕 루이 15세의 총애를 받던 퐁파르트 부인의 주치의로 지정된 케네는 황태자의 천연두를 치료해 어의 자리까지 꿰찼다. 나이 56세 때다.

케네는 지위를 십분 활용해 베르사유 궁전의 거처를 지식인들이 드나드는 토론 클럽으로 만들었다. 경제 지식을 쌓은 케네는 1756년 디드로가 편찬한 《백과전서》에 〈농부론〉을, 이듬해에는 〈곡물론〉을 올렸다. 환갑을 넘어 62세에 경제학자로 데뷔한 셈이다.

프랑수아 케네

케네의 논문은 비슷한 생각을 지닌 사람들을 모았다. '상업과 공업은 상품의 순환과 변형에 불과하다. 농업만이 부를 창출한다'는 사상을 지닌 중농학파가 이렇게 생겨났다. 프랑스혁명의 주역인 미라보 남작이 '화폐, 문자와 더불어 인류의 3대 발명품'이라고 극찬한 경제표도 이 시기에 나왔다.

부를 금이나 은 같은 고형 물질로 생각하던 시절에 혈액순환론을 신봉한 의사답게 '흐름'으로 본 경제표는 한동안 잊혔지만 다시금 각광받고 있다. 1973년 노벨 경제학상을 받은 소련 출신의 미국 경제학자 레온티에프는 수상 소감에서 케네의 영향을 받았다고 말했다. 국민 경제 각 부문 간 연관성 분석의 원조가 250여 년 전 케네라는 얘기다. 애덤 스미스에게도 케네의 흔적이 묻어 있다. 스미스의 유럽 여행 당시 교분을 맺고 토론하며 건강을 돌봐준 사람이 바로 케네다.

6월 5일
용인전투, 민족사 최악의 패전

"흡사 봄놀이 같았더라."

서애 유성룡이 《징비록懲毖錄》에서 묘사한 남도근왕군南道勤王軍의 행군 모습이다. 그럴 만했다. 한양을 버리고 피신 중인 선조를 구원한다는 열정과는 달리 훈련을 전혀 받지 못한 농민들이었으니까.

남도근왕군의 출발점은 조선에서 인구가 가장 많고 물산이 풍부했던 호남. 관리들이 고을을 돌며 장정 4만여 명을 모았다. 보급품을 실은 수레의 행렬이 50리 길에 가득 찰 정도의 세력이었지만 문제는 경험 부족. 농민 일색의 병사에 지도부도 문관 일색이었다. 광주 목사로 참전한 권율도 이때까지는 평범한 문관이었다.

　오합지졸이었지만 남도 군사들은 가는 곳마다 환영받고 세를 불려 나갔다. 나라를 구할 희망이었기 때문이다. 북진 중에 충청도 병력 8,000여 명이 가세하고 쑥밭이 되어버린 경상도에서도 살아남은 무관들이 힘을 보탰다. 하삼도下三道의 군대는 수원성에 무혈 입성한 후 왜군 10여 명의 수급을 베는 작은 성과도 거두었다.

　본격적인 전투가 일어난 것은 1592년 6월 5일. 용인 부근의 보급 기지 겸 망루를 지키는 600여 명의 왜군이 쏘아대는 조총에 막혀 진군하지 못한 채 점심을 먹고 있던 순간 한양에서 내려온 증원군 1,000여 명이 합세한 왜군 1,600여 명이 기마대를 앞세워 짓이겨오자 모든 게 끝났다. 전투로 죽은 병사보다 도망치다 밟혀 죽은 병사가 더 많았다. 이튿날 근왕군은 뿔뿔이 흩어졌다.

　조선의 근왕군에게도 기회는 없지 않았다. 지도부가 독선에서 벗어나 무관들이 건의한 대로 병력을 분산 배치하고 한양 진격을 서둘렀다면 임진왜란은 전혀 다른 양상으로 진행되었을지도 모른다.

　민족사를 통틀어 가장 수치스러운 패배의 하나인 탓에 교과서에도 제대로 오르지 않는 용인전투의 치욕은 과거사일 뿐일까. 무능하고 독선에 빠진 지도자는 대세를 망친다.

6월 6일

YMCA, 보다 나은 삶과 정신세계를 향한 꿈

1844년 6월 6일 영국 런던. 청년 12명이 모였다. 틈틈이 성경을 공부하고 기도해 영성을 가다듬자는 취지의 모임은 곧 기독청년회 YMCA(Young Men's Christian Association)라는 이름을 얻었다.

모임을 주도한 인물은 조지 윌리엄스George Williams. 대형 포목점의 점원으로 근무하는 그는 비슷한 처지의 동년배를 어렵지 않게 모았다. 대부분 '이렇게 살아도 되는가' 라는 회의에 빠져 있었기 때문이다. 하루 10~12시간씩 주 6일 근무하는 열악한 환경. 젊은이들은 믿음을 통한 수양과 신체 활동에서 대안을 찾았다.

비슷한 청년 운동이 한 세기 전부터 영국은 물론 독일 지역에도 존재했지만 YMCA 운동에는 유별나게 사람들이 몰려들며 세계 각국으로 퍼져 나갔다. 급속한 산업화에 따른 인간성 말살 위기가 운동이 확산되는 토양을 제공한 셈이다.

프랑스 파리에서 국제 YMCA 창립총회가 열린 1853년 YMCA의 규모는 7개국 397개 지부에 회원 3만 369명. 파리 대회는 YMCA운동의 저변을 보다 확대시켰다. 모토로 채택한 '모두가 하나(요한복음 17장 21절)' 라는 정신 아래 YMCA는 국제적 연대로 커졌다. 오늘날 국제 YMCA의 회원 규모는 세계 124개국, 4,500만 명에 이른다. 보다 나은 삶과 정신세계를 원했던 젊은이들의 꿈이 세계 최대 규모의 민간단체로 성장한 것이다.

한국에 YMCA가 도입된 것은 1903년. 황성 기독교 청년회로 시작한 한국의 YMCA 운동은 민족사에 지대한 영향을 미쳤다. 각종 신문물과 운동 경기의 보급을 주도하고 일제의 압박 아래 신음하는 한민족의 계몽과 교육을 이끌었다. 독립운동가도 수없이 배출했다. 요즘도 한국 YMCA는 각종 시민운동에 적극 참여하고 있다.

YMCA 창시자인 조지 윌리엄스

건강한 경제는 건강한 시민 사회에서 나온다. 165년 전 청년 윌리엄스가 품었던 보다 나은 삶과 정신세계를 향한 꿈은 언제나 푸르다.

6월 7일
앨런 튜링, 수학으로 나라를 구한 비운의 천재 수학자

찰스 배비지, 폰 노이만으로 이어지는 컴퓨터 선구자 명단에 빠진 이름이 하나 있다. 비운의 천재 수학자 앨런 튜링Alan M. Turing이다. 누락 이유는 두 가지. 세계대전과 냉전 속에서 재능과 업적이 비밀로 묶인데다 동성연애자라는 굴레에서 벗어나지 못한 탓이다.

튜링은 2% 부족한 학생이었다. 어려운 수학문제를 푸는 특출한 재능이 있었지만 필체는 엉망이고 단순 계산은 자주 틀렸다. 말도 더듬었다. 두각을 나타난 것은 케임브리지 킹스칼리지 시절. 인도에 근무하던 부모의 귀국으로 생전 처음으로 온전한 가정의 울타리에서 지내면서부터다. 원시적 컴퓨터 '튜링 머신'을 만든 것도 이 무렵이다.

독사과를 들고 있는 튜링의 동상

힉게의 주목을 받은 그는 아인슈타인 등 당대의 석학들이 모여 있던 미국 프린스턴대학의 초청을 받아 박사 과정을 마쳤다. 원자탄과 현대 컴퓨터의 개척자 노이만이 공동 연구를 종용했으나 거절하고 모교로 돌아온 때가 1938년. 곧 이어 터진 2차 대전에서 그는 수학으로 조국을 구했다. 독일의 암호 체계 '에니그마'를 해독한 것이다. 불침함이라던 비스마르크호의 격침도 그의 암호 해독으로 가능했다. 최초의 컴퓨터 '콜로서스colossus'도 만들었다. 영국이 비밀로 부치는 통에 '에니악'에 공식적인 최초의 컴퓨터 자리를 내주었지만.

전후 인공 지능 연구에 열중하던 그는 1952년 나락으로 떨어졌다. 동성애가 발각되었기 때문이다. 형벌은 중성화. 지속적인 여성 호르몬 투입은 마라톤 풀코스를 2시간 46분 3초에 완주했던 강건한 신체를 변화시켰다. 가슴이 부풀어 오르고 둔부가 퍼지자 화학적 거세를 자각한 그는 에덴동산에서 쫓겨난 아담의 심정으로 사과를 집어 들었다. 1954년 6월 7일 청산가리를 주입한 독사과를 베어 먹고는 영면. 42세 나이였다.

6월 8일
미사일 편지

1959년 6월 8일 오전 10시 대서양 해상. 미 해군의 디젤 잠수함 '바베로' 호가 떠올랐다. 미국 본토를 겨냥해 미사일을 쏘기 위해서다. 주저 없이 발사된 무게 5.4톤, 사정거리 927㎞짜리 레귤러스 순항 미사일은 22분 후 목표 지점인 플로리다 해군 기지 연병장에 떨어졌다.

가격은 정확했지만 폭발은 전혀 없었다. 탄두부의 핵 폭발물을 들어냈기 때문이다. 비행 속도까지 줄여 운동 에너지에 의한 피해도 발생하지 않았다. 탄두의 내용물은 편지 3,000장을 실은 철제 상자 2통. 영화나 소설, 상업용 광고가 연상되겠지만 실제로 있었던 일이다.

레귤러스 미사일

미국은 왜 이런 일을 했을까. 첫째 목적은 홍보. 핵을 포함한 군비의 평화적 이용을 부각하는 이벤트로 '편지를 실은 미사일' 만 한 소재도 없었다. 둘째 목적은 우편 수단의 다양화. 화살에 편지를 묶어 날려 보내는 오랜 습성의 연장선 격이다. 로켓과 미사일이 등장한 이래 유럽과 인도에서도 비슷한 실험이 수차례 있었고 요즘도 로켓을 우편 수단으로 사용하자는 동호인 모임이 존재한다.

군사용 미사일을 활용한 우편은 이것이 처음이자 마지막이었다. 비용 때문이다. 냉전 시대의 우화愚話처럼 들리는 미사일 우편에는 신속하고 정확한 정보에 대한 인간의 염원이 깔려 있다. 마치 전봇대로 이를 쑤시듯이 미사일로 편지를 나르자는 엉뚱하고 유연한 발상이 오늘날 초고속 정보화 시대를 낳은 요인 중 하나였는지도 모른다.

미사일 우편에 사용된 엽서는 꿈의 수집 대상이다. 미 우편국이 잠수함 내에 임시 우체국을 설치해 '1959년 6월 8일 오전 9시 30분' 이라는 발송 도장을 찍은 편지 자체가 3,000통으로 한정된데다 수신자가 아이젠하워 대통령 한 사람이어서 시중에 나도는 물량도 거의 없기 때문이다. 부르는 게 값이라고.

6월 9일
새뮤얼 슬레이터, 미국 제조업의 출발점이자 영국의 반역자

새뮤얼 슬레이터Samuel Slater. 미국 제조업의 출발점이자 영국의 반역자다. 조국의 첨단 기술을 외국으로 빼돌려 치부한 산업스파이.

부농의 아들로 1768년 6월 9일 영국 더비셔에서 태어난 슬레이터는 어려서부터 공장주 수업을 받았다. 아버지의 친구이자 수력 방직기를 발명한 아크라이트의 동업자였던 면직 공장주 밑에서 7년간 도제 수업을 받은 것. 덕분에 생산 기술에서 경영까지 전 과정을 익혔다.

교육을 마친 그는 1789년 고향을 등졌다. 행선지는 미국. 영국의 적성 국가였다. 항구를 빠져나올 때 그는 농부라고 속였다. 기술 유출을 막기 위해 설비는 물론 직공의 해외여행까지 금지되던 시절이다.

신세계에 발 디딘 21세의 젊은이는 빈손이었지만 머릿속 지식이 자본을 불렸다. 도착 2년 후 결혼한 첫째 부인은 부유한데다 바느질실까지 개발하며 힘을 보탰다. 1973년 로드아일랜드에 세운 영국식 방직 공장은 미국 최초의 근대식 공장으로, 해밀턴 재무장관의 각별한 관심 속에 빠르게 뿌리를 내릴 수 있었다.

1803년부터는 자기 돈으로 영국에 있는 것보다 훨씬 크고 개량된 방적 공장을 세웠다. 노동자 기숙사와 학교, 구내매점도 선보였다. 노동력의 대부분을 차지한 7~12세 아동을 주급 25센트~1달러에 하루 12시간씩 부린다는 비난 속에서 1835년 67세로 사망할 때 그는 유산 120만

새뮤얼 슬레이터

달러를 남겼다. 그의 성공은 자본가들을 고무시켰고 신생 미국은 공업 국가로 올라섰다.

불법 복제한 기술로 산업화에 착근한 경험 때문인지 오늘날 미국은 지적 재산권을 가장 강력하게 주장하고 있다. 한국은 선진국에 집중 견제를 받으면서도 대문까지 단속해야 할 입장이다. 반도체 등 첨단 기술을 갖고 있기 때문이다. 방심하면 도둑맞는다. 슬레이터에게 배반당했던 영국처럼.

6월 10일
경제, 도덕의 총체적 타락 – 박동명 사건

1975년 초여름 연예계에 한파가 몰아쳤다. '박동명 리스트' 때문이다. 발단은 1975년 6월 10일 대검 특수부의 박동명 구속 발표. 26만 5,000달러와 원자재를 해외로 밀반출한 혐의였다. 연간 수출이 50억 달러를 갓 넘던 시절, 금액 자체도 적지 않았지만 보다 놀라운 사실이 숨어 있었다. 여성 편력.

신앙촌 박태선 장로의 장남으로 여배우와 동침하던 중 수사관들에게 구속된 그의 맨션에서는 외제 가구와 핸드백, 목걸이 등 수많은 사치품이 나왔다. 세인들의 최대 관심사는 그와 관계한 100여 명의 명단. 여성 주간지 표지 모델을 주로 공략했던 그의 리스트에는 유명 연예인 26명도 포함되어 있었다. 일본의 환락가를 전전하고 플레이보이 클럽을 드나들며 바니걸들에게 수천 달러씩의 화대를 뿌렸다는 사실도 드러났다. 눈덩이처럼 불어나는 소문 속에서 영화인 협회는 여배우 13명을 제명했다.

박동명 사건의 전말은 검찰에 의해 자세하게 전해졌다. 유신 헌법에 대한 비판마저 금지한 긴급 조치 9호의 공포 분위기 아래 검찰은 '사회 부조리 일소' 차원에서 모든 혐의를 그대로 흘렸다. 과연 사회 기강은 제대로 섰을까. 찬바람이 불 무렵 불만으로 가득 찬 26세 청년이 돈 2만 6,000원과 손목시계, 가짜 금반지를 빼앗으며 두 달 동안 3개월 된 갓난아이부터 70세 노인까지 17명을 살해한 김대두 사건이 일어났다. 최고 권력자가 정보기관을 동원해 여배우들과 환락의 밤을 보내는 이면에서는 이런 일들이 벌어졌다.

박동명 사건 35년이 지난 오늘날은 과거와 다를까. 도덕성에 흠결이 있어도 경제만 살리면 그만이라는 생각이 세상을 지배한다. 그래서 경제가 좋아졌나. 명저 《불확실성의 시대》를 남긴 경제학자 갤브레이스는 이렇게 말했다.

"경제란 도덕이라는 바다 위에 떠 있는 섬이다."

6월 11일

일본 만들기 프로젝트- 야스쿠니 신사의 기원

6,271명. 태평양전쟁에서 비행기와 인간 어뢰를 몰고 미국 군함에 몸을 내던진 일본 가미카제 특공대원 전사자 수다. 기준에 따라 1만 4,009명으로 보는 시각도 있다. 괌과 사이판, 오키나와, 유황도 등에서 항복 대신 옥쇄玉碎를 택한 군인과 시민들을 합치면 그 숫자는 수십만으로 불어난다.

미군을 전율하게 만든 일본인들의 광기는 어디에서 나왔을까. 날조와 발명에서 시작되었다. 쇼군 등 권력자에게 밀려 1,000년 가까이 잊힌 존재였던 국왕(천황)을 신격화해 살아 있는 현인신現人神으로 받들고 전통 신앙인 '신토神道'를 끄집어내 다른 나라와 차별되는 일본의 정체성으로 삼았다.

국가 이데올로기로서 신토를 통한 '일본 만들기' 프로젝트의 본격적인 첫 작업은 신기관神祇官 설치령. 1868년 6월 11일 공표된 이 법령을 기초로 일본은 국민들에게 신토를 강요하고 전국 곳곳에 국왕을 위해 죽은 병사의 혼령을 위로하는 초혼사를 세웠다. 국왕이 하사한 1만 섬의 봉토로 건립된 도쿄 초혼사가 바로 야스쿠니靖國 신사의 전신이다.

종전 후 연합국 최고사령부 GHQ가 효율적인 일본 점령과

야스쿠니 신사

통치를 위해 가장 먼저 단행한 것도 국가신토의 성격 규정과 종교와 정치 분리, 국왕의 '인간 선언'이었을 만큼 신토는 군국주의적이고 과격한 성향을 배양시켰다.

침략자 일본의 정신적 자양분인 국가신토는 이제 사라졌을까. 천만의 말씀이다. 주변국들의 항의에도 해마다 총리를 비롯한 각료들이 군국주의 이데올로기와 침략의 상징인 야스쿠니 신사를 대놓고 참배한다. '만들어진 전통'을 어떻게든 되살리려는 의도가 깔려 있다. 일부 기독교도들에 의해 국조인 단군상의 목마저 잘려나가는 한국과는 정반대다. 두 나라의 차이는 어떤 결과를 가져올까. 미래가 두렵다.

6월 12일
스위스 군용 칼

'맥가이버 칼'로도 불리는 스위스 군용 칼. 과연 스위스 군대는 이걸 쓸까. 사용한다. 해마다 5만 개의 칼이 스위스군 현역과 예비군에게 보급된다.

연간 3,000만 개가 생산되어 대부분 해외로 팔려나가는 세계적 명품 스위스 군용 칼의 역사가 시작된 것은 1884년. 프랑스와 독일에서 도검류 제작을 위한 도제 수업을 받고 돌아온 24세의 청년 카를 엘스터가 고향인 이바크에 공장을 세우면서부터다.

주방용이나 외과용 칼을 만들던 엘스터는 초기 판로를 개척하기 위해 군대를 찾아갔다. '독일산 수입 칼을 대체한 국산품을 애용하자'는 명분을 내세운 끝에 그는 1891년 병사용 칼을 납품했다. 1897년 6월 12일에는 기능이 보다 많아진 '장교용 칼'을 선보이며 특허까지 따냈다. 오늘날 스위스 군용 칼의 원형도 바로 이 장교용 칼이다.

웽거의 스위스 군용 칼

스위스군의 호평으로 주문이 늘어나자 경쟁자가 따라붙었다. 민족 간 화합을 중시했던 스위스는 프랑스어 사용권에 대한 배려 차원에서 테어도어 웽거도 군용 칼 납품업자로 정했다. 2005년 4월 합병될 때까지 스위스 국기를 상품에 사용할 수 있는 두 회사였던 빅토리노스와 웽거의 품질 경쟁 속에서 스위스 군용 칼의 브랜드 이미지도 높아졌다.

스위스 군용 칼은 2차 대전에 참전했던 미군 병사들의 귀국 선물로 각광받으며 미국 시장에 퍼지기 시작했다. 주인공이 조그만 칼 하나로 온갖 난제를 해결해나가는 TV드라마 〈맥가이버〉 시리즈가 방영된 후에는 전 세계에 스위스 군용 칼 열풍이 불었다. 우리나라에서도 연간 20만 개씩 팔려나간다.

빅토리노스의 최대 강점은 고품질. 약 1,000여 명의 종업원 중 검사 인력이 10%를 넘는다. 공장을 해외로 이전하지 않고 인건비와 노무 관리비가 많이 드는 이바크에서의 생산을 고집하는 것도 품질 관리 때문이다.

6월 13일

양조장으로 간 통계학 - '스튜던트', 윌리엄 고셋

1904년 영국 더블린. 기네스Guinness 맥주 맛이 한결 좋아졌다. 양조 공정을 통계학으로 관리한 덕분이다. 맥주 맛을 결정하는 이스트의 함량을 확률 이론으로 조절하기 시작한 후 어떤 맥주통에서든 균등한 품질의 흑맥주가 나왔다.

윌리엄 고셋

양조장에 통계학을 도입한 주인공은 윌리엄 고셋William S. Gosset. 종교의 자유를 찾아 프랑스에서 영국으로 망명한 위그노(신교도)의 후손으로 1876년 6월 13일 캔터베리에서 태어나 옥스퍼드에서 수학과 화학을 공부한 후 1899년 기네스 맥주에 들어갔다.

화학 전문가 자격으로 입사한 고셋의 임무는 품질 규격화. 실험은 어려웠다. 맥아나 효모의 성질이 늘 변하는데다 온도와 습도에도 민감해 통계 축적이 거의 불가능했기 때문이다. 고셋은 소량의 샘플로 전체를 유출해내는 추측 통계 개념을 도입해 문제를 풀었다.

고셋의 성과는 당대 최고의 통계학자였던 피어슨의 한계의 뛰어넘는 것이었지만 발표할 수 없었다. 기네스가 사내 연구의 공표를 금지했기 때문. 고셋은 고민 끝에 '스튜던트student'라는 가명으로 학술지에 기고하기 시작했다. 학위도 없고 학회 회원도 아니었지만 '재야의 고수'인 고셋은 후학도 길러냈다. 피어슨에 이어 20세기 통계학을 정립한 피셔가 실력을 쌓은 것도 고셋과의 지적 교류를 통해서다.

고셋의 황금기는 1934년 자동차 사고를 당한 후부터 1937년 61세의 나이로 사망하기까지의 3년. 하반신이 마비되었지만 회사 업무를 떠나 연구에 전념할 수 있었기 때문이다. 천재 '스튜던트'가 고셋이라는 사실은 사망 이후에야 알려졌지만 그의 업적은 오늘날 생산 공정과 여론조사에서 활용되고 있다. 표본 조사와 통계적 품질 관리, 발췌 검사법의 원형을 제공한 사람이 바로 고셋이다.

6월 14일
스미토모 사건

1996년 6월 14일. 국제 구리 가격이 톤당 2,000달러에서 1,800달러 아래로 떨어졌다. 비철 금속 시세도 함께 폭락했다. 세계 시장에 던져진 충격은 연말까지 가시지 않았다.

사태의 진원지는 스미토모 상사. 스미토모는 이날 비철 금속·구리 담당 부장인 하마나카 야스오浜中泰男元가 회사 몰래 선물 거래를 통한 투기를 일삼다 18억 달러의 손실을 입혔다고 밝혔다. 사건이 표면화한 후 피해 규모는 더욱 불어나 26억 달러에 달했다. 스미토모 상사 연간 경상 이익의 7배 수준. 당기 순이익으로 따지면 10년 치에 해당하는 금액이다.

치부일수록 내부 처리하는 게 전통인 일본 기업이 사건 전모를 스스로 밝힌 것은 미국 상품선물거래위원회CFTC가 진상 파악에 나섰기 때문. 저발되기 전에 신수를 친 것이다. 파문을 일으킨 하마나카 부장은 세계 구리 거래의 5% 선인 50만 톤을 언제라도 움직일 수 있어 '미스터 5%'라는 별칭으로 불렸던 인물. 10여 년 전 입었던 6억 엔가량의 투자 손실을 만회하려다 손실을 눈덩이처럼 불렸다.

스미토모가 야기한 파장은 수년을 끌었다. 비철 금속 시장의 왕자(거래량 최대) 자리가 알루미늄으로 넘어가고 이듬해 스미토모 상사 회장이 책임을 지고 물러났다. 미국의 주요 투자 은행들이 하마나카 부장의 불법 투기를 알아채고도 돈놀이에만 집착, 부당 이익을 취했다는 논쟁도 벌어졌다. 하마나카 부장은 1998년 최종심에서 8년 징역형을 선고받았다.

스미토모 사건이 일어난 지 만 14년. 많은 것이 변했다. 구리의 국제 시장 가격은 4배 가까이 올랐다. 물량을 확보하려는 경쟁은 더욱 치열하다. 변하지 않은 것도 있다. 인간의 망각증이다. 국내 굴지의 재벌 그룹 소속인 한 종합 상사도 2006년 구리 투기에 실패, 800억 원의 손해를 입은 적이 있다.

6월 15일
돼지가 일으킨 전쟁으로 확정된 미국·캐나다 국경선

8,893㎞. 미국과 캐나다의 국경선 길이다. 지구 둘레의 5분의 1보다도 길다. 알래스카 지역(2,477㎞)을 빼도 6,416㎞에 이른다. 그리기도 쉽다. 동부 지역을 제외하고는 북위 49도에 맞추어 평행선을 그리면

그만이다.

　양국 국경의 틀이 잡힌 것은 1846년 6월 15일. 오리건 조약을 통해서다. 광활한 서부 지역 전체를 일컫던 당시의 오리건 지역은 1818년 이래 미국과 영국의 공동 영토로 인정되었으나 미국의 서부 개척민이 급증하면서 영유권 시비가 불거졌다.

　양국에서 전쟁 불사론이 퍼지는 가운데 11대 미국 대통령에 당선된 제임스 녹스가 선거 공약인 오리건 전역의 영토화를 밀고 나갔다. 전운은 영국이 먼저 양보하며 사라졌다. 아일랜드 대기근과 곡물법 폐지 논란, 정계 개편 등 현안에 싸여 있던 로버트 필 총리가 내놓은 타협안이 북위 49도 국경선. 미국도 남부와 북부의 대립 심화와 텍사스 병합을 둘러싸고 멕시코와 갈등을 빚던 처지여서 그대로 받아들였다. 일부 불분명한 점이 남아 있었지만 양국은 만족하며 오리건 협정을 맺었다.

　불씨가 살아난 것은 오리건 협정 체결 만 13년이 지난 1859년 6월 15일. 국경의 서쪽 끝인 미국 시애틀과 영국의 캐나다 식민지 밴쿠버 사이의 존 후안제도에서 일이 터졌다. 양국이 영유권을 주장하며 뒤섞여 살던 중 미국인 농부가 자신의 감자밭을 파헤치는 캐나다 농장 소유의 돼지 한 마리를 총으로 쏴 죽이는 사건이 일어나자 양국은 군대를 보냈다.

　조그만 섬에서 3,000여 명의 양국 병력이 12년간 대치한 '돼지 전쟁' 은 독일 황제 카이저 빌헬름의 중재에 따라 미국령 귀속으로 끝났다. 실질적인 전투는 없었기에 유일한 생명 손실은 돼지 한 마리. 세계 처장의 국경선이 가장 낮은 비용으로 확정된 셈이다.

6월 16일
폰 브라운, 나치에서 미 항공우주국의 부책임자로

런던 폭격과 달 착륙. 두 사건에는 동일인의 궤적이 묻어 있다. 폰 브라운Wernher von Braun. 독일군의 비밀 병기 V2 로켓과 미국의 우주 개발 기술을 주도한 인물이다.

1912년 부유한 은행가 집안에서 태어난 그는 일찌감치 달 여행을 소망으로 품었다. 아마추어 천문가였던 모친의 영향이 컸다. 대학 신입생 시절부터 실력을 인정받던 브라운은 19세 때부터 히틀러 군대의 비밀 프로젝트의 참여했다. 박사 학위도 군의 지원으로 땄다.

1937년 나치당에 가입하고 친위대ss 간부 명단에도 오른 그는 1942년 A4 로켓을 완성시켰다. 1944년부터 V2라는 이름으로 실전 배치된 그의 로켓 1,027기는 런던 폭격에 쓰였다. 오늘날 대륙 간 탄도탄ICBM의 원형.

독일의 패전이 임박하자 그는 동료를 이끌고 미군에 투항했다. 나치 경력과 비밀 공장에서의 포로 노동자 학대가 문제되었지만 기술이 그를 살렸다. 1945년 117명의 과학자와 함께 미국으로 건너갔다. 화차 300량분의 V2 로켓과 부품, 기자재도 함께 대서양을 건넜다.

뉴멕시코의 비밀 기지에서 일하게 된 그에게는 최상의 연구 환경이 제공되었다. 1947년에는 열일곱 살 어린 이종사촌과 결혼해 포로의 신분으로 가정까지 꾸렸다. 1950년에는 미국 시민권도 얻었다.

브라운이 각광받은 배경은 우주 개발 경쟁. 소련의 인공위성 스푸트니크호가 발사된 지 넉 달 만에 쏘아올린 익스플로러와 아폴로 우주선의 발사용 로켓이 그의 작품이다. 유명세를 탄 그는 미 항공우주국 NASA의 부책임자까지 지냈다. 공직 은퇴

폰 브라운

후 민간 항공 제작사의 부사장으로 일하다 1977년 6월 16일 암으로 사망. 2차 대전과 냉전의 한복판, 전력 시비에서도 그는 65년 평생을 풍요롭게 보냈다. 기술 덕분이다. 유기무죄有技無罪.

6월 17일

스무트 홀리 관세법, 머리 나쁘고 부지런한 최악의 케이스

쇠귀에 경 읽기. 경제학자 1,028명의 반대에도 아랑곳하지 않고 후버 대통령이 1930년 6월 17일 스무트 홀리 관세법Smoot-Hawley Tariff Act에 서명하고 말았다.

골자는 2만여 수입 공산품에 대한 평균 59%, 최고 400%에 이르는 고율 관세 부과. 발제자인 리드 스무트Reed Smoot와 윌리스 홀리Willis C. Hawley의 이름을 딴 이 법은 심의 중이던 1929년 초부터 논란을 불러일으켰다.

리드 스무트(오른쪽)와 윌리스 홀리

반대론자들은 관세 인상이 타국의 보복 관세를 유발할 것이라고 주장했지만 국내 제조업자들을 의식한 후버와 공화당은 '미국의 국민총생산에서 수입이 차지하는 비중은 4.2%에 불과하다'며 밀어붙였다. 결과는 어떻게 나왔을까. 불행하게도 전자의 우려가 맞아떨어졌다.

세계 각국의 대미 보복 관세로 미국의 수출은 1929년 52억 달러에서 1932년에는 16억 달러로 주저앉았다. 세계 무역 총액도 같은 기간 동안 360억 달러에서 120억 달러로 격감했다. 국제 무역의 3분의 2가 날아간 것이다.

무역 전쟁이 심화하자 각국은 보유 외환을 금으로 바꾸어 국내에 쌓았다. 금 확보 경쟁 속에 국제 결제의 근간인 금본위 제도 역시 무너졌다. 국제 무역은 더욱 위축되고 각국은 '경제 블록화'에서 살 길을 찾았다.

영국이 파운드 경제권을 추구하고 일본이 대동아 공영권을 향해 군사적 모험을 강행한 것도 이런 배경에서다. 식민지가 없던 독일과 이탈리아에서는 파시즘의 광풍이 나라를 휩쓸었다. 슘페터의 표현을 빌리자면 '관세 인상을 가정상비약으로 여기는 미국 공화당의 전통'이 대공황을 세계로 확산시키고 2차 대전의 씨앗까지 잉태했던 셈이다.

유능한 최고경영자CEO 출신으로 누구보다 훌륭한 경제 대통령으로 기대되었던 후버는 결국 '머리 나쁘고 부지런한 최악의 케이스'라는 혹평을 받았다. 남의 일 같지 않다.

6월 18일
거침없는 노략질의 대가- 피트 헤인

10대 외항 선원, 갤리선 노예, 사업가, 해적, 해군 제독.

네덜란드의 국민 영웅 피트 헤인Piet P. Hein의 인생 역정이다. 15~17세기 스페인과 독립전쟁을 치르면서도 세계에서 가장 부유했다는 네덜란드의 황금시대를 엿볼 수 있는 단면이기도 하다.

1577년 로테르담에서 외항 선장의 아들로 태어난 그는 10대 초반부터 배에 올랐다. 스무 살 때 스페인 선박에 잡혀 4년간 갤리선 노예로 노를 젓다 포로 교환으로 풀려난 후에도 쿠바 연안에서 또다시 스페인에 잡혔다 풀려나는 굴절을 겪었다.

피트 헤인

네덜란드 동인도회사에 취직해 30대 중반까지 아시아 항로를 오가던 그가 유명세를 탄 것은 1623년 서인도회사의 함대 부사령관으로 옮긴 후 해상 약탈에 나서면서부터. 1627년에는 브라질산 설탕을 가득 실은 포르투갈 선박 30척을 빼앗았다. 이듬해인 1628년에는 16척의 스페인 무역 선단을 덮쳐 1,151만 길더어치의 금과 은, 보물을 약탈해 네덜란드의 독립전쟁 자금으로 바치는 한편 투자자들에게도 75%씩의 배당금을 안겼다.

네덜란드 해군 제독으로 정식 취임한 1629년 항해에서 스페인의 매복에 걸린 그는 6월 18일 왼쪽 어깨에 포탄을 맞고 즉사했다. 뱃사람다운 최후를 보낸 그의 이름을 네덜란드는 아직도 기억한다. 터널과 호텔, 동상, 해군 함정에도 이름을 남겼다. 정육면체 목재 장난감을 활용한 수학·공간 지각 능력 학습법인 소마 큐빅을 1936년 창안한 덴마크의 수학·물리학자이자 시인인 피트 헤인도 그의 직계 후손이다.

피트 헤인은 스페인의 무적함대를 깨뜨린 영국의 프랜시스 드레이크와 닮은꼴이다. 사략 선장 출신으로 대양 진출의 기틀을 다진 해군 제독이라는 점이 비슷하다. 진짜 공통점은 여기에 있다. 거침없는 노략질.

6월 19일
최초의 특허

1421년 6월 19일 베네치아 의회가 특허장을 내놓았다. 인류 역사상 최초로 문서화한 특허장이다. 주인공은 이탈리아 초기 르네상스의 선구자로 꼽히는 건축가 브루넬레스키Filippo Brunelleschi.

브루넬레스키가 인정받은 것은 예배당. 요즘 기준으로도 불가사의한 규모인 산타마리아 델 피오레 대성당의 돔형 지붕을 얻기 위한 과정에서 특허가 싹텄다. 지름 43m, 높이 160m짜리 돔을 지을 재료를 운송하기 위한 특수한 배가 바로 첫 특허의 대상이었다.

문제는 운송이었다. 거대한 대리석을 운반하기 위한 수송 수단이 마땅치 않았다. 브루넬레스키가 찾은 해답은 정교한 배. 바다의 괴물이라는 뜻을 가진 '바달론Badalone'의 발명도 이런 차원에서 이루어졌다. 바달론은 성공했을까. 강가에 가라앉았다.

산타마리아 델 피오레 대성당의 돔형 지붕

베네치아 상원은 1474년 특허 법률을 만들며 추격하려 애썼지만 이미 늦었다. 베네치아가 첫 특허의 실패를 주춤거리는 동안 영국의 헨리 6세는 1449년 스테인드글라스 공법에 대한 특허를 내줬다. 특허권 제도는 자연스레 이탈리아 반도 대신 영국에서 뿌리내렸다. 영국의 특허권 보편화, 제도화는 개인의 발명 의욕을 북돋우었다. 프랑스와 스페인이 근대화에 뒤처진 이유를 특허권 제도의 낙후성에서 찾는 시각도 있다. 구대륙의 실권자 프랑스와 스페인이 기득권을 의식한 특허권에 집착했을 때 영국과 미국은 그것을 단순화했다. 1880년대 이후 세계 1위의 특허국인 미국이 세계 경제를 주름잡은 것은 우연이 아니다.

역사가 여기에서 갈라졌다. 오늘날 미국과 영국, 앵글로색슨의 지배가 특허 때문이라면 과언일까. 우리는 어떨까. 지난 2007년 세계 4위권에서 5위권으로 밀린 상태다. 분발이 요구된다. 우리의 미래가 발상과 특허에 달렸다.

6월 20일

냉엄한 도덕률 위에 피어난 네덜란드의 번영

무더위가 기승을 부리던 1596년 한여름. 선박 한 척이 얼음에 갇혔다. 위치가 북위 74도 부근이었기 때문이다. 왜 요즘 기술로도 항해하기 어려운 북극해의 거친 바다로 갔을까. 교역로를 찾기 위해서다. 북해에서 북쪽으로 항해하면 아시아에 도달할 수 있는 최단 항로를 찾을 수 있으리라 믿었기에 모험에 나섰다.

'북동항로'로 불린 이 바닷길에 가장 공들인 나라는 네덜란드. 유럽 최강대국인 스페인의 압제에 맞서 독립전쟁을 벌이면서도 바다에 눈을 돌렸던 네덜란드는 끊임없이 북동항로를 찾는 배를 내보냈다. 선두 주자는 무역 선장 출신인 빌렘 바렌츠Willem Barents. 여름철이면 24시간 낮이 지속되는 '백야 현상'으로 북극해 어디인가에 얼지 않는 바다가 있을 것이라고 생각한 그는 1594년 1차 항해에서 이미 노바야

북극곰과 싸우는 바렌츠의 승무원들

젬라섬에 도달하고 주변 섬들을 발견해 기대를 한 몸에 받고 있었다. 이듬해 2차 항해에 실패하는 통에 한 푼의 보조금도 받지 못했지만 굴하지 않고 1596년 3차 항해 길에 올랐다.

초반에는 순조로웠던 3차 항해에서 얼음에 갇히자 육지의 동토에 올라 배의 갑판을 뜯어 움막을 짓고 겨울을 보냈다. 식량이 떨어져 북극여우와 곰을 사냥해 허기를 달

래는 동안 선원 8명이 죽었다. 바다의 얼음이 녹아 배를 띄운 지 일주일 만인 1597년 6월 20일, 쇠약해진 바렌츠 선장도 숨을 거두었다. 47년 짧은 생을 보낸 바렌츠는 10유로짜리 동전의 주인공으로 오늘날 여전히 살아 있다.

러시아 선박에 구조된 선원들이 그해 11월 돌아왔을 때 네덜란드는 감동에 젖었다. 위탁 화물인 옷과 식량이 온전히 남아 있었기 때문이다. 얼어 죽고 굶어 죽으면서도 화물만큼은 건드리지 않았던 냉엄한 도덕률. 생명보다 소중히 여겼던 명예의식과 상도의에서 17세기 네덜란드의 번영이 꽃피었다.

6월 21일
가진 자의 책무- 백년전쟁을 일으킨 에드워드 3세

영국왕 에드워드 3세. 백년전쟁을 시작한 군주로 기억되는 그는 경제사에도 적지 않은 흔적을 남긴 인물이다. '노블레스 오블리주'의 단초를 제공한 사람으로도 유명하다.

명군으로 꼽히는 그의 권력은 두 번의 피바람으로 다져졌다. 프랑스 공주 출신인 모친이 부왕을 몰아내는 바람에 13세 때 왕위에 올라 성년이 되자 친위 쿠데타를 일으켜 어머니까지 쫓아냈다.

권력을 장악한 그의 다음 행보는 프랑스와의 전쟁. 후사 없이 사망한 샤를 4세의 조카인 자신에게 프랑스 왕위 계승권이 있다는 명분을 내세웠지만 실제 목적은 경제적 이해득실에 있었다. 유럽에서 가장

에드워드 3세

부유한 지역이자 영국 수출품의 90%를 차지했던 양모를 수입해가는 플랑드르 지역의 모직 생산업자들을 프랑스의 중과세로부터 보호하기 위한 것이었다.

아들 흑태자를 앞세운 그는 연전연승을 거두었다. 귀족과 기사로 구성된 프랑스의 고비용 중장갑 기사단이 농민 출신의 저비용 웨일스 장궁長弓병에 무참하게 깨진 크레시 · 푸아티에 전투 이후 기사 무용론이 일고 국왕—영주—기사로 이어지는 중세의 봉건적 권력 구조도 약해졌다.

'가진 자의 책무' 도 백년전쟁 당시 완강하게 저항하던 프랑스 칼레를 점령한 그가 '시민들을 처형하겠다' 고 으름장을 놓았을 때 먼저 희생당하겠다고 나선 부유층과 귀족을 용서한 사건에서 비롯되었다. 노블레스 오블리주라는 용어가 이때 생겼다.

1377년 6월 21일 65세로 사망한 에드워드 3세는 국제 금융 지도도 바꾸었다. 재정 규모보다 몇 배나 많은 전쟁 비용 136만 플로린을 바르디 · 페루치 등의 은행에서 공동 대출받은 후 갚지 않아 이탈리아에 은행 연쇄 파산과 불경기를 안겼다. 그의 채무 불이행 수법을 각국의 군주들이 본뜨자 유럽의 금융을 장악했던 이탈리아 도시국가들도 결국 쇠락하고 말았다.

6월 22일

사람이 희망이다- 제대 군인 원호법

1,645만 명. 2차 대전이 한창일 때 미군 병력의 수다. 승리가 확실해질수록 미국은 고민에 빠졌다. 전사 및 실종자 42만여 명을 제외해도 1,600만 명이 넘는 군인들이 제대하는 날의 후유증을 우려해서다. 전쟁이 끝난 뒤의 결과는 익히 아는 대로다. 고용 대란은커녕 번영가도를 달렸다.

어떤 마법이 일어난 것인가. 참전국 중 산업 시설이 보전·확충된 유일한 국가라는 점이 크게 작용했지만 고용 문제에서는 다른 비책이 있었다. 1944년 6월 22일 루스벨트 대통령이 서명한 제대 군인 원호법 GI Bill이 그것이다.

골자는 제대 군인에 대한 광범위한 지원. 모두 1,040만 명의 참전 용사가 이 법의 혜택을 받았다. 미국이 가장 역점을 둔 분야는 제대 군인의 대학 진학. 무려 780만 명이 학비를 걱정하지 않고 대학에서 로스쿨까지 다녔다. 이 법이 얼마나 큰 영향을 미쳤는지는 TV시리즈 〈밴드 오브 브러더스Band of Brothers〉의 후일담이 말해준다. 군대에 남지 않은 부대원들은 대부분 이 법의 지원 아래 집을 사고 대학에 진학해 사회에 뿌리를 내렸다.

사회 분석과 경영학의 대가 피터 드러커는 명저《프로페셔널의 조건》에서 미국이 지식 사회로 전환할 수 있었던 기반은 원호법에 있다고 분석했다. 정말 그랬다. 대학의 수준이 떨어졌다는 평가 속에서도 법의 혜택을 받은 제대 군인들은 탄탄한 중산층으로 자리 잡으며

1950~1960년대 번영을 이끌었다. 오바마 대통령의 외할아버지도 이 법 덕분에 하층 백인에서 중산층으로 올라섰다.

소외 계층인 흑인들이 대거 대학에 진학해 백인 사회와의 격차를 다소나마 좁힌 것도 이 법의 영향이다. 국가의 지원이 줄어들어 요즘 전역병들은 실제 학비의 절반 정도만 받는다고 하지만 선진국치고는 복지 수준이 낮은 미국에서 이 법은 여전히 보석과 같은 존재다. 부럽다. 학자금 때문에 고통받는 이 땅의 젊은이들이 안쓰럽다. 인력에 대한 투자가 미래를 결정한다. 사람이 희망이다.

6월 23일
데이비드 오길비, "재미없는 제품이란 없다. 재미없는 카피라이터가 있을 뿐."

'나이 38세. 대학 중퇴에 요리사, 세일즈맨 출신. 정보원과 농부 경험도 갖고 있음. 광고업계에서 일하고 싶습니다. 고소득 희망.'

자리가 있었을까. 실패했다. 취업 대신 창업을 택한 그의 이름은 데이비드 오길비David Ogilvy. '현대 광고업의 아버지'로 기억되는 인물이다. 남보다 좋지 않은 조건을 갖고 있던 그가 어떻게 최고로 평가받게 되었을까. 노력과 분석 덕분이다.

1911년 6월 23일 영국에서 스코틀랜드−아일랜드인 부부의 2남으로 태어난 그는 옥스퍼드대학을 중퇴하고 프랑스의 한 호텔에서 요리를 배웠다. 고전 연구가에서 주식 중개인으로 변신한 부친의 사업이

망했기 때문이다. 영국에 돌아와 오븐 외판원으
로 일할 때 그는 세일즈 교본으로 쓰였다는 소책
자《오븐 판매의 이론과 실제》를 펴낸 적도 있다.

　광고 기획 일을 하던 형의 조언으로 미국에 건
너간 그는 물을 만났다. 조사 연구 회사인 갤럽
의 프린스턴연구소에서 분석 기법을 제대로 배
운 것. 2차 대전이 터지자 영국 정보국에서 근무

데이비드 오길비 ⓒAdvertising
Hall of fame

한 후 농촌에서 지내다 광고업에 진출했을 때 3,000여 업체가 경쟁하
는 구도였지만 그는 남다른 경험에서 얻은 지식과 분석력을 이용한
창의적 광고문구로 승승장구했다.

　"시속 60마일(96.56㎞)로 달리는 신형 승용차가 내는 가장 큰 소음은
전자시계 소리 정도다"라는 카피가 그를 최고로 만든 대표작이다.
"재미없는 제품이란 없다. 재미없는 카피라이터가 있을 뿐"이라는 말
을 지어낸 주인공도 1999년 88세를 일기로 타계할 때까지 무수한 명
구를 남긴 오길비다.

　유명인을 동원해 단순한 감성에 호소하던 광고가 주류를 이루던 시
절, 오길비의 창의적 광고는 새로운 문화와 20세기 광고 산업을 낳았
다. 어쩌면 순탄하지 않은 성장기가 천재를 다듬었는지도 모른다.

6월 24일
이튼의 우등생이 가른 전쟁의 승패

"워털루전투의 승패는 ○○의 운동장에서 갈렸다."

나폴레옹을 물리친 영국의 명장 웰링턴 장군의 말이다. ○○은 어디일까. 이튼이다. 영국의 명문 고등학교다. 웰링턴의 말에는 국난 극복에 사회 지도층이 앞장선다는 자부심이 담겨 있다. 노블레스 오블리주.

경제학자 케인스의 모교이며 19명의 영국 총리를 배출한 이튼의 출발점은 568년을 거슬러 올라간다. 1441년 6월 24일 개교. 국왕 헨리 6세의 하사금으로 재능이 있어도 돈이 없어 학교에 가지 못하는 가난한 아이 70명을 골라 특수학교를 세웠다.

이튼스쿨을 설립한 헨리 6세

국왕이 특별히 설립한 이튼스쿨은 명성을 얻고 곧 귀족 자제들의 학교로 바뀌었지만 두 가지만큼은 변하지 않았다. 남학생만 입학시키며 여전히 국왕의 장학금을 받는다는 점이다. 만 4세부터 입학 신청을 받아 10세에 인터뷰와 적성 검사로 정원의 3배를 뽑고 13세에 시험으로 최종 선발되는 260여 명의 입학생 가운데 14명이 국가 장학금을 받는다. 국왕의 장학금King's Scholarship(국가 장학금)을 받는 이튼의 학생은 'KS'로 불리며 초엘리트로 대접받는다.

이튼의 실력은 과연 뛰어날까. 글쎄다. 영국의 중·고등학교 과정을 평가하는 'A-레벨' 순위에서 이튼의 성적은 전체 20위. 그래도 여전히 최고 명문으로 통한다. 왜 그럴까. 이튼의 명예를 모두가 인정하기 때문이다. 이튼에 대한 경외와 존경에는 국가에 대한 헌신이 깔려 있다. 근세기 전쟁에서 이튼의 전사자 수는 2,034명. 보어전쟁에서 129명, 1차 대전에서 1,157명, 2차 대전에서 748명이 죽었다. 1차 대전에서는 동기의 절반이 전사한 적도 있었다.

이튼이 부럽고 이 땅의 현실이 부끄럽다. 힘이 있을수록 병역을 기피하고 세금과 국민 건강보험료를 회피하는 우리의 처지가 한심하다. 이튼의 정신이 정녕 부럽다.

6월 25일

안토니오 가우디, 사생활이 곧 건축이었던 사람

2,000만 명. 해마다 스페인의 항구 도시 바르셀로나를 찾는 관광객 수다. 도시 인구 300만 명보다 훨씬 많은 관광객을 끌어들이는 요인은 안토니오 가우디Antonio Gaudí. 1883년부터 짓기 시작해 124년이 넘도록 공사가 진행 중인 사그라다 파밀리아Sagrada Família에서 가로등까지 가우디가 설계한 작품이 즐비하다. 도시 전체가 '가우디의 건축 백화점'으로 불릴 정도다.

1852년 6월 25일 대장장이 출신 구리 세공인의 아들로 태어난 가우디는 무엇 하나 내세울 것 없는 소년 시절을 보냈다. 다섯 살부터 시작된 관절염으로 친구들과 어울리지도 못하고 수업을 자주 빼먹어 성적도 좋지 않았다. 제대로 걷지도 못해 대부분의 시간을 '관찰'로 보

가우디의 마지막 작품인 '사그라다 파밀리아'

냈으며 바르셀로나대학 이공 학부도 학점이 안 좋아 간신히 마쳤다.

두각을 나타내기 시작한 것은 시립 건축 전문학교 시절부터. 대담하고 혁신적인 설계로 과제물마다 논란을 일으켰다. '천재 아니면 미치광이'라는 평가 속에 아슬아슬한 점수로 학업을 마칠 무렵 가우디는 평생의 후원자를 얻었다. 부유한 은행 가문 출신의 건축가 구엘Palau Güell을 만난 것.

그의 천재성을 간파한 구엘의 도움으로 돈 걱정이 사라진 뒤부터 가우디의 아파트에서는 대학 건물, 교회 등 명작들이 쏟아졌다. 1883년부터 선배의 뒤를 이어 사그라다 파밀리아(성가족 대성당)의 설계와 공사를 맡으면서도 밀가루 반죽으로 빚어놓은 듯한 6층짜리 아파트 카사밀라, 기묘한 창문으로 유명한 카사 바트요, 후원자 구엘을 기념하기 위한 구엘 공원 등도 잇따라 선보였다.

평생 독신으로 지냈고 사생활이 곧 건축이었던 가우디는 낡은 침대 하나만 남기고 1926년 교통사고로 사망했지만 건축 작품은 바르셀로나와 스페인에 마르지 않는 샘처럼 영원한 풍요를 선사하고 있다.

6월 26일

왜은의 개악사

왜인倭人들의 사기 행각이 들통 났다. 인삼 등의 수입 대금으로 조선에 지불하는 왜은倭銀의 은 함량을 낮추다 발각된 것이다. 바로 양국의 무역이 얼어붙었다. 애가 탄 것은 일본. 조선의 수출 제한으로 인삼과 비단 값이 치솟았다. 조선과의 무역을 담당하던 쓰시마번의 타격이 특히 컸다.

발단은 도쿠가와 막부의 1695년 악화 주조. 은 광산의 산출이 줄어든 반면 1657년 대화재를 당한 에도(지금의 도쿄)의 재건 비용과 대규모 건축 사업으로 지출은 폭증해 돈이 궁해진 막부는 은화의 순도를 80%에서 64%로 낮추었다. 차익을 노려서다.

문제는 애덤 스미스의 《국부론》에 언급될 정도로 고품위를 자랑하며 국제 무역의 결제 수단으로 자리 잡았던 왜은에 대한 신뢰가 깨진 것. '악화가 양화를 구축한다'는 그레셤의 법칙대로 악화가 판치자 조선은 수출 단가를 올리고 교역 자체를 제한해버렸다.

중국보다 8배나 큰 교역 상대였던 조선과의 관계를 의식한 막부는 어쩔 수 없이 순도 80%짜리 특별 은화 '인삼대주고은人蔘代往古銀'을 1710년 제작하면서도 국내 통화의 함량은 계속 줄여나갔다. 1711년에는 순도가 20%로 떨어진 은화까지 찍어댔다.

한 번 맛들인 화폐 주조 차익의 유혹은 '겐로쿠元禄 호경기'가 꺼질 때까지 이어졌다. 호황 대신 찾아온 것은 물가고와 불황의 늪. 막부는 결국 1714년 6월 26일 은화별 교환 비율을 정하며 통화 가치 회복에 나섰지만 불황에서 벗어나기까지는 50여 년의 세월이 더 걸렸다. 개항 이전까지 왜은의 옛 명성을 회복하지 못했다는 분석도 있다.

왜은의 개악사는 옛 얘기일까. 한국의 원화 가치가 요즘 엉망이다. 고환율에 의존하려는 정부 정책을 시장이 간파한 탓이다. 물가도 악영향을 받고 있다. 환율과 통화 가치 안정은 동서고금을 떠나 경제 운용의 기본이다.

6월 27일
포템킨의 반란, 썩은 쇠고기가 지핀 혁명의 불씨

코사크 기병대의 칼을 맞고 쓰러진 엄마의 손을 떠난 유모차는 그 안에 누운 아기의 울부짖음 속에 계단을 굴렀다. 현대 영화에 가장 큰 영향을 미쳤다는 〈전함 포템킨〉의 한 장면이다.

전함 포템킨의 반란은 20세기의 역사에도 커다란 흔적을 남겼다. 재정 러시아에서 가장 강력한 전함인 포템킨호에서 왜 반란이 일어났을까. 급식에 불만을 품은 수병들을 억압했기 때문이다. 1905년 6월 27일 오후 1시 흑해 포템킨호 후방 갑판. 급식을 거부하면 처형하겠다던 부함장이 수병 한 명에게 총탄을 퍼부었다.

반격에 나선 수병들은 함장을 포함한 장교 18명 중 8명을 죽이고 배를 장악, 오데사 항구로 배를 돌렸다. 죽은 동료의 장례식을 치르고 석탄과 물을 공급받기 위해서다. 오데사의 시민들은 포템킨호의 입항에 환성을 질렀다. 인구 40만 명 중 30만 명이 차르 체제에 저항하는 시위에 나서던 상황에서 포템킨호를 구원군으로 여겼기 때문이다. 한 시간에 50톤의 폭탄을 퍼부을 수 있는 포템킨의 위력에는 코사크 기병대도 떨었다. 흑해 함대의 다른 전함의 수병들도 포템킨호와의 전투 명령을 거부하고 반란에 합류했다.

영화 〈전함 포템킨〉의 포스터

전함 포템킨의 결말은 혁명 실패. 시민들을 구한다며 어렵게 발사한 함포는 목표를 빗나갔다. 우군으로 합류했던 다른 전함도 좌초하자 수병들은 배를 몰고 루마니아로 도망쳤다. 차르는 안도했으나 포템킨호가 퍼뜨린 혁명의 씨앗은 1917년 공산혁명으로 이어졌다.

사건의 시발점은 부패한 쇠고기. 구더기가 꼬인 쇠고기를 먹지 않겠다던 수병들의 말을 제대로 들었다면 선상 반란은 일어나지 않았을지도 모른다. 함장과 수석 군의관의 가벼운 언행도 화를 불렀다. 썩은 쇠고기에 항의하던 수병들에게 수석 군의관은 이렇게 답했다.

"이건 좋은 고기야, 아무런 문제 없어. 식초로 씻어내기만 하면 충분해."

6월 28일

조선 한국— 1974년 26만 톤급 유조선 진수

한국에 조선 산업이 없다고 치자. 당장 무역수지가 흔들린다. 2005

년 중 전체 흑자 232억 달리의 68% 이상이 조선 부문에서 나왔다. 고용도 20만 명이 넘는다. 주민 1인당 소득이 3만 달러를 넘는 울산의 풍요도 불가능했을지 모른다.

부질없는 짓이라고 치부하기에는 '만약'이라는 가정의 시간대가 짧다. 중화학 공업 육성책이 나온 게 1973년. 불과 33년 전이다. 무리라는 안팎의 지적도 많았지만 국민들이 자신감을 가질 수 있었던 계기가 32년 전 오늘 마련되었다.

1974년 6월 28일 울산에서 26만 톤급 유조선 두 척이 명명식命名式을 갖기 위해 웅자를 드러낸 것. 이전까지 국내 최대 기록 1만 7,000톤보다 훨씬 컸다. TV 생중계를 통해 우리 손으로 만든 길이 345m, 높이 27m짜리 선박을 접한 국민들은 감격에 떨었다.

열광 속에 냉엄도 있었다. 다음 날 〈서울경제신문〉은 축하 사설을 통해 '국내 기술의 기여도와 순 외화 획득액'을 물으며 국산화를 주문했다. 조선 산업 선구자들은 기대를 저버리지 않았다. 외국에 파견된 연수생들은 낮에는 실습하고 밤에는 도서관을 뒤졌다.

현장에서는 하루 16시간씩 일했다. 현대 중공업이 허허벌판에서 시작한 지 10년 만인 1983년 세계 1위 조선소에 올라선 것도 이런 노력 덕분이다. 초기와 달리 요즘에는 설계에서 원자재, 완제품까지 고스란히 달러를 벌어들인다. 엔진은 세계 시장의 60% 이상을 차지하고 있다.

중국의 추격에도 한국 조선의 질주는 지속될 전망이다. 설계와 시공의 유연성으로 선주들의 다양한 요구에 맞출 수 있기 때문이다. 철강과 기계 공업 등 연관 산업도 탄탄하다. 한국 조선 산업이 움직일 때마다 세계 조선사도 새로 써진다. 족적 자체가 신화이기 때문이다. 국민 경제의 버팀목인 조선 산업의 신화가 계속되었으면 좋겠다.

6월 29일
삼풍백화점 붕괴, 부패가 만든 지뢰밭

1995년 6월 29일 퇴근길이 긴급 뉴스에 뒤덮였다. 삼풍백화점 붕괴. 국민들이 귀를 의심하는 순간에도 5층부터 지하 3층까지 폭삭 주저앉은 사고 현장에서는 사람들이 목숨을 잃었다. 최종 집계 사망 502명(실종 30명 포함), 부상 937명. 최악의 건물 붕괴 참사였다. 성수대교 붕괴 240일 만에 터진 사고에 사람들은 경악했다.

준공 6년의 새 건물을 무너뜨린 것은 총체적 부패 구조. 부실시공과 불법 설계 변경, 공무원의 뇌물 수수, 백화점주의 임의적 용도 변경이 화를 불렀다. 쇼핑 공간을 넓히기 위해 기둥을 설계보다 25%나 줄이고 불법으로 한 층을 더 올렸다. 뒷돈을 받은 공무원들은 이를 눈감아주었을 뿐 아니라 공사가 40% 진행된 상황에서 영업 허가를 내주었다.

결정적인 것은 백화점의 안전 불감증. 사고 당일 오전 건물의 균열이 벌어지고 기둥이 옥상을 뚫고 나오는 상황에서 긴급 안전 진단을 실시한 설계 감리 회사가 '붕괴 우려' 진단을 내렸음에도 정상 영업을 강행, 참변을 피할 기회를 놓쳤다. 하루 5억 원의 매출을 건지려다

3,460억 원(보상금 포함 최종 피해액)을 닐린 셈이다.

장맛비가 내리는 폐허 속에서 생존자를 구해내는 극적인 장면에 국민의 시선이 집중된 한편에서 외국인들은 싸늘한 평가를 내렸다. '테러도 아니고 건물이 스스로 무너져 내린 것은 건축 공학사의 충격', '한국 업체가 시공한 해외 공사는 안전한가' 라는 외신이 쏟아졌다. 삼풍의 망신살은 예고편이었다. 하체 부실, 거품 위의 한국 경제는 2년 반 뒤 외환 위기라는 직격탄을 맞았다.

삼풍백화점 붕괴 15년. 지금은 과연 안전할까. 지방선거가 치러지면 임기를 마칠 광역단체장들은 '천운이 도왔다' 는 소리를 으레 듣는다. 재임 기간 동안 대형 사고가 안 터졌기 때문이다. 언제쯤이나 부패가 만든 지뢰밭으로부터 자유로워질 수 있을까.

6월 30일
리 드 포레스트, '라디오의 아버지, TV의 할아버지'

'파리의 움직임을 증폭시켰더니 군대가 행진하는 것 같은 소리가 들렸다.'

1912년 리 드 포레스트Lee de Forest의 실험실에서 일어난 일이다. 기적의 비결은 증폭기. 포레스트가 1906년 개발한 삼극 진공관Audion에 소리를 증폭시킬 수 있는 기능까지 추가한 음성 증폭 오디오는 인류에게 '전자와 통신 혁명의 시대' 를 선사했다. 트랜스지터와 반도체의 뿌리가 3극 진공관이다.

전자 시대를 연 포레스트는 1961
년 6월 30일 88세로 사망할 때까지
300여 개의 발명 특허를 남긴 발명
가이자 과학자. 1873년 목사의 아
들로 태어나 13세 무렵에는 소형
용광로와 기관차, 은도금 기계를
발명해냈다. 1899년 예일대학에 신

포레스트가 개발한 진공관(1906) ⓒGregory F. Maxwell

청한 박사 학위 논문은 당시까지 무선통신으로 알려진 주제를 다룬
최초의 학술 논문으로 꼽힌다. 성공은 실험실을 넘지 못했다. 상업화
와 실용화에서는 잇따라 고배를 마셨다. 오히려 특허권 소송에 휘말
려 그나마 있던 재산도 잃어버리고 말았다. 평생 4번 결혼한 것도 상
업화의 좌절과 연이은 패소의 후유증인지 모른다.

포레스트가 꿈꾸던 라디오의 사업화에 성공을 거둔 주역은 AT&T
사. 대형 연구실을 운영하고 고급 두뇌를 적극 유치하던 AT&T사는
포레스터에게 특허를 사들여 독자적인 실용 기술을 개발해냈다. 자본
의 힘이 새로운 상품을 만들고 시장을 연 셈이다. 포레스트로부터 시
작된 통신·전자 산업의 시장 규모는 오늘날 무한대로 커지고 있다.

'라디오의 아버지, TV의 할아버지'로 불리는 포레스트는 사업화뿐
아니라 미래도 잘못 짚었다. "텔레비전은 이론적으로나 기술적으로
는 가능할지 몰라도 경제적으로나 재정적으로는 불가능하다"는 장담
이나 "과학이 아무리 발전해도 인간은 달에 발을 올려놓을 수 없다"
던 호언이 대표적이다.

7월 1일

마르크시즘을 무너뜨린 마르크이즘

1990년 7월 1일 새벽. 서독에서 동독으로 향하는 수송 차량이 끝없이 이어졌다. 모두 1,000톤에 가까운 무게의 화물은 돈. 독일 통일에 앞서 단행된 경제 · 사회 통합의 핵심인 화폐 통합을 위해 250억 서독

마르크Deutsche Mark가 동독 지역으로 보내졌다. 서독 경제의 동독 접수와 함께 국경도 없어진 이날 헬무트 콜 서독 총리는 이렇게 말했다. "우리는 이 순간을 45년 동안 기다려왔다."

서독의 공식 화폐인 도이치마르크

동독 주민들은 부자가 된다는 희망에 젖었다. 암시장에서 동독마르크의 5~20배로 거래되던 서독마르크를 공식 환율인 1 대 1 비율로 교환해주었으니까. 무한정 등가 교환이 아니라 연령별로 2,000~6,000마르크까지만 1 대 1로 교환해주고 나머지는 2동독마르크 대 1서독마르크 비율을 적용했지만 동독 주민들은 일시적으로나마 큰돈을 만졌다.

서독 연방 은행 총재를 비롯한 경제 전문가들의 반대에도 콜 총리의 결심으로 단행된 등가 교환에 대한 평가는 아직까지도 제각각이다. 선심성 정책으로 동독인들의 환심을 샀을 뿐 가뜩이나 취약한 동독 지역 기업들의 경쟁력을 더욱 떨어뜨려 통일 비용 폭증을 낳았다는 비판과 독일을 구한 결단이라는 찬사가 공존한다. 등가 교환이 없었다면 동독 주민들의 서독 이주로 사회 불안이 야기되었을 것이라는

평가도 있다.

화폐 통합과 동독 사회주의 경제의 퇴장은 연말에나 가능할 것 같았던 완전 통일을 10월 3일로 앞당겼다. 동독의 마르크시즘이 서독의 마르크이즘에 무너진 셈이다. 화폐 통합 20주년을 맞은 독일의 경제는 통일 비용 부담 속에서도 되살아나는 분위기다. 자본과 민주주의의 승리라고 말할 수 있다.

독일 통일 과정을 회상하며 대한민국을 본다. 민주주의는 안녕한가. 일방통행과 민주주의 후퇴, 공권력 남용 논란이 일고 있는 이 땅의 현실은 동독과 서독 어느 쪽에 가까울까.

7월 2일
권력에 종속되지 않는 법 – 아미스타드호의 반란

1839년 7월 2일 새벽 서인도제도 해상. 길이 37m짜리 스페인 범선 '아미스타드Amistad' 호에서 노예로 팔려갈 53명의 흑인들이 반란을 일으켰다. 사투 끝에 배를 접수한 흑인들은 백인들을 처형하고 두 명만 남겼다. 아프리카로 돌아가는 뱃길과 항해술을 몰랐기 때문이다.

백인 선원들이 낮에는 동쪽으로 항해하고 밤에는 서쪽으로 되돌아가는 통에 바다 위를 맴돌던 아미스타드호는 거사 한 달 보름 후 미 해군에 발견되어 미국 땅에서 재판을 받았다. 재판의 논점은 흑인들의 지위. 뉴헤이븐 지방 법원은 '흑인들은 불법 납치된 자유인으로 백인에 대한 저항과 살인도 정당방위' 라는 판결을 내렸다.

판결은 국내외적 갈등을 낳았다. 스페인은 '화물' 인 노예의 인도를 요구하고 남부 농장주들은 백인을 죽인 유색인종에 대한 일벌백계를 주장했다. 아미스타드호를 발견한 미국 해군조차 연방법의 규정을 들어 재산(노예) 분배를 요구하고 나섰다. 결정적으로 재선을 위해 남부의 지지가 필요했던 밴 뷰런 대통령이 항소해 재판은 원점으로 돌아갔다.

여섯 번째 미국 대통령인 존 애덤스

최종심에서 흑인들의 변호를 맡은 사람은 전직 대통령인 존 애덤스John Q. Adams. 결국 연방 대법원은 1841년 '스페인 법에서도 흑인들은 자유인' 이라는 판결을 내렸고 이듬해 흑인들은 자유인 신분으로 아프리카에 돌아갔다.

영화로도 제작되었던 아미스타드호 사건은 흑인과 소수 인종에 대한 탄압으로 일관한 초기 미국사에 한 줄기 빛으로 남아 있다. 당시 스페인 대사는 '대통령의 뜻이 통하지 않는 법원은 자격이 없다' 며 항변했다. 과연 그럴까. 소수를 위해 변호에 나서는 전직 대통령의 존재와 살아 있는 권력을 넘을 수 있었던 법원. 19세기 중반 미국의 양식과 양심 앞에 21세기를 사는 한국인이 부끄럽다. 권력에 종속되지 않는 법이 국가의 융성을 이끈다.

7월 3일
헤티 그린, 월스트리트의 마녀

〈포브스〉지가 선정한 밀레니엄 부호 중 유일한 여성. 역사상 가장 지독한 구두쇠. 투자가 남성의 전유물로 인식되던 시절, 누구보다도 고수익을 올렸던 헤티 그린Hetty Green의 면면이다. 비법은 간단하다. '저가 매입, 고가 매도'.

헤티 그린

헤티는 어릴 때부터 유별났다. 여섯 살 난 아이가 경제 신문을 읽고 여덟 살엔 용돈을 관리하는 개인 계좌를 텄다. 열세 살부터는 가업인 포경 회사의 경리 업무도 도맡았다. 본격적인 투자를 시작한 것은 유산 600만 달러를 받았던 1864년. 남북전쟁 와중에서 액면가의 40%로 떨어진 국채를 주로 사들였다.

재산은 곧 1,000만 달러로 불어났다. 큰돈을 벌어도 그는 쓰는 법이 없었다. 부유한 선박업자와 결혼해 슬하에 1남 1녀를 두었지만 곧 이혼했다. 헤어진 이유도 '남편의 사치벽' 때문이었다. 별거 후 절약은 도를 더해갔다. 연료가 안 드는 오트밀로 식사를 때우고 세금을 피하려 싸구려 아파트에서 지냈다.

헤티가 가장 반긴 뉴스는 '공황'. 주가가 바닥이다 싶으면 사들여 오를 때까지 버텼다. 지분 싸움을 벌이던 경쟁자의 거래 은행에 거액을 예치한 후 한꺼번에 인출해 상대를 파멸시킨 적도 있다. '월스트리트의 마녀' 라는 별칭도 붙었다. 세탁비를 아끼려 검은 상복만 입었으니 별명이 그럴싸하다.

연봉 500달러인 노동자보다 세금을 덜 낸다는 비난 속에 1916년 7월 3일 81세의 나이로 사망했을 때 남긴 유산은 1억 달러. 요즘 가치(GDP 성장 기준)로 291억 달러에 달하는 돈은 아들과 딸이 물려받았다. 어릴 적 다리를 다쳤으나 진료비 150달러를 아까워했던 모친 때문에 썩은 무릎을 잘라냈던 아들 네드는 원 없이 돈을 써댔다. 지출 목록에는 자신의 절반 나이인 스물네 살짜리 애인에게 선물할 다이아몬드가 박힌 5만 달러짜리 정조대도 있었다고.

7월 4일
바다를 지배하는 자 세계를 지배한다 – 브리타니카호의 처녀항해

1840년 7월 4일 영국 리버풀항. 340마력짜리 증기 엔진을 단 1,154톤급 목조 외륜선 브리타니카RMS Britannic호가 뱃고동을 울리며 항구를 빠져나갔다. 사상 최초로 증기 여객선이 대서양 정기 항로에 투입된 순간이다.

승무원 93명과 선주 가족을 비롯한 승객 63명 외에 신선한 우유를 공급하기 위한 젖소까지 실은 브리타니카호가 보스턴에 닿은 것은 7월 20일. 보스턴 시민들은 '메이플라워호 도착 이래 최대의 사건'이라며 반겼다. 환영받은 이유는 횡단 기간을 크게 단축했기 때문. 범선으로 평균 23일 걸리던 대서양 뱃길을 12일 20시간으로 줄였다.

브리타니카호의 성공적인 처녀항해로 속도와 안전성이 검증된 뱃길에는 이민선이 몰려들었다. 1830년대 3.9%였던 미국행 이민의 연평균 증가율이 1840년대에는 8.4%로 뛰어올랐다. 거의 무한정으로 공급되는 토지와 대규모 이민으로 창출된 노동력이 맞물린 결과는 고성장. 미국은 유럽 열강이 무시할 수 없는 경제 대국으로 커나갔다. 1844년 겨울, 한파로 보스턴 앞바다가 얼어붙었을 때 시민들이 얼음을 깨서 브리타니카호가 입항할 수 있는 수로 11㎞를 개통시킨 점은 대서양 정기선에 대한 애정과 기대를 말해주는 대목이다.

브리타니카호는 1849년 프로이센 해군에 매각된 후 1880년 표적함으로 바다에 가라앉았지만 운항 시간 단축을 위한 경쟁은 오늘날까지 이어지고 있다. 대서양을 3일 안에 주파한 선박도 등장했다. 횡단 기록을 경신하는 배에 주는 명예인 블루리본Blue Ribbon상을 1990년에 개인이 받아간 적도 있다. 제트 여객기 시대에 왜 국가와 기업은 물론 개인까지도 대서양에 집착할까. 이런 명제가 아직도 유효하기 때문이리라. '바다를 지배하는 자 세계를 지배한다.'

7월 5일
뉴턴이 있으라! 그러자 모든 것이 광명이었으니

초속 30㎞. 지구의 공전 속도다. 탄알보다 100배 빠르지만 정작 우리는 속도를 느끼지 못한다. 중력의 존재 때문이다.

인간은 언제부터 중력을 인식하고 보편적인 진리로 받아들였을까.

《프린키피아Principia》 발간 이후다. 원제가 '자연철학의 수학적 원리Philosophiae naturalis principia mathematica'인 이 책이 나온 것은 1687년 7월 5일. 아이작 뉴턴이 왕립 협회의 지원을 받아 라틴어 초판을 내놓았다. 핵심은 만유인력과 세 가지 운동 법칙. 관성의 법칙과 가속도의 법칙, 작용−반작용의 법칙을 담았다.

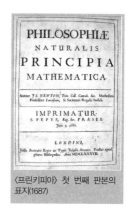

〈프린키피아〉 첫 번째 판본의
표지(1687)

　내용이 복잡하고 난해했지만 출간은 큰 성공을 거두었다. 평생 관직을 원했던 뉴턴이 훗날 조폐국장에 오르는 데에도 《프린키피아》의 저자라는 명성이 작용했다. 《프린키피아》 발간을 과학사 최대 사건의 하나로 꼽는 이유는 과학 혁명의 시발점이기 때문. 자연 현상이 수학적인 힘과 법칙에 따라 규명될 수 있으며 신학이나 철학이 아니라 과학을 통해서도 진리에 도달할 수 있다는 믿음을 심어주었다.

　17세기 이후 역학과 천문학, 기술, 발명이 크게 확산되는 데에도 《프린키피아》로부터 촉발된 시간과 공간·물체의 특성을 파악하려는 땀과 노력이 깔려 있다. 책 발간에는 다른 사람들의 도움도 적지 않았다. 핼리 혜성을 발견한 천문학자 에드먼드 핼리의 간곡한 설득으로 뉴턴은 6년간의 집필 끝에 《프린키피아》 펴낼 수 있었다. 뉴턴의 케임브리지대학 제자들이 발간한 수많은 《프린키피아》 해설서는 과학의 저변을 넓혔다.

　아인슈타인에 의해 《프린키피아》의 한계가 밝혀진 지금까지도 뉴턴은 최고의 과학자로 기억되고 있다. 뉴턴이 사망했을 때 시인 알렉산더 포프는 조사弔辭을 대신해 이런 시구를 읊었다.

"자연과 자연의 법칙은 어둠에 숨겨져 있었네/ 신이 말하기를, '뉴턴이 있으라!' / 그러자 모든 것이 광명이었으니."

7월 6일
《칠정산》, 과학 한국의 상징

"내편의 역법으로 역을 추산하게 하다."

《조선왕조실록》, 〈세종〉 25년 7월 6일(음력)자에 실린 기록이다. 내편의 역법이란 《칠정산七政算》. 조선의 독자적인 천문·달력 체계다. 세종실록의 기록은 1443년, 조선이 중국에 의존하던 시간과 달력, 기상과 천문 관측을 완전히 바꾸었다는 뜻이다.

칠정산은 문자 그대로 '7개의 움직이는 별을 계산한다'는 뜻. 해와 달, 5개의 행성(수성, 금성, 화성, 목성, 토성)의 위치를 파악해 절기는 물론 일식과 월식 등을 예보하는 역법 체계다.

세종대왕이 고유 역법을 만든 것은 중국의 역법이 부정확했기 때문이다. 위도와 경도 차에 따른 오차로 일식과 월식을 제대로 계산하지 못하는 경우가 많았다. 집현전 학자들을 대거 투입한 지 10년 만인 1442년 완성해 이듬해부터 적용한 《칠정산》의 정확도는 상상을 뛰어넘는다.

원나라 수시력과 명나라 대통력을 한양의 위도에 맞게 수정·보완

한《칠정산》, 〈내편〉에서는 1년을 365.2425일, 한 달을 29.530593일로 정했다. 현재의 기준과 소수점 여섯 자리까지 일치하는 계산이다. 아라비아의 회회력을 흡수한 〈외편〉은 원주를 360도, 1도를 60분으로 정한 새로운 기준을 담았다. 역시 오늘날 기준과 똑같다. 이 정도로 정교한 계산을 할 수 있는 나라는 당시 아라비아와 중국, 조선뿐이었다. 일본이 고유 역법 체계라고 세계에 자랑하는《정향력》(1683)도《칠정산》의 계산 체계를 전수한 조신통신사 일행 덕분이다.

《칠정산》은 과거의 유물이 아니라 과학 한국의 상징물이다.《칠정산》은 물론 혼천의, 앙구일부, 고도로 정밀한 천문도인 〈천상열차분야지도〉 등도 마찬가지. 한동안 잊었던 조상의 과학적 전통은 재도약을 기약하는 한국인에게 세계 최고 수준을 되찾기 위한 디딤돌이며 자양분이다.

7월 7일
사람을 살리려는 사업 – 앙리 네슬레

페린 락테Farine Lactee. 네슬레가 1867년에 내놓은 유아용 식품의 상품명이다. '가루우유'라는 뜻을 지닌 이 제품의 개발자는 앙리 네슬레Henri Nestlé. 잘 나가는 약제사 겸 발명가였던 그는 왜 새로운 사업에 뛰어들었을까.

14남매 중 열한 번째로 태어났으나 성년이 되도록 살아남은 형제자매는 7명뿐이었다는 아픈 기억 때문이다. 독일 프랑크푸르트에서 유

앙리 네슬레

리업을 하던 집안의 일을 승계하지 않고 유명 약제사 밑에 들어가 4년간 도제 수업을 받은 것도 사람을 살리고 싶었던 마음에서다. 20대 후반 스위스 베베로 이주한 그는 프랑스계가 많은 지역사회에 적응하기 위해 하인리히Heinrich라는 이름을 앙리로 바꾸는 등 온갖 노력을 기울인 끝에 사업의 뿌리를 내릴 수 있었다.

46세라는 늦은 나이에 결혼한 후 그는 다시금 유아 사망률을 낮추기 위한 발명에 빠져들었다. 소젖과 밀가루, 설탕을 혼합한 신제품 페린락테는 모유를 먹지 못해 가망이 없다고 포기한 신생아들을 살려내며 유럽 전역을 넘어 미국에서도 병당 50센트에 팔려나갔다. 부와 명성이 쌓일 무렵 그는 회사를 100만 스위스프랑에 매각하고 은퇴, 시골의 주거 환경을 개선하는 소규모 사업을 벌이다 1890년 7월 7일 심장마비로 76년의 생을 마쳤다.

오늘날 네슬레는 거대 기업이 되었지만 화려한 이면에는 비난도 적지 않다. 과대광고와 정치적 이유에 따른 분유 공급 중단 등의 구설수로 전 세계적 불매운동에 휘말린 적도 있다. 독일어로 '둥지'라는 뜻을 지닌 '네슬레'라는 회사명과 큰 새가 작은 새를 품은 로고는 아직까지 전해 내려오고 있지만 정작 인간을 아끼고 사랑했던 설립자의 뜻은 매출 1,058억 달러, 순이익 174억 달러라는 금전에 가려 잘 보이지 않는다.

7월 8일

준비된 자를 위한 과실 – 일본 개항

1853년 7월 8일 오후 5시, 일본 에도(현재 도쿄) 외항 우라가만. 매튜 페리Matthew C. Perry 제독이 이끄는 미국 군함 4척이 항구로 들어왔다. 고압적인 자세로 일관했던 페리는 개항과 통상을 요구하며 일본을 다그쳤다. 세계 최대의 포경 국가로서 어업 전진 기지 획득과 중국 무역을 위한 중간 석탄 보급소를 확보하려던 미국은 결국 일본을 개항시켰다.

막부 정권이 발동한 쇄국령으로 220년간 막혀 있던 일본의 문이 열린 이후의 일은 익히 아는 대로다. 서양 따라잡기에 나선 일본은 개항 50년 뒤 열강의 일원으로, 1차 대전 직후에는 3대 강대국으로 인정받았다. 개항 이후 망국의 길을 걸은 조선과는 대조적이다.

과연 무엇이 일본의 급속한 현대화를 만들었을까. 한순간에 마음을 고쳐먹었다고? 그렇지 않다. 일본의 도약은 누적된 결과다. 강력한 쇄국 정책을 펼 때도 네덜란

매튜 페리와 일본 천왕이 체결한 '미일화친조약'(1854)

드만은 예외로 인정해 제한적이나마 세계의 흐름을 파악할 수 있었기에 빠른 변신이 가능했다. 페리의 회고록에는 일본인들이 네덜란드어를 유창하게 구사해 놀랐다는 대목이 나온다.

페리의 내항 이전에도 미국 선박이 적어도 8차례 네덜란드 국기를

달고 일본에 기착했으며 1846년에는 함포 72문을 탑재한 전함 2척으로 구성된 미국 함대가 개항을 요구하다 물러난 적도 있다. 급변하는 세계정세에 일본 학자들은 1846년 막부 정권의 탄압에도 죽음을 불사하며 일본 판형으로 164권 분량에 이르는 프랑스 백과사전을 번역하고 일본어·네덜란드어 사전, 인체해부도 등을 편찬해 세상에 알렸다.

철권통치에서도 예외를 인정했던 '소통' 정책과 선각자, 양심적 지식인들의 투쟁, 지식에 대한 욕구가 일본의 눈부신 도약을 이끌었다고 정리할 수 있다. 페리 제독의 내항은 격발 장치였을 뿐이다. 준비된 자만이 과실을 얻을 수 있다.

7월 9일
메가쓰나미

33m. 2004년 말 동남아 일대를 강타한 쓰나미가 몰고 온 해일의 높이다. 아파트 12층 높이만 한 해일은 사망자 30만 명이라는 사상 최악의 피해를 냈다.

만약 해일의 높이가 500m 이상이었다면 어떤 일이 벌어졌을까. 생각만 해도 끔찍한 초대형 해일이 과연 일어날 수 있을까. 그렇다. 사례가 있다. 1958년 7월 9일 밤 10시 15분 발생한 알래스카 리투야 만 Lituya bay의 쓰나미는 무려 516m 높이의 해일을 동반했다. 사상 최고 높이의 해일에도 다행히 인명 피해는 없었다. 사람이 살지 않는 지역인데다 첩첩으로 둘러진 산들이 파도의 확산을 막아준 덕분이다.

리투야 만 쓰나미의 원인은
두 가지. 진도 7.9도짜리 해저
지진과 해발 1,100m 산에서 쏟
아진 9,000만 톤의 돌덩어리가
만나 거대한 해일이 일어났다.
사람들은 이 소식을 믿지 않았
다. 엠파이어스테이트 빌딩보

메가쓰나미가 발생한 리투야 만의 모습(1958)

다 143m나 높은 해일이라니! 인근에서 조업하다 기적적으로 살아남
은 어부들의 과장이라고 생각했으나 학자들의 사후 연구 결과 사실로
밝혀졌다.

문제는 리투야급의 메가쓰나미Megatsunami가 재발할 수 있다는 점.
영국 BBC가 제작한 다큐멘터리에서는 카나리아제도와 하와이, 캐나
다 브리티시콜롬비아 지역이 위험 지대로 꼽혔다. 카나리아제도의 화
산이 폭발할 경우 최초 높이 650m의 메가쓰나미가 40km의 파장으로
대서양을 가로질러 시속 720㎞로 8시간 만에 미주 대륙 동해안은 물
론 내륙 30㎞까지 휩쓴다는 경고도 나왔다.

지진과 해일이 잦은 일본을 비롯한 각국이 조기 경보 체제와 대피
로 구축에 열중하는 것도 이런 이유에서다. 아이티를 휩쓴 강진 이후
해외 인터넷에서는 초대형 쓰나미 임박설이 돌고 있다. 그만큼 공포
에 떨고 있다는 얘기다. 한국은 안전할까.

7월 10일

로마 현제가 뿌린 중동 분쟁의 씨앗

118년 가을 로마. 하드리아누스Publius A. Hadrianus 황제가 산더미처럼 쌓인 세금 체납 파피루스 문서를 불태웠다. 시민의 환호성 속에 날아간 미납 세금은 7억 세스테르티우스. 로마의 연간 재정 수입의 두 배가 넘는 규모였다. 파격적인 탕감은 인기 정책의 일환. 등극 1년을 맞은 신임 황제로서 지지 기반을 다지기 위해 깜짝 쇼를 벌였다.

하드리아누스의 흉상

당연히 도덕적 해이moral hazard가 뒤따랐다. 세금을 안 내고 버티자는 풍토가 일자 황제는 징세 시스템 강화로 맞섰다. 30~40년마다 실시되던 부동산 조사를 15년 간격으로 줄여 세원 포착의 정확도를 높이고 세금 징수 대리 회사를 없앤 것. 로마판 세정 개혁이라고 할 수 있다.

복지 정책도 과감하게 펼쳐나갔다. 빈곤 가정에 자녀 양육비, 모자母子 가정에 생활비를 지원하고 중소농민, 수공업자에게는 장기 저리 융자를 베풀었다. 세금을 탕감하고 복지 예산을 늘렸음에도 재정은 오히려 좋아졌다. 제국 팽창 정책 대신 평화를 택한 덕분이다. 영국과 스코틀랜드의 경계선이던 하드리아누스 장벽도 더 이상의 정복을 포기한 이 시대에 건설된 것이다.

그는 솔선수범한 황제로도 유명하다. 속주를 순방할 때면 병사들과 같은 막사에서 잠자고 한솥밥을 먹었다. 40kg이 넘는 군장을 지고 병사들과 같이 훈련도 받았다. 광산에 목욕 시설을 설치해 광부들의 감동을 자아낸 대목은 경영서에 소개될 만큼 빼어난 통치 사례로 꼽힌다.

'인류 역사상 가장 행복했던 시기'(에드워드 기번스, 《로마제국 흥망사》)라는 로마 5현제 시대의 한복판을 장식한 하드리아누스지만 138년 7월 10일 사망하기 전에 오점을 남겼다. 유대 반란을 진압한 뒤 예루살렘을 지도에서 지우고 유대인 추방령을 내린 것. 유대인 방랑 Diaspora의 원인 제공자다. 중동 분쟁의 씨앗을 뿌린 셈이다.

7월 11일
수도원, 인류 역사상 가장 성공한 기업 – 성 베네딕투스

개혁이 저항을 불렀다. 수도사들의 간청으로 은둔 생활에서 벗어난 '누르시아의 성 베네딕투스Sanctus Benedictus de Nursia'가 신앙 공동체를 만든 지 10년여. 독살 미수 사건이 터졌다. 범인들은 주변의 성직자. 베네딕투스가 요구한 경건한 생활과 규율에 대한 반발 때문이다.

사건 직후 베네딕투스의 선택은 격리. 525년 제자들을 이끌고 험준한 몬테카시노 산으로 들어가 수도원을 세운 뒤 더욱 엄격한 규율을 만들었다. 73개에 달하는 수도원 서약의 핵심은 청빈과 정숙, 복종. 기도와 공동 예배, 명상과 공부 이외 시간의 육체노동을 의무화했다. 하층민이나 노예의 전유물로 여겨지던 노동은 이런 과

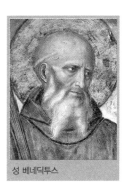

성 베네딕투스

정을 거쳐 일반 시민이나 성직자도 당연히 해야 할 일로 자리 잡았다.

베네딕투스의 수도원 운영 원칙은 자급자족. 양을 키워 모직물과 구두를 생산했다. 목재며 맥주, 포도주도 직접 만들었다. 물을 긷는 데 도르래를 처음 사용한 곳도 수도원이다. 영리를 목적으로 삼지 않았지만 수도원은 잉여 생산물을 시장에 팔아 재원을 늘려나갔다. 기도와 예배 시간의 비중을 높이자는 주장을 베네딕투스는 이렇게 일축했다.

"산을 옮기는 것은 기도가 아니라 곡괭이와 삽이다."

현대 노동 윤리와 똑같다. 수도원을 최초의 대기업으로 보는 시각도 이런 이유에서다.

갈수록 번창한 수도원은 543년 베네딕투스 사망 무렵 30여 개로 불어났다. 고대 학문을 보존하고 영국과 프랑스의 행정 제도 발전에도 공헌한 수도원은 종교 개혁이 일어날 즈음 수천 개로 늘어나 유럽 전역의 경작지 중 30%를 소유했다. 인류 역사상 이렇게 성공한 기업도 찾기 힘들다.

1220년 성인으로 추종된 베네딕투스의 축일은 7월 11일. 노동 가치관의 뿌리와 자본주의의 씨앗을 생각하게 만드는 날이다.

7월 12일
제너럴셔먼호 사건

막무가내. 대동강 하구에 정박 중인 제너럴셔먼호는 조선의 퇴거 요구에 오히려 뱃머리를 평양으로 돌렸다. 고종 3년(1866) 7월 12일(음력)의 일이다.

길이 55m, 774톤짜리 증기 상선 제너럴셔먼호의 애초 용도는 군함. 1861년 건조되어 영국과 미국 해군이 '프린세스 로열'이라는 이름으로 각각 2년씩 사

제너럴셔먼호

용한 후 민간에 불하한 선박이다. 최고 속도 11노트로 당시에는 가장 빨랐다. 소유주는 프레스턴. 동남아와 중국 해역에서 약탈을 일삼던 해적이다. 만경대까지 올라온 미국 배는 부녀자를 희롱하고 조선의 배를 뒤집어 교섭 사절을 강에 빠뜨려 죽이는 만행까지 저질렀다.

제너럴셔먼호가 교섭 차 방문한 조선 관리를 억류한 채 석방 조건으로 쌀 1,000섬과 금·은, 인삼을 요구하자 평안도 관찰사 박규수는 무력을 쓰기로 마음먹었다. 마침 장마로 불어났던 강물이 빠져 배가 모래톱에 걸린 상황. 평양 관민은 24일 조각배를 이용한 화공으로 제너럴셔먼호를 불태웠다. 권총과 칼을 차고 복음을 전하겠다던 영국인 선교사 토머스와 덴마크인 선장을 포함, 선원 23명 전원이 죽었다. 조선인도 5명이 죽고 7명이 다쳤다.

제너럴셔먼호 사건은 위대한 승리였지만 조선을 쇄국의 외길로 내몰았다. 자주적 근대화의 기회도 놓쳤다. 더욱 아쉬운 대목은 모방 생산에 실패했다는 점. 침몰한 배를 복제한 철선은 도통 움직이지 않았다. 기관이 조악한데다 석탄 대신 목탄을 때 화력이 약했던 탓이다.

철선 제작에 비용 수십만 냥이 지출되고 비축했던 동과 철도 바닥나자 대원군은 다시는 증기선에 관심을 갖지 않았다.

제너럴셔먼호 사건 144주년. 북한과 미국은 여전히 대치 중이다. 역사의 반복 가능성이 두렵다.

7월 13일
뉴욕 징병 거부 폭동

1863년 7월 13일 월요일 뉴욕. 시민들이 웅성거렸다. 오전 10시를 기해 관청과 우체국에 나붙은 2차 징병 대상자 공고문 때문이다. 동요는 곧 폭동으로 바뀌었다. 엔진 공장 노동자 400여 명은 관청과 부유층의 집에 돌을 던졌다.

남북전쟁이 한창인 와중에 북부의 심장부에서 왜 징집 소요가 일어났을까. 차별 탓이다. 병력과 자금 부족에 고심하던 링컨 행정부가 두 마리 토끼를 잡겠다며 내놓은 연방 징병제가 문제를 일으켰다.

30만 명의 신병이 필요했던 북군은 18세부터 35세까지 백인 남자에게 3년간 군 복무를 의무화했으나 문제는 예외 조항. 300달러(요즘 가치로 약 4만 2,420달러 · 비숙련공 임금 상승률 기준)를 내면 대체 근무자를 보내는 조건으로 병역을 면제받을 수 있다는 예외가 화를 불렀다.

주말 1차 징병 대상이 발표될 때만 해도 별다른 문제 없이 지나가는 듯했지만 일요일 게티즈버그전투의 전사자 명단이 붙은 뒤 발표된 징병 공고로 가난한 사람들의 불만이 폭발했다. 현장에 나온 뉴욕 경찰

서장은 시민들에게 두들겨 맞았다. 가난했던 아일랜드 출신 노동자들이 주축이 된 폭동은 16일까지 도시 전역으로 번져 관청과 언론사, 대저택이 불탔다.

뉴욕 징병 거부 폭동(1863)

놀란 링컨이 전장의 군 병력을 불러들인 뒤에야 사태는 가까스로 진정되었다. 시민 피해는 공식적으로 사망 120명, 부상 2,000명 이상으로 추정되었으나 실제로는 훨씬 더 많았다는 게 정설이다. 주요 피해자는 흑인. 자유를 얻은 흑인 때문에 일자리가 줄어들고 있다고 생각한 아일랜드 노동자들은 애꿎은 흑인을 린치 대상으로 삼았다.

북군이 징집한 병력은 4만 5,000여 명. 당초 계획보다 훨씬 적었다. 북군은 흑인의 입대를 본격화하고야 병력 부족에서 벗어났다. 권력자와 부자들이 돈을 내고 빠져나가는 행태에 일반 국민들은 징집관을 피해 다녔다. 떳떳하게.

7월 14일
셔먼 은 구매법과 공황

미국 경제가 파산 위기로 내몰렸다. 1890년 7월 14일 제정된 '셔먼 은 구매법Sherman Silver Purchase Act' 때문이다. 골자는 국가의 연

5,000만 달러어치 은 매입. 은 생산지 출신 의원들이 주도한 이 법에 광산업자는 물론 농부들도 갈채를 보냈다. 은 구매 자금 방출로 통화량이 늘고 농산물 가격도 오를 것이라는 기대에서다.

결과는 완전 딴판. 당장 재정이 흔들렸다. 은을 구매하다 재무부의 지불 여력인 금 준비금이 크게 떨어졌다. 마침 은 국제 가격이 폭락한 반면 영국 베어링브러더스 금융 위기로 금값이 크게 올라 미국은 이중으로 손해를 안았다. 은 구입은 1983년부터 중단되었지만 지불 여력인 금 보유액은 4분의 1 수준으로 줄어들었다.

실물 경제는 더욱 나빴다. 간판 기업 격이던 철도 회사들이 연쇄 도산하고 500여 은행과 1만 5,000여 기업이 문을 닫았다. 실업률도 두 자릿수로 치달았다. 단기 금리는 한때 연 125%까지 치솟았다. 1930년대 대공황 이전까지 최악이었다는 경기 침체에서 벗어나게 만든 것은 두 가지, 모건 상회와 자연의 혜택이다.

모건 상회는 국제적 네트워크를 동원, 미국으로 금을 끌어 모았다. 로스차일드 등 국제 자본이 미 재무부 채권을 사준 것도 미국 정부보다 모건을 믿었기 때문. 최저 지불 준비금을 회복한 미국은 근본적인 대책 마련에 나서 금본위 제도를 정착시키고 중앙은행 제도를 도입했다.

운도 좋았다. 냉해로 세계적 흉작인 상황에서도 유독 미국만 풍작을 거두었다. 밀 등 농산물 가격이 두 배 가까이 올라 미국 경제는 시름을 덜었다. '농업은 경제의 보루'라는 인식도 더욱 굳어졌다. 미국이 우리에게 농업 부문에 대한 양보를 강요하는 것도 이런 내력이 쌓였기 때문이다.

7월 15일

파레토 비율, 80 대 20의 법칙

모든 개미가 일만 할까. 가만히 보니 노는 개미가 있었다. 정밀 관찰 결과 80%가 놀았다. 부지런한 개미만 따로 모았다. 처음에는 모두가 일했지만 시간이 흐르자 하나둘 나태해지더니 나중에는 20%의 개미만 땀을 흘렸다. 역으로 놀기만 하던 개미 80%를 격리해도 같은 결과가 나타났다. 꿀벌 사회도 마찬가지. '파레토 비율'이 여기서 나왔다.

빌프레도 파레토

신고전학파의 마지막 주자이자 사회학자인 빌프레도 파레토Vilfredo Pareto는 복잡다단한 삶을 살았던 인물. 이탈리아 망명 귀족과 프랑스인 어머니 사이에서 1848년 파리에서 태어나 공학과 수학을 공부해 철도 회사 직원, 민간 철강 회사를 거쳐 45세에 경제학 교수가 되었다. 파레토 최적을 발견하고 자유방임을 강조하는 신후생경제학을 개척했지만 '부르주아의 마르크스'라는 빈정거림과 파시즘의 기초를 제공했다는 혹평도 따라다닌다.

정부의 시장 간섭과 보호 무역을 신랄하게 비판하던 기업인 파레토를 학계로 끌어들인 사람은 한계효용가치론으로 유명한 레옹 발라스. 후임자로 파레토를 골랐다. 20세기 수리경제학의 기반인 로잔학파가 여기서 생겼다.

스위스 로잔대학에서 그의 강의를 가장 경청한 학생은 징집을 피해 (1차 대전에는 참전) 유학 중이던 무솔리니. 선거와 의회민주주의의 한계를 지적하는 강의에 매료된 무솔리니는 쿠데타로 집권하자마자 스승을 이탈리아 원로원에 모셨다.

1923년 7월 15일 사망한 파레토의 경제학은 구식이 되어버렸지만 경영 분야에서 파레토 비율은 진화를 거듭하고 있다. '직원의 20%가 회사를 먹여 살린다' 부터 '총 매출이 20%의 상품에서 나온다', '고객 불만의 80%가 20%의 제품 탓이며 20% 직원이 지각·조퇴의 80%를 점한다' 까지. 한번 생각해보시라. 어느 쪽인지.

7월 16일
새뮤얼 인설, 어둠을 밝힌 창조적 사업가 vs 사기꾼

'어둠을 밝힌 창조적 사업가'와 '사기꾼'. 새뮤얼 인설Samuel Insull 에 대한 상반된 평가다. 그럴 만하다. 맨손으로 거대 전력 회사를 일구었으나 수많은 투자자에게 손해를 안겨주었으니까.

1859년 런던에서 가난한 목사의 8남매 중 다섯째로 태어난 인설은 가게 점원에서 행상까지 닥치는 대로 일하며 자랐다. 인생의 전환점은 발명가 에디슨과의 만남. 에디슨은 바다를 건너온 21세 청년 인설을 보자마자 비서 겸 경리 담당으로 채용했다. 9년 후 에디슨 전기 회사(GE의 전신)의 부사장 자리에까지 오른 인설은 33세 때 독립, 뉴욕을 떠나 시카고에 자기 회사를 차렸다.

시카고의 당시 인구 100만 명 중 전기를 쓰는 사람은 불과 5,000명. 사용료가 비쌌기 때문이다. 인설은 발전소 대형화와 주야간 요금 차

등제, 계량기 보급으로 수요층을 넓혀 나갔다.
냉장고와 라디오 붐이라는 운도 만났다. 전성기
이던 1929년, 인설은 32개 주에서 400만 가구에
전력을 공급하는 발전업자로 떠올랐다.

　문제는 돈. 자본 없이 뛰어들었기에 늘 외부에
서 돈을 빌렸다. 투자자 모집, 지주회사 설립을
통해 인설은 2,700만 달러의 투자 금액으로 5억

새뮤얼 인설

달러가 넘는 회사를 쥐락펴락했다. 하지만 끝없이 새로운 자본을 찾아
내 사업을 확장하던 인설도 1930년대 대공황을 만나 무너지고 말았다.
사기와 횡령 혐의로 고소되어 해외 도피 끝에 붙잡혀 법정에도 섰다.

　논란 끝에 무죄 판결을 받은 후 인설은 유럽 여행길에 올라 1938년
7월 16일 파리에서 죽었다. 전철 매표소 앞에서 심장마비로 객사할 때
옷차림은 더없이 남루했다고 전해진다.

　인설 사망 후에도 그의 기업은 살아남았고 전기는 더욱 확산되었
다. 전혀 딴판이다. 기업만 망하고 재산을 빼돌린 기업인은 살아남는
게 보통인 우리와는.

7월 17일
에어컨의 탄생, "난방용 배관에 차가운 공기가 흐르게 하면 어떨까."

　1902년 7월 17일 뉴욕. 브루클린의 한 인쇄소에서 젊은 기사가 환

윌리스 캐리어

풍구와 난방 장치를 뜯어고쳤다. 얼마 후 온도
와 습도가 떨어졌다. 현대식 에어컨의 첫 가동
순간이다.

기사의 이름은 윌리스 캐리어Willis H. Carrier.
1876년 뉴욕에서 태어난 그는 재봉틀이며 벽시
계 등 기기를 고치는 데 능통했던 어머니의 영
향으로 기계 부속을 장난감으로 갖고 놀며 자랐
다. 불황 때문에 고교 졸업 후 농장에서 2년간 일한 뒤 1895년 전액 장
학금을 받는 조건으로 코넬대학에 입학, 1901년 기계공학 석사 학위
를 받았다.

첫 직장은 난방기기 업체인 버몬트 제작소. 커피와 목재 건조법, 배
기관의 열 측정 방법 개발 등으로 입사 반년 만에 실험실 책임자가 된
캐리어에게 회사는 난제를 맡겼다. 주요 고객인 서킷 빌헬름 출판사
의 인쇄물이 여름철이면 높은 온도와 습도 때문에 변질되는 문제를
해결하라는 것.

캐리어는 역발상을 내놓았다. '난방용 배관에 차가운 공기가 흐르
게 하면 어떨까.' 생각을 실행에 옮긴 결과 온도와 습도를 통제할 수
있었다. 캐리어는 1906년 에어컨 특허를 얻고 회사의 실험실에서 이
루어지는 업무를 따로 떼어내 자회사 형식으로 키워 독립했다. 1915
년에는 대학 동문 6명과 3만 2,600달러를 투자해 완전 독립했지만 초
기 영업은 낙제점. 비싼데다 인식이 부족했기 때문이다.

에어컨이 인기를 끈 것은 1920년대 이후. 백화점과 극장을 중심으

로 수요가 커나갔다. '시원한 곳에서 해악만 끼친다'는 비난을 샀지만 의회(1928), 백악관(1929) 등을 거쳐 2차 대전 후에는 개인 주택용 에어컨까지 불타나게 팔렸다.

에어컨이 없었다면 고층 빌딩이며 우주선, 정밀 공업도 불가능했을지 모른다. 리콴유 전 싱가포르 총리가 '인류 최대의 발명품'으로 꼽았다는 에어컨의 발명은 이 덕분이다. 발상의 전환.

7월 18일
중석불 사건

부정부패와 정경유착. 한국 경제의 고질병이다. 언제부터 그랬을까. 발각된 대형 사건은 중석불重石弗 사건이 시초다. 중석불이란 중석(텅스텐)을 수출해 벌어들인 달러. 정치 자금을 노리고 중석불을 제멋대로 운용해 폭리를 취한 게 중석불 사건의 요지다.

무대는 1952년 피난 수도인 부산. 단 1달러의 외환 사용마저 대통령의 재가를 얻던 처지에 거액의 달러가 들어왔다. 중석 1만 5,000톤의 대미 수출 계약 덕분이다. 무기 제조의 핵심 광물인 중

텅스텐

석의 세계 소요량 중 30%를 공급하던 중국의 공산화로 원료 확보에 비상이 걸렸던 미국이 한국에 건넨 선금은 470만 달러.

규정대로라면 중석불은 기계류나 선박 등 산업 자재 수입에만 쓸 수 있었으나 관료들은 중석불을 '노무자들을 잘 먹여야 더 많이 캐낸다'는 논리를 동원해 양곡 수입용으로 용도를 바꾸고 자유당 창당 정치 자금을 댄 특정 민간업자들에게 공정 환율(1달러=6,000원)로 넘겼다.

업자들은 달러당 2만 원을 웃돌던 암시장에 중석불을 풀어 환차익을 챙겼다. 수입 소맥분도 적정 가격 4만 5,000원보다 훨씬 높은 12만 5,000원에, 한 포대에 2만 8,800원인 비료는 12만 1,800원에 팔아넘겼다. 들끓는 불만 속에 7월 18일자로 구성된 국회 진상 조사단의 조사 결과 환차익 505억 원, 가격 조작 265억 원이라는 폭리 구조가 밝혀졌다.

더 큰 문제는 사후 처리. 수입 농산물 가격을 문제 삼은 농림부 관리들이 희생된 반면 사건을 주도한 재무부 라인은 정권의 비호 속에 3공 말기까지 승진과 출세 가도를 달렸다. 법적 처벌은 업자 몇몇이 5년 뒤 집행유예 판결을 받은 게 전부다. 국민 경제에 해악을 끼쳐도 벌 받지 않는 풍토 또한 굳어졌다.

전선에서 병사들이 죽어나가던 전쟁의 한복판에서 벌어진 최초의 대형 비리, 중석불 사건 58주년. 요즘은 나아졌다지만 부패 구조의 뿌리는 질기고 강하다. 망각은 경제를 좀먹는다.

7월 19일
스타벅스, 하워드 슐츠의 커피 제국
'왜?'

27세의 청년 하워드 슐츠Howard Schultz의 호기심으로 작은 커피점이 세계적인 거대 기업으로 성장했다. 슐츠는 스웨덴계 주방 회사의 뉴욕 지사 부사장으로 일하던 중 시애틀의 커피점이 전국적 커피 체인점을 가진 회사보다 더 많은 커피 추출기를 주문한다는 사실을 의아하게 여기고 1981년 시애틀행 비행기에 몸을 실었다.

찾아간 커피점의 이름은 '스타벅스'. 커피 애호가인 교사 2명과 작가가 1971년 개점해 지역 내에서는 고급 커피점으로 명성을 날리던 스타벅스의 커피 맛에 매료된 그는 1년 후 연봉 7만 5,000달러를 포기하고 스타벅스로 직장을 옮겼다. 그는 의욕적으로 확장을 추진해 현상 유지를 원하던 설립자들과 사사건건 부딪쳤다. 지친 슐츠는 1985년 '일 지오날레'라는 커피점을 차리며 원하던 대로 체인망을 확대해나갔다.

결과는 대성공. 시장을 석권하자 스타벅스도 1987년 380만 달러에 사들였다. 인수 당시 점포 11개에 직원 100여 명이던 스타벅스는 23년이 흐른 오늘날 총 직원 17만 2,000여 명의 49개국 1만 6,635여 개 점포로 확대되어 매출 104억 달러(2008년 기준)를 올린다.

시애틀에 위치한 스타벅스 센터

극적인 성공을 거둔 슐츠의 성장기도 극적이다. 1953년 7월 19일 뉴욕 브루클린 빈민가의 유대계 집안에서 태어난 그의 당초 진로는

'보다 나은 인생으로 가는 입장권'으로 여겼던 미식축구. 노스미시간 대학에 축구 장학생으로 들어간 그는 운동으로는 크게 성공할 수 없다는 점을 깨닫고 졸업 후 '제록스' 사에 취직해 세일즈맨으로 사회에 첫발을 들였다.

남다른 혜안으로 스타벅스 제국을 이룬 그는 2000년 일선에서 물러나 인생을 즐기다 최근 복귀했다. 감원과 점포 정리에 나서야 할 만큼 어려워진 영업 환경을 극복하기 위해서다. 세계적인 불경기에도 그의 경영 능력이 통할지 주목된다.

7월 20일
칼로스트 굴벤키안, 석유 지도를 그린 Mr. 5%

일곱 살의 칼로스트 굴벤키안Calouste Gulbenkian은 사탕 대신 옛날 화폐를 샀다. 재산이 된다는 생각에서다. 타고난 상재 덕일까. 그는 한 줌의 지분으로 중동의 석유 판도를 짰다.

이스탄불 태생의 아르메니아인, 조국도 없는 민족이라는 한계를 극복하고 그가 세계적 사업가로 성장한 비결은 집안의 재력과 프랑스 · 영국 유학에서 얻은 외국어 실력. 부친은 러시아산 등유를 터키에 팔아 차르(러시아 황제)로부터 흑해항의 통치권까지 위임받았던 석유업자이자 은행가였다.

런던 킹스칼리지 광산학과를 수석으로 졸업하고 석유 관련 서적을 출간하여 명성을 날리던 그가 결정적 기회를 잡은 계기는 오스만튀르

크의 중동 지역 석유 탐사 의뢰. 부존 가능성을
확신한 그는 터키 석유 회사 설립을 이끌었다.
개인 지분 15%. 1912년부터 회사가 영국에 넘
어가고 증자를 거듭하는 와중에서도 '의결권
없는 5% 공로 지분'을 인정받았다.

칼로스트 굴벤키안

메이저들은 그에게 지분을 준 점을 두고두고
후회했다. 프랑스와 미국의 참여, 이라크 석유
회사로의 전환과 아람코 설립 등 1948년까지 중요한 순간마다 그의
뜻대로 중동의 석유 이권이 갈렸기 때문이다. 메이저들을 '갖고 놀
며' 세계 최대의 부를 쌓은 그에게는 'Mr. 5%'라는 별명이 붙었다.

굴벤키안은 기행으로도 유명했다. 세금이 아까워 저택을 화랑으로
개조하고 재산세를 피해 파리와 리스본의 호텔을 오가며 지냈다. 중
국 황제처럼 회춘한다며 18세 이하 시녀를 고용하고 의사를 못 믿어
2~3개 병원의 검진 보고서를 비교했다. 106세까지 살았던 할아버지보
다 더 오래 살겠다는 열망과 달리 1955년 7월 20일 86세로 사망했지만
그의 이름은 여전히 살아 숨 쉰다. 명작 4,000여 점을 소장한 리스본
굴벤키안 미술관의 명성과 함께.

7월 21일
존 스콥스의 원숭이 재판

테네시 주의 작은 도시 데이턴에 세계의 눈길이 쏠렸다. 학생들에

존 스콥스

게 진화론을 가르친 고교 교사의 재판 때문이다. 과학과 종교, 진화론과 창조론을 둘러싼 1925년 7월의 '원숭이 재판' 소식을 전하기 위해 기자들이 몰려들고 대서양 해저 전신의 사용이 두 배나 늘어났다.

피고는 24세의 생물 교사 겸 축구 코치였던 존 스콥스John T. Scopes. '공립학교에서는 인간을 원숭이의 후손이라고 가르칠 수 없다'는 버틀러법Butler Act이 1925년 3월 마련되자 대놓고 다윈의 진화론을 가르쳐 준 경찰에 체포되었다.

재판은 곧 전국적 관심사로 떠올랐다. 초특급 변호사들이 스콥스의 변론을 자처하고 검찰 측에도 민주당 대통령 후보를 세 차례나 지냈으며 국무장관을 역임한 제닝스 브라이언Jennings Bryan이 따라붙었다. 에어컨도 없던 시절, 방청객이 너무 많이 몰려 찜통이 된 법정을 야외로 옮기기도 했던 재판의 하이라이트는 성서 논란. 이브가 아담의 갈비뼈에서 나왔는지, 뱀이 이브를 유혹하는 게 가능한지, 카인은 어떻게 아내를 얻었는지를 따졌다.

'고집과 무지가 교육을 무너뜨린다'는 피고 측 변호인단과 '성서는 단 한 글자도 틀림이 없다'는 검찰이 맞선 결과는 원고인 테네시 주의 승리. 배심원단은 7월 21일 피고에게 최저형인 100달러 벌금형을 내렸다. 기독교 근본주의는 판결에서는 이겼지만 재판 과정의 보도를 통해 전국적인 비웃음을 샀다. 테네시 주는 스콥스를 방면함으로써 논쟁의 파급을 막았다.

'원숭이 재판' 이후 근본주의는 미국에서 힘을 잃었으나 1980년대에 되살아났다. 레이거노믹스와 신자유주의에는 근본주의가 깔려 있다. 아들 부시 대통령 시절 전성기를 누렸던 신자유주의와 기독교 근본주의는 글로벌 경제 침체와 함께 사라지고 있지만 예외인 곳이 있다. 바로 한국이다. 원숭이가 웃을 일이다.

7월 22일
개같이 벌어 정승처럼 쓰다 - 러셀 세이지

미국 자선 문화의 원조 격인 기부 천사. 투자와 투기를 넘나들며 주가 조작도 서슴지 않았던 수전노. 미국의 정치인이며 금융가이자 기업인인 러셀 세이지Russell Sage가 가진 상반된 이미지다.

어느 것이 맞을까. 후자 쪽에 가깝다는 게 정설이지만 분명한 사실은 대부호였다는 점. 〈포브스〉지가 선정한 '역사상 200대 부호' 명단에 49위로 올라 있다. 1906년 7월 22일 90세로 사망했을 때 그의 유산은 요즘 가치로 451억 달러. 러셀은 천문학적인 재산을 맨주먹으로 모았다. 초등학교를 마친 뒤 농사를 거들다 15세부터 잡화점 심부름꾼

현재 러셀세이지대학의 모습

으로 일하기 시작해 21세에 소매점, 2년 뒤에는 도매상까지 차렸다.

재산을 모은 그는 정치를 병행하며 영향력을 키웠다. 25세에 구(카운티)의회에 진출하고 37세부터 41세까지 두 차례 하원의원에 뽑혔다. 하원 세입위원회 소속 의원으로 재임하는 동안에도 그의 재산은 한없이 늘어났다. 부당 폭리로 고발당해 벌금까지 물었을 정도로 악명 높았던 고리대금으로 부를 불렸다.

말년의 행적은 투기로 얼룩졌다. 막대한 철도·전신 주식을 사들여 경영진으로 참여하고 주가를 움직였다. 일정 주식을 정해진 가격으로 살 수 있는 '풋 앤 콜Puts & calls 옵션'을 고안한 당사자로도 유명하다.

친구의 대출 부탁을 거절해 다이너마이트 폭발 테러까지 당할 만큼 자린고비였던 그는 사후에 고결한 자선가라는 명망을 얻었다. 러셀세이지여자대학과 자선 재단을 세운 미망인 덕분이다. 1907년 설립된 '러셀세이지 재단'은 미국 최초의 대형 자선 재단으로 카네기 재단(1911)과 록펠러 재단(1913) 설립에 영향을 끼쳤다.

개같이 벌어 정승처럼 썼기에 세이지의 이름은 아름답게 전해 내려온다. 한국에서도 '참 기부'가 확산되었으면 좋겠다.

7월 23일
교훈 없는 피해 - 시프린스호 침몰 사건

1995년 7월 23일 오후 2시 20분, 전남 여천군 남면 작도 부근 해상. 키프로스 국적의 14만 5,000톤급 유조선 시프린스호가 암초에 걸렸다. 갑판 면적이 축구장 3개만 한 거대한 선체의 뒤꽁무니가 바닷물에 잠겼다. 두 시간 후인 오후 4시. 보일러 폭발과 함께 화염이 치솟더니 구멍 뚫린 선체에서 원유가 꾸역꾸역 흘러나왔다.

시프린스호에서 유출된 원유 5,035톤은 204㎞짜리 기름띠를 형성하며 남해안을 덮었다. 어민들과 환경 단체, 시민, 해군과 해양 경찰 등 연인원 16만 6,905명, 선박 8,295척, 헬기 45대가 동원되어 19일간 해상 방제 작업을 벌이고 5개월 동안 해안을 씻어냈으나 청정 해역은 죽음의 바다로 변했다. 양식장 피해 면적 3,826헥타르에 정부 추정 재산 피해액 735억 원.

국내 해양 오염 사상 최악 사고의 원인은 A급 태풍 '페이'와 안전 불감증. 중동산 원유를 싣고 여수항에 입항한 뒤 태풍이 몰아치는데도 비용 절감을 위해 하역 작업을 강행하다 뒤늦게 대피하던 중 화를 만났다. 태풍이 불 때 '소형 선박 입항, 대형 선박 먼 바다 피신'의 원칙을 지켰다면 막을 수도 있었던 사고였다. 유조선 바닥이 홑겹인 단일 선체도 연안의 암초에 쉽게 찢겨져 나갔다.

한 번 오염된 바다는 쉽게 돌아오지 않았다. 사고 2년이 지나도록 양식장과 어패류, 해조류로 얻는 소득이 사고 전의 절반에 머물렀다. 요즘에도 해저에서 기름이 발견될 정도다. 사고 지역 주민들의 암 발생률이 높아졌다는 분석도 있다.

시프린스호 사고는 교훈 없는 피해만 안겼다. 2007년 태안 오염 참사는 훨씬 더 큰 피해를 냈다. 백만이 넘는 국민들이 자원봉사로 해안을 씻어냈지만 그때뿐이었다. 연이은 사고에도 한국은 단일 선체 유조선이 입항하는 비율이 가장 높은 나라로 꼽는다.

7월 24일
더스트 볼, 재앙의 예고

"결국 들판도 비어갔다.…… 거리에는 분노가 영글어갔다."
1930년대 미국 대공황을 배경으로 존 스타인벡이 쓴 소설《분노의 포
도》의 한 구절이다.

왜 들판이 비고 사람들이 거리를 헤맸을까. 더스트 볼Dust Bowl 탓
이다. 직역하면 '먼지 그릇'이라는 뜻의 더스트 볼은 보다 광범위한
의미를 갖고 있다. 1932년부터 약 5년간 미국 중서부 대평원을 휩쓸었
던 사막화 현상과 먼지 폭풍, 이상 기후와 자연 재해를 통칭한다. 가장
확실한 것은 옥토가 불모 지대로 변했다는 점이다.

'씨를 뿌리고 한없이 나아가 돌아오면서 추수한다'던 대평원이 '죽
음의 땅'으로 변한 이유는 식량 증산을 위한 인간의 탐욕과 가뭄. 영농
기계화 바람 속에 1차 대전으로 일손이 부족해지자 대거 도입된 '들창
코 괴물(트랙터)'은 야생풀을 뿌리째 갈아엎었다. 처음에는 소출이 늘
어났지만 땅은 곧 지력을 잃었다.

재앙은 알곡을 잉태하지 못하는 토지의 사막화와 250만 명의 이농
현상으로 끝나지 않았다. '거대한 먼지 구덩이'로 변한 대평원에서
이는 모래 폭풍이 뉴욕과 워싱턴까지 날아가 사람들의 질식시켰다.
다락에 먼지가 쌓여 천장이 무너지고 겨울이면 붉은 눈이 내렸다. 온

도까지 올라갔다. 더스트 볼 지역에서 한참 떨어진 시카고의 1935년 7월 24일 낮 온도가 관측 이래 최고치인 섭씨 44도까지 올라갔다.

먼지 폭풍이 텍사스 지역으로 다가오고 있는 모습(1935)

사막화한 평원에 풀과 나무를 심은 덕분에 더스트 볼은 1940년대부터 사라졌다지만 과연 그럴까. 대평원 지역의 요즘 온도는 섭씨 49도를 웃돌고 작물이 말라간다. 강수량은 더스트 볼 시기의 절반 이하다. 문제는 미국산 밀의 절반, 쇠고기의 60%가 대평원 지역에서 나온다는 점. 국제 곡물 가격 인상이 괜한 게 아니다. 인간은 자연 앞에서 자유롭지 않다.

7월 25일
통치자의 종교- 앙리 4세의 개종

1593년 7월 25일 프랑스 국왕 앙리 4세가 신앙의 옷을 가톨릭으로 갈아입었다. 네 번째 개종이었다. 최초의 개종은 7세 때인 1560년. 1553년 세례를 받으며 출생했으나 방계 왕족인 부모들의 개종으로 위그노(프랑스 신교도)가 되었다.

두 번째는 위장 개종. 종교 내전을 종식시키기 위해 성사된 신교도인 그와 구교도 국왕의 공주 간 결혼식 때 구교도가 하객으로 참석한

앙리 4세

신교도를 척살한 '성 바르톨로메오 축일의 학살'에서 살아남기 위해 가톨릭으로 변신했다.

궁정에서 탈출해 고향으로 돌아간 직후 신앙도 되찾은 그는 신교 군대를 이끌고 전장을 누비며 연승을 거두었다. 마침 직계 왕통이 끊어져 프랑스 왕위까지 차지해 부르봉 왕조를 연 그는 '화합과 관용'을 표방했으나 남부 지역과 파리 시민들은 신교도인 그를 왕으로 인정하지 않고 파리 입성을 거부하며 버텼다.

결국 나라의 통일을 위해 앙리 4세는 가톨릭을 택했다. 국민들은 그를 의심에 찬 눈으로 바라보고 구교도 핵심 세력은 에스파냐 왕족을 불러 '진짜 프랑스 국왕'이라고 맞섰지만 그는 왕권을 확고하게 다졌다.

비결은 경제 부흥. 명재상 쉴리 공작을 중용해 채무로 허덕이던 재정을 탄탄한 흑자 기조로 돌리고 도로와 운하를 뚫고 상공업을 발전시켰다. 캐나다 퀘벡 식민지 건설도 그의 치적이다. 국민들의 삶도 펴지며 일요일이면 닭고기와 야채에 포도주를 넣어 졸인 요리인 '코코뱅'을 즐기는 전통이 생겼다.

'낭트 칙령'을 발표해 종교로 인한 차별을 없애는 데 전력했던 그는 1610년 끝내 구교도의 손에 암살되었으나 프랑스는 강대국의 기반을 다졌다. 여성 편력으로도 유명했지만 그는 아직까지 '가장 뛰어난 국왕'으로 프랑스 국민들의 존경을 받고 있다. 종교적 집착에서 벗어나 '국가'를 선택한 덕분이다.

7월 26일

여기, 《멋진 신세계》

'가난이나 질병, 전혀 없다. 오로지 행복만 있을 뿐이다. 사람들은 평생을 젊은 모습으로 살다 편안하게 죽음을 맞이한다. 사회적 갈등이나 계층 간 불화도 발생할 수 없다. 태어날 때부터 정해진 계급에 만족하고 사니까.'

이런 곳이 존재할까. 있다. 올더스 헉슬리Aldous L. Huxley의 1932년 출간작《멋진 신세계Brave New World》라는 허구 속이지만.

《멋진 신세계》에는 출산의 고통마저 없다. 인공수정된 태아가 유리병 속의 기계적 환경에서 자라나고 날 때부터 적성과 지능, 유전자에 따라 계급이 정해진다. 최상위인 알파 계급은 지배층으로 성장하고 최하층인 엡실론 계급은 청소 같은 잡일을 맡는다. 철저한 계급 사회라도 불만이나 갈등이 전혀 없다. 모두가 자기 일에 만족하기 때문이다. 무제한 허용되는 섹스도 싫증 나면 행복을 보장하는 알약(소마)을 먹으면 그만이다.

헉슬리는 왜 이런 사회에 '멋진 신세계'라는 이름을 붙였을까. 반어법反語法이 깔려 있다. 인간의 욕망과 산업 발전이 유토피아가 아니라 디스토피아를 낳을 수 있다는 경고를 미래 풍자 소설에 담은 것이다.《멋진 신세계》의 시대적 배경은 AF(after Ford) 632년. 대량생산 시대를 연 자동차왕 헨리 포드가 시간의 출발점이다.

수편의 영화 소재로도 사용된《멋진 신세계》는 상상의 영역에 머물고 있을까. 글쎄다. 부모의 직업이나 재산이 아이의 미래를 결정하는 현실 풍토와 헉슬리의 우려는 크게 다르지 않다. 《발칙한 한국학》이라는 베스트셀러를 펴냈던 미국인 문화비평가 스콧 버거슨의 말을 들어보자.

"북한이 조지 오웰의 소설 《1984년》처럼 공포에 의해 지배되는 곳이라면 남한은 헉슬리의 《멋진 신세계》처럼 욕망에 의해 지배되는 사회다."

7월 27일
대서양 해저 케이블, 빅토리아 시대의 웹망

1866년 7월 27일 안개 깔린 트리니티 항. 거대한 배 한 척이 나타났다. 몰려든 사람들은 세계 최대의 증기 범선 그레이트이스턴호(2만 2,000톤)의 측면부터 살폈다. 케이블은 무사했다.

대서양 해저 케이블이 성공적으로 가설되었음에도 언론의 반응은 시큰둥했다. 학습 효과 탓이다. 이전까지 대서양 횡단 케이블 가설 시도는 모두 네 차례. 1858년 8월 3차 시도가 성공해 국가적 축제 분위기에 빠졌지만 곧 먹통이 되어버려 해저 케이블은 불신과 실망의 상징이던 상황이었다.

의구심은 바로 풀렸다. 전송 속도가 이전보다 50배나 빨랐기 때문이다. 마침 두 달 뒤에는 4차 시도에서 끊어진 케이블까지 건져 올렸다. 속도는 더 빨라졌다. 파산 위기의 전신 회사도 살아났다.

문제는 돈. 20단어당 100달러라는 기본요금은 노동자의 반년 치 봉급을 웃돌았다. 단어당 추가 요금 5달러에 미국 정부조차 '전신료를 감당할 돈이 없다'고 불만을 터뜨렸다. 1867년 알래스카 매입 교섭 때 러시아가 1,833개 단어로 구성된 문서를 착신자 부담으로 전송하는

그레이트이스턴호

통에 미 국무부는 4만 2,000달러를 물었다. 이 같은 가격을 낮추어준 것은 공급. 회선이 6개로 늘어난 1923년 단어당 전송 요금은 25센트로 떨어졌다.

'빅토리아 시대의 웹망' 해저 케이블은 1871년 인도양과 태평양으로 번졌다. 결과는 세계 경제의 통합 가속화. 정보의 실시간 공유로 런던 금융 시장과 동조화 과정을 밟게 된 월스트리트의 규모도 커졌다. 돈을 들인 해저 케이블이 새로운 부를 창출하는 메커니즘은 여전하다. 전신 케이블보다 1만 배 빠른 광섬유를 가설하려는 각국의 투자가 한창이다. 우리나라의 누적 투자액은 약 4,800억 원. 미국은 최근 10년간 44억 달러를 바다에 깔았다. '정보=국가 경쟁력'이라는 인식에서다.

7월 28일

보너스 아미

1932년 7월 28일 미명. 맥아더 육군 참모총장이 부관 아이젠하워 대령을 불러 진격 명령을 내렸다. 선봉은 조지 패튼 소령이 지휘하는 기병대. 탱크 6대의 지원을 받은 기병대는 목표물을 향해 내달렸다. 상대방은 독일군도 일본군도 아닌 퇴역 미군.

미군끼리 다투는 사태가 발생한 원인은 딱 한 가지다. 돈. 1차 대전 참전 용사들의 참전 수당 선지급 요구가 사건의 발단이었다. 1924년 마련된 참전 수당의 기준은 하루 1달러(미국 내 근무자)와 1달러 25센트 (유럽 전선 파견자). 지급 총액이 50달러 이하인 경우는 바로 지급되었지만 그 이상인 경우는 1945년으로 미루었다. 지불 총액의 25%를 더 내주고 연 4%의 이자를 쳐준다는 조건과 함께.

보너스 아미가 농성을 벌이던 천막촌이 불타고 있는 모습

문제는 대공황이었다. 생계가 어려워지자 참전 용사들은 지급 시기를 앞당겨달라며 워싱턴으로 모여들었다. 유럽 원정군을 빗대어 보너스 원정대Bonus Expeditionary Force라는 이름을 스스로 붙인 퇴역 군인들과 그 가족들의 행렬은 '보너스 아미'로 불렀다.

포토맥 강변에 천막을 치고 농성하던 2만여 명의 보너스 아미가 의사당으로 행진한다는 계획을 세우자 후버 대통령은 군을 동원했다.

맥아더는 보너스 아미가 '평화주의자와 그 동침 상대인 공산주의자 집단'이라며 철저하게 진압하라는 명령을 내렸다. 최루탄과 총검이 동원된 진압 작전으로 퇴역 군인 2명이 죽고 100여 명이 다쳤다. 불타는 천막촌에 뿌려진 최루가스로 10개월짜리 아기 2명도 질식사했다.

보너스 아미는 전국으로 흩어졌지만 정치와 정책에 적지 않은 영향을 미쳤다. 공황으로 바닥을 기던 후버 대통령의 지지도는 더욱 떨어졌고 결국 루스벨트에게 백악관까지 내주게 되었다. 1944년 도입된 퇴역 군인 연금 제도와 제대 군인 우대법도 보너스 아미 사건에 대한 반성이 낳은 결과물이다.

7월 29일
대니얼 드류, 월스트리트의 무법자

소 떼가 미친 듯이 강으로 달렸다. 수백km의 여정 끝에 강제로 소금을 먹은 상황. 물을 마셔댄 소들은 늘어난 몸무게만큼 비싼 값에 팔렸다. 돈을 모은 가축 중개상은 물타기 대상을 주식으로 바꾸었다. 대니얼 드류Daniel Drew. '주식 물타기watering stocks(한도 초과 주식 불법 발행)'를 선보인 장본인이다. 별명은 '월스트리트의 무법자'.

1797년 7월 29일 가난한 산골에서 태어나 간신히 문맹을 면한 채 곡마단에서 동물을 돌보던 그가 기회를 맞은 것은 1812년 미영전쟁. 영국군에 가담한 후 탈영하면서 챙긴 입대 포상금 100달러로 시작한 가축 중개업으로 기반을 잡았다.

대니얼 드류

매해튼에 유류를 공급하며 곁눈질로 시작한 주식에서 큰돈이 벌리자 아예 증권 브로커로 나선 39세의 드류는 곧 최고의 작전꾼으로 떠올랐다. 유언비어를 퍼뜨려 공매도(주가가 떨어질수록 유리, 대주와 유사)를 유도, 가격을 떨어뜨린 뒤 남몰래 물량을 거두는 게 특기. 내부자 거래는 물론 동료를 배반한 적도 많다. 문제가 생기면 판사를 매수해 판결을 뒤집었다. 한창때 평가액이 1,600만 달러. 요즘 가치로 49억 달러가 넘는 돈이다.

상대적으로 '점잖은 투기꾼'이었던 철도왕 밴더빌트와의 '이리전쟁'도 유명하다. 황금 노선이던 이리 철도 경영권 다툼은 무승부로 끝났지만 호사가들은 'Vander built, Daniel drew(밴더빌트가 철도를 건설한 반면 드류는 그 주가를 조종했다)'라는 말을 지어냈다.

말년의 드류는 자기 꾀에 넘어갔다. 공동 작전을 벌이던 후배들이 파놓은 물타기 함정에 걸려들어 1873년 월가에서 퇴장, 83세에 외롭게 죽었다. 한 푼도 못 남겼지만 이름만은 살아 있다. '유별난 신앙심'으로 기부했다는 뉴저지 드류대학교에.

7월 30일
미국 사회보장법

1965년 7월 30일 존슨 미국 대통령이 집무실에서 사회보장법에 서명했다. 핵심은 사회적 약자에 대한 의료보험 혜택. 장애인과 20년 이상 사회보장세를 낸 65세 이상 노인층에게 연방 정부가 전담하는 메디케어, 65세 이하 저소득층에게 연방과 주정부가 분담하는 메디케이드란 이름으로 의료비를 지원한다는 게 골자다. 존슨은 이날 트루먼 전 대통령에게 1호 보험증을 건넸다.

병원과 야당의 반대에도 법이 통과된 것은 인구의 절반이 의료 혜택을 못 받는 절박한 상황 때문이었다. 표를 의식한 공화당이 법안에 찬성해 미국은 최소한의 보장 장치를 갖추게 되었다. 이전까지 미국의 의료보험은 백지 상태. 대공황기 루스벨트 대통령이 시행한 사회보장 제도가 시한을 맞고 1946년 트루먼 대통령이 전 국민 의료보험 법을 추진했으나 의사 협회의 조직적 반대로 무산된 뒤 19년이 흐른 뒤에야 사회보장법이 마련된 것이다.

1935년 8월 14일, 사회보장법에 서명하는 루스벨트 대통령

문제는 재정의 21%가 투입되는 사회보장법이 수요를 충족하기에는 크게 부족하다는 점. 혜택은 국민의 30%에도 못 미친다. 민간 의료보험비는 턱없이 비싸 전 국민의 15%, 주로 중 하류층이 무보험 상태다. 미국인의 평균 건강 수준이 나빠 국제 건강 통계를 낼 때 아예 미국을 제외할 정도다. 의료보험에 시장 원리를 도입한 닉슨 대통령 이후 의료비 지출이 눈덩이처럼 불어나고 있다.

역대 정권이 실패한 의료 개혁에 오바마 대통령이 정치 생명을 걸었던 것도 이런 이유에서다. 공화당과 민주당 내 보수파가 부자 증세 방안 등에 대해 '의료 사회주의'라고 반발하는 가운데 한국을 방문한 미국 보건부 장관이 '한국의 건강보험에서 배울 점이 많다'고 말해 시선을 끌기도 했다. 정작 한국은 거꾸로 가는 분위기다. 영리 병원이 등장하고 정부의 공식 부인에도 의료보험 민영화론은 좀처럼 사라지지 않는다.

7월 31일
예수회, 가장 성공적인 비즈니스 모델

예수회Society of Jesus. 세계 112개국에서 230여 개 대학과 4,000여 개 중·고교, 2,000여 개 연구소를 운영하는 가톨릭 수도회다.

초기의 역동성은 지금보다 더했다. 루터의 종교 개혁으로 가톨릭이 동요하던 악조건 속에서도 예수회는 공식 출범(1540) 10년 만에 30여 개의 대학을 설립하고 30년 만에 세계적인 네트워크를 깔았다. 때문에 예수회는 가장 성공적인 비즈니스 모델로도 손꼽힌다.

경제라는 시각에서 바라본 예수회의 성공 요인은 남다른 리더십. 창립을 주도한 성 이나시오 로욜라Ignatius de Loyola의 인생 역정과 사상이 결정적인 영향을 끼쳤다. 1491년 에스파냐에서 귀족의 아들로 태어난 그의 당초 진로는 군인이었으나 30세 무렵 진로를 바꾸었다. 프랑스와의 전투 중에 다리가 으스러지는 부상을 입은 탓이다.

휴양 중에 로욜라는 '하나님을 섬기는 것이 진정한 기사도'라고 생각하고 참회와 수양의 길로 접어들었다. 늦은 나이에 신학 공부를 마친 그는 '청빈과 정결, 교황에 대한 순종'을 맹세하고 예수회를 세웠다.

성 이냐시오 로욜라

형식적인 관습을 타파해 '위장 프로테스탄트'라는 비난까지 샀던 그가 가장 중시한 것은 '영성 수련'과 교육. 자신뿐 아니라 타인의 정신적 완성까지 중시했기 때문이다. 1556년 7월 31일 그가 65세로 사망한 뒤에도 예수회는 전 세계로 선교사를 보냈다. 마테오 리치 등 예수회 선교사들이 중국과 일본에서 활약한 것도 이런 맥락에서다.

로욜라 사망 454주기. 세계화와 정보화의 진전, 테러와 전쟁 위험에 둘러싸인 요즘의 상황이 대항해 시대와 인쇄술, 종교 갈등을 겪던 로욜라 시대와 비슷해 보인다. 이 때문일까. 확고한 자아의식과 독창성, 타인에 대한 헌신과 사랑이라는 로욜라의 리더십이 가슴에 와 닿는다.

8월 1일

대한제국 군대 해산

1907년 8월 1일 서울 동대문 훈련원 연병장. 군인들이 하나둘 모여들었다. 대한제국 군대 해산식을 갖기 위해서다. 예정 시각 오전 10시를 넘겨 오후 2시까지 집결한 병력은 1,812명. 대상 인원 중 절반이 불참했지만 통감부는 서둘러 해산식을 가졌다.

저항이 따랐다. 시위 1연대 1대대장 박승환 참령이 격분 속에 자결하자 병사들이 총을 들었으나 일본군이 미리 탄약고를 점거한 상황. 탄약이 고갈된 밤 11시쯤 전투는 끝났다. 서울 시가지 총격전을 지켜본 미국인 의사 애비슨(세브란스병원 공동 설립자)이 '탄약만 충분했다면 한국군이 승리했을

개틀링 기관포 ©Matthew Trump

것'이라는 말을 남겼을 만큼 아쉬운 전투였다.

지방 상황도 마찬가지. 7개 진위대대 중 원주와 강화도, 수원에서 일부가 항거했으나 8월 10일께 3분의 2가 해산을 마쳤다. 흩어진 병사들이 의병에 합류해 항일 의병의 전력이 강해졌다지만 군대의 붕괴는 망국으로 이어졌다.

누구보다 충격이 컸던 사람은 헤이그 밀사 사건에 빌미 잡혀 강제 퇴위당했던 고종 황제. 극심한 인플레이션에서도 국가 총지출의 25~40%를 투입하며 군대를 키웠기 때문이다. 재정 규모 자체가 미미

했지만 병력 수가 적었기에 대한제국군의 장비는 열강에 버금갔다.

문제는 잡다한 구성이있다. 미국·영국·프랑스·독일·러시아·일본제 소총이 혼재해 보급과 운용의 통일이 어려웠다. 우금치 전투에서 동학군을 무너뜨렸던 미국제 개틀링 기관포는 물론 영국제 암스트롱 대포와 최고급 독일제 크룹 대포도 군대 해산이라는 위기에는 쓰이지 못했다. 러일전쟁 이후 득세한 친일파 장교들이 중화기를 일본군 진영으로 빼돌린 탓이다. 방만한 재정과 국방 예산·장비의 효율적 관리 부재, 국가 반역 세력이 맞물려 군사력 상실과 국가 멸망을 자초한 것이다.

8월 2일
워런 하딩, 최악의 대통령

"이것도 옳은 것 같고 저것도 맞는 것 같고……. 힘드네. 하나님이란 참으로 굉장한 직업이야!"

미국의 29대 대통령 워런 하딩Warren G. Harding 어록의 일부다. 이 독백처럼 하딩은 무능의 대명사로 손꼽힌다. '최악의 대통령'이라는 수식어가 늘 따라다니는 사람이다.

성추문과 인재 등용 실패로도 악명 높다. 산타클로스에게 선물을 받듯이 관직을 얻은 하딩의 고향 친구들은 부패를 일삼고 줄줄이 뇌물 사건을 일으켰다. 하딩 자신은 백악관을 빠져나와 무자격 장관 친구들과 함께 금주법을 위반하며 밀주를 마시고 카드를 즐겼다.

하딩은 애초부터 야심이 없던 인물이었다. 1865년 오하이오에서 태어나 변호사 시험에 떨어진 후 조그만 신문사를 경영하기까지 평범한 삶을 살았으나 26세에 만난 연상의 이혼녀와 결혼한 후 인생이 바뀌었다. 부유한 은행장의 딸인 이혼녀 플로렌스의 노력으로 주지사를 거쳐 연방 상원의원 자리에 올랐으나 단 한 건의 의회 발언

워런 하딩

도 기록하지 못하던 하딩은 1921년 전혀 생각하지도 못했던 공화당 대통령 후보직을 얻었다. 두 가지 요인이 작용했다. '대통령답게 생겼다'고 평가받는 출중한 외모와 '누가 나와도 이기는 선거에서 말 잘 듣는 순한 후보를 내자'는 공화당 원로들의 간택 덕이다.

압도적인 표 차이로 대통령에 당선된 하딩은 1923년 8월 2일 심장마비로 숨을 거두었다. 더 이상의 명예 손상을 우려한 영부인이 독살했다는 음모론이 나올 만큼 하딩은 무능한 대통령이었다.

미국인들은 왜 하딩을 대통령으로 선택했을까. 착시 현상과 전임자 효과 때문이다. 전임 윌슨 대통령이 주장한 원칙론과 도덕 정치에 신물 난 유권자들은 엉뚱한 사람을 대통령으로 만든 것이다. 한국의 정파는 하딩을 각기 입맛에 맞게 해석한다. 어느 쪽이 하딩과 비슷할까.

8월 3일
전직 대통령의 비자금 4,000억 원

1995년 8월 3일 출근길. 시민들의 눈길이 신문 가판대에 쏠렸다. 메가톤급 뉴스가 나왔기 때문이다. 전직 대통령 중 한 사람이 가명과 차명 예금으로 보유 중인 비자금 4,000억 원의 실명 전환 가능성을 정권 요로에 타진했다는 것이다.

노태우 전 대통령

비보도를 전제로 했다지만 현직 총무처 장관 입에서 나온 전직 대통령의 비자금 4,000억 원설은 전국을 뒤흔들었다. 당장 5공과 6공 쪽에서는 불쾌하다는 반응을 보였다. 진상 규명을 요구하는 야당의 공세 수위가 높아지는 가운데 문민 정부가 구 여권, 즉 민정당 계열의 신당 창당설 견제 차원에서 비자금설을 흘렸다는 해석까지 나왔다.

파문이 확산되자 김영삼 대통령은 오랜 측근이었던 서석재 총무처 장관을 전격 해임하고 모든 것을 개인적인 실수로 돌리려 애썼다. 비자금의 정황이 없다는 검찰 발표도 사건에 대한 관심을 떨어뜨렸다.

단순한 말실수로 인한 해프닝으로 끝나는 듯하던 비자금 사건은 두 달 보름여 후 다시 불거졌다. 당시 박계동 민주당 의원이 통장 사본을 들이대며 노태우 전 대통령의 비자금을 폭로했기 때문이다. 검찰의 추가 조사 결과 노 전 대통령이 기업인들로부터 성금 명목으로 4,189억 원을 조성했음이 밝혀졌다. 요즘 가치로 치면 최소한 1조 원이 넘는 금액이다. 나중에 전두환 전 대통령의 비자금도 밝혀져 2,204억 원의 추징금이 선고되었다.

두 전직 대통령은 '비자금이 아니라 통치 자금'이라고 강변했지만 기업 입장에서는 준조세 또는 특혜 사업을 위한 급행료와 다름 아니었다. 훗날 공중 분해된 대우와 한보, 동아 등도 수백억 원씩을 갖다 바쳤으니 경제가 제대로 돌아갈 리는 만무했다. 1997년 외환 위기도 갑자기 닥친 게 아니라 여기에서 왔다. 쌓이고 쌓인 부패와 정경유착, 고비용 구조.

8월 4일
젠거 재판과 언론 자유의 날

1735년 8월 4일 뉴욕. 〈뉴욕 위클리 저널〉 편집장인 존 젠거John P. Zenger가 공판대에 올랐다. 윌리엄 코스비 뉴욕 식민지 총독의 전횡과 학정을 폭로하다 명예 훼손죄로 체포되어 감옥에서 9개월간 복역한 마당. 일반적인 예상은 유죄였다. 화가 치밀어 신문까지 불사른 총독의 분노에 변호사 구하기도 어려웠다.

존 젠거의 변호를 자청한 앤드루 해밀턴

배심원단이 내린 평결은 무죄. 예상과 다른 결과가 나온 것은 변호사마다 회피하던 변론을 맡겠다며 필라델피아에서 달려온 앤드루 해밀턴Andrew Hamilton 덕분이다. '진실을 말할 수 있는 권리를 억압하는 것은 시민의 권리에 대한 제한'이라며 '커다란 강과 같은 권력이 잘못 행사되면 모든 것이 파괴될 것'이라는 해밀턴의 변론이 먹혀들었다.

재판 당시 북아메리카 영국 식민지에서는 언론이 막 피어나던 상황. 1704년 최초의 신문이 나온 이래 22개 신문이 생겨 경쟁을 벌이기 시작했으나 대부분 정부의 소식을 일방적으로 전하는 관영·반관영 매체였다. 젠거가 무죄로 풀려나자 언론과 출판의 논조도 크게 바뀌기 시작했다. 자유로운 비판과 권리 의식이 싹튼 것이다.

언론은 차조례, 인지 세법 등 주로 본국 정부의 식민지 경제 착취를 보도해 대중의 불만을 고조시켰다. 미국 독립의 열망을 확산시켰다는 토머스 페인의 소책자《상식》이 출간된 것도 젠거 재판 이후 보다 자유로워진 언론 환경에서다. 젠거 재판 250년이 지난 1985년 로널드 레이건 미국 대통령이 8월 4일을 '언론 자유의 날'로 선포한 것도 이 재판이 미국사의 흐름을 결정적으로 돌렸다는 점을 인정했기 때문이다.

한국의 언론 현실은 어지럽다. 정권이 바뀔 때마다 언론사 간 희비가 엇갈리고, 과거 독재정권이 자행한 언론 탄압에 대한 실질적인 규명 작업도 지지부진하다.

8월 5일
벤츠 부인의 모험

남편 카를 벤츠가 깊은 잠에 빠져든 것을 확인한 벤츠 부인Bertha

Benz이 조용히 밖으로 나와 두 아들 유겐(15세), 리하르트(13세)와 함께 창고로 향했다. 세 모자는 창고에서 최초의 내연 기관 자동차를 조심스레 끌어냈다.

집에서 한참 멀어졌을 때 그들은 차에 올라 시동을 걸었다. 목적지는 친정인 포츠하임. 왜 도둑처럼 새벽에 집을 빠져나왔을까. 장거리 시운전을 위해서다. 남편

베르타 벤츠

카를이 조심스럽고 우유부단한 성격을 가진 탓에 자동차를 발명한 뒤 특허까지 따내고도 2년 반 동안 개량과 시운전만 계속하자 가족이 직접 모험에 나선 것이다.

포장도로는 물론 마찻길마저 변변치 않던 시절 106km나 떨어진 포츠하임까지의 여정에는 무수한 난관이 따랐다. 벤츠의 삼륜차는 수없이 멈추었다. 휘발유와 냉각수가 떨어지고 체인과 브레이크용 가죽도 끊어졌으며 먼지 탓에 노즐까지 막혔다. 개울물, 망치, 헤어핀, 스타킹 등을 동원한 응급 처치 덕분에 차는 굴러갈 수 있었다.

날이 저물고야 친정에 겨우 도달했을 때 벤츠 부인은 먼지와 기름으로 뒤범벅이 되었지만 기쁜 마음으로 남편에게 전보를 쳤다.

'성공! 도착했음.'

밤새워 처가로 달려온 카를은 멀쩡히 굴러다니는 차를 보고 강한 자신감을 가졌다. '연약한 여자와 아이들의 장거리 운행이 가능하다면 얼마든지 통할 수 있다!' 사흘 후 네 사람이 집에 돌아왔을 때 벤츠

부인은 남편에게 '출력 향상, 브레이크 가죽 보강, 핸들 유연화' 라는 개선 사항까지 내밀었다.

　벤츠 부인이 모험에 나섰던 1888년 8월 5일을 독일인들은 자랑스럽게 기억한다. 기념 조형물을 세우고 벤츠 부인의 모험 120주년을 맞아 학교명을 '베르타 벤츠 스쿨'로 바꾼 학교도 있다. 카를 벤츠보다 그의 아내가 더 유명해지고 있다는 소식까지 들린다.

8월 6일
철길과 기독교 전파의 역사가 담긴 코린트 운하

　1893년 8월 6일, 코린트 운하Corinth Canal가 뚫렸다. 코린트 운하는 총 길이 6,343m로 웬만한 내륙 수로보다 짧고 폭이 좁아 1만 톤 이상은 다닐 수도 없었지만 뱃길 320㎞를 단축시켰다. 공사비 500만 달러에 기간 12년 4개월.

　공기가 수에즈 운하(10년)보다도 길었던 것은 돌산을 깎아야 하는 지형과 자금 부족 때문이다. 수에즈 운하를 건설했던 프랑스 회사가 코린트뿐 아니라 파나마 운하에도 손을 대 결국 둘 다 포기한 상태에서 그리스 국왕 게오르그 1세는 운하에 모든 것을 걸었다. 1832년 독립 이후 왕당파와 공화파의 갈등 속에 두 번째 국왕으로 모셔온 덴마크 출신이라는 한계를 넘으려 오랜 염원이었던 코린트 운하에 매달려 끝내 성공시켰다.

　운하 건설이 처음 시도된 시기는 기원전 7세기. 공사가 어렵다는 사실을 깨달은 그리스인들은 배를 산으로 올렸다. 평균 경사 6도인 산길에다 폭 3.5~6m에 이르는 돌을 깔고 수레를 이용해 배를 이쪽 바다에서 저쪽 바다로 넘겼다. 디올코스Diolkos라고 불린 인공 돌길은 바퀴 이탈 방지를 위한 홈이 새겨진 채 900년 이상 사용되어 현대 철로의 먼 조상으로도 꼽힌다.

코린트 운하

시저도 구상에 그쳤던 운하 공사를 네로 황제는 강행했다. 이민족의 침입으로 공사는 중단되었지만 네로가 동원한 유대인 노예 6,000명은 사도 바울의 영향을 받아 기독교를 전파하는 데 앞장섰다. 운하 대신 유럽의 기독교화라는 결과를 낳은 셈이다.

그리스는 오늘날 경제성을 상실한 이 운하를 애지중지한다. 암벽 붕괴와 그을음을 막기 위해 평균 시속도 1~5노트로 묶었다. 구상에서 공사까지 2,500년이 걸린 역사에 대한 자부심이 엿보인다. 수십조 원이 들어갈 4대강 사업을 빈대떡 뒤집듯 해치우려는 한국과는 많이 다르다.

8월 7일
이론에는 실증을 붙여라– 토르 헤위에르달의 모험

1947년 8월 7일 남태평양 폴리네시아제도의 작은 섬 라로이아. 길

고대형 선박 '라 2호'

이 13.7m짜리 뗏목 하나가 섬에 닿았다. 페루에서 출항한 지 101일 만이다. 뗏목의 이름은 페루어로 태양신을 뜻하는 콘티키Kon-Tiki.

콘티키호는 왜 6,980km에 이르는 바다를 건넜을까. 탐험 대장이며 인류학자인 토르 헤위에르달 Thor Heyerdahl의 집념 때문이다. 노르웨이 태생으로 동물학을 공부한 그는 남아메리카 원주민의 폴리네시아 이주설을 제기했으나 학계에서 받아들이지 않자 자신의 이론을 실증하려고 옛 방식대로 뗏목을 만들어 태평양을 건너는 도전에 나섰다.

친지들은 모험을 말렸으나 그가 가볍고 단단한 발사나무 9개를 덩굴로 묶어 제작한 콘티키호는 파도를 헤쳐 나갔다. 폭풍우 때는 하루 1만 톤, 바다가 잔잔할 때도 하루 200톤씩의 바닷물이 뗏목을 덮치는 시련에도 6명의 탐험대는 목적을 이루었다.

일엽편주로 태평양을 건넌 탐험대에게 세계의 찬사가 쏟아졌다. 학계도 헤위에르달의 학설을 인정하지 않을 수 없었다. 그는 1971년 갈대로 만든 고대형 선박 '라 2호Ra II'를 타고 대서양을 건너 이집트 문명과 잉카 문명의 연관성도 증명해냈다. 그의 연이은 항해는 '새로운 이론을 제시할 때는 실증이 뒤따라야 한다'는 불문율을 세우며 학문 전체의 발전으로 이어졌다.

우리나라에도 헤위에르달 못지않은 모험가들이 있었다. 발해와 일본의 무역 관계를 실증하기 위해 뗏목 '발해 1300호'를 타고 블라디보스토크를 출발해 동해를 건너 일본에 도착하려던 탐사 대원 4명은 1998년 1월 말 탐험 성공 직전 폭풍우를 만나 실패하고 말았다. 그들은 차디찬 겨울바다에서 숨졌지만 과거를 통해 미래를 빛내려던 뜻은 국민들의 마음속에서 여전히 살아 숨 쉰다.

8월 8일
인문학의 계량화와 통계화- 프랜시스 허치슨

프랜시스 허치슨Francis Hutcheson. 우리나라에는 잘 알려지지 않았지만 근대 경제학의 주춧돌을 쌓은 사람이다. 허치슨이 없었다면 애덤 스미스의 경제학도 존재하지 않았을지 모른다. 공리주의 철학과 조세론, 통계학에도 영향을 미쳤다.

프랜시스 허치슨

1694년 북아일랜드에서 태어난 허치슨은 글래스고대학에서 문학과 철학, 신학을 공부한 뒤 모교에서 자리를 못 얻고 더블린으로 돌아와 10여 년간 사립학교에서 교편을 잡았다. 모교에서 바로 임용되지 못한 이유는 두 가지. 아일랜드인에 대한 차별과 교회의 비위를 건드린 탓이다.

신神은 신비 속에 있는 것이 아니라 인간의 행복을 위해 존재한다고 믿은 자연 신학자 허치슨은 교회의 반대를 뚫고 1729년 가까스로 모교의 도덕철학 교수로 임용된다. 익명으로 출간한《미와 덕의 기원 An Inquiry Into the Original of Our Ideas of Beauty and Virtue》(1725) 등의 실제 저자로 밝혀진 직후다.

라틴어를 거부하고 영어로 강의한 첫 교수였던 허치슨의 핵심 관심사는 '이타심'. 누진세의 원리를 소개하고 공공의 이익과 개인의 도덕성을 계산할 수 있는 공식 B=(M±I)/A를 만들기도 했다. 공식의 결과는 '다수의 행복이 최대의 선'. 인문학 계량화·통계화와 공리주의 철학의 선구자로 꼽히는 것도 이런 이유에서다.

53번째 생일인 1747년 8월 8일 사망한 허치슨이 남긴 가장 큰 흔적은 제자인 애덤 스미스. 교수직까지 물려주었다. 스미스의 초기 저작인《도덕감정론》(1759)은 허치슨의《도덕철학 체계론》과 내용은 물론 목차마저 비슷하다. 허치슨처럼 이타심을 중시하던 스미스가《국부론》에서 개인의 이기심을 강조하게 된 이유는 요즘도 논란거리다. '보이지 않는 손'은 시장 만능주의가 아니라 인간에 대한 동정심을 내포한 것이라는 주장에서 성장이냐 분배냐의 논쟁까지 그 기원에는 이 사람이 있다. 허치슨.

8월 9일
치킨게임 같은 철도전쟁

서로를 향해 달리던 열차 두 대가 끝내 충돌했다. 충돌 직후 총격전까지 벌어져 10명이 죽고 수백 명이 중경상을 입었다. 사건 일시와 장소는 1869년 8월 9일 미국 뉴욕 주 남부의 도시 빙햄턴 근교.

어떻게 이런 무모한 일이 일어났을까. 경영권 다툼 때문이다. 운행 노선이 230㎞에 불과하고 수익도 못 올렸으나 선로 주변에서 발견된 양질의 석탄광 때문에 미래의 황금 노선으로 떠오른 소형 철도 회사 A&S를 차지하려는 경쟁이 열차 충돌까지 불렀다.

공격자는 투기꾼 제이 굴드와 그 하수인 피스크. 주식 매집으로 지분을 확보, 이사 자리를 꿰찬 굴드 측은 판사를 매수해 경영진 직무 정지 명령까지 받아냈다. 방어 측도 맞소송으로 대응하고 나섰다.

기대와 달리 경영권 장악이 어려워지자 피스크는 깡패 800명을 모아 열차에 태우고 본사로 쳐들어갔다. 램지도 폭력배 450명을 열차에 태워 피스크 진영으로 내보냈다. 싸움 결과는 회사 측의 압승. 각목 부대인 피스크 측은 권총과 장총을 쏘아대는 램지 측을 당해내지 못했다.

뉴욕 주지사의 군대 투입 명령이 떨어지고야 전투를 멈춘 양측은 9월 초 이사회에서 다시 맞붙었다. 램지는 이사회에서도 승리를 거두었다. 모건 은행이 적극 나서 뉴욕 주 법원을 통째로 매수하는 바람에 굴드와 피스크 측 임원은 모조리 쫓겨났다.

승리의 주역인 모건 은행은 합병을 통해 A&S를 대형화하고 사주인 피어폰트 모건을 이사로 앉혔다. 은행이 기업의 주식을 사들이거나 대출하는 대가로 이사직을 배정받는 관계금융relationship financing의 원조 격이다.

미국의 철도전쟁은 지금도 여전하다. 기업 인수전으로 이름만 바뀌었을 뿐이다. 각목과 총탄 속에서 다져진 미국 자본은 기업 사냥 노하우로 오늘도 세계의 기업을 빨아들이고 있다.

8월 10일
세종의 조세 개혁

세종 12년(1430) 음력 8월 10일 조선의 전국적 여론조사가 끝났다. 3월 중순부터 시작되어 5개월간 치러진 조사에 참여한 인원은 모두 17만 2,806명. 전·현직 관리와 양반은 물론 양인들도 참여한 초유의 여론조사였다. 요즘으로 치면 국민 투표라고 볼 수 있는 이러한 여론조사가 실시된 배경은 세종의 세제 개혁 의지.

관리들의 농간 때문에 해마다 풍작 정도를 조사해 세율을 정하는 손실답험법損失踏驗法으로는 세금이 제대로 걷히지 않았다. 폐단을 시정하기 위해 일정액의 세금을 납부하는 공법제貢法制를 제시(세종 9년)했으나 이번에는 양반층의 반대에 막혔다. 3년을 기다려도 진전이 없자 대안으로 꺼낸 게 바로 여론조사다.

직접 민의를 물어 기득권층의 저항을 넘겠다는 뜻이 깔렸던 여론조사의 결과는 찬성 9만 8,657명에 반대 7만 4,149명. 세종은 승리했어도 자신의 뜻을 밀고 나가지 않았다. 반대 의견이 적지 않음을 받아들여 투표 결과를 정밀 분석하는 한편 새로운 대책 마련에 심혈을 기울였다. 공법제가 시행되면 이전보다 세금 부담이 감소하는데도 양반들의 반대는 줄기찼다. 투명한 조세 행정으로 '착복의 원천 봉쇄'가 가능해지는 것을 원하지 않았기 때문이다.

결국 최종안이 나온 게 세종 26년 (1444). 토지의 비옥도와 풍흉의 정도를 따라 54등급의 세율을 적용하는 '연분 9등법'과 '전분6등법'의 축으로 삼는 공법제가 최초 논의 17년 만에 확정된 것이다. 결당 1두 5승~30두로 거두는 공법 제도는 애초의 개혁 의지에 비하면 미흡했으나 조선의 초기 발전을 이끌고 왕조의 기본 조세 제도로 뿌리내렸다.

세종대왕

세종의 국민 투표로부터 580년을 맞는 오늘날 우리를 돌아본다. 수십조 원이 들어갈 사업도, 국민의 다수가 반대한 법안도 손바닥 뒤집듯 결정되는 세상이다. 세종의 개혁에 반대했던 기득권의 행태만이 세월을 넘어 여전하다.

8월 11일
끊어지지 않는 흑인 차별의 역사 – 와츠 폭동

1965년 8월 11일 오후 7시 미국 로스앤젤레스 흑인 거주지 와츠 Watts. 백인 경찰 2명이 흑인 운전자와 그 형을 곤봉으로 두들겨 팼다. 혐의는 음주 운전. 몰려든 구경꾼 가운데 청년의 어머니가 항의하자 경찰은 가족 모두를 체포하려 들었다. 순간 군중이 돌을 집어던졌다.

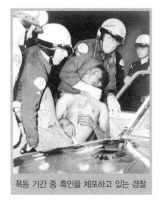
폭동 기간 중 흑인을 체포하고 있는 경찰

섭씨 35도를 넘는 무더위 속에서 터진 흑인들의 분노는 경찰이 긁어모은 3,000여 명의 지원 병력으로도 막을 수 없었다. 흑인들은 백인과 유대인 상점을 약탈하고 불을 질렀다. 8월 14일 주지사가 계엄령에 준하는 '폭동 사태'를 선언하며 주 방위군 1만 3,900명을 투입하고서야 사태가 진정되기 시작했다.

소요가 완전히 가라앉은 17일까지 일주일간 죽은 사람만 34명(흑인 25명). 중경상자는 1,032명에 달했다. 감옥은 체포자 4,000여 명으로 넘쳐났다. 불탄 건물만 600여 채. 재산 피해는 1억 7,500만 달러에 이르렀다.

흑인에 대한 참정권 차별을 완전 철폐한 흑인 투표법이 통과된 지 불과 닷새 만에 발생한 와츠 폭동에 흑인 지식인들까지 적극 참여했다는 점에 백인들은 경악했지만 이는 시작에 불과했다. 1966년 뉴욕과 시카고, 1967년 디트로이트와 뉴어크에서 소요가 발생해 70명이 죽고 1,400여 명이 부상당했으며 7,000여 명이 체포되었다. 흑인 지도자 마틴 루서 킹 목사가 암살당한 1968년 4월에는 168개 도시에서 폭동이 일어났다.

흑인들의 불만이 지닌 인화성은 1992년에도 불을 일으켰다. 흑인을 무차별 구타한 백인 경찰들에 대한 무죄 평결로 발생한 LA 폭동에서는 애꿎은 한국 교포들이 흑인들의 집중적인 공격을 받았다. 요즘 사정도 그리 좋지 않다. 흑인인 오바마의 대통령 당선 이후 기대감이 높아졌으나 부시 정권의 복지비 삭감으로 벌어진 인종 격차는 좁혀지지 않고 있다.

8월 12일
참근교대제

'처자식은 에도에 남겨두어라. 영주들도 해마다 통치자를 배알할 것.'

1635년 8월 12일(음력 6월 30일), 3대 쇼군 도쿠가와 이에미쓰德川家光가 내린 참근교대參勤交代(산킨코타이) 제도의 골자다. 목적은 두 가지. 지방 영주인 다이묘大名의 가족을 인질로 잡고 참근교대 비용 지출을 유도, 지방 세력의 경제력을 약화시키자는 의도다. 일종의 반란 예방책이다.

정권 안보를 위해 도입한 참근교대제는 경제 발전이라는 뜻하지 않은 효과를 낳았다. 당장 인질로 잡힌 처자식이 에도(도쿄의 옛 지명)에서 생활하는 데 돈이 들었다. 전국 각지의 다이묘 260여 명이 영지에서 에도를 왕복하는 데는 더 많은 돈은 물론 사회적 인프라가 필요했다.

도쿠가와 이에미쓰

원칙적으로 반년은 에도에서, 나머지 반년은 영지에서 근무해야 하는 다이묘가 움직일 때 수행원은 평균 100~150명 선. 수행원 2,775명을 데리고 다녔던 다이묘도 있었다. 일본 서남단에서 에도까지 걸린 시간은 왕복 100일. 다이묘 행렬이 길에서 먹고 자면서 뿌리는 돈으로 유통 경제가 싹텄다. 5대 간선도로망인 고카이도五街道가 완비되고 요즘도 주식 시장에서 쓰이는 일봉 차트가 등장한 것도 이 무렵이다.

상업의 번성으로 에도 인구는 100만 명 선을 넘어섰다. 전체의 도시 인구 비율도 5~7%로 높아졌다. 런던 인구가 70만 명, 유럽의 도시 인구 비율이 2% 남짓한 시절이다. 다이묘에게 돈을 빌려준 상인들은 거대 금융업자로 떠올라 '오사카 상인이 화를 내면 전국의 다이묘들이 떤다'는 말도 생겼다.

오늘날 일본의 복잡한 국내 유통 구조와 상업 금융자본이 형성된 것도 이때부터다. 참근교대의 결과물인 도로망의 확충과 인력의 이동, 유통 경제의 활성화가 사무라이의 나라 일본의 속을 상업의 나라로 바꾼 셈이다.

8월 13일
청진기, 진단 의학의 신기원

가격 대비 효용이 가장 높은 의료 장비. 내과와 흉부외과 의사들의 필수품. 뭘까. 청진기다. 등장 시기는 1816년. 프랑스 의사 래넥René Laennec의 발명품이다.

청진기가 나오기 전까지 서양 의학에서는 어떻게 병을 진단했을까. 의사가 환부에 직접 귀를 댔다. 히포크라테스 시절의 진단법이 그대로 내려온 것이다. 1761년에는 오스트리아에서 '타진법'이 등장했다. 좋은 수박을 고를 때처럼 환부를 두드려 병의 유무를 판단한 것이다.

환자들은 이를 꺼렸다. 특히 여성들이 직접 신체 접촉을 통한 진단을 싫어했다. 효과적인 진단법을 고민하던 30대 중반의 의사 래넥은 어느 날 나무 대롱을 가지고 소곤거리며 노는 아이들을 보고 영감을 얻었다.

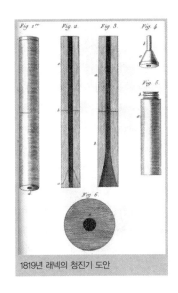

1819년 래넥의 청진기 도안

종이를 말아 환자의 몸에 대고 청각을 집중시킨 후 직접 듣는 것보다 훨씬 또렷한 소리가 들린다는 사실을 확인한 그는 길이 25㎝, 지름 2.5㎝의 나무통을 만들고 가슴을 뜻하는 그리스어 stethos와 -scope를 합성해 'stethoscope(청진기)'라는 이름을 붙였다. 청진기를 이용해 3년 동안 행한 심장과 폐에 대한 진단과 수술 등 임상실험의 결과를 담아 1819년 발간한 논문 〈간접 청진법에 대한 고찰〉은 진단 의학의 신기원을 열었다.

정작 자신은 선천적인 폐 질환을 극복하지 못하고 1826년 8월 13일 45세라는 아까운 나이에 사망했지만 통념에 의존하던 진단을 과학적인 관찰의 영역으로 돌리는 업적을 남겼다. 병을 세분하고 복막염과 폐의 흑색종, 간경변이라는 용어를 만들어낸 사람도 래넥이다.

간단한 구조의 래넥 청진기는 짧은 기간 동안 눈부신 발전을 거듭하며 1851년에는 요즘과 거의 비슷한 형태의 청진기가 선보였다. 고가의 첨단 의료 장비가 속속 등장하는 오늘날에도 청진기는 의료의 최일선을 지키고 있다.

8월 14일
자유롭게 살고 싶다- 헨리 소로

1846년 8월 14일 매사추세츠 주 징세관이 숲에 사는 청년 하나를 붙잡았다. 인두세를 6년간 내지 않았기 때문이다. 노예 제도를 유지하고 비도덕적인 미국·멕시코 전쟁을 벌인 정부에 세금을 낼 수 없다는 소신으로 납세를 거부한 청년은 감옥에 갇혔다.

수감 기간은 단 하룻밤. 세금을 대납해준 고모 덕에 풀려난 청년은 작심하고 책을 써내려갔다. '국가나 법이 비양심을 요구한다면 저항하라' 는 《시민 불복종Civil Disobedience》(1849)이 이렇게 나왔다. '악법도 법' 이라는 소크라테스와는 반대로 시민의 적극적인 항거를 주장한 청년의 이름은 헨리 소로Henry D. Thoreau. 1817년 태어나 1862년 폐결핵으로 사망할 때까지 45년 평생을 고향 매사추세츠 콩코드에서 지낸 문필가다.

하버드대학 영문학과를 졸업할 때부터 그는 남다른 길을 걸었다. 돈과 출세 대신 자연과 조화하는 삶을 택한 것. 교사와 측량 기사로 일하다 선배이자 자연주의자인 에머슨의 영향을 받아 잡지 편집장을 거쳐 33세에 단신으로 숲에 들어갔다. 자유롭게 살고 싶다는 생각에서다.

연못보다 조금 큰 정도인 월든 호숫가에 통나무집을 짓고 2년 2개월간 자급자족한 경험을 펴낸 책자가 《월든 또는 숲 속의 생활Walden, or Life in the Woods》(1854). 자연 예찬서이자 문명 비판서의 성격을 지닌 책은 19세기 영문학 작품의 백미로도 꼽힌다. '가난함의 부유함'을 주제로 삼은 숲과 삶의 경제학이라는 평가도 받는 책이다.

헨리 소로

《시민 불복종》과 《월든 또는 숲 속의 생활》에 담긴 비폭력 저항 정신과 자유주의는 톨스토이와 간디, 마틴 루서 킹으로 이어지며 20세기 인권 운동으로 활짝 피었다. 환경 생태론자들도 《월든 또는 숲 속의 생활》을 바이블처럼 여긴다. 《월든 또는 숲 속의 생활》의 한 구절.

"잉여의 부로는 잉여품만 살 수 있다. 영혼의 필수품을 사는 데 돈은 불필요하다."

8월 15일
롤랑의 노래, 숨겨진 허구와 왜곡

〈롤랑의 노래La Chanson de Roland〉. 현존하는 프랑스 문학 작품 중 가장 오래된 서사시(또는 무훈시)다. 내용은 이렇다.

'스페인 전역의 이슬람 세력을 몽땅 몰아낸 프랑크 왕국의 왕 샤를마뉴에게 마지막으로 살아남은 사라고사가 항복을 자청한다. 충신 롤

〈롤랑의 노래〉 여덟 번째 구의 내용을 형상화한 그림

랑이 거짓 항복이라고 반대했으나 간신배에게 속은 샤를마뉴는 항복을 받아들여 군대를 되돌려 피레네 산맥을 넘으며 후미를 롤랑에게 맡겼다. 롤랑의 예상대로 이슬람군은 뒤통수를 쳤다. 마지막 순간에서야 롤랑은 구원 신호인 뿔피리를 길게 불고 장렬하게 전사한다.'

서기 778년 8월 15일 피레네 산맥 근처의 롱스보 전투를 배경으로 삼은 이 작품은 11세기부터 전 유럽에 퍼졌다. 롤랑은 정의를 위해 이교도와 싸우는 상징으로 떠올랐다.

역사적 진실은 문학 작품과는 딴판이다. 샤를마뉴는 스페인 전 지역은 고사하고 이슬람의 최전방마저도 점령하지 못했다. 롤랑을 습격한 군대는 이슬람이 아니라 바스크족이다. 날짜와 장소만 맞을 뿐이다.

샤를마뉴의 신격화와 십자군전쟁 동원 극대화를 위한 날조였지만 〈롤랑의 노래〉는 세계사에 결정적인 영향을 미쳤다. 대항해를 통한 서구의 해외 진출, 제국주의 침탈에까지 롤랑이 스며 있다. 미주 대륙은 신이 백인에게 준 선물이라는 의미로 1845년 미국·멕시코 전쟁 때 나돌았던 '명백한 운명'이라는 표현이나 서구인이 세계를 다스려야 한다는 내용의 키플링의 시 〈백인의 책무The White Man's Burden〉(1899), 황인종의 발흥을 막아야 한다는 '황화론'(1895)도 〈롤랑의 노래〉의 변형관이다.

〈롤랑의 노래〉가 더 울려 퍼질 수 있을까. 어렵다. 20세기 초반까지 서구 기독교인이 세계 인구에서 차지하는 비중은 30%였지만 요즘은 16%대로 주저앉았다. 그런데도 서구는 부와 자원을 여전히 독과점한다. 종교 갈등도 해묵은 과제다. 광복절 아침, 오래된 허구로 굳어진 왜곡으로부터의 해방을 생각해본다.

8월 16일
피털루 학살

1819년 8월 16일 영국 맨체스터시. 노동자들이 성베드로 광장에 모여들었다. 나폴레옹 전쟁이 끝났지만 살기는 더 어려워진 상황. 주급 60실링을 받던 면직 공장 반숙련 노동자의 임금이 24실링으로 떨어진 반면 식량 가격은 두 배 가까이 올랐다. 지주의 이익 보호를 위해 의회가 곡물 수입을 법으로 금지했기 때문이다.

광장은 금세 시위대 6만 명으로 들어찼다. 미처 집회장에 들어오지 못한 노동자 3만 명은 광장 외곽을 돌았다. 프랑스혁명 같은 민중 봉기를 두려워한 정부의 선택은 병력 동원. 제15 검

피털루 학살 사건을 형상화한 그림

기병대, 체셔·맨체스터 의용 기병대 1,500여 명과 왕립 포병대의 대포를 깔아놓았다. 워털루전투의 참전 용사로 구성된 의용 기병대에는 술까지 먹였다.

집회를 주도한 급진주의자 헨리 헌트가 연단에 올라 특유의 연설로 시위대를 사로잡기 시작하자 기병대에 돌격 명령이 떨어졌다. 광장은 피로 물들었다. 경찰 공식 집계 사망자만 11명. 여자와 어린아이 100여 명을 포함, 500여 명이 칼을 맞았다. 현장을 지켰던 기자들은 사건을 '피털루의 학살Peterloo Massacre'이라고 보도했다. 워털루Waterloo 전투의 용사들이 베드로 광장Peter's Field에서 비무장 시민을 학살했음을 비꼬며 만들어낸 말이다.

피털루 학살은 영국의 정치·노동 운동의 흐름을 바꾸었다. 악법인 '단결 금지법'이 1824년 폐지되고 참정권 획득 운동에도 불이 붙었다. 1833년에는 공장법이 제정되어 최소한의 산업 안전과 아동 노동에 대한 정부의 규제가 시작되었다. 1846년 곡물법도 폐지되어 소비재와 식량 가격이 싸졌다. 정치 운동 역시 이전보다 상대적으로 자유로워졌다. 오늘날 영국의 집권 여당인 노동당의 기원을 피털루 학살로 보는 시각도 있다.

8월 17일
잘나가는 재래시장, 파이크 플레이스 마켓

파이크 플레이스 마켓Pike Place Market. 관광객 500만 명을 포함해 해마다 1,000만 명이 찾는 시애틀 도심의 재래시장이다. 신선한 농수산물을 싼 가격에 파는 시장으로 유명하다.

미국에서 가장 오래되고 성공적인 재래시장으로 꼽히는 이 시장의 출발점은 직거래 장터. 10배의 폭리를 취하는 대형 중간상의 농간을 보다 못한 시애틀시가 1907년 8월 17일 언덕 부근에 직거래 좌판을 열었다.

파이크 플레이스 마켓의 설탕 판매상(1917)

중간상들의 방해는 끈질겼다. 직거래를 헐뜯는 지역 여론을 조성하고 용역 깡패를 풀어 직거래 장터를 짓밟았다. 하지만 기적은 개장 이튿날부터 일어났다. 소식을 듣고 몰려든 소비자들로 농산물이 반나절 만에 모두 팔렸다. 경찰은 깡패들의 난입을 막았다. 시장 발전에 결정적으로 공헌한 사람은 땅을 소유한 부동산 업자 프랭크 굿윈. 1911년 건물을 올리고 하루 20센트라는 저렴한 임대료를 받아 시장을 상설 시장으로 키웠다.

상설 점포가 515개로 늘어난 1941년부터 시장은 위기를 맞았다. 태평양전쟁으로 일본계를 격리 수용하는 조치 탓에 소매상의 절반을 차지하던 일본 가게들이 문을 닫았기 때문이다. 대형 슈퍼마켓이 등장한 1949년에는 점포 49개만이 남았다. 재개발론이 일었지만 상인들과 환경론자들이 힘을 합쳐 두 차례의 위기를 넘기고 되살아났다. 정부 보조금에 따른 저렴한 임대료 덕분에 농수산물을 싸게 공급할 수 있었던 덕분이다.

요즘은 200여 개의 상점과 식당뿐 아니라 공원, 보건소, 탁아소, 노인 회관까지 갖춘 종합 관광단지로 자리 잡았다. 스타벅스 커피 1호점도 이곳에 있다. 거리의 악사만 250명에 이른다.

부럽다. 상인을 앞장서 보호한 행정이 부럽고 성급한 재개발도, 지주의 탐욕도, 공권력의 비호를 받는 용역 깡패도 없는 시애틀의 시장 환경이 정녕 부럽다.

8월 18일
패전 일본의 첫 국책 사업, 매춘

일왕의 항복 방송으로부터 불과 3일 후인 1945년 8월 18일. 일본 내무성이 경보국장 명의로 전국 부현에 무전을 보냈다. 제목은 '특수 위안 시설 설치'. 얼마 뒤 화류계 업자들이 모여 '천황 폐하 만세'를 부르짖으며 RAA(Recreation Amusement Association)를 결성하고는 큼직한 신문 광고를 냈다. '전후 처리의 국가적 긴급 시설, 신일본 여성을 구함.'

특수 위안 시설 협회로 불렸던 RAA가 모집한 '신일본 여성'은 창녀. 점령군인 미군의 성적 욕구를 처리하기 위한 도구였다. 일본 정부는 보조금까지 대주었다. 일본은 왜 패전 후 첫 국책 사업으로 매춘에 나섰을까. '일반 여성의 보호' 때문이다. 점령지에서 자신들이 일삼았던 여성에 대한 폭행과 강간을 당할 차례가 되었다는 점을 의식해서다.

반관반민 조직인 RAA의 주도로 공식적인 특수 위안 시설 22개가 전국에 들어섰다. 현대 국가의 군대로서는 유일하게 위안부 제도를 운영해온 집단이 아니랄까봐 일본은 특수 위안 시설을 능수능란하게 운영했다. 한창 때에는 7만 5,000여 명의 신일본 여성이 화대로 15엔씩을 벌어들였다. 과장임이 분명하지만 '폭삭 망해버린 일본 경제를 되살린 것은 성매매'라는 평가까지 나왔었다.

특수 위안 시설은 이듬해 초 미국 여성계의 반대로 점령군 사령부의 폐지 명령을 받았으나 공식 해체된 1949년 이후에도 존속하며 미군에게 일본 여성들을 공급했다. 목적을 위해서라면 정부가 앞장서 제 나라 여성의 몸까지 팔게 하는 나라가 식민지는 어떻게 취급했을지 짐작이 가고도 남는다.

'매춘의 나라, 도덕성을 상실한 국가 일본'은 불행했던 시절의 얘기일 뿐일까. 독도를 자기 땅이라고 우기는 것을 보면 그런 것 같지 않다. 하긴 일본의 그런 장단에 춤추는 한국인도 적지 않으니······.

8월 19일
바루크, 40년 경제 보좌관

윈스턴 처칠에게 위기가 닥쳤다. 투자에 실패했기 때문. 영국 재무부 장관직에서 물러난 직후인 1929년 중반 뉴욕 증시에 투자했으나 백전백패. 파산 직전의 처칠에게 미국인 친구가 원금 이상의 잔액이 남은 주식 계좌 통장을 건넸다.

윈스턴 처칠과 버나드 바루크

처칠을 구해준 친구는 버나드 바루크Bernard M. Baruch. 처칠이 판 주식은 사고 사들인 주식은 파는 정반대의 매매로 수익을 올렸다. 처칠이 끝까지 함구했던 주식 투자 에피소드는 바루크의 회고록에서 밝혀졌다.

1870년 8월 19일 독일계 유대인 이민 가정의 네 형제 중 둘째로 태어난 바루크는 전설적인 투자자다. 동료들보다 8년 늦게 대학을 나와 주급 3달러짜리 사환으로 시작, 1920년대에는 월가 최대의 투자자로 성장한 인물이다. 남들과 제휴하지 않고 혼자서만 움직여 '월가의 외로운 늑대' 라는 별명도 갖고 있던 그는 주가 대폭락의 와중에서 손해를 입지 않은 유일한 큰손으로도 유명하다.

주식과 원자재 선취매로 재산을 모은 40대 이후를 메운 것은 정책 자문. 월슨부터 케네디까지 대통령 8명의 경제 보좌관을 40년간 지내 '숨은 대통령' 으로도 불렸다. 1 · 2차 대전에서는 전시산업위원장을 맡아 생산과 가격을 통제하고 세금 원천 징수 제도, 고무와 주석 등의 전략 물자 비축제 등을 도입했다. 국제연합 원자력에너지위원회 미국 대표로 일할 때 제시한 '미국이 세계의 핵을 관리 · 통제한다' 는 '바루크 플랜' 은 오늘날까지 미국 핵 정책의 근간으로 내려오고 있다. '냉전' 이란 단어를 퍼뜨린 주인공도 바루크다.

투자자로서, 정치인으로서 성공할 수 있었던 배경은 경제력. 95세를 일기로 사망할 때까지 일과 투자를 계속했다고 전해진다. 재산을 모으는 비결을 묻는 질문에 그는 이렇게 답했다.

"열심히 일하고 저축하라."

8월 20일
미국 첫 흑인

1619년 8월 20일 미국 버지니아 주 제임스타운. 사람들이 항구로 몰려들었다. 흑인 20여 명을 구경하기 위해서다. 미국에 흑인이 첫발을 들여놓는 순간이다. 미국인들이 공식적인 선조로 여기는 메이플라워호 탑승자들의 폴리머스 도착(1620)보다 1년 4개월 빠르다.

흑인의 유입 경로는 약탈. 네덜란드 선박으로 위장한 영국 사략선이 포르투갈의 흑인 노예를 빼앗은 후 제임스타운에 들러 보급품과 맞바꾸었다. 교환 가격을 얼마로 계산했는지는 기록이 없지만 확실한 점은 흑인들의 신분. 노예가 아니라 계약제 하인이었다. 4년 계약의 하인을 고용하는 데 필요한 비용이 노예 유지 비용의 절반이라는 점에 착안한 농장주들은 흑인들과 계약을 맺고 백인 하인처럼

19세기 초의 노예 제도 반대 메달 도안

부렸다. 돈을 모아 100만㎡의 농장과 다른 흑인 노예를 마련한 흑인 농장주가 등장했다는 기록도 있다.

흑인들이 노예로 전락한 이유는 호황. 담배로 인한 북미 최초의 경제 호황이 흑인의 노예화를 불렀다. 장기 노동력 확보 차원에서나. 버지니아 주 의회는 1662년 노예 제도를 공식화하며 농장주들을 거들었다. 끝없이 늘어나는 담배 경작지와 함께 흑인 노예도 급증해 독립전쟁 직전 흑인 인구는 남부의 3분의 1에 이르렀다.

남부 출신 중에서 제퍼슨 대통령처럼 노예를 개인적으로 해방시켜 준 사람도 적지 않았지만 흑인 노예는 19세 초·중반 더욱 늘어났다. 이번에는 면화 호황이 화를 불렀다. 손이 많이 가는 면화 사업은 흑인의 노동력을 쥐어짰다. 담배와 면화를 매개로 한 돈에 대한 백인의 탐욕이 흑인 노예 제도를 낳고 심화시키는 과정에서 미국 경제가 성장했다고 정리할 수 있다.

지위가 많이 향상되었다는 요즘도 흑인의 소득 수준은 백인의 절반을 약간 웃도는 정도다. 미국 경제의 기저에는 이것이 깔려 있다. 흑인 수탈 잔혹사.

8월 21일
럼퍼드 백작, 국경을 초월한 천재 반역자

미국과 영국, 프랑스, 독일을 오간 간첩이며 군인이자 행정가, 열역학의 기초를 닦은 과학자. 럼퍼드 백작의 이력이다.

1753년 매사추세츠 럼퍼드 태생의 가난한 소년 벤저민 톰프슨 Benjamin Thompson의 출세 배경은 '돈 많고 명 짧은 과부'와의 만남.

주경야독하며 홀로 과학 지식을 익힌 19세 미남 청년은 열네 살 연상의 부유한 미망인과 결혼하여 재산가로 떠오르고 민병대 소령 계급도 얻었다. 독립군의 정황을 염탐하다 발각되어 영국으로 도망친 후에는 전공을 부풀려 대령으로 승진했다. 27세에는 화약 성능 실험의 공으로 왕립협회 회원으로 뽑혔다.

럼퍼드 백작

승승장구하다 프랑스 간첩단에 연루되었다는 의혹을 받자 독립전쟁이 한창이던 미국으로 내뺐다. 종전 후 영국에 돌아온 톰프슨 대령의 다음 행보는 바이에른 제후국. 영국은 그에게 기사 칭호를 주면서도 다중 간첩으로 여겨 사실상 쫓아냈다. 독일에서 장군 직위를 받고는 군을 개혁하고 식량난과 도시 빈민 문제를 해결해 신성로마 제국의 백작 작위를 따냈다. '럼퍼드의 대포 실험'을 통해 통념이던 '열의 물질성'을 뒤엎고 열에너지 학설을 발표한 것도 이 무렵이다.

미국의 웨스트포인트 설립을 제안한 사람도 럼퍼드다. 전력이 들통 나 초대 교장 취임이 무산된 후의 행선지 파리에서 그는 다시금 부자 과부와 결혼한다. 상대는 단두대에 희생된 화학자 라부아지에의 미망인. 말년의 그는 명예 교수 자리를 받는 조건으로 하버드대학에 전 재산을 바쳤다.

비록 고향인 럼퍼드 주민들은 반역의 흔적을 지우려고 마을 이름을 콩코드로 바꾸었지만 그의 이름은 하버드대학 럼퍼드 석좌 교수직과 영국 과학 학술원의 럼퍼드상, 달의 '럼퍼드 분화구'에 살아 있다.

1814년 8월 21일 61세를 일기로 파란만장한 삶을 마친 그는 반역자일까. 국경을 초월했던 천재일까.

8월 22일
미국 첫 유대인의 뉴욕 도착

1654년 8월 22일 뉴암스테르담. 네덜란드 암스테르담을 떠나 한 달 보름여 동안 대서양을 건넌 피어 트리호에서 야코프 바르심손Jacob Barsimson이 내렸다. 당시 그의 나이가 얼마였는지, 직업이 무엇이었는지에 대해서는 정확한 기록이 남아 있지 않다. 그럼에도 이름이 기억되는 것은 '미국 땅에 발을 들인 최초의 유대인'이기 때문이다.

바르심손의 도착 1년 전에 영국군과 인디언의 침입을 막기 위한 목책wall을 세워 훗날 '월스트리트'라는 지명을 낳은 네덜란드 서인도회사의 총독 스토이베산트는 유대인의 내항을 못마땅하게 여겼으나 한 달 뒤 더 큰 골칫거리가 생겼다. 유대인 23명이 한꺼번에 찾아온 것이다. 더욱이 서인도회사는 이들의 거주를 허용하라는 지령까지 보냈다. 네덜란드가 포르투갈 식민지인 브라질을 일시 점유했을 때 공을 세웠다는 이유에서다. 원칙주의자에 신앙심이 깊었던 총독과 달리 종교에 연연하지 않던 뉴암스테르담 특유의 분위기도 유대인 정착에 도움을 주었다.

도착 3년 후 시민권을 따내 납세와 병역 의무까지 지던 유대인들은 영란전쟁에서 네덜란드에 승리한 영국에 의해 뉴암스테르담이 뉴욕으로 바뀐 뒤 더 큰 자유를 얻었다. 구약성서를 중시해 '유대교 신파'라고까지 불린 영국계 청교도가 관대하게 대해준 덕분이다.

이민 356주년을 맞은 미국의 유대인은 약 700만 명으로 이스라엘에 거주하는 유대인보다 150만 명이나 많다. 전체 미국 인구의 2.5%에 불과한 이들은 미국은 물론 세계의 정치와 산업, 금융과 언론, 교육계를 손아귀에 쥐고 있다. 미국 명문 대학생의 20%는 유대인으로 채워진다. 유대계 이민을 받아들인 자유와 관용이 없었다면 오늘의 영광이 있었을까. 번영은 복수와 증오, 차별보다 용서와 사랑, 관용에서 꽃핀다.

8월 23일
조청상민수륙무역장정

1882년 8월 23일 조선과 청이 통상 조약을 맺었다. 이름하여 '조청상민수륙무역장정朝淸商民水陸貿易章程'. 왜 조약이 아니고 장정일까. 조선이 청의 속방이었기에 조약보다 하위 개념을 사용한 것이다.

장정은 일방적으로 불리했다. 청상들에게 조선의 통제를 무시하고 마음껏 장사할 수 있는 길을 터주었다. 심지어 '물고기 떼가 기선에 놀라 도망쳤을 때 청의 어선들이 서해안에 머물 수 있다'는 황당한 조항까지 포함시켜 연안 어업권마저 넘어갔다.

불평등 장정의 배경은 조선이 스스로 끌어들인 청나라 군대. 외세의 힘을 빌려 임오군란을 간신히 진압한 대가는 무리한 요구로 돌아왔다. 조선은 청이 과거처럼 형식적인 종주국과 속방의 관계를 유지하며 외세로부터 지켜줄 것으로 기대했으나 헛된 꿈이었다.

임오군란의 불씨를 지핀 흥선대원군 이하응

한국 화교가 형성된 것도 이때다. 청군의 비호 속에 화상들은 특유의 단결과 근면함으로 조선의 중앙 상권은 물론 지방의 보부상과 객상의 설 자리까지 빼앗았다. 명동 옛 중국대사관 터도 청군이 주저앉았던 이경하 포도대장의 집을 화교들이 헐값에 사들인 것이다. 청일전쟁 패배로 타격을 입기 전까지 화상들은 조선 대외 무역의 절반 가까이를 장악할 만큼 전성기를 구가했다.

역사는 반복된다. 서해안에서는 불법 월경한 중국 어선들이 물고기의 씨를 말리고 있다. 국민을 보호하지 못하는 무능한 정권도 과거형이 아니다. 베이징올림픽 성화가 서울을 지날 때 중국인들은 한국 경찰이 지켜보는 가운데 티베트 사태에 항의하는 한국인 시위대를 두들겨 팼다.

상황은 오히려 과거보다 더 고약하다. 중국의 경제력이 그렇고 한국에 대한 이미지가 그렇다. 오죽하면 중국 관중이 올림픽 야구 한일전에서 일본을 일방적으로 응원했을까. 명분도 실리도 다 잃고 있는 가운데 우리를 괴롭혔던 그들의 힘은 커져만 간다.

8월 24일

성 바르톨로메오 축일, 축제의 가면 속에서 벌어진 학살

겹경사를 맞은 프랑스의 하늘에 거대한 죽음의 그림자가 찾아왔다. 1572년 8월 24일 파리. 시내가 흥에 넘쳤다. 위그노(신교도)인 나바르공국의 왕자(훗날 앙리 4세)와 가톨릭 신자인 공주의 결혼식 축제 엿새째. 성 바르톨로메오(바돌로메) 축일까지 겹쳤다.

신구교도가 어울려 먹고 마시며 춤추던 분위기 속에 일단의 무리가 칼을 들었다. 파티는 순식간에 살육장으로 변했다. 일주일간 이어진 학살로 위그노 4,000여 명이 죽었다. 센강이 피로 넘쳤다.

학살 배후는 섭정 카트린 드 메디치Catherine de Médicis 모후. 피렌체의 거상 메디치 가문 출신으로 교황 클레멘스 7세의 조카이자 앙리 2세의 미망인이다. 결혼식을 전후해 아들(샤를 9세)이 위그노 세력과 가까워지자 선택한 게 위그노 지도세력 척살령. 한 번 맛본 이교도의 피에 흥분한 종교적 광기는 전국으로 번졌다. 국왕의 중지 명령에도 10월까지 테러가 이어지며 7만여 명의 목숨을 앗아갔다.

'성 바르톨로메오 축일의 학살' 사건을 형상화한 그림

학살 소식을 접한 로마에서는 난리가 났다. 신의 은총을 경배하는 축포가 터지고 종소리가 울려 퍼졌다. 학살을 기리는 성화聖畫와 메달까지 만들었다. 가톨릭과 프랑스는 두고두고 후유증에 시달렸다. 프랑스를 빠져나간 위그노 30민여 명이 영국과 네덜란드, 독일 등 신교국가들의 경제를 발전시켰기 때문이다. 위그노의 대탈출은 스페인의 유대인 추방령(1492)과 함께 서양 경제사의 흐름을 바꾼 고급 인력 이동 사례로 꼽는다. 프랑스가 식민지 경쟁에서 영국에 밀린 요인을 위그노 인력의 상실로 보는 시각도 있다.

축제의 가면 속에 자행된 학살로부터 438년이 지난 오늘날 압제와 억울한 죽음을 보고 박수 치는 광기는 과연 사라졌을까. 정치적 이유, 실망감으로 둥지를 떠나는 고급 인력은 더 이상 없을까.

8월 25일
헨리 모건, 캐리비안의 해적

헨리 모건Henry Morgan. 카리브해를 주름잡던 해적이다. 역사상 가장 성공한 해적으로도 손꼽는다. 일개 해적에서 영국령 자메이카 부총독의 자리에까지 올랐으니까. 재테크를 잘한 덕분이다.

희대의 해적 모건의 어린 시절은 불분명하다. 1635년께 대지주의 아들로 태어났다는 설과 계약 노동자로 바베이도스로 이주했다는 설이 엇갈린다. 확실한 것은 그가 스스로 말한 대로 '공부보다는 싸움이 좋아 일찌감치 학업을 접었다' 는 점뿐이다. 모건이 자메이카에 들어온 1658년은 영국이 스페인을 몰아내고 점령한 직후. 전시 분위기 속에서 1662년 시민군의 장교로 임명되고 사략 권한을 얻은 그는 소함

대를 이끌며 스페인의 식민 도시들을 약탈해 악
명을 쌓았다.

모건의 특징은 공격 대상 선정과 투자. 스페
인의 보물선 대신 주로 도시를 털었다. 해상 약
탈은 전리품의 절반을 영국 국왕에 바쳐야 했던
반면 육지 공격은 규정이 없어 수익이 컸기 때
문이다. 약탈한 보물을 흥청망청 써버리는 다

헨리 모건

른 해적들과 달리 그는 농장을 구입해 재산을 불렸다.

최대의 성과는 1671년 초 파나마 약탈. 18세기 이전까지 미주 대륙
최대의 전투였던 파나마 약탈을 당한 스페인이 새로 건설한 뉴파나마
가 오늘날의 파나마시티다. 잔혹 행위 혐의로 본국에 송환되었을 때
도 그는 처벌은 고사하고 사면에 기사 작위까지 받았다. 4년 뒤에는
자메이카의 부총독 자리까지 꿰찼다. 부동산 투자로 쌓아 올린 재산
이 작용했음은 물론이다.

1688년 8월 25일 53세로 사망할 때까지 대부호로 군림했던 모건은
아직도 회자되며 부를 낳고 있다. 해적 소설로는 최초의 히트작인《미
국의 해적들》(1684)에서 세계적으로 흥행한 영화 〈캐리비안의 해적〉
에 이르기까지 모건은 여러 작품의 모티프가 되고 있다.

8월 26일

인간은 나면서부터 자유로우며 평등한 권리를 지닌다- 프랑스 인권선언

"인간은 나면서부터 자유로우며 평등한 권리를 지닌다."

1789년 8월 26일 프랑스 국민 의회가 선포한 '인간과 시민의 권리에 대한 선언' 제1조다. 전문과 17개 조항으로 구성되어 길지 않은 분량임에도 인권선언은 인권은 물론 권력 분산, 사법권 독립, 언론 자유와 저항권, 조세 평등까지 인류가 누리는 보편적 가치의 거의 전부를 담고 있다.

오늘날 전 세계 국가의 헌법에도 녹아 있는 인권선언이 220년 전에 탄생한 배경은 사상의 발달과 폭정. 몽테스키외의 권력 분립론과 콩도르세 등의 백과전서파, 존 로크의 자연권 사상, 루소의 국민 주권론, 볼테르의 자유 · 관용론, 중농주의자들의 소유권 불가침 원칙 등이 프랑스 왕정과 구체제의 폭정을 만나 하나로 합쳐졌다. 경제난에 봉착해 예외 없는 조세를 시행하려던 정책에 성직자와 귀족이 반발했던 점도 프랑스혁명과 인권선언을 불렀다.

여성과 노예 계층이 제외되었다는 비난에도 인권선언의 정신은 세계로 퍼지고 근대 민주주의를 낳았다. 인권선언의 13조인 "세금은 모든 시민에게 능력에 따라 평등하게 배분되어야 한다"는 조항은 현대 국가의 조세 형평 원칙으로 굳어졌다.

조상들이 《천자문》 다음으로 익히던 《동몽선습》의 머리글에도 비슷한 대목이 있다.

"하늘과 땅 사이 만물 중에 오직 인간이 가장 귀하니天地之間 萬物之中 惟人最貴……."

프랑스 인권선언문

인권선언보다 248년 전에 나온《동몽선습》에서 천부天賦 인권을 다루었던 이 땅의 인권은 퇴행하고 있다. 국제사면위원회는 한국의 인권 상황이 후퇴하고 있다는 보고서를 냈다. 인권을 유보하며 강행한 경제 발전은 지속 가능하지도 않고 수많은 사회적 후유증을 가져온다는 점을 망각한 것 같다. 인권선언 서문에 이런 구절이 나온다.

"인권에 대한 무지와 망각 또는 멸시가 공공의 불행과 정부의 부패를 초래한다."

8월 27일

1969년 콜레라

마을 사람들이 구토와 설사, 저온증에 시달렸다. 1969년 8월 27일 전남 옥구군 실향민촌에서 일어난 일이다. 이틀 뒤 최초의 사망자가 나왔다. 발생 일주일이 지나서야 사태를 파악한 정부가 원인을 1차 발표한 9월 3일 감염자는 64명, 사망자는 11명으로 늘어났다. 군산과 고

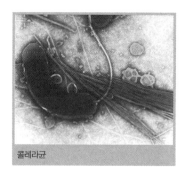
콜레라균

창, 부안, 충남 서천까지 확산된 감염 지역에서는 동남아를 휩쓸던 콜레라 공포에 떨었다.

정부가 밝힌 원인은 비브리오균에 의한 식중독. 보다 정확한 분석을 위해 이틀간 시간을 달라는 전문가들의 의견을 묵살한 채 보건사회부는 '콜레라가 아닌 것만은 확실하다'며 '예방 조치를 취하면 확산을 막을 수 있다'고 밝혔다.

정부의 장담과 달리 괴질은 전국적으로 퍼졌다. 들끓는 여론에 보건사회부는 '급성 장염'이라고 둘러대다 감염자가 402명에 이른 9월 9일에야 '신종 콜레라'라는 판명을 내렸다. 세계보건기구WHO에 의무 보고해야 할 콜레라 발병을 보름 동안이나 몰랐던 한국은 국제적 망신까지 샀다. 정부의 오판과 늑장 대응, 갈팡질팡 속에 1969년 콜레라는 10월 24일 경북 울진에서 마지막 환자가 보고되기까지 1,538명에게 전염되어 137명이 사망하는 기록을 남겼다. 광복 직후 1만여 명이 사망한 적이 있으나 건국 이후로는 최악의 피해다.

콜레라는 2003년 이후 국내에서 발견되지 않았지만 1969년은 오늘날과 닮은꼴이다. 3선 개헌안의 별관 날치기 통과를 둘러싼 정쟁과 세종시 공방, 콜레라와 신종플루로 각각 단어가 바뀌었을 뿐이다.

세계보건기구 핵심 관계자의 '이론적 추정에 따르면 한국도 1,000만 명이 감염되어 1만 명이 사망하는 최악의 상황을 배제할 수 없다'

는 경고가 여전히 오싹하다. 지난해 하반기를 공포에 떨게 만든 신종 플루가 소멸되었는지 장담할 수 없는 상황이다.

8월 28일
세상을 바꾼 지도-'지층 스미스'

기원전 4004년 10월 26일 오전 9시. 16세기 영국의 한 성직자가 주장한 '창조의 순간'이다. 사람들은 이를 19세기 중엽까지 믿었다. 근거 없는 믿음은 초등 교육을 겨우 마친 측량 기사로 인해 깨졌다. 주인공은 윌리엄 스미스William Smith. 지질학의 아버지로 불리는 사람이다.

1769년 잉글랜드 중남부에서 농사와 대장간을 병행하던 중농 집안에서 태어난 그는 여느 천재처럼 평탄하지 못한 삶을 살았다. 여덟 살에 아버지를 잃고 삼촌 집에서 기거하며 눈대중으로 측량을 배웠다. 철강·석탄 광산 개발과 운하 건설이 한창이던 시절 수많은 갱도와 공사장은 그에게 커다란 교실이었다. 지표와 암석층, 화석에 빠져들던 그는 얼마 안 지나 '지층 스미스Strata Smith'라는 별명을 얻었고 1815년에는 최초의 지질도를 선보였다.

윌리엄 스미스

영국 전역 1만 6,000㎞를 뒤지고 다니며 측량과 채석장 사업에서 번 돈을 연구에 쏟아 언제나 돈이 모자랐던 그는 1819년 6월 채무자 교도

소에 들어갔다. 80여 일의 수감 기간 동안 그는 모든 것을 잃었다. 아내는 정신병에 걸리고 학문적 성과는 귀족 출신의 현역 의원이 훔쳐간 것이다.

출감 후 다행히 그의 진가를 알아본 후원자들의 도움으로 지층 연구와 화석 연구소 설립 등에 전념해 옥스퍼드대학 명예박사 학위도 얻고 동시대의 최고 과학자 울러스턴William H. Wollaston의 유산으로 제정된 상도 받은 스미스는 1839년 8월 28일 70세로 생을 마쳤다.

스미스의 진정한 업적은 과학에서 종교적 편견을 극복했다는 점. 신이 모든 피조물을 동시에 창조했다면 어떻게 지층마다 다른 화석이 나올 수 있느냐는 스미스적 접근은 다윈의 진화론을 거쳐 현대 과학 문명의 꽃을 피웠다. 그의 지질도는 20세기 이후부터 이렇게 평가받았다, '세상을 바꾼 지도'.

8월 29일
민주주의는 애국자와 압제자의 피를 먹고 자란다

1786년 8월 29일 매사추세츠 펠헴 마을. 농부들이 떼 지어 법원으로 몰려갔다. 가혹한 세금과 채무자 재판에 항의하기 위해서다. 평화적 시위는 대규모 농민 반란으로 번지고 종국에는 미국 헌법을 낳았다.

주동자는 대니얼 셰이스Daniel Shays. 독립전쟁 영웅이었으나 봉급은 물론 참전 수당을 받지 못해 빈농으로 전락한 마당에 매사추세츠 주정부가 가구당 20파운드(요즘 가치로 약 230만 원)의 인두세를 부과하자 봉기를 이끌었다. 과도한 세금이 매겨진 이유는 주정부도 가난했던 탓. 독립전쟁 비용으로 눈덩이처럼 불어난 재정 적자를 메우려 농민을 짜냈다. 패전 영국이 보복 조치로 단행한 경제 봉쇄도 경제난을 가중시켰다.

반란군 대니얼 셰이스

농부들을 더욱 궁지로 내몬 것은 상인과 금융업자들의 대출금 상환 채근. 채권자들의 압력을 받은 주정부가 재판을 통해 빚을 갚지 못하는 농부들의 집은 물론 농기구까지 압류하자 쌓인 분노가 터져 농민 반란군은 순식간에 1,800명 선으로 불어났다. 일부는 경제난 탈출을 위해 영국의 지배로 돌아가자는 주장까지 앞세웠다.

농민군은 1787년 2월 상인들의 자금으로 조직된 4,400여 명의 진압군이 쏜 대포 두 방에 9명의 사망자를 낸 채 산산이 흩어졌지만 소기의 성과를 이루었다. 주마다 반란의 파급을 막기 위해 세금 경감, 채무 변제 등의 후속 조치를 내놓은 것이다. 사형 선고를 받았던 주모자들도 사면을 받았다.

반란에 제대로 대처하지 못했다는 반성은 미국 헌법 제정(1787)과 연방 정부의 탄생(1789)으로 이어졌다. 셰이스 반란이 신생 국가의 성격을 13개 독립 주의 느슨한 동맹체에서 연방 국가로 탈바꿈시킨 셈이다. 반란이 자양분 역할을 했기 때문일까. 토머스 제퍼슨은 당시 이런 말을 남겼다. '민주주의라는 나무는 때로는 애국자와 압제자의 피를 먹고 자란다.'

8월 30일

산업혁명 시초 논쟁– 크리스토퍼 폴햄

'아크라이트냐 보캉송이냐. 둘 다 아니다. 폴햄이다.'

산업혁명의 시초 논쟁이다. 정설은 1769년 수력 방직기를 발명한 영국의 아크라이트. 여기에 프랑스가 발끈하여 보캉송의 비단 직기 발명이 20년 앞섰다고 주장한다.

진짜 첫 주자는 스웨덴의 크리스토퍼 폴햄Christopher Polhem. 30년

크리스토퍼 폴햄

전쟁을 피해 이민 온 독일인 가정에서 1661년 태어나 여덟 살에 부친을, 열두 살에 삼촌을 잃은 후 농장 머슴으로 시작해 자수성가한 인물이다.

정규 교육을 거의 받지 못했지만 농장에서 10년간 일하며 독학으로 수학과 기계 역학, 라틴어를 익힌 폴햄은 능력을 아깝게 여긴 주변의 추천으로 1687년 웁살라대학에

진학했다. 기계를 잘 만지는 26세 늦깎이 대학생은 3년 후 광산의 배수 시스템 개량 책임자로 뽑혔다. 1697년에는 멀리 떨어진 강에서 거대한 수차를 돌려 철광석을 채취하는 기계도 만들었다. 덕분에 1716년에는 귀족 작위까지 받았다.

최대 업적은 1699년에 세운 수력 공구 공장. 분업 시스템을 도입하고 판금을 생산하는 롤러roller까지 선보였다. 그러나 주요 공정을 기계화한 이 공장은 얼마 안 지나 사라졌다. 종업원들이 대량 해고에 항

의해 불을 질렀기 때문이다. 1751년 8월 30일 90세를 일기로 사망할 때까지 폴햄은 광산과 공장 기계화를 위해 애썼지만 산업화에 반대하는 물결을 되돌리지 못했다. 영국보다 크게 앞설 수 있었던 스웨덴의 산업화 기회도 날아갔다.

비슷한 사례는 많다. 고려의 《직지심체요절》이 구텐베르크의 성서보다 70여 년 앞섰다고 하지만 인쇄술의 원조는 독일로 각인되어 있다. 한국의 금속활자를 기억하는 사람은 거의 없다. 역사는 승자의 편이다. 누적된 승리와 실적이 역사로 남는다. 경제사는 더욱 그렇다.

8월 31일
놀이를 통한 학습의 위력 – 마리아 몬테소리

이탈리아 첫 여성 의사. 국제 여성대회에서 양성 평등 결의안을 채택시킨 선구자. 마리아 몬테소리Maria Montessori의 인생 초반부를 장식하는 말들이다.

1870년 8월 31일, 고위직 공무원의 무남독녀로 태어난 몬테소리는 유별났다. 남자의 전유물이던 기술학교 진학을 고집해 부친의 속을 태웠다. 의대에 지원했을 때는 여성의 입학 허용을 놓고 사회적 논쟁까지 일었다.

인생 항로가 바뀐 것은 의대를 졸업한 1896년. 갓 배치된 어린이 정신병동에서다. 창살에 갇혀 동물처럼 취급받는 아이들에게 교육의 기회가 전혀 주어지지 않는다는 사실을 직시한 몬테소리는 개혁에 나서

마리아 몬테소리

기로 결심한다.

지적장애아 교육 방법을 공동 연구하던 동료 의사와 사랑에 빠진 것도 이 무렵이다. 아들을 낳았지만 미혼모를 천시하던 풍토에 따라 핏덩이를 유모에게 보낸 몬테소리는 심리학과 철학을 공부해 1904년 로마대학 인류학 교수로 취임했다.

자기 아이에게 쏟지 못한 사랑은 교육에 대한 열정으로 이어졌다. 1907년엔 교수직을 던지고 빈곤층 자녀를 위한 '어린이의 집Casa dei Bambini'을 열었다. 교육의 요체는 '놀이를 통해 아이가 스스로 배운다'는 것. 교사는 관찰자에 머물렀다. 결과는 대성공. 몬테소리 교육법은 전 세계로 퍼졌다. 1922년에는 무솔리니의 눈에 들어 장관급 교육 감독관을 10년간 지냈다. 1952년 72세로 타계하기 전 3년 연속 노벨 평화상 후보에 올랐지만 선정되지 못한 것도 파시즘 동조 논란 때문이었다.

몬테소리 교육의 인기는 갈수록 높아진다. 문제는 변질. 천재를 만드는 조기 교육으로 인식된 탓이다. 한국의 연간 유아 교육비만 3조 원. 돈이 없으면 소외되는 구조와 잠재 능력을 발굴당하느라 학원을 순례하는 아이들을 몬테소리가 본다면 뭐라고 할까.

9월

9월 1일

양담배, 외국산 제품에의 경계

양담배가 양지로 나왔다. 해금解禁 일자 1986년 9월 1일. 이전까지 양담배는 불가촉不可觸 대상. 담배 전매법에 의거해 양도·양수 및 소지, 즉 사고파는 것은 물론 소지만 해도 처벌받았다.

멀리서 담배 연기만 봐도 양담배인지 아닌지 파악할 수 있다는 무시무시한 단속반은 감시의 눈을 번득이며 양담배 흡연자를 가려냈다. 양담배에 '불법'의 굴레가 씌워진 것은 1953년 10월. 이승만 대통령은 국산 담배 보급을 위해 양담배 판매를 금지했다.

양담배 흡연·매매·소지 시 '10년 이하의 징역 또는 150만 원 이하의 벌금형'이라는 무시무시한 법률에도 양담배는 끈질기게 생명력을 이어나갔다. '양담배 한 보루'는 값진 선물로 통했다. 전매청이 시중에서 압수한 양담배를 집권당 간부들이 빼돌려 내다 판 사건이 발생한 적도 있다.

국민의 숨소리마저 규격화할 것 같던 서슬 퍼런 5공 정권이 양담배 판매를 허용한 것은 통상 압력 때문이었다. '미국 상품의 소지 및 사용을 법으로 금지하는 나라와 어떻게 교역할 수 있느냐'는 거대 담배 회사들의 질책을 받은 미국이 '슈퍼 301조'를 내세워 시장 개방을 요구하자 쌀과 쇠고기를 비롯해 담배까지 시장을 열 수밖에 없었다.

해금 직후 양담배 판매는 우려와 달리 미미한 것 같았지만 야금야금 시장을 파먹어 들어오고 있다. 양담배의 시장 점유율은 2008년 기준 34%. 322억 개비가 팔렸다. '양담배면 어때'라는 생각 속에 외국산 담배의 점유율은 갈수록 높아지고 흡연의 재정 기여도 역시 떨어져 간다.

1974년도 노벨 경제학상 수상자인 스웨덴의 군나르 뮈르달Gunnar Myrdal은 중남미 쇠퇴의 원인을 '공통의 이익을 위해 단결·조직하기보다 개인주의화하고 외국산 제품을 경계하지 않는 경향'에서 찾았다. 한국인이 피워대는 양담배를 두고 한 말처럼 들린다.

9월 2일
몽둥이 정책, 경찰국가 미국의 출발점

"평화를 위해 큰 몽둥이가 필요합니다."

1902년 9월 2일 미네소타 축제에 참석한 부통령 루스벨트의 연설이다. 미국의 전통적인 고립주의에서 벗어나 적극적인 외교에 나서야 한다는 뜻이 담겨 있다.

원전은 '멀리 가려면 부드러운 말(언어)과 큰 몽둥이를 준비하라'는 서아프리카 속담. 광범위한 독서로 속담에서 우화, 논문까지 자유자재로 끌어다 쓴 루스벨트다운 인용이었으나 연설 당시에는 별다른 주목을 받지 못했다. 실권이 거의 없는 부통령의 발언이었기 때문이다.

상황은 발언이 나온 지 12일 만에 매킨지 대통령이 암살되면서 극적으로 바뀌었다. 대통령직을 승계한 루스벨트는 '몽둥이 정책Big Stick Policy'을 정책의 근간으로 삼았다. 루스벨트는 특히 중남미에 군함을 보내 스페인과 영국, 독일의 영향과 간섭을 받던 쿠바와 베네수

엘라, 도미니카를 미국의 세력권
으로 편입시켰다.

파나마 운하도 마찬가지. 루스
벨트는 큰돈을 요구하는 콜롬비
아 정부를 배제하고 반란군을 지
원해 파나마 공화국을 독립시킨
다음 유리한 조건으로 운하 계약

만화가 윌리엄 로저스의 '몽둥이 정책' 관련 카툰(1904)

을 맺었다. 떠오르는 미국의 힘을 과시하려 최신 전함 16척을 건조해
흰색으로 칠한 후 '대백함대'라는 이름을 붙여 세계 일주 항해도 강
행했다.

루스벨트는 아프리카 속담과 달리 '부드러운 언행' 없이 몽둥이만
휘둘렀지만 국민들의 절대적인 지지를 받았다. 무연탄 노조의 대파업
을 몽둥이(군대)를 동원해 진정시키는 과정에서 광부들의 요구를 수용
하고 사용자의 양보를 이끌어냈기 때문이다. '트러스트 파괴자trust-
buster'라는 별명을 얻을 정도로 기업 집중에도 몽둥이를 휘둘렀다.

'세계의 경찰 국가, 미국'의 출발점 격인 몽둥이 정책은 외국과 기
득권층을 향했던 셈이다.

9월 3일

산마리노, 1,000년을 이어온 농민 민주주의

산 마리노San Marino. 이탈리아 북동부에 위치한 내륙 국가다. 면적

산 마리노를 창건한 석공 성 마리누스를 형상화한 그림

61㎢로 세계에서 다섯 번째로 작은 나라다. 울릉도보다도 작은 이곳의 인구는 3만 1,000여 명. 인구 기준으로도 다섯 번째로 적지만 '세계에서 가장 오래된 공화국'이다.

전승에 따르면 산 마리노에 공동체가 형성된 것은 1,708년 전. 종교 박해를 피해 크로아티아 지역에서 피신한 기독교도 석공 성 마리누스Saint Marinus가 같은 처지의 사람들을 모아 교회를 짓고 공동 예배를 올린 301년 9월 3일이 국가의 출발점이다.

온갖 외침 속에서도 공동체를 지켜온 산 마리노는 13세기부터 고대 로마식 집정관 제도를 채택해 오늘날까지 이어오고 있다. 교황에게서 1631년 독립을 인정받고 정복자 나폴레옹으로부터는 '지구상의 유일한 민주주의 국가'라는 찬사와 함께 영토를 늘려주겠다는 제의를 받기도 했다.

오랜 세월 동안 공화정과 독립을 유지할 수 있었던 유인은 강할 때라도 남의 영토를 엿보지 않는 무욕심과 가난. 이웃 국가들은 산과 들밖에 없는 이 나라를 침략하려 들지 않았다. 이탈리아도 일개 마을에 불과한 산 마리노를 유지하는 것이 '평화 국가'라는 명분은 물론 경제적으로도 이익이라는 판단 아래 선린 관계를 유지하고 있다.

2008년 기준 산 마리노의 1인당 국민총생산은 5만 5,449달러로 4만 달러를 밑도는 이탈리아보다 높다. 공항도, 이렇다 할 산업 기반도 없는 이 나라 국민들이 고소득을 올리는 비결은 연 400만 명에 이르는 관광객. 국가 수입의 절반 이상이 관광객의 호주머니에서 나온다.

산 마리노는 개발도상국을 위한 미래의 정치 모델로도 꼽힌다. 민주주의는 부르주아 계층의 존재에서만 싹틀 수 있다는 이론과 달리 가난하고 배운 게 없는 국민들이 1,000년 넘게 농민 민주주의를 이루어왔기 때문이다.

9월 4일
성공 기업의 조건- 얼음왕 프레드릭 튜더

"얼음을 잘라 더운 나라에 팔겠다고? 운송 도중에 다 녹아버리고 말 텐데……."

사람들은 그를 미쳤다고 했다. 그랬다. 1806년 2월 천연 얼음 80톤을 싣고 보스턴을 떠난 화물선이 2,400km를 지나 서인도제도의 프랑스령 마르티니크에 도착했을 때 남은 얼음은 20여 톤. 그나마도 원주민들은 신기하게 여길 뿐 용도도 몰랐다. 프레드릭 튜더Frederic Tudor의 첫 사업은 실패로 돌아갔다.

집에서는 늦었지만 학업에 나서라고 채근했다. 튜더는 보스턴 명문가 출신. 독립전쟁 때 워싱턴 아래에서 군 법무 총감을 지낸 윌리엄 튜더의 3남으로 1783년 9월 4일 태어난 그는 하버드대학 입학을 마다

연못에서의 얼음 채취 풍경(1854)

한 채 13세부터 장삿길에 나섰다. '얼음을 팔면 돈이 된다'는 확신에서다. 돈을 모아 회사를 세운 때가 1803년. 양질의 천연빙을 구할 연못과 호수를 찾고 보관 창고, 화물선까지 준비한 첫 수출에서 그는 빚 4,500달러만 안았다.

하지만 튜더는 포기하지 않고 오히려 사업을 늘렸다. 1810년 처음으로 이익 7,400달러를 올렸지만 빚은 9,000달러로 불어나 있었다. 채무자 교도소를 들락거리며 연리 40%로 돈을 빌려 사업을 꾸려나갈 즈음 그는 마침내 길을 찾았다. 톱밥이라는 단열재를 찾아내고 새로운 채빙 기술을 개발한 덕분에 1825년부터 돈방석에 앉았다.

유럽과 인도, 싱가포르까지 전 세계 53개국에 얼음 창고를 깔고 연간 500만 톤이 넘는 천연빙을 팔아 '얼음왕'으로 불렸던 그는 1864년 인생의 정점에서 숨졌다. 문제는 튜더 사후. 회사가 몰락의 길을 걸었다. 값싼 인공 제빙 기술을 외면한 채 천연빙 채집에만 매달린 탓이다.

튜더의 성공과 형체도 없이 사라진 회사는 성공 기업의 조건을 말해준다. 독창적 아이디어와 인내, 끊임없는 경영 혁신.

9월 5일
루돌프 피르호, 의학과 복지의 교황

"제발 전염병 좀 없애다오."

창궐하는 발진티푸스에 고민하던 프로이센 정부가 조사단을 구성해 대책 마련에 나섰다. 조사단이 1848년 내놓은 보고서의 골자는 개혁. 경제 정책을 수정하고 정치적 자유를 허용하라는 내용이었다. 위생과 영양 상태 개선 같은 처방을 기다리던 정부는 기겁했다.

루돌프 피르호

보고서 작성자는 루돌프 피르호Rudolf Virchow. 스물일곱 살 먹은 의사였다. 가뜩이나 유럽 전역에 혁명의 기운이 무르익던 시절 '불온한 보고서'에 놀란 프로이센 정부는 피르호 박사를 시골로 내쫓았다. 백혈병과 종양 규명 등의 의학적 업적이 이 7년간의 유배 시절에 나왔다. 베를린에 돌아온 직후인 1858년에는 '모든 세포는 세포로부터 나온다'는 내용을 담은 《세포병리학》을 저술해 질병 규명에 신기원을 열었다.

고고인류학에도 업적을 남겼다. 독일 고고학회를 세워 이집트와 트로이 발굴에 참여하고 두개골 형태 연구를 통해 순수한 아리안족은 남아 있지 않다는 학설도 내놓았다. 국가를 세포로 해석한 것으로도 유명하다. 세포들의 공화국인 인간의 몸이 건강하다면 세포의 민주주의가 달성된 상태이며 질병은 세포 민주주의의 파국이라는 것이다.

'의학의 교황'이라는 별칭을 얻은 피르호는 현실 정치에도 직접 몸담았다. 1861년부터 1893년까지 프로이센·독일 제국 의회 의원을 지내며 군비 축소, 복지 예산 확대를 주장해 철혈 정책을 추진하던 비스마르크에게 결투 신청을 받은 적도 있다.

1902년 9월 5일 81세의 나이에 교통사고로 생을 마감했지만 의학과 사회를 하나로 본 그의 사상은 오늘날 복지 국가의 재정 정책에 스며 있다. 선진국일수록 복지와 건강에 돈을 많이 쓴다. 경제협력개발기구 회원국의 복지 예산 비중은 평균 51% 수준. 한국은 그 절반이다.

9월 6일
환상의 전투기의 실체, 미그-25 망명 사건

"스크램블 scramble!"

긴급 발진 명령을 받은 자위대의 팬텀기 두 대가 급히 떠올랐다. 일본 영공을 침범한 국적 불명의 비행 물체를 요격하기 위해서다. 초저공비행으로 추적을 따돌린 비행 물체는 홋카이도 하코다테 공항 상공에 나타났다. 관제탑의 경고를 무시한 채 착륙을 강행한 기체는 활주로를 185m나 벗어난 뒤 가까스로 멈추어 섰다. 소련 극동 공군 소속 벨렌코 Viktor Belenko 중위 망명 사건의 개요다. 사건 발생 일시 1976년 9월 6일 오후 1시 57분.

소련은 즉각 기체 반환을 요구하고 나섰다. 불응 시 전쟁도 불사하겠다는 으름장에도 아랑곳없이 미국과 일본은 기체를 뜯었다. 순간속도 마하 3.2를 기록한 '환상의 전투기', 서방 진영의 어떤 전투기로도 대응이 불가능하다는 공포의 존재 미그-25 MIG-25를 해부한 미국과 일본의 기술진은 경악을 금치 못했다.

무엇보다 진공관이 나왔다. 트랜지스터를 넘어 반도체 시대에 접

어든 게 언제인데 무겁고 부피가
크며 쉽게 깨지는 진공관이라니!
가볍고 강한 티타늄 특수 합금이
라고 추정했던 기체의 재질은 강
철이 대부분이었고 고속 비행에
서 선회 기동 시 휘어지기 쉬운 알

미그-25

루미늄 합금도 섞여 있었다. 환상의 전투기라는 생각 자체가 환상이
었던 셈이다.

　망명 사건에 따른 각국의 손익 계산서는 극명하게 엇갈렸다. 소련
의 기술 수준이 적나라하게 드러나 미국제 무기에 대한 선호도가 높
아졌다. 소련은 통신·암호 체계 전면 개편에 최소한 20억 루블을 썼
다. 실제 지출 비용이 수백억 루블에 달해 항공모함 두 척의 건조가
취소되었다는 분석도 있다. 소련제 전투기를 사려는 국가도 줄어들었
다. 울고 싶은데 뺨 맞은 격이 된 일본은 방공망의 취약성을 부각시키
며 군비 증강에 수백조 원을 퍼부었다. 조기 경보기와 F-15전투기, 이
지스함의 도입이 추진된 게 이때부터다.

9월 7일
영국 자본주의를 꽃피운 시장 날치기 – 신사의 약탈
　매복 중인 영국 함대의 견시수가 외쳤다.

　"큰 배다!"

스페인 보물선을 약탈하려고 대서양을 찾아 나선 지 두 달. 기대했던 스페인 선박 대신 걸려든 포르투갈의 배는 영국의 최대 힘선보다 3배나 컸다.

발견 후 추적까지 3일, 전투 개시 두 시간 만에 포르투갈의 1,600톤급 갤리온선 '마드레 데 디오스Madre de Dios호'는 백기를 올렸다. 대포 32문을 보유했지만 작고 빠른 영국 군함 6척의 벌 떼 공격에 무너진 것. 아조레스제도 부근에서 발생한 약탈의 시기는 불분명하다. 1592년 8월 초로 추정될 뿐이다.

확실한 날짜는 그해 9월 7일. 영국 함대가 의기양양하게 다트머스항으로 돌아온 날이다. 구경꾼들은 디오스호의 크기에 놀랐다. 더욱 놀란 것은 화물. 금과 은, 진주, 다이아몬드, 호박 같은 보물은 물론 후추 450톤과 정향 45톤, 계피 35톤 등 값비싼 향료와 중국산 비단이 쏟아져 나왔기 때문이다.

노획물의 총 가치는 50만 파운드. 단일 해상 약탈로는 전무후무한 규모다. 당시 영국 재정의 절반을 넘는 횡재에 엘리자베스 여왕의 입이 귀밑에 걸렸다. 35만 파운드가 국고에 귀속되고 15만 파운드는 여왕과 선장, 선원의 몫으로 돌아갔다. 보물이 얼마나 많았는지 영국에서 다이아몬드 세공사라는 직업이 생긴 것도 이때부터라고 전해진다.

포르투갈이 항의했지만 영국은 꿈쩍도 안 했다. 평상시에는 해적질을 하고 전시에는 정규 해군으로 싸우는 게 후발 주자 영국의 해양 전략이었으니까. 해적들은 영웅 대접을 받았다.

인도의 값진 물건을 실은 디오스호의 약탈로 재미를 본 영국은 아예 동양 무역에 직접 나서기로 작심, 1600년 동인도회사를 세웠다. 시장 날치기가 장물로 부를 축적해 독점적 도매상으로 자리 잡고 자본주의의 꽃을 피운 셈이다.

9월 8일
앙코르, 방코르!– 세계 화폐 탄생할까?

"세계 경제가 폐허를 딛고 순항할 길은 무엇인가."

2차 대전이 한창일 무렵 영국 경제학자 존 케인스John M. Keynes의 고민이다. 그의 대안은 국제무역기구ITO와 국제청산동맹ICU 설립. 국제 화폐 '방코르Bancor' 도입도 추가했다.

방코르는 세계 중앙은행의 역할을 맡을 국제청산동맹이 국제 무역 대금 결제용으로 발행하는 세계 화폐. 전쟁이 터진 경제적 이유를 '국제 수지 흑자 경쟁'으로 간주한 케인스는 어떤 국가도 시장을 장악하고 막대한 무역 흑자를 축적할 수 없는 시스템으로 국제청산동맹과 방코르를 제시했다.

케인스의 방안에 따르면 각국은 은행의 당좌대월 고객처럼 국제청산동맹으로부터 배정받은 한도(5년간 평균 무역 거래량의 절반)를 초과할 경우, 즉

브레턴우즈 회의에서의 존 케인스(오른쪽)와 미국 재무부 관료 해리 덱스터 화이트

수입이 누적되어 방코르가 부족할 경우 이자를 물고 환율을 내려야 한다. 반대로 수출이 많아 방코르가 쌓일 경우에도 일정액 이상은 이자를 부담하고 환율을 올려야 한다. 케인스는 이 시스템으로 국제 무역이 균형을 유지하면서도 비약적으로 발전할 수 있다고 여겼다.

방코르 구상은 1941년 9월 8일 발행된《전후 통화 정책》이라는 작은 책자를 통해 소개된 후 전후 국제 경제 질서를 모색하기 위한 1944년 브레턴우즈 회의에서 영국의 공식 의견으로 제안되었으나 금융 패권국으로 올라선 미국이 주장한 금·달러 본위제에 밀려났다. 그 결과는 익히 아는 대로다. 초기에는 작동하는 것 같았으나 막대한 전쟁 비용 등으로 미국의 재정이 고갈되면서 세계의 골칫거리로 전락해버렸다.

케인스의 영혼이 방코르 부활의 주문을 걸고 있는 것일까. 글로벌 경제 위기 속에 무덤 속의 방코르가 다시 주목받는 분위기다. 미국은 일축하고 있으나 달러를 믿지 못하는 중국과 유럽 쪽에서 글로벌 불균형을 해소할 대안으로 방코르 도입론이 나오고 있다. '앙코르, 방코르!'

9월 9일
《둠즈데이북》, 11세기의 인구 토지 조사서

윌리엄 1세. 프랑스 서부를 지배하던 노르망디 공의 서자로 1028년 태어나 1066년 영국을 정복한 인물이다. 통칭 정복자 윌리엄William the Conqueror. 1087년 9월 9일 사망 전까지 주로 프랑스 영지에 머물렀지만 누구보다 많은 흔적을 영국에 남겼다.

대표적인 유산이 《둠즈데이북Doomsday Book》. 전국의 인구와 토지에 관한 조사서다. 색슨족의 반란을 평정한 직후인 1085년 시작되었다. 목적은 조세 강화. 정복지를 효과적으로 다스리기 위한 실태 파악이었다.

두 권으로 묶인 《둠즈데이북》에는 영주별 봉토와 삼림, 방목지, 공유지 면적, 쟁기 수, 자유민과 농노, 토지별 평가액과 신분별 토

영국 워릭셔 지방에 관한 《둠즈데이북》의 한 페이지

지 보유가 상세하게 적혀 있다. 정복 이전과 이후의 가치 변동까지 조사했다.

조사 결과 토지 소유 분포도는 노르만 귀족 50%, 교회 25%, 국왕 직할령 17%. 색슨족 소유의 토지는 8%에 그쳤다. 노르만족의 토지가 많은 것은 통치에 앞서 재산부터 챙겼기 때문으로 보인다. 정복왕 윌리엄이 짠 경제 질서는 중세와 근대를 거쳐 자본 형성과 산업혁명으로 이어졌다. 조사서로는 가장 오래된 문헌으로 꼽히는 《둠즈데이북》은 경제사의 프리즘이자 이정표인 셈이다.

당시 한국은 어땠을까. 훨씬 정교한 조사가 있었다. 1933년 일본 도다이지東大寺에서 발견된 통일신라시대 민정 문서에는 서원경(청주) 부근 4개 촌락의 지형과 전답 크기, 연령별·성별 인구는 물론 전출입 현황, 가축의 증감과 뽕나무, 잣나무, 호두나무 등의 숫자까지 파악되

어 적혀 있다. 작성 시기는 775년.《둠즈데이북》보다 310년 빠르다. 고도로 발달한 통치·조세 행정이 오래 전부터 존재했다는 얘기지만 기록은 거기서 멈추었다. 왜 더 발전하지 못했을까. 아쉽다. 기록하는 민족이라야 산다.

9월 10일
113년 전 최초의 음주 운전

1897년 9월 10일 런던. 도로를 갈지자로 달리던 택시 한 대가 건물을 들이받았다. 운전자 조지 스미스(25세)는 현장에서 체포되어 즉결 심판대에 올랐다.

맥주 두세 산을 마신 뒤 운전대를 잡은 스미스에게 법원은 1872년 제정된 '면허법'에 근거해 벌금형을 내렸다. 벌금 액수는 불명확하다. 20실링과 25실링, 1파운드였다는 세 가지 서로 다른 기록이 전해진다. 분명한 것은 세계 최초의 음주 운전 적발 사례라는 점이다. 맥주 몇 잔에 취할까 싶겠지만 당시 맥주의 알코올 도수는 요즘보다 두 배가량 높았고 맥주잔은 1.14리터짜리였다.

불행 중 다행으로 인명 피해는 없었다. 스미스가 몰았던 택시가 엔진 출력 3마력에 최고 시속 14.5㎞인 전기 자동차여서 인도로 뛰어드는 차량을 피할 수 있었기 때문이라고. 여기에서 의문이 들 법하다. '전기 자동차'라고? 요즘도 실용화하기에는 문제가 적지 않은 전기 자동차를 19세기에 택시로 운행했다니. 의외로 그랬다. 전기 자동차는 자동차용 가솔린 내연 기관이 발명된 1886년보다 훨씬 전인 1873년부터 선보였다.

전지(배터리)의 출력이 떨어지고 자주 갈아야 한다는 단점에도 영국에서 전기 자동차는 인기를 끌었다. 어차피 적기법(시속 6.4km 이내로 속도를 제한한 법) 때문에 빨리 달릴 수 없는 마당에 전기 자동차는 조용하고 승차감도 좋았기 때문이다. 친환경 미래형 자동차로 전기 자동차가 각광받은 것도 같은 이유에서다

최초의 음주 운전 적발로부터 113년이 지난 오늘날, 음주 운전은 세계적으로 줄어드는 추세지만 한국만은 예외다. 대대적인 예방 캠페인에도 음주 운전으로 사람이 하루 3명꼴로 죽어나간다. 한국인의 음주 운전은 세계에서도 알아준다. 런던의 택시 안에 '음주 운전 금지'라는 한글 안내판이 붙을 정도다. 오죽했으면.

9월 11일
칠레의 9·11

9월 11일 아침. 수도 한복판에서 테러가 일어났다. 범인은 알 카에다가 아니라 칠레 군부. 선거로 뽑힌 사회주의 정권을 무너뜨리기 위해 피노체트Augusto Pinochet가 이끄는 군대가 1973년 초가을 쿠데타를 일으킨 것이다. 대통령궁에 폭탄이 떨어지기 직전인 오전 9시 10분, 아옌데Salvador Allende 대통령은 마지막 방송을 내보냈다.

"나는 항상 국민들과 함께할 것입니다. 칠레 만세, 민중 만세, 노동

아우구스토 피노체트

자 만세!"

아옌데는 경호대에게 대통령궁을 떠나라는 명령을 내리고 소총을 들고 항전하다 머리에 실탄을 맞아 숨졌다. 미국의 지원으로 성공한 쿠데타 직후 칠레에는 피바람이 불었다. 시민 3,000여 명이 학살되거나 실종되고 13만 명이 감옥에 갇혔다. 10만여 명은 아직도 고문 후유증을 앓고 있다.

쿠데타군의 명분은 경제 난국 타개. 아옌데가 집권한 1970년 34.9%였던 물가 상승률이 3년 만에 508.1%로 뛰고 성장률은 2년 연속 마이너스를 기록했다. 경제난의 주요인은 미국의 봉쇄. 구리 재고를 있는 대로 풀어 칠레의 주 수출품인 구리의 국제 가격을 떨어뜨리고 네슬레 같은 식품 회사에 압력을 넣어 분유 수출까지 막았다.

쿠데타로 집권한 피노체트는 관료들을 물갈이하면서 시카고대학 경제학과 출신들을 대거 받아들였다. 규제 완화와 정부 개입 최소화를 주장하던 밀턴 프리드먼의 제자들인 이들 '시카고 보이스'는 칠레를 세계 최초의 신자유주의 실험장으로 만들었다.

칠레의 신자유주의는 과연 성공했을까. 평가는 극과 극이다. 1982년 외환 위기를 겪자 피노체트는 시카고 보이스들을 퇴출시키고 동아시아식 통제 경제를 접목했다. 아이러니컬하게도 피노체트는 아옌데가 남긴 경제적 유산 덕분에 재정을 꾸려나갈 수 있었다. 아옌데가 국유화한 구리 산업은 '칠레의 월급봉투'로 불리며 수출의 절반가량을 채우고 있다.

9월 12

레오 실라르드, 핵폭탄의 숨은 아버지

1933년 9월 12일 영국 런던. 횡단보도에서 신호등을 무심코 바라보던 한 외국인의 뇌리에 세상을 바꿀 만한 착상이 스치고 지나갔다.

'핵의 연쇄 반응!'

숙소로 돌아온 그는 연구에 몰두해 1년 뒤 '핵 연쇄 반응nuclear chain reaction'으로 특허를 따냈다.

핵 연쇄 반응이란 하나의 핵반응이 기하급수적으로 증가·분열하며 막대한 에너지를 방출한다는 것. 핵폭탄의 기본 원리다. 원자력 발전도 '적절하게 제어되는' 핵 연쇄 반응이다.

핵분열의 개념을 최초로 파악한 주인공은 당시 35세의 레오 실라르드Leó Szilárd. 헝가리에서 태어나 1차 대전 때는 군 장교로도 복무했으나 점점 심해지는 유대인 탄압을 피해 영국으로 피신한 난민이었다.

아인슈타인의 제자로 베를린 대학을 수석 졸업한 과학도인 그가 핵분열에 관심을 가진 동기는 두 가지. 영국 망명 이후 읽은 공상 과학 소설가 웰스의

핵무기 개발을 촉구하는 편지를 작성하고 있는 아인슈타인과 실라르드

소설《풀려난 세계The World Set Free》에 등장하는 원자 폭탄의 현실화 가능성을 따져보고 있던 때에 당대의 물리학자인 러더퍼드 경의 '원

자 에너지의 이용은 요원하다' 는 강의를 듣고 핵 연구에 매달렸다.

1938년 미국 콜롬비아대학 교수 자리를 얻은 그는 이탈리아 출신인 페르미와의 공동 실험을 통해 핵분열 가능성을 증명해냈다. 아인슈타인이 루스벨트 대통령에게 핵무기 개발을 촉구하는 편지(실라르드 청원서)를 보낸 것도 그의 종용에 의해서다.

핵폭탄의 숨은 아버지인 실라르드는 원자 폭탄이 수많은 인명을 살상하는 현실을 목도하고는 전공을 핵물리학에서 원자 생물학으로 바꾸고 1964년 66세로 사망할 때까지 원자력의 평화적 사용 운동에 여생을 바쳤다. 만약 그가 길거리에서 핵분열에 대한 생각을 떠올리지 않았다면, 실라르드 청원서를 보내지 않았다면 핵무기는 좀 더 늦게 나왔을까.

9월 13일
밀턴 허시, 슈거 대디

대학을 빼고 세계에서 가장 부자인 학교는 어디일까. 미국의 밀턴 허시스쿨이다. 세계적 초콜릿 업체 허시푸드의 최대 주주여서 재산이 수백억 달러에 이른다. 유치원에서 초·중·고교 과정의 학생 1,300명은 등록금은 물론 여가 활동비까지 돈 한 푼 내지 않는다. 학생 1인에게 들어가는 비용은 연간 약 10만 달러. 어떻게 이런 학교가 다 있을까. 미국 초콜릿의 아버지 밀턴 허시Milton S. Hershey 덕분이다.

허시스쿨은 그의 사회 공헌 중 일부분에 불과하다. 기업 도시인 필라델피아 소재 허시타운은 산업 유토피아로 손
꼽힌다. 그가 조성한 허시리조트에는 연 400만
명의 관광객이 찾아 들어 지역 경제를 먹여 살
리고 있다.

밀턴 허시는 소년 노동자 출신. 독일계 유태
인 집안에서 1857년 9월 13일 태어나 초등학교
4학년 때 학업을 접은 뒤 인쇄소와 제과점 견습

밀턴 허시

공을 거쳐 자수성가했다. 두 차례 파산을 겪으면서도 결국 캐러멜로
돈을 번 그는 1883년 시카고 박람회에 출품된 독일제 초콜릿 기계에
매료되어 캐러멜 대량생산 체제를 갖추었다. 탄탄대로를 걷던 캐러멜
사업을 당시로서는 거액인 100만 달러에 넘긴 후 이어 벌인 초콜릿 사
업에서 대성공을 거두며 거부 반열에 올랐다.

허시의 경영 최우선 방침은 직원 우대. 여의도 두 배 면적의 땅을
사들여 사택과 헬스장, 수영장, 골프장을 지어 직원들에게 무료로 제
공하고 오갈 곳 없는 소년들을 위해 허시스쿨을 세웠다. 1915년 아내
와 사별한 직후에는 전 재산을 학교와 허시타운에 바쳤다.

국제 유통망 확충에 전념하던 허시가 1945년 88세로 눈을 감은 지
65년이 흐른 오늘날에도 사람들은 그를 '슈거 대디Sugar Daddy'로 기
억한다. 애칭에는 초콜릿보다 더 달콤하고 귀한 것을 남겨준 만인의
아버지라는 존경이 담겨 있다.

9월 14일

공유지의 비극- 가레트 하딘

가레트 하딘Garrett J. Hardin. 경제학자로 가끔 잘못 소개되는 미국의 생태학자다. 동물학과 미생물학을 공부하고 캘리포니아대학 인류생태학 교수를 지낸 환경보호론자. 인구 과잉에 따른 생태계 파괴를 막기 위해 스스로 죽는 날을 결정해야 한다며 결혼 62주년 직후인 2003년 9월 14일 아내와 동반 자살한 사람이다. 89세 나이였다.

경제학자로 혼동되는 이유는 무엇일까. 1963년 〈사이언스〉지에 기고한 논문 〈공유지의 비극The Tragedy of the Commons〉 때문이다.

'임자 없는 목초지가 있다. 목동들은 많은 소를 풀려고 경쟁한다. 공유지는 곧 수용 능력을 초과해 오염되고 황폐해진다'는 게 골자다. 개개인의 이익 추구가 전체의 몰락을 야기한다는 얘기다.

인구 통제와 자원 관리를 강화하자는 하딘의 당초 의도와 달리 〈공

농사를 짓기 위해 개간한 남멕시코의 열대우림

유지의 비극〉은 경제 논쟁으로 번졌다. 반색한 자본가들은 '가장 많은 사람이 공유한 것이 가장 적은 배려를 받는다'고 말한 아리스토텔레스까지 떠올리며 개별 기업의 권리, 사유재산권의 철저한 보장이 없는 한 '공유지의 비극'은 불가피하다고 주장했다. '렌터카를 세차하는 사람은 없다'는 논리다. 공공성을 중시하는 측은 이에 '공유지

의 무분별한 사용에 따른 황폐화는 곧 시장의 실패를 의미하는 것'이라고 맞섰다. 국가 개입이 필요하다는 것이다.

논란의 영역은 거의 무한대다. 비용에 둔감한 환자들의 과잉 진료로 인한 건강보험의 질 저하에서 재벌 규제, 해양 어업 자원 고갈, 해마다 반복되는 보도블록 교체 공사까지. 기후 변화 협약도 글로벌 차원의 공유지 논란에 해당된다.

논란은 끝이 없지만 확실한 게 하나 있다. 환경과 경제는 분리될 수 없다는 점이다. 자원을 공유한 인류는 과연 비극을 맞을까.

9월 15일
탱크, 지상전의 왕자

1916년 9월 15일 아침 6시 프랑스 북부 솜 전선. 캐터필러로 둘러싸여 기동하는 28톤의 쇳덩어리, 영국의 탱크 'Mark Ⅰ'이 모습을 드러냈다.

굉음과 함께 등장한 탱크는 위력을 발휘했을까. 알려진 대로 '총탄에도 끄떡없이 철조망을 뭉개고 참호를 넘는 강철 괴물에 독일군이 혼비백산' 했을까. 그렇지 않다. 심지어 '전세를 역전시켰다'는 기록도 없지 않지만 진실과는 거리가 멀다. 처음에만 충격을 주었을 뿐이다.

무엇보다 성능이 떨어졌다. 솜 대공세를 시작한 지 두 달 보름 동안 진전이 없어 고민하던 영국이 준비한 탱크는 50대였으나 기계적 결함으로 24대만 전선에 투입되었다. 전장에서도 포탄 구덩이에 빠지거나

Mark I (1916)

고장으로 멈추고 전진 속도가 사람의 걸음보다도 느렸다.

정신을 수습한 독일군이 야포를 최전선에 끌고 와 탱크를 겨냥한 뒤부터는 전진이 불가능했다. 탱크로 전진한 거리는 1km에도 못 미쳤다. 연합군은 이후에도 수백 대의 탱크를 내보내며 100여 대가 파괴당하는 혈전을 치렀지만 이렇다 할 전과를 얻지 못했다. 결국 11월 중순까지 이어진 솜 전투는 양측 사상자 150만 명이라는 사상 최악의 인명 손실을 기록한 채 소강 상태로 끝나고 말았다.

뚜렷한 성과도 없었던 탱크가 생존하게 된 이유는 경쟁. 치열한 군비 경쟁 속에 성능이 비약적으로 발전해 '지상전의 왕자'로 자리 잡았다. 세계 각국은 이 순간에도 새로운 전차 개발에 힘을 쏟고 있다.

문제는 가격. 실전에서 최강으로 입증된 미국제 M1A2의 대당 가격은 435만 달러에 이른다. 인플레이션을 감안해도 최초의 탱크 Mark I 의 10배가 넘는다. 한국의 차기 전차인 흑표(XK-2)의 예상가는 850만 달러. 세계에서 가장 비싼 전차를 충분히 갖출 수 있을 만큼 경제력이 뒷받침되었으면 좋겠다.

9월 16일
이순신의 경영 – 명량대첩

1597년 9월 16일 전남 울돌목. 일본의 정예함선 133척이 바다를 덮었다. 예비 함대 70척도 뒤를 따랐다. 조선 수군의 세력은 불과 13척. 누가 봐도 결과가 뻔한 싸움에서 기적이 일어났다. 싸움의 결과는 100척 이상의 일본 배를 침몰시킨 조선의 압승. 한산대첩과 더불어 사상 최고의 해전으로 꼽히는 명량대첩의 개요다.

명량해전은 정유재란의 흐름을 뒤바꾸었다. 10만 명의 병력이 배를 타고 서해를 북상해 한양을 친다는 일본의 수륙병진책이 수포로 돌아갔다. 한양을 200여 리 앞둔 직산과 보은까지 올라왔던 일본군이 남쪽으로 총 퇴각한 것도 명량해전 패전 직후다.

조선 수군의 승전 요인은 명장 이순신의 존재. 빠르고 급변하는 울돌목의 해류를 이용할 줄 아는 지략과 불굴의 의지, 경영자적 마인드가 승리를 이끌었다.

경영인으로서 이순신 장군의 면모는 곳곳에서 빛난다. 직할 부대만 통상 1만 7,000여 명. 그는 피난민까지 수만 명을 먹여 살리며 전투에 임했다. 충무공이 영국의 넬슨이나

《화본태합기繪本太閤記》에 수록된 '명량해전도'

일본의 도고 등 명 제독들보다 몇 단계 위라는 평가를 받는 것도 직접 함선을 건조하고 군량미를 조달하며 싸웠기 때문이다.

명량해전으로부터 10개월 뒤에 주력선인 판옥선은 85척으로 불어난다. 생산에서도 뛰어난 실적을 거두었다는 증좌다. 당시의 함선 건조 비용에 대한 기록은 없지만 요즘 복원되는 거북선 건조비가 척당 22~40억 원 선이라는 점을 감안하면 적지 않은 '규모의 경제'를 운영했음을 엿볼 수 있다. 부상병과 피난민을 동원해 둔전屯田을 일구고 선박 통행세를 거두어 군비를 충당했다. 탁월한 재정 운영이 통산 23전 23승이라는 불멸의 전적을 낳은 셈이다.

명량대첩 413주년. 경제가 어렵고 나라가 시끄럽다. 충무공 정신이 필요한 때다. 애국과 헌신, 치밀한 경영.

9월 17일

사치와 부패로 빼앗긴 전쟁의 승리– 압록강 해전

1894년 9월 17일 압록강 입구 서해. 청의 북양 함대와 일본 연합 함대가 맞붙었다. 낮 12시 50분부터 5시간 동안 이어진 함대 결전에서 일본은 완승을 거두었다. 청은 군함 14척 중 5척이 격침되거나 좌초하고 3척이 파손된 반면 일본은 군함 12척 중 3척이 파손되는 데 그쳤다. 인명 피해도 청이 전사 850명, 부상 500명으로 일본의 전사 90명, 부상 200명에 비해 훨씬 컸다.

서구 열강은 해전 결과에 경악했다. 외형적인 전력에서는 청이 우세했기 때문이다. 청의 해군력은 군함 64척, 어뢰정 24척으로 총 8만 4,000여 톤. 일본(군함 28척, 어뢰정 24척으로 총 5만 9,069톤)을 훨씬 앞섰

다. 청의 해군이 4개 함대로 갈라졌지만 북
양 함대는 가장 강력했다. 1891년 북양 함
대가 독일에서 사들인 7,335톤급 자매함 진
원과 정원을 이끌고 도쿄를 방문했을 때
일본이 공포에 떤 적도 있다.

서태후

막강한 북양 함대가 왜 완패했을까. 거
대한 덩치로 들이받아 적함을 침몰시킨다
는 작전이 일본의 벌 떼 전법에 막혔다는
전술적인 패착도 있지만 근본적인 원인은 따로 있었다. 총체적 부패.
해군 예산의 절반인 3,000만 량이 서태후西太后 별장(이화원) 건립과
환갑잔치에 전용되고 포탄 관리부서는 화약을 빼돌렸다. 일본을 떨게
했던 전함 진원과 정원은 단 3발의 주포 포탄을 갖고 싸웠다. 다른 함
정에서도 포탄에 들어갈 화약이 규정보다 적어 사정거리가 제대로 나
오지 않았다.

압록강 해전의 결과는 청일전쟁의 승패를 갈랐다. 외국 군대가 조
선의 땅과 바다에서 혈투를 벌이는 동안 우리의 조상들은 무엇을 했
을까. 아무것도 할 수 없었다. 청과 러시아, 일본 사이를 오가다 망국
의 길을 걸었을 뿐이다. 압록강 해전 116주년, 한반도 정세가 심상치
않다. 역사는 정녕 반복되는가.

9월 18일

도망노예송환법

'노예 탈출 협력자 엄벌. 도망 노예의 법정 진술권 박탈, 배심원 평결 적용 대상 제외. 법 집행 거부 또는 노예를 놓친 연방 보안관 처벌.'

1850년 9월 18일 미국 의회가 통과시킨 '도망노예송환법FSA(Fugitive Slave Act)'의 골자다.

반인권적이고 반문명적 독소 조항을 대거 담았던 이 법이 통과된 것은 연방의 분열을 막을 '1850년 대타협Compromise of 1850'의 핵심 사안이었기 때문. 1848년 멕시코로부터 빼앗은 서부 영토에서의 노예제도 인정 여부를 둘러싸고 북부와 남부의 분열이 극한 양상으로 치닫자 나온 절충안이었다.

법이 발표되자 남부는 환호성을 질렀다. 대농장주들의 힘을 의식한 언론은 침묵하고 목사들은 하늘에 영광을 돌렸다. 몇몇 북부 자유주에서 이 법을 무효화하는 주 법률을 제정하며 저항했으나 남부 출신이 많은 연방 대법원에 막혔다.

얼마나 많은 노예가 이 법에 따라 남부로 되돌아갔을까. 300여 명에서 수천 명까지 다양한 추정이 존재한다. 분명한 점은 역효과를 낳았다는 점. 북부를 각성시켜 탈출 노예 지원 단체가 늘어나고 노예 문제로 내분을 겪던 휘그당은 공화당으로 옷을 갈아입었다. 스토 부인의 소설《톰 아저씨의 오두막》도 이 법에 대한 반감에서 태어났다.

대의명분에서 밀린 남부의 선택은 전쟁. 노예송환법의 효과를 얼

지 못한 채 북부의 반감만
증폭시킨 결과는 남북전쟁
이었다. 결국 이 법은 북군
의 승리가 확실해진 1864
년 폐지되었다. 만약 미국
인들이 보수 종교와 3류 신
문들의 권고대로 노예의
인권과 자유에 신경을 쓰

1850년 대타협의 한 장면

지 않았다면 오늘날 미국이 성립할 수 있었을지 의문이다. 법 마련 이
후 노예들은 가장 비참한 삶을 살았으나 머지않아 자유의 발판을 얻
었다. 동트기 직전이 가장 어둡다.

9월 19일
사상 최대의 몸값- 장 2세

1356년 9월 19일 프랑스 중서부 푸아티에. 영국군을 맞은 프랑스군
은 두 배의 병력과 우세한 지형에도 밀리기 시작했다. 투구가 날아간
프랑스 국왕 장 2세를 발견한 영국군 기사가 외쳤다.

"항복하라, 그렇지 않으면 당신은 죽은 목숨이다."

칼을 내린 왕은 포로로 잡혔다.

영국은 프랑스왕을 정중하게 모셨다. 돈을 받아내기 위해서다. 2년
6개월의 흥정 끝에 결정된 석방 조건은 금화 400만 크라운. 영국 돈으

장 2세

로 60만 파운드, 연간 화폐 제조량의 6배가 넘었다. 장 2세는 영토의 절반인 칼레에서 피리네에 이르는 서부 지역까지 내주기로 약속했다.

가혹한 조건에 반발한 프랑스는 항전을 계속하며 재협상에 들어갔다. 1360년 5월 체결된 브르티니 협정에서 합의된 몸값은 금화 300만 크라운에 영토 3분의 1 할양. 몸값 치고는 사상 최고액이다. 첫 번째 분할 지급금이 지불된 후에야 장 2세는 4년간의 포로 생활에서 풀려났다.

줄었지만 배상금은 프랑스에 엄청난 부담이었다. 실권을 갖고 있던 황태자에 의해 몸값 지불이 지연되자 장 2세는 '명예가 떨어졌다'며 1364년 제 발로 영국에 건너가 포로를 자처, 1년 뒤 영국에서 생을 마쳤다.

거액의 몸값은 보이지 않는 두 가지 흔적을 남겼다. 프랑스는 돈을 마련하기 위해 추방했던 유태인을 다시 불러들이고 번영을 구가하던 이탈리아 도시 국가들이 휘청거렸다. 기대했던 배상금 수입이 끊긴 영국이 이탈리아 상인들로부터 빌린 백년전쟁 비용, 즉 은행 대출금을 떼어먹었기 때문이다. 마침 오스만튀르크의 등장으로 동방 무역이 막힌 상황. 전쟁 대출금까지 떼인 이탈리아 도시 국가들의 경제력이 약해지고 포르투갈과 스페인이 새로운 강자로 떠올랐다. 거액의 몸값이 세계사의 흐름을 바꾼 셈이다.

9월 20일
이 시대의 정글- 업턴 싱클레어

"오물과 쓰레기 바닥에 뒹구는 고깃덩어리. 곰팡이가 슬어 유럽에서 폐기한 소시지와 병든 돼지, 죽은 쥐를 붕산나트륨과 글리세린과 섞은 소시지……."

스토 부인의《톰 아저씨의 오두막》이래 미국 사회에 가장 큰 영향을 미친 소설로 꼽히는《정글》(1906)의 일부다.

업턴 싱클레어

출간 후 소시지와 식육의 판매량이 뚝 떨어졌다. 독점 자본 개혁을 추진하던 루스벨트 대통령은 들끓는 여론을 발판 삼아 '신선 식품 및 의약품에 관한 법'을 통과시켰다. 연간 1조 달러 이상의 식품·의약품을 감시한다는 식품의약청FDA의 설립 근거가 이 법에 있다.

작가 업턴 싱클레어Upton B. Sinclair의 당초 창작 의도는 노동 현실 고발. 제목 '정글'에도 노동 시장은 약육강식의 논리가 지배하는 곳이라는 암시가 담겼다. 노동자 옹호가 아니라 소비자 옹호로 책이 읽히자 그는 "사람들의 가슴을 겨냥했는데 위장에 맞았다"며 한숨지었다.

1878년 9월 20일 볼티모어에서 태어나 뉴욕시립대학 졸업 후 작가의 길을 택한 그의 인생 전반부를 지배한 것은 문학이 아니라 정치. 사회당 또는 민주당 소속으로 하원의원과 상원의원, 캘리포니아 주지사

선거에 도전했으나 번번이 고배를 마셨다. 말년에 단식 건강법에 몰두한 덕인지 100세라는 천수를 누리고 1968년 사망한 뒤에도 그의 영향력을 여전하다. 대공황기에 그가 제안한 '캘리포니아 빈곤 퇴치 운동 EPIC' 방식은 아직도 빈곤 탈출을 위한 제3의 대안으로 손꼽힌다.

'좌파 작가'의 소설에서 잉태된 식품의약청은 요즘 권력 이상의 권력이다. 세계 농·수·축산물 유통도 이곳에서 좌우된다. 한국에는 비관세 무역 장벽이자 상전 격이다. 미국산 쇠고기에서 뼛조각이 아무리 나와도 식품의약청을 들이대면 그만이니까. 싱클레어가 생각한 정글은 100년 전 미국이 아니라 오늘날 한국인지도 모르겠다.

9월 21일
운수에 맡기는 승부 – 지롤라모 카르다노

저명한 수학자이자 의사, 사진기의 선구자며 물리학자 그리고 도박꾼. 르네상스 시대의 천재 지롤라모 카르다노Girolamo Cardano의 면면이다. 이름 앞에 가끔 '미치광이'라는 수식어도 붙는다.

이탈리아 파비아에서 1501년 태어난 그의 본업은 내과의사. 교황청과 귀족들이 앞다투어 찾는 명의였다. 발진티푸스에 관한 임상실험을 도입하고 탈장 수술 방법도 개발해냈다. 알레르기 증상 치료에서도 두각을 나타냈다.

의사로만 머물기엔 그는 재주가 너무 많았다. 131권에 이르는 방대한 저술을 통해 의학과 수학, 천문학, 물리학 등의 학문은 물론 동정녀

마리아의 생애, 예수의 별점, 음악과 꿈의 해석, 로마 황제 네로의 인간성 등을 연구하며 온갖 영역을 넘나들었다.

지롤라모 카르다노

그의 최대 업적은 수학 분야에서 이루어졌다. 타르탈리아의 학문적 성과를 훔쳤다는 논란도 있지만 그가 발표한 3차 방정식 해법은 '카르다노의 공식'으로 전해져 내려온다. 도박에 관한 저서인 《운수에 맡기는 승부》는 근대 확률과 통계론의 시초로 꼽힌다.

명성에 힘입어 파도바 시장까지 지냈지만 개인사는 극히 불행했다. 큰아들은 아내 살인죄로 사형당하고 둘째아들은 여덟 차례나 감옥을 들락거렸다. 수학자로 이름을 날린 양자 페라리도 여자관계 때문에 독살되었다. 자신의 삶도 자살로 마쳤다. 점성술에 따라 죽는 날이라고 예언한 1576년 9월 21일 몸에 변화가 없자 스스로 목숨을 끊었다.

뛰어난 수학 실력을 평생토록 도박에 쏟았던 그는 얼마나 많은 돈을 벌었을까. 카르다노를 리스크 관리의 시발점으로 본 경제 분석가 피터 번스타인은 이런 평가를 내렸다.

"카르다노는 '도박으로 얻을 수 있는 최대 이윤은 도박을 전혀 하지 않을 때와 같다'고 결론짓기에 무리가 없을 정도로 많은 돈을 잃었다."

9월 22일
강남 부동산 신화 시작의 신호탄

　사대문과 신촌, 돈암동, 장충동. 1960년대 중반까지 서울의 실질적인 생활권이다. 1963년 강남권 일대가 대거 서울에 편입되었으나 일제가 건설한 한강 철교와 인도교가 연결해주는 노량진과 영등포 부근만 수도권일 뿐 대부분 논밭에 머물렀다. 해마다 여름이면 장마가 자연 제방을 넘어 연례적으로 물난리도 겪었다.

　한국의 맨해튼으로 불리는 여의도의 사정도 마찬가지. 파월 국군 장병의 면회소가 설치된 여의도 비행장(지금의 여의도 광장)에 가려면 나룻배로 건너야 했다. 살 만한 땅과 집은 많지 않고 인구는 계속 늘어나 변두리 산꼭대기까지 판자촌으로 덮여가던 1967년 9월 22일, 서울시가 한강 개발 3개년 계획을 내놓았다. 골자는 고층 신도시로서 여의도 개발과 총연장 74㎞의 강변 도로 건설.

　국가 예산의 23%에 해당되는 462억 6,400만 원의 공사비를 투입한다는 서울시의 청사진은 거창한 것이었으나 당초 여의도 개발을 의뢰받았던 건축가 김수근이 설계한 20년 계획, 공사비 1,000억 원 투입 방안보다는 규모가 작아졌다. 강남·북 강변 도로망의 완공도 5공 정권에서야 이루어졌다.

　한강 개발은 서울의 본격적인 팽창과 강남 부동산 신화를 예고하는 신호탄이었다. 여의도 시범아파트의 청약 열풍으로 시작된 재산 증식 수단으로서 아파트에 대한 관심은 강변 도로 건설 과정에서 생긴 공유수면 매립지에 건설된 동부이촌동과 반포, 잠실로 번져나갔다. 동일계 진학 허용으로 명문대 합격률이 높았던 여의도의 교육 열기도 고스란히 강남으로 옮겨졌다. 매립지를 불하받은 재벌들은 막대한 부를 쌓았다.

'한강 르네상스'라는 이름의 새로운 개발에서는 누가 돈을 벌까. 초기 한강 개발을 기획했던 건축가들이 아쉽게 생각하는 자연친화적 개발이 이루어지고 시민들의 강변 접근이 보다 용이해졌으면 좋겠다.

9월 23일
닉슨의 위기 정면 돌파, 체커스 연설

1952년 대선을 앞둔 미국 공화당이 위기를 맞았다. 부통령 후보인 리처드 닉슨Richard Nixon의 불법 정치 자금 수수 탓이다. 민주당은 열세를 뒤집을 호재라고 여긴 듯 연일 닉슨의 도덕성을 비판해댔다.

공화당 내부에서는 부통령 후보 교체론이 나왔다. 처음에는 대수롭지 않게 여겼던 아이젠하워 대통령 후보도 사태가 점점 악화되자 '해명하지 못하면 같이 갈 수 없다'며 닉슨을 다그쳤다.

절체절명의 위기에서 닉슨이 선택한 것은 TV 방송 연설. 공화당 전국위원회는 전국적 TV 네트워크인 NBC의 방송 시간 30분을 7만 5,000달러에 사들였다. 불법 정치 자금에 대한 닉슨의 해명은 1952년 9월 23일 오후 6시 30분부터 30분간 전파를 탔다.

"지인으로부터 1만 8,000달러의 후원금을 받은 것은 사실이다. 국민과 유권자 여러분께 사과드린다. 그러나 개인 용도로는 단 한 푼도

닉슨의 '체커스 연설'의 한 장면

쓰지 않았다. 개인적으로 받은 것은 내 딸을 위한 체커스Checkers라는 이름의 강아지 한 마리뿐이다."

　연설은 바로 효과를 냈다. '중요한 것은 강아지가 아니라 불법 선거 자금'이라는 민주당의 반박이 통하지 않았다. 논리보다는 감성에 호소한 전략이 먹힌 것이다. 감성과 TV를 활용한 닉슨의 해명은 '체커스 연설'이라는 이름을 얻었다. 강아지를 동원한 연설의 원조는 루스벨트. 잃어버린 애완견을 찾기 위해 해군을 동원한 점을 공격받자 루스벨트는 '나의 작은 개의 명예 훼손에 분개한다'는 연설로 비난을 잠재웠다. 루스벨트에게서 아이디어를 얻은 닉슨과 공화당은 11월 대선에서 승리를 거두었다.

　한국에서도 이런 게 가능할까. 다운 계약서와 위장 전입, 탈세 의혹이 국무위원의 필수 조건인 것 같은 국회 인사 청문회를 볼 때마다 뇌리를 떠도는 단어들이 있다. 범죄 무감증과 오리발, 감성…….

9월 24일
라스트 사무라이 – 세이난전쟁

　1877년 9월 24일 새벽 3시 55분 일본 규슈 서남단 가고시마. 정부군 7만 명이 시로야마城山에 대한 공격을 퍼부었다. 상대는 사무라이 372명. 4만 명이 거병한 지 7개월 동안 연전연패한 끝에 살아남은 마지막 반란군이었다.

반란의 배경은 조선 정벌을 둘러싼 불화. 메이지 유신의 일등공신으로 정한론征韓論을 펼치다 시기상조를 주장한 내실파에 밀려 낙향한 사이고 다카모리西鄕隆盛를 구심점으로 사무라이에 대한 특혜 철폐, 사설 학교 탄압에 불만을 품은 낭인들이 모여 반란을 일으켰으나 농민 출신 정부군의 우세한 무기와 근대식 전술에 밀렸다.

병력 차이 187 대 1에도 항복 권유를 마다한 반란군이 부상당한 사이고의 자결 이후 감행한 최후의 돌격은 영화배우 톰 크루즈가 주연한 2003년 개봉작 영화 〈라스트 사무라이〉에 녹아 있다. 세이난西南전쟁으로 불리는 이 반란을 끝으로 일본은 내란을 마치고 현대화 가도를 내달렸다.

정부군이 하루 평균 탄약 32만 2,000발, 포탄 1,000여 발을 소비한 세이난전쟁은 일본 경제에 지대한 영향을 미쳤다. 연간 세수가 4,800만 엔인 상황에서 4,100만 엔이 투입된 세이난전쟁 비용을 충당하기 위해 일본은 세금을 올리고 종이돈을 마구 찍어댔다. 필연적으로 발생한 인플레이션은 일본에 양극화의 씨앗을 뿌렸다.

가난해진 농민은 소작농이나 도시 빈민층으로 전락한 반면 대지주 계층과 저임금을 바탕으로 산업 자본가가 나타났다. 주요 철도가 개인 자본으

사이고 다카모리를 중심으로 모여 있는 사무라이들을 형상화한 그림

로 건설된 이유도 이 시기 재정이 빈약했기 때문이다.

정한론은 어떤 길을 걸었을까. 승리한 '온건파'는 국력이 강해지자 조선을 집어삼켰다. 강대국 일본의 밑바닥에는 가치를 지키기 위해 끝까지 항거하는 정신이 깔려 있다. 명예를 중시하고 변절을 죄악시 하는 풍토가 부럽다.

9월 25일
RMD, 1,199년 계획하고도 실패한 운하

1992년 9월 25일 RMD 운하Rhine-Main-Danube Canal가 뚫렸다. 라인 강과 마인강, 다뉴브강을 연결하는 이 운하의 공사 시간은 32년. 공사 계획을 확정했던 1938년부터 계산하면 54년이 걸렸다.

RMD 운하는 유럽의 오랜 숙원. 프랑스와 서부 독일, 북부 이탈리아 가 공동 조상으로 여기는 샤를마뉴(프랑크 왕국의 2대 왕)는 793년 운하 공사를 지시했다. 큰 강 몇 개를 이으면 유럽 중심부 3,500km를 가로질 러 흑해에서 북해까지 항행할 수 있는 지리적 이점을 간파한 것이다. 독일인들은 RMD 운하의 완공을 '1,199년 동안 꾸었던 꿈의 실현'이 라며 반겼다.

길이 171km의 공사에 가장 큰 애로는 검증. 운하가 경제적으로 타당 성 없다는 여론에 따라 구간의 40%가량이 뚫린 상황에서 공사가 10여 년간 중단되었다. 대역사는 운하 건설을 바라는 지역에 기반을 둔 정 당이 집권해 공사를 재개한 이후에야 겨우 마쳤다.

우여곡절 끝에 준공된 운하의 성적표는 기대 이하다. 예상치를 훨씬 밑도는 물동량조차 매년 감소 추세다. 122개의 다리와 59개의 수문을 거치고 해발 406m

RMD 운하의 모습

까지 배를 끌어올려야 하는 불편함과 느린 운항 속도로 도로와 열차에 밀렸다. 32년간의 총 공사비 23조 유로 가운데 20%를 환경보호에 쏟아부었지만 일부 자연 습지가 파괴되고 말라버렸다. 흑해의 어류와 식물이 북해까지 진출하는 생태계 교란 현상도 나타났다. 요즘에는 가장 비싼 '유람용 운하'라는 비아냥거림도 나오고 있다.

RMD 운하는 우리와도 인연이 깊다. 용도 폐기된 '한반도 대운하' 계획에서 모범 사례로 손꼽은 게 RMD 운하다. 배울 점도 있다. 수십조 원의 혈세가 투입될 대형 토목 공사를 순식간에 해치우려는 사람들에게 RMD 운하 자체보다도 그 신중함을 배우라고 권하고 싶다.

9월 26일
중국인을 쫓아내자!- 황화론

19세기 말 미국 신문의 만평 하나. '백인 여성의 시신 위에서 입에 칼을 문 중국인이 권총을 쏘아댄다. 천지는 중국인의 방화로 불탄

황인종에 대한 편견이 드러난 1899년
미국 신문 만평

다.' 그림이 전달하려는 의도는 명확하
다. '중국인을 쫓아내자!'

붓의 편견은 폭력을 불렀다. 중국인
학살 사건이 빈발하고 1882년에는 중국
인 배척법까지 만들었다. 대륙횡단 철도
를 깔 때 노동력의 절반 이상을 제공해
서부 개척의 숨은 공로자로 꼽히는 중국
인들이 오히려 증오의 대상으로 바뀌었

다. 불경기의 원인을 저임금의 중국인 노동 이민 때문으로 돌리기도
했다.

황인종에 대한 편견은 '황화론黃禍論'으로 발전한다. 독일 황제 빌
헬름 2세는 러시아 차르 니콜라이 2세에게 보낸 1895년 9월 26일자 편
지에서 '유럽 문명을 파괴하려는 아시아인들에게 맞서 단결하자'고
촉구했다. 이때 처음 쓰인 '황화yellow peril라는 용어는 곧 서구 사회
전체로 퍼지고 아류작이 쏟아졌다. 영국 시인 키플링이 발표한 '백인
종은 미개한 야만인들을 교화할 책임이 있다'는 내용의 시 〈백인의
책무〉(1899)에서 1977년 나온 소설집《황색 악마》까지 황인종에 대한
편견과 황화론은 끈질긴 생명력을 이어가고 있다.

과연 황화론이 현실화할까. 멜라민 분유의 공포가 확산되고 베이
징올림픽에서의 국수주의를 목격한 2008년을 되돌아보면 혹여 그럴
것도 같다.

문제는 '황화'가 중국인만을 지칭하지 않는다는 점이다. 아시안 전

체가 대상이다. 미국의 전설적인 노동 운동 지도자인 새뮤얼 곰퍼스는 '우월한 백인은 열등한 아시안들을 법이나 군대를 동원해서라도 쫓아내야 한다' 고 말했다. 일본산 차량이든 중국산 장난감이든 대미 수출이 늘면 어김없이 황화론이 등장하고 한국산 제품까지 덩달아 견제를 받는다. 황인종은 정녕 천형天刑을 안고 태어났는가.

9월 27일
리버티선

1941년 9월 27일 볼티모어 베들레헴 조선소. 재화 물량 1만 920톤짜리 화물선 패트릭 헨리호가 건조대를 빠져나왔다. 세계 조선사에 불멸의 기록을 남긴 '리버티Liberty선' 의 등장 순간이다. 리버티선의 총 건조 물량은 2,718척. 고급형인 빅토리선(550척)과 파생형인 T2유조선(533척)까지 합치면 무려 3,801척에 이른다.

미국은 어떻게 대형 선박을 하루 평균 3.5척씩 과자 찍듯 만들어낼 수 있었을까. 거대한 공업 잠재력과 전시 경제 체제, 과학적 관리 기법이 합쳐진 생산 극대화 덕이다. 1943년부터 종전까지 생산한 민간용 자동차가 37대에 불과할 정도로 군수품 생산에 총력을 기울였다. 전시 조선을 책임지게 된 건설업자 출신 헨리 카이저는 자동차 생산 기법을 도입, 초도함 건조에 걸린 355일을 42일로 단축시켰다. 불과 4일 15시간 30분 만에 용골을 올리고 진수까지 마친 적도 있다.

함명이 '리버티' 로 불린 이유는 초도함에 이름을 올린 페트릭 헨리

현재 미국에서 운용 중인 두 척의 리버티선 가운데 하나

가 '자유가 아니면 죽음을 달라'며 독립전쟁에 불을 붙인 인물이기 때문. '배 한 척 한 척이 전 세계 자유민의 자유를 위한 일격이 될 것'이라던 루스벨트 대통령의 장담대로 리버티 시리즈는 연합국 군수 물자 수송의 75%를 담당하며 2차 대전 승리를 이끌었다. 리버티선이 공급하는 원조 물자로 독일과 싸우던 소련의 스탈린은 1943년 테헤란회담 만찬에서 '미국의 생산 능력을 위해' 건배를 제의하기도 했다.

당초 5년 쓰고 버릴 요량으로 리버티선을 건조했던 미국은 전후 수천 척을 민간에 헐값으로 넘겼다. 그리스의 오나시스가 선박왕으로 군림한 것도 리버티선을 대거 불하받은 덕분이다. 대양을 누비던 민간 리버티선들은 1980년대 말 사라졌지만 정작 최신 함정만을 고집한다는 미국 해군은 두 척을 운용 중이다. 생산의 힘을 예찬하고 기억하기 위해서다.

9월 28일
국제 커피 협정

1962년 9월 28일 미국 뉴욕. 커피 생산국과 소비국들이 모여 약속을 했다. 이름하여 국제 커피 협정의 골자는 생산 할당제 도입. 기후 변화에 따라 작황의 차이가 크고 가격도 들쭉날쭉한 커피 원두의 가격을 안정시키기 위해 생산량을 연간 4,560만 부대(한 부대=60㎏)로 잡고 주요국에 할당량을 내려주었다. 가장 많은 쿼터를 받은 국가는 예나 제나 최대 생산국인 브라질로 1,800만 부대가 할당되었다.

협상을 주도한 유엔 경제사회 이사회는 이듬해인 1963년 국제 커피 기구ICO(International Coffee Organization)까지 발족시켰다. 국제 커피 기구에 의해 국제 커피 협정은 1968년부터 2007년까지 6차례나 개정되었으나 가격과 시장 안정이라는 목표에는 변함이 없다. 회원국들도 국제 커피 협정의 틀 속에서 꾸준한 성장을 누릴 수 있었다. 적어도 1989년 협정이 무력화하기 전까지는.

국제 커피 협정이 무너진 이유는 크게 세 가지. 대풍이 수년간 이어진 가운데 베트남이 본격적으로 커피 경작지를 대폭 늘린데다 미국이 1989년 협정에서 탈퇴했기 때문이다. 제3세계 국가들의 소련권 편입을 막기 위해 비싸게 커피 값을 처주던 미국이 탈퇴하며 자유 거래를 선언한 뒤부터 커피 가격과 커피 농가의 삶은 하락 일변도였다.

가장이 혼자 일해 의식주를 해결하고 교육까지 시킬 수 있었던 커피 농가는 부부는 물론 아이들까지 학업을 접고 하루 종일 커피를 따며 하루하루 겨우 연명하고 있다. '인간의 얼굴을 한 시장경제'라는 공정무역도 커피 농가의 실상이 알려지며 더욱 널리 퍼졌다. 최근에는 원자재와 곡물가 상승 바람을 타고 원두 가격이 폭등하고 있으나 차익은 대부분 중간 상인과 스타벅스 같은 다국적 커피업자들에 돌아간다. 국제 커피 협정을 처음 맺었던 44년 전보다 나아진 것은 과연 무엇일까.

9월 29일
캘리코 금지법

1700년 9월 29일, 영국 의회가 캘리코 수입 금지법을 통과시켰다.

인도산 면제품인 캘리코 수입으로 타격을 받게 된 모직업계의 로비 때문이다. 옥양목, 사라사로도 불렸던 인도산 캘리코는 값싸고 질이 좋은데다 세탁해도 모양과 색상이 변하지 않아 선풍적인 인기를 끌었다.

의류는 물론 가방과 식탁보, 커튼의 소재로도 쓰였던 캘리코의 수입 금지법이 발의된 시기는 1696년. 4년 동안 영국 의회는 치열한 논쟁을 벌였다.

모직업자와 중상주의자들은 캘리코 수입으로 국내 산업이 위축되고 막대한 금과 은이 빠져나간다며 반대론에 섰다. 반면 지지자들은 전체 직물 가격 하락, 생산과 소비 증가, 경제 발전이 촉진된다고 맞섰다.

결론은 조건부 금지. 염색된 캘리코 수입에만 문을 걸었다. 캘리코 매매로 막대한 이익을 거두던 동인도회사는 면제품을 중간재 형태로 들여와 영국에서 염색해 팔았다. 결과적으로 염색 산업이 번창하고 캘리코 수입이 더욱 늘자 1719년에는 런던 외곽 모직 공업 지대인 스티털필드에서 직공 2,000여 명이 캘리코를 태우는 폭동도 일어났다.

영국 의회는 이듬해인 1720년 '캘리코 사용 금지법'까지 만들어 국내 산업 보호에 나섰다. 마침 미국에서 면화 대량 재배에 성공해 값싼 원료가 들어오고 자동 직조기가 잇따라 발명되어 모직 업체들이 면직 업종으로 전환하거나 겸업하면서 불만도 가라앉았다.

최대 피해자는 인도. 갑자기 수요가 사라져 끝을 알 수 없는 불황에 빠져들고 종국에는 식민지로 전락하고 말았다. 인도를 강점한 영국은 인도에서의 직조를 금지해 면을 짜는 직공은 남녀를 불문하고 손을 잘랐다.

면직 공업을 시발로 산업혁명을 이룬 영국은 자유 무역을 내세우며 세계 시장을 휩쓸었다. 영국이 주도한 19세기 자유 무역에는 숱한 규제와 금지, 인도의 눈물이 깔려 있다.

9월 30일
수력 발전의 미래

1882년 9월 30일 미국 위스콘신 주 애플턴시. 폭스강가의 수력 발전소가 운전에 들어갔다. 불과 열 걸음 높이의 댐에서 떨어지는 강물의 운동 에너지로 생산되는 전력이라야 12.5㎾. 고객도 종이 공장 두 곳에 불과했으나 이 발전소는 상업용으로 가동된 최초의 수력 발전소였다.

거리 이름을 따서 '벌컨 스트리트 발전소Vulcan Street Plant'로 불린 이 발전소를 세운 사람은 제지업자인 헨리 로저스Henry J. Rogers. 에디슨의 'K형 발전기'를 사들여 발전소를 세웠다. 1886년 새로 건설된 이 발전소는 시내 전차에 전력을 공급하며 1930년까지 가동되었다.

미국에서 선보인 수력 발전은 장거리 송전 기술 개발과 함께 전 세계로 퍼졌다. 지구촌 수력 발전은 전체 발전량의 약 20%(2006년 기준)를 차지하고 있지만 그 비중이 더욱 늘어날 것으로 전망된다. 발전 과정에서 공해를 유발하지 않는데다 연료비가 거의 안 들어 기후 변화와 고유가에 대응할 수 있기 때문이다. 댐 건설로 환경이 파괴될 위험이 없지 않고 초기 건설 비용이 많이 든다는 단점에도 각국은 경쟁적으로 수력 발전소를 짓고 있다.

수력 발전소 건설에 가장 적극적인 국가는 중국. 전 세계에서 건설되는 2,000㎿급 이상 대형 수력 발전소 26기 중 20기가 중국에 몰려 있다. 중국이 에너지 주권에 목을 매는 한 수력 발전은 더욱 늘어날 것으로 보인다.

한국의 수력 발전은 정체 상태다. 재원 부족과 환경 파괴 논쟁에 휘말려 전체 발전에서 차지하는 비중이 7.4%에 머물러 있다. 총 발전 용량을 합해도 중국 싼샤댐의 4분의 1 수준이다. 신 재생 에너지원으로 분류되는 소수력 발전의 비중은 0.1% 정도다. 중국 소수력 발전의 비중은 9%대에 이른다. 수력 발전이 미래 청정 에너지원이라면 한국은 후진국이다.

10월 1일

초고속 열차 시대의 개막- 신칸센

1964년 10월 1일 일본 도쿄. 유선형의 기차가 중앙역으로 들어왔다. 세계 최초의 초고속 열차 신칸센新幹線이 첫선을 보인 순간이다. 신칸센 열차는 도쿄~오사카의 도카이도東海道 노선 552.6㎞를 최고 시속 192㎞로 달리며 운행 시간을 종전의 6시간 40분에서 4시간으로 단축시켰다.

10월 10일 도쿄올림픽 개막에 맞추어 준공된 신칸센은 빠르게 자리 잡았다. 지반 안정화가 이루어진 1965년부터는 최고 속도가 시속 210㎞로 빨라져 운행 시간도 3시간 10분으로 줄어들었다. 승객들의 호평 속에 도카이도 노선은 개통 2년 9개월 만인 1967년 7월 누적 여객 수송 1억 명을 돌파하며 일본 전역에 신칸센 건설을 앞당겼

도쿄역을 나가는 도카이도 신칸센

다. 2009년 말 일본에서 운행 중인 신칸센의 총연장(미니 신칸센 포함)은 6,637㎞. 남한의 철도 총연장 3,374㎞의 두 배다. 공사 중이거나 계획하고 있는 구간도 3,746㎞에 이른다.

일본이 초특급 열차를 구상했던 것은 1930년대. 한일 해저 터널을 지나 싱가포르와 시베리아로 이어지는 탄환 열차 구상의 축소판이 신칸센이다. 일본은 신칸센을 위해 대부분 1,067㎜인 협궤 구간을 포기하고 국제 표준궤인 1,435㎜ 구간을 새로 깔았다. 일제 강점기에 만주

철도에서 이미 순간 시속 140㎞대의 '아시아호'를 제작했던 기술력의 바탕에 미국제 F-86F 제트 전투기를 면허 생산하면서 습득한 엔진과 기체 역학 기술을 응용해 첨단 열차를 만들어냈다.

프랑스(TGV)와 독일(ICE)이 초고속 열차 개발에 나선 것도 신칸센의 성공에 자극을 받아서다. 미래형인 자기부상식의 실험 운행에서 최고 시속 581㎞를 기록했던 신칸센은 이제 세계를 넘본다. 대만에 이어 베트남, 브라질에서도 도입을 저울질하고 있다. 한국의 고속철에 신칸센을 깐다는 계획은 무산되었어도 한일 해저 터널을 뚫겠다는 일본의 구상은 여전하다. 반가움보다 두려움이 앞선다.

10월 2일
평화와 공존이 있던 1187년 예루살렘

1187년 10월 2일 예루살렘 성벽이 무너졌다. 이슬람군 2만여 명이 공격을 시작한 지 12일 만이다. 승패는 이미 결정 난 상태였다. 예루살렘 왕국의 병력이라야 수천 명. 전력의 핵심인 기사는 달랑 14명에 불과했다. 3개월 전 치러진 하틴전투에서 병력 2만 명과 기사 2,000여 명을 상실하는 완패를 당한 후 베이루트와 시돈, 나사렛, 티론 등 십자군의 근거지를 차례차례 정복당한 뒤끝이었기 때문이다.

항복 직후 예루살렘의 2만여 주민은 공포에 휩싸였다. 자신들이 한 짓이 있었던 탓이다. 이슬람군도 이를 갈았다. 그럴 만했다. 1차 십자군이 예루살렘을 점령한 1099년 6월, 남녀노소 가리지 않고 학살당한

4만여 무슬림과 유대인의 피가 무릎까지 고였던 원한이 뼛속에 맺혔기에.

하틴전투를 형상화한 그림

기독교인은 얼마나 학살되었을까. 누구도 보복당하지 않았다. 술탄 살라딘Saladin의 자비 덕분이다. 이집트와 시리아, 팔레스타인과 예멘 땅까지 차지한 정복 군주 살라딘은 보복 대신 관용을 택해 포로들을 풀어주었다. 몸값을 받았다지만 고

향까지 갈 수 있는 물과 식량까지 챙겨 기독교인들을 놓아준 살라딘에게 돌아온 것은 3차 십자군. 예루살렘 재함락에 격분한 교황과 유럽인들은 영국의 사자왕 리처드를 중심으로 편성된 새로운 군대를 내보냈다. 살라딘은 3차 십자군을 맞아 싸우면서도 리처드가 부상당했을 때 의료진을 보내 신뢰를 쌓아 기독교인의 성지 순례를 허용하는 조건으로 휴전 조약을 맺었다.

1187년 예루살렘의 평화와 공존으로부터 823년이 지난 오늘날 살라딘이 베풀었던 자비와 평화는 찾을 수 없다. 피의 보복만 되풀이될 뿐이다. 국제 유가에서 세계 평화까지 중동의 종교·민족 갈등에 위협받고 있다. 인류의 미래가 살라딘식의 상호 존중과 공존에 달렸다.

10월 3일
지식과 출판의 기업화– 안톤 코베르거

180부. 서구에서 처음으로 인쇄술을 발명한 구텐베르크가 찍은《42행 성서》초판본의 발행 부수다. 140부는 종이에, 40부는 송아지 가죽에 인쇄한 이 책이 나온 게 1456년. 활자 혁명의 원년으로부터 36년이 흐른 1492년 초판이 1,000부 이상 인쇄된 책이 나왔다.

《뉘른베르크 연대기》의 다섯 번째 날

15세기 말 베스트셀러는 독일 출판업자 안톤 코베르거Anton Koberger가 펴낸《뉘른베르크 연대기》. 창조의 순간부터 1490년까지의 역사를 담은 이 책은 일종의 세계사 그림책이었다. 독일이 배출한 가장 유명한 화가이자 일러스트레이션의 선구자로 꼽히는 알브레히트 뒤러의 판화 등 645점의 목판화가 들어간 이 책은 선풍적인 인기를 끌며 활자술이 서구 전역으로 퍼지는 데 기여했다.

코베르거는 출판의 기업화를 이룬 최초의 인물. 1440년 뉘른베르크의 금 세공업 겸 금융업자 가문에서 태어난 그는 유복하게 자라났으나 30세인 1470년 가업을 버리고 출판사를 차렸다. 24대의 인쇄 기계를 사들이고 수백 명의 식자공과 교정자, 삽화가와 제본공을 고용한 그 덕분에 뉘른베르크는 출판의 중심지로 떠올랐다.

코베르거는 경영 능력도 있었는지 인쇄와 판매를 분리하고 각국에 제휴망을 깔았다. 현대적 의미의 최초의 출판업자로 불리는 것도 이런 이유에서다. 수도원에서 사제들이 필사한 라틴어 책자만 서적으로 통하던 시절 그가 퍼뜨린 책자들은 독일어권의 언어를 통합시키고 국민적 동질감을 확인시켜주었다. 1520년 10월 3일 80세로 사망한 뒤 그의 가족들은 금 세공업과 보석상 사업으로 되돌아갔지만 그가 뿌린 씨앗은 독일어권의 성장에 밑거름이 되었다.

사람들이 책을 안 보고 출판가는 불황에서 헤어나지 못하고 있는 요즘 코베르거를 떠올린다. 경제를 살리는 것도 결국 지식이다.

10월 4일
빛의 화가, 비즈 화가, 빛의 화가─ 렘브란트

1669년 10월 4일 암스테르담의 빈민촌. 한 노인이 쓸쓸히 죽었다. 렘브란트Rembrandt van Rijn의 최후다. 당대 최고의 화가로 꼽혔던 그가 왜 이런 말년을 맞았을까. 빚 때문이다.

렘브란트는 출생부터 인생 중반까지 풍요 속에서 지냈던 인물. 1606년 부유한 제분업자의 아들로 태어나 라이덴대학 입학 직후 학업을 접고 화가로 나서 처음부터 성공을 거두었다. 최초의 집단 초상화 〈툴프 박사의 해부학 교실〉을 그렸을 즈음에는 귀족들이 그가 그린 초상화를 얻기 위해 줄을 설 정도였다. 26세에는 명문가의 딸과 결혼해 명예는 물론 막대한 지참금도 챙겼다.

문제는 과용. 화구와 고서적, 소도구, 이탈리아 골동품을 구입하는 데 거액을 지출했다. 암스테르담 중심가에 5층짜리 저택도 은행 대출

렘브란트의 자화상

로 사들였다. 불행은 가정과 금전, 두 측면에서 찾아왔다. 아이 넷 중 셋이 생후 두 달을 넘기지 못하고 사망했다. 대표작 〈야경〉을 완성한 1642년, 아내도 저세상으로 떠났다.

사별 이후 그는 내리막길을 걸었다. 은행 빚을 못 갚아 1658년에는 저택도 경매에 부쳐졌다. 가난 속에서도 대작을 그려냈지만 유일한 희망이었던 아들이 27세로 사망(1665)한 뒤 4년 후 영욕의 생을 마감했다. 향년 63세.

굴곡진 삶만큼이나 그에 대한 평가는 다양하다. 미술품 거래 회사를 설립하고 경매 시장을 활성화시켜 귀족 계층의 전유물이던 예술을 대중화한 선구자라는 분석과 철저한 반시장주의자였다는 해석이 상존한다. 깊은 신앙심을 지닌 성서 화가였다는 평가의 이면에 결혼을 요구하는 동거녀를 정신병원에 보낸 냉혈한이라는 분석도 있다.

분명한 사실은 세상이 그를 '빛의 화가', '비즈(사업) 화가' 보다는 '빛의 화가' 로 기억한다는 점. 렘브란트의 화폭에 새겨진 영롱한 빛의 가격도 갈수록 비싸진다.

10월 5일

최초의 공중전- 아비아틱 vs 브와종3

1914년 10월 5일 프랑스 동북부 랭스 상공. 고도 200m에서 프랑스와 독일 군용기가 맞붙었다. 결과는 프랑스의 승리. 독일기가 검은 연기를 내뿜으며 지상으로 떨어졌다. 인간의 싸움 무대가 3차원 공간으로 확장된 순간이다.

승패는 애초에 갈렸다. 독일의 2인용 '아비아틱Aviatik'은 후방 정찰수가 소총을 장비했던 반면 프랑스의 정찰 겸 대지 공격용 '브와종3Voisin III'은 프로펠러가 동체 뒤에 달려 전방 시야가 트였을 뿐 아니라 무장으로 루이스 기관총을 달았기 때문이다. 독일의 아비아틱은 47발의 총탄을 얻어맞고 10분을 버티다 추락했다.

적기와 만나면 연장을 던지던 수준이던 공중전에서 첫 희생자가 발생한 후 공중 전투와 생산 기술이 크게 바뀌었다. 각국은 우선 생산을 늘렸다. 1차 대전 발발 시 독일의 가동 군용기는 비행선을 포함해 180여 대. 영국은 184대를 보유했으나 투입 가능한 기체는 30여 대에 그쳤다. 전쟁이 끝날 때까지 각국은 17만 5,000여 대의 군용기를 만들었다.

아비아틱과 브와종 3의 공중전

2차 대전 중에는 연합국 64만 4,142대, 주축국 20만 7,004대 등 무려 85만 1,146대의 군용기가 하늘을 덮었다. 나무 골격에 캔버스 천을 씌운 1차 대전과 달리 2차 대전 때부터는 완전 금속제로 탈바꿈해 생산 가격도 수십 배로 뛰었으나 격추는 오히려 쉬웠다. 복잡하게 설계된 기체의 일부만 맞아도 곤두박질쳤다.

오늘날 전투기 가격은 상상을 불허할 정도다. 미국의 최신예기인 F-22는 무장을 제외한 기체 가격만 1억 5,000만 달러에 이른다. 불과 수백 달러면 생산할 수 있었던 1차 대전 때와는 비교가 안 되는 상황에서도 각국은 보다 뛰어난 군용기를 개발·생산하려 목을 맨다. 군사·과학기술의 발전을 추구하는 인간의 의지에는 광기가 깔려 있는지도 모르겠다.

10월 6일
성서 번역으로 죽은 윌리엄 틴들, "왕의 눈을 뜨게 해주십시오!"

1536년 10월 6일 브뤼셀. 사형 집행관이 영국인 윌리엄 틴들William Tyndale의 목을 졸랐다. 죽어가면서도 신에게 영국 왕의 눈을 뜨게 해달라고 외쳤던 그의 시신은 바로 불태워졌다.

어떤 죄를 지었기에 잔혹한 죽임을 당했을까. 성서 번역 탓이다. 라틴어 성서를 영어로 번역했다는 점이 그를 죽음의 길로 이끌었다. 성직자와 귀족들은 하층민들이 성경을 읽고 종교를 토론한다는 데 분노하며 그를 이단으로 내몰았다.

몰락한 귀족가에서 1494년 태어나 고전학과 신학을 공부한 틴들은 옥스퍼드대학을 졸업하고 케임브리지대학에서 강의할 만큼 명망을 얻은 학자. 불어와 독일어, 이탈리아어, 그리스어, 라틴어, 히브리어에도 능통했던 그는 부유한 지주 가문의 가정교사로 일했으나 바로 요주의 인물로 찍혔다.

반성서적인 교회의 작태를 비판하고 신의 뜻을 제대로 전하기 위해 성서를 영역하겠다고 밝혔기 때문이다. 결국 그는 영국에서

사형 집행 순간 '영국 왕의 눈을 뜨게 해달라'고 외치는 틴들의 모습을 형상화한 그림

쫓겨나 유럽을 떠돌며 번역에 매달렸다. 최초의 활자 영역본이 나온 것이 1525년. 영국의 기근을 구휼한 곡물선을 통해 6,000여 부가 밀수된 신약본은 철저하게 수거되었으나 영국사와 근대 영어 형성에 절대적인 영향을 미쳤다.

영국의 제임스 1세가 유명학자 54명을 동원해 1611년 완역, 영어판 성서의 기본으로 꼽히는 흠정역 성서 중 구약의 83.7%, 신약의 75.7%가 틴들의 번역과 동일하다. 틴들이 근대 영어에 가장 영향을 많이 끼친 인물로 꼽히는 것도 이런 이유에서다.

틴들을 속박했던 압제는 옛날 얘기일 뿐일까. 문맹과 맹목적인 복종을 요구했던 중세 교회와 권력층의 행태는 표현의 자유 억압, 인터넷 규제와 본질적으로 유사하다. 진실은 시간이 갈수록 높은 가치를 지닌다. 틴들판 초본의 가격은 오늘날 100만 파운드를 호가한다.

10월 7일

대동은전, 최초의 근대식 화폐

1882년 10월 7일 조선이 대동은전大東銀錢을 선보였다. 대동은전은 모양이 옛날 돈과 크게 달랐다. 우선 가운데 구멍이 없고 뒷면 중심부에는 칠보를 입혔다. 은화였다는 점도 특징. 고려 시대에 국토의 모양을 본떠 '은병화銀瓶貨'라는 은화를 주조했다는 기록이

대동은전

있지만 실물이 전해지지 않아 대동은전을 최초의 은화로 분류하는 시각도 있다.

조선은 왜 넉넉하지 않은 재정 여건에서, 그것도 은본위 제도 도입을 시도(1891)하기 한참 전에 은화를 만들었을까. 통화 가치를 인정받을 수 있는 돈을 원했기 때문이다. 개

항 이후 교역이 늘어나는 가운데 외국 상인들이 악화인 당오전 등 구전을 거부하자 대안으로 내놓은 게 대동은전이다.

원료는 청나라에서 수입한 마제은馬蹄銀. 무역의 대금 결제용으로 통용되던 마제은 3만 냥(약 1,125kg)을 녹이고 뒷면 중앙의 칠보에 제작을 담당한 호조의 '호戶'자를 새겨 넣었다. 대동 1전, 대동 2전, 대동 3전 등 세 종류를 찍어 기존의 엽전과 다른 가치를 매겼다.

하지만 대동은전은 곧 사라졌다. 수입 대금으로 외국에 넘어간데다 마제은의 국제 가격이 올라 원료 부족으로 9개월 만에 주조가 중단된 탓이다. 부유층도 청색과 초록색, 흑색의 다양한 칠보가 들어간 대동은전을 돈보다는 화려한 귀금속으로 인식해 장롱 속에 모셨다. 오

늘날 상태가 잘 보존된 대동은전이라도 상대적으로 낮은 200만 원 선에서 거래되는 것은 퇴장 수량이 많았기 때문으로 보인다.

최초의 근대식 화폐가 사라진 뒤 조선은 신식 주조기를 수입하고 은본위 제도와 금본위 제도를 잇달아 도입하며 건실한 화폐 경제 구축에 나섰으나 피폐해진 재정을 메워줄 초단기 수단인 악화 주조를 반복하다 끝내 망하고 말았다. 요즘에도 비슷한 소리가 들린다. 국채 급증과 재정 악화.

10월 8일
시카고, 대화재의 잿더미에서 일어선 현대 도시의 원형

시카고 뒷골목에서 원인 모를 불이 났다. 화재 발생 일시 1871년 10월 8일 밤 9시. 강풍을 탄 불길은 총연장 190㎞에 이르는 시내 소나무 보도步道를 타고 순식간에 도시 전역으로 번졌다. 이튿날 밤까지 계속된 화재는 신흥 도시 시카고의 풍요를 태워버렸다.

건물 1만 7,500동과 가옥 7만여 채가 불탄 가운데 피해가 가장 컸던 곳은 시내 중심가. 여의도 3분의 1만 한 면적에 들어서 있던 건물들이 석조 기둥 몇 개만 남기고 홀랑 잿더미로 변했다. 시민 300여 명이 불에 타 죽고 9만여 명이 집을 잃었다. 재산 피해 약 2억 2,200만 달러(요즘 가치로 249억 달러).

화재 당시 시카고는 번영의 상징이었다. 1831년까지 시카고의 인구는 불과 350여 명. 인디언 소탕을 위해 설치된 병영 마을에서 서부

화재의 여파로 폐허가 된 거리의 모습

개발 붐을 타고 인구 30만의 대도시로 성장한 시카고는 화재로 40년간의 성장 과실을 날렸다. 공교롭게도 같은 날 미국 내 다른 대도시 네 곳에서도 불이 나 모두 1,500여 명이 사망하는 통에 종말론이 고개를 들었다.

검게 탄 시카고는 절망에 빠지지 않고 첨단 기술을 총동원해 현대를 건설해냈다. 1개월 만에 주택 5,000채가 건설되고 목조·석조 건물 대신 10~15층짜리 철골 골조 빌딩이 속속 들어섰다. 시카고는 건설 경기 덕분에 미국을 휩쓴 1873년 공황도 비켜갈 수 있었다. 화재 10년 후 도심은 고층 빌딩 숲으로 바뀌었다. 인류는 이로써 마천루skyscraper 시대에 접어들었다. 세계의 대도시가 시카고를 뒤따랐다. 맨해튼의 초고층 건물군도 시카고와 벌인 마천루 경쟁의 산물이다.

오늘날까지 시카고는 도시 설계를 공부하는 건축학도의 연구 대상으로 손꼽힌다. 대형 화재에도 절망하지 않는 불굴의 용기에서 현대 도시의 원형이 싹튼 셈이다.

10월 9일

공기보다 가볍고, 위스키보다 세고, 먼지보다 값싸다- 가시철조망

"공기보다 가볍고, 위스키보다 세고, 먼지보다 값싸다."

1874년 선보인 가시철조망의 선전 문구다. 발명자는 조지프 글리든Joseph F. Glidden. 교사 출신인 60세 농부 글리든이 만든 철조망의 구조는 간단했다. 두 가닥 철사 사이에 날카로운 철사 조각을 끼워 넣은 것. 실은 발명보다는 개량에 가까웠다. 친구의 발명인 금속 조각이 박힌 나무 난간에서 아이디어를 얻어 응용한 것이기 때문이다. 특허 절차를 밟는 동안 글리든이 특허권의 절반을 친구에게 265달러에 판 이유도 표절 시비를 의식해서다.

글리든의 철조망을 반긴 사람들은 목장주. 광대한 목장에 나무 울타리를 두르거나 인건비가 비싼 카우보이를 쓰지 않아도 소를 기를 수 있었다. 특허 취득과 발매 원년인 1874년 1만 파운드였던 가시철조망의 생산량은 2년 후에 284만 파운드로 늘어났다. 글리든이 6만 달러 일시불과 매년 특허료를 받는 조건으로 특허권을 완전히 넘긴 1877년 1,286만 파운드로 증가한 가시철조망 생산량은 1882년에는 1억 파운드 선을 넘어섰다.

조지프 글리든

서부로 쏟아진 철조망은 분쟁을 일으켰다. 소 떼를 이끌고 이리저리 다니며 풀을 뜯기는 전통적인 방목업자와 자기 소유지에 철조망을 치는 농장주 사이의 충돌은 대형 목장주의 승리로 끝났다. 목축업의 규모가 급격히 커진 것도 이 무렵이다.

꼬박꼬박 들어오는 로열티 덕분에 1906년 10월 9일 사망할 때 글리든은 미국 최고 갑부 가운데 하나였다. 철조망은 미국에도 돈을 안겼다. 참호전이 지루하게 이어진 1차 대전에서 가장 많이 쓰인 미국제 전쟁 물자가 철조망이었다. 병사들이 '악마의 끈'으로 불렀다는 철조망의 생명력은 끈질기다. 세계에서 철조망의 밀도가 제일 촘촘한 곳이 한반도다.

10월 10일
맥고원, 통신 혁명에 불을 붙이다

"공룡과 들쥐의 싸움이다!"

1960년대 말 무명의 미국 통신 회사 MCI가 AT&T에 도전장을 냈을 때 사람들의 반응이다. 그럴 만했다. 당시 AT&T는 제너럴모터스와 IBM을 합친 것보다 거대한 기업인 반면 MCI는 아이디어 외에는 내세울 게 없는 회사였으니까.

MCI의 사업 구상은 극초단파를 이용한 개인 전화 사업. 전화는 유선이어야 한다는 선입견에서 벗어난 혁명적 발상은 AT&T에 대한 도전이었으나 연방통신위원회FCC의 관심을 끌었다. 폭증하는 통신 수요를 감당할 만한 투자 재원이 마땅치 않던 시절이었기 때문이다.

문제는 MCI의 자금력. 어렵사리 사업 허가를 얻어냈지만 돈이 없었다. 한계에 봉착한 MCI는 3만 5,000달러라는 헐값에 윌리엄 맥고원 William McGowan에게로 넘어갔다. 신사업의 잠재력이 예상보다 훨씬 크다는 점을 간파한 그는 사업을 전국 규모로 확대하기로 마음먹었다. 1927년 10월 10일 펜실베이니아에서 태어난 맥고원은 사정이 어려운 회사를 인수해 정상화시키는 재주로 자수성가한 백만장자였으나 사업을 전국화하는 데는 1억 달러 이상의 자금이 들었다. 통화 품질을 위해서는 AT&T의 회선을 이용해야 한다는 점도 부담이었다.

맥고원의 선택은 두 가지. 미국 전역에 17개 회사를 세워 각 500만 달러씩을 모으는 한편 AT&T와 9년에 걸친 소송을 벌이며 회사 인지도를 높여나갔다. 1984년 종료된 소송은 맥고원에게 승리를 안겼을 뿐 아니라 AT&T의 분할까지 이끌어내 미국 통신 사업의 무한 경쟁을 낳았다. 1992년 맥고원 사망 이후 MCI도, AT&T도 제3자에게 넘어갔으나 그가 성냥불을 그은 통신 혁명은 아직도 진행 중이다. 부도 위기를 겪던 시절의 맥고원이 남긴 어록도 명언으로 남아 있다.

"사업이란 생존하기 위해 투쟁하는 것이다."

10월 11일
헨리 하인즈, 여덟 살 소년의 식품 사업

하인즈Henry J. Heinz의 야채는 불티나게 팔렸다. 대부분의 농가가 먹고 남은 것을 내놓던 19세기 중반에 싱싱한 것만 골라 팔았으니까. 포장도 없던 당시에 그는 야채를 투명한 병에 담아서 내놓았다. 품질

헨리 하인즈

을 보여주고 싶었기 때문이다. 고유 상표까
지 붙였다. 하인즈의 이때 나이가 아홉 살.

1844년 10월 11일 피츠버그에서 독일계
이민의 아들로 태어난 그는 밭일을 놀이 삼
아 자랐다. 여덟 살 때부터 텃밭의 채소를
팔기 시작한 지 1년 뒤 그의 사업은 급격히
커졌다. 주 상품인 고추냉이를 유리병에 담
고 상표까지 부착하는 차별적 영업이 먹힌

덕분이다. 조그만 놀이터였던 그의 밭은 열두 살이 되었을 때 1만
4,000㎡(약 4,230평)로 늘어났다. 하인즈의 농산물은 대형 도매상들의
마차에 실려 피츠버그 시내에 깔렸다. 신학교에서 상업학교로 옮길
무렵인 열일곱 살 때 연간 순소득이 2,400달러. 미국인 1인당 명목 소
득이 142달러에 머물던 시절이다.

소년의 천부적인 상재가 꽃핀 것은 30대 이후. 부친의 벽돌 사업을
돕다 스물다섯에 식료품 사업을 시작, 번창했으나 1875년 공황의 여
파로 부도를 맞은 뒤 연구 개발에 매달려 출시한 신제품 '토마토케
첩'이 대박을 터뜨렸다. 원조인 중국에서 영국에 전해지기까지 온갖
양념장류의 통칭이었던 '케첩'이 토마토케첩으로 고유명사화한 것
도 이때부터다.

영업에서도 앞서 나갔다. 공장 견학과 전광판 설치를 실시한 것도
하인즈가 최초다. 전문 세일즈맨 구축과 종업원 복지 제도의 선구자
로도 꼽힌다. 1919년 75세의 나이로 사망한 후에도 그의 회사는 계속

성장해 오늘날 '하인즈 식품'으로 남아 있다. 하인즈가 문을 연 식품 산업의 세계 시장 규모는 약 3조 달러. 거대한 시장이 여기에서 시작되었다. 소년의 창의력과 경영 혁신.

10월 12일
'주식회사 일본'의 경제 스승, 이시다 바이간

근면과 성실, 빈틈없는 제품, 세계 최고의 저축률……. 일본 경제의 특장점이다. 마음만 먹으면 연간 무역수지 흑자 1,000억 달러 선을 가볍게 넘는 일본의 저력을 이름 하나에 담을 수 인물이 있다. 이시다 바이간石田梅岩. 대통령 재임 시절 일본을 방문한 고 노무현 대통령이 '일본 자본주의의 원류'라고 지칭한 사람이다.

이시다가 태어난 1685년 10월 12일 무렵은 일본 최대의 활황이었다는 겐로쿠元祿 시대 호경기의 내리막길. 빈농의 차남인 이시다가 여덟 살 때 견습 사원으로 들어간 포목점이 망한 것도 불황의 전조 때문이었다. 가게가 문을 닫았지만 이시다는 5년간 아무것도 받지 않은 채 일하며 주인을 먹여 살렸다.

집에 돌아와 농사를 짓던 이시다는 23세 때 다시 교토 대형 포목점의 견습생으로 입사해 17년 만에 지점장에 올랐지만 진리를 찾겠다며 은퇴, 스승을 찾아 전국을 돌아다녔다. 유·불·선과 신도를 공부한 끝에 깨달음을 얻은 45세에 학교를 세워 1744년 향년 59세로 죽을 때까지 제자를 길러냈다.

이시다가 전파한 '세키니 신가쿠石門心學'의 골자는 '제업즉수행諸業卽修行'. 모든 노동이 정신 수양이며 자기완성에 이르는 길이라는 그의 사상은 급속도로 퍼졌다. 불황 속에서 부유층의 사치와 실업, 양극화 심화 같은 사회 문제에 대한 해법으로 여겨졌기 때문이다. 노동을 통한 인격 수양 열풍으로 노동 시간이 길어지자 상품의 질이 좋아졌다. 마무리가 꼼꼼하지 못한 물건은 수양이 덜된 노동자와 기업의 제품으로 배격받았다.

이시다가 뿌린 노동 정신은 오늘날 과도한 품질 관리에 따른 고비용 구조를 낳았다는 비판도 받지만 주식회사 일본을 이끄는 원동력이다. 세계 시장을 휩쓰는 일본 제조업의 경쟁력에는 이시다 바이간이라는 구도자의 숨결이 살아 있다.

10월 13일
최초의 다국적 금융 집단, 템플 기사단의 최후

1307년 10월 13일 새벽. 파리에 검거 선풍이 불었다. 공정왕 필립 4세가 전광석화 같은 템플 기사단Knights Templar 체포 작전을 펼친 것. 금요일이었다. '13일의 금요일'을 꺼리는 습속이 이때 굳어졌다. 연말까지 프랑스에서만 1만 5,000여 명이 조사를 받았다.

교황 클레멘스 5세는 소극적이었지만 세속 권력에 굴복해 로마 교황청을 이전한 아비뇽 유수의 주인공. 프랑스 왕의 압력에 전 유럽의 템플 기사단을 조사하라는 교지를 내렸다. 죄목은 이단죄. 고문과 거짓 자백을 통한 기사단장의 화형을 마지막으로 템플 기사단은 사라졌다.

템플 기사단의 문장

십자군전쟁의 무공으로 대중의 지지를 받던 템플 기사단이 찍힌 것은 돈 때문. 영지만 사이프러스 섬 전체를 비롯해 9,000개소에 달했다. 기부금과 세금·십일조 면제의 특권으로 부는 쌓이는 반면 청빈의 맹약으로 돈 쓸 곳이 없어 유럽 각국과 에루살렘을 연결하는 여행자 수표, 어음 교환 등 금융 시스템 구축에 투자한 결과다.

최초의 다국적 금융 집단인 템플 기사단의 재산은 각국의 왕과 경쟁 기사단에 돌아갔지만 사람이 모두 없어지지는 않았다. 일부 기사들은 잉글랜드와 전쟁을 벌이던 스코틀랜드로 탈출해 비밀결사 조직을 만들었다. 세계의 정치와 경제를 뒤에서 좌우한다는 프리메이슨의 원류다. 포르투갈에서는 이름만 그리스도 기사단으로 바뀐 채 살아났다. 대항해 시대를 연 엔리케 왕자와 희망봉을 발견한 바스코 다 가마가 그리스도 기사단 소속이다.

템플 기사단의 생명력이 보다 질기게 이어진 영역은 허구의 세계. 중세적 로망인 종교·군사적 무훈에 대한 열망과 비밀결사·금기에 대한 현대인의 호기심이 맞물려 베스트셀러 소설《다빈치 코드》,《푸코의 진자》와 영화〈인디애나 존스〉등이 쏟아져 나왔다. 템플 기사단을 소재로 삼은 작품군이 벌어들인 수입은 수십억 달러에 이른다.

10월 14일

일본을 살린 윌리엄 데밍, "문제의 95%는 경영진에게 있다."

한국전쟁 발발 직후인 1950년 여름 도쿄. 생산 촉진 세미나 참석자들이 자신의 귀를 의심했다. 중년의 강사가 '선진국 제품을 베낀 데 불과하다는 일본 상품의 이미지를 5년 안에 바꿀 수 있다'고 장담했기 때문이다. 비법은 '통계적 품질 관리'. 따라 했더니 2년 만에 효과가 나타났다. 일제 상품이 통하기 시작한 것이다.

강사는 데밍William E. Deming, 미국인 통계학지다. 1900년 10월 14일 가난한 시골 변호사의 둘째아들로 태어나 여덟 살 때부터 아르바이트로 돈을 벌며 공학과 수학, 물리학을 공부했다. 통계와 품질 관리

윌리엄 데밍

를 접목하는 방법은 예일대학에서 박사 과정을 밟을 때 학비 조달을 위해 일했던 웨스턴일렉트릭과 벨연구소에서 배웠다.

졸업 후 미국 농무부와 통계국에서 일하며 전쟁 물자 품질 관리에 관여한 그는 종전 후 일본에서 기회를 맞는다. 점령 군사령부가 일본 경제를 지도할 전문가로 초빙한 것. 일본인들은 그를 반겼다. 품질을 중시하는 코드가 맞아떨어졌기 때문이다. 얼마 안 지나 도요타 자동차 같은 대기업에 데밍의 사진이 걸렸다. 전후 일본의 어려운 사정을 생각해 강의료와 출판료를 받지 않았던 데밍에 대한 고마움을 기리기 위해 제정한 데밍상은 아직

까지 세계 최고의 품질 관리상으로 손꼽힌다.

미국이 데밍의 진가를 알게 된 것은 1980년대 이후. TV에서 데밍 특집을 방영하고 기업들은 데밍의 기법을 역수입하는 데 열을 올렸다. 레이건 대통령은 1987년 미국판 데밍상인 '말콤 볼드리지상'을 만들었다.

데밍은 1993년 사망 직전까지 병마와 싸우며 미국 기업의 체질을 바꾸려고 애썼지만 효과는 크지 않았다. 데밍은 미국 경영진을 향해 이렇게 질타했다.

"불가능한 목표를 강요하지 마라. 문제의 95%는 경영진에게 있다."

10월 15일
복지, 선진국의 정책 근간- 윌리엄 템플

윌리엄 템플William Temple(1881. 10. 15~1944. 10. 26). 영국 국교회(성공회)의 최고위직인 캔터베리 대주교를 지낸 성직자다. 2차 대전 초 전황이 불리할 때 대독 결사 항전 의지를 북돋는 설교 방송을 한 것으로 유명하다. 평생 종교인으로 살았지만 경제사에 지워지지 않을 획을 그었다. '복지 국가Welfare State'란 용어를 정착시킨 주인공이다.

서구의 역사에서 복지 개념이 처음 등장한 것은 기원전 5세기 아테네. 성인 남자의 절반이 국가 보조금을 받았다. 아우구스투스 시대 로마의 국가 예산 10%는 평민에 대한 실업 수당으로 쓰였다. 유구한 복지 정책의 역사에서도 유독 템플이 기억되는 이유는 두 가지. 1941년

윌리엄 템플

그의 저서 《시민과 성직자》를 통해 '복지 국가' 라는 용어가 처음으로 활자화한데다 템플 이후 국가 정책에 복지가 본격적으로 채용되었기 때문이다.

복지 국가에 대한 템플의 강조점은 1942년 말 베버리지 보고서Beveridge Report를 거쳐 영국은 물론 유럽과 미국의 사회보장 정책으로 이어졌다.

광범위한 사회보장을 담은 복지 국가 이념은 정부 비대화와 과도한 세금 부담, 성장 저해라는 부작용으로 공격받고 있지만 여전히 서구 선진국의 정책 근간이다.

문제는 우리나라다. 복지 국가 대열에 합류하기도 전에 피곤증에 허덕이고 있다. 국민소득 1,000달러 시절에 도달한 1977년에 제기된 복지 확대론은 5,000달러 시대로 미루어진 후 1만 달러, 2만 달러, 3만 달러 시대로 연기를 거듭 중이다. 성장론에 밀려 지금도 공염불이다. 통계를 보자. 경제협력개발기구 가입 29개국 중 복지 지출(2001년 기준)이 국내총생산에서 차지하는 순위 28위는 멕시코 11.8%. 한국은 6.1%다. 좀처럼 벗어나기 어려운 꼴찌다.

10월 16일
영어의 세계화를 앞당긴 노아 웹스터

갈수록 말이 갈렸다. 각국에서 모여든 이민들의 언어와 영어가 섞이고 서부에서는 매일같이 신조어가 생겨났다. 동부의 신사들은 영국식 표현과 발음을 고수했다. 분열 일보 직전의 미국 영어는 어느 날부터 한줄기로 뭉쳤다. 이 사람 덕분이다. 노아 웹스터Noah Webster.

1758년 미국에서 태어난 그는 등록금(예일대학 법대) 조달을 위해 교사로 일하다 진로를 바꾸었다. 오래된 영국 교과서를 대체하겠다는 생각에서 1783년 출간한 《철자 교본》은 1840년대 중반까지 3,000만 부가 팔렸다. 미국 인구 1인당 1권꼴. 당시에는 성서 이래 가장 많이 팔린 책자였다. '미국어'라는 단어도 여기서 처음 쓰였다.

정치적으로 '주권州權 보호보다 강력한 연방'을 주장했던 그는 연방주의자들이 만든 잡지와 신문사 편집을 맡고 주마다 다른 저작권을 합치는 법률 제정도 이끌었다. 이름이 알려질 무렵인 1800년 미국의 독자적인 사전 편찬 기획을 밝히고 1806년 《간추린 영어 사전A Compendious Dictionary of the English Language》을, 1828년엔 《아메리칸 영어 사전 American Dictionary of the English Language》을 내놓았다.

단어 7만 개가 수록된 《아메리칸 영어 사전》은 20달러라는 가격 때문에 첫해 주문이 미국 2,500부, 영국 3,000부에 그쳤지만 1870년대 초반까지 14만 부가 팔리며 영어 전체에 커다란 영향을 미쳤다. '음악' 같은 단어에서 'k'자(musick→music)를 뺀 웹스터의 간략화는 영국도 그 용법을 따랐다. 100년 뒤에 나온 《옥스퍼드 영어 사전》이 41

노아 웹스터

만 개 단어를 담고 있지만 이는 71년에 걸친 수천 명 전문가들의 공동 작업 결과물인 반면 《아메리칸 영어 사전》은 웹스터 한 사람만의 작업물이다.

웹스터가 평생을 바친 언어는 미국 사회 통합을 넘어서 세계의 중심어로 군림하고 있다. '미국어가 세계로 퍼질 것'이라는 웹스터의 예언 그대로다.

10월 17일

재벌 수녀의 상표권 사수 - 마리아 마르틴

자고 나면 새로운 업체가 끼어들었다. 1822년 독일 쾰른에서만 64개 업체가 건강 음료 쟁탈전을 펼쳤다. 가짜와 모조품도 판쳤다. 최종 승자는 마리아 마르틴Maria C. Martin. 상표권 차별화를 시도한 수녀 사업가다.

사업 동기는 수도원의 몰락. 근대화 과정에서 수도원과 수녀원이 해체되거나 특권이 없어져 밥벌이에 나서야 했다. 마르틴 수녀는 건강 음료의 품질에 자신이 있었다. 17세에 들어온 수녀원에서 50세에 이르기까지 배운 게 약제 과정과 간호였기 때문이다. 워털루전투에서 적군과 아군을 가리지 않는 희생적인 간호로 수많은 목숨을 살려내 프로이센 국왕으로부터 종신 연금까지 타낸 유명인이라는 점도 사업 밑천이었다.

기대와 달리 초반에는 고전했다. 모방품 탓이다. 궁리 끝에 마르틴 수녀는 빌헬름 3세에게 청원을 넣었다. 프로이센 왕실의 독수리 문장을 상표로 사용하게 허락해달라는 내용이었다. 신교도 국왕은 전쟁터에서 희생적인 간호 활동을 했던 수녀의 청을 들어주었다. 1831년 10월 17일 왕실 문장이 그의 상표로 등록된 후 판매 대금이 밀려 들어왔다. 어느 누구도 감히 왕실 문장이 들어간 상표를 도용하려 들지 않았다. 독일에서 상표권 보호법이 마련된 게 1874년. 법 제정보다 33년 앞서 상표권을 보호받는 길을 찾아냈던 셈이다.

마르틴 수녀의 건강 음료는 다른 나라에도 퍼졌다. 나폴레옹군이 독일에서 철수하면서 가져간 향수 '오드콜로뉴'와 함께 쾰른산 건강 음료의 효능이 알려져 있던 마당에 왕실 문장이 들어간 제품은 유럽 소비자들을 사로잡았다.

마르틴 수녀는 1843년 68세를 일기로 사망하면서 독일 최대의 제약 업체를 동료 수녀들에게 남겼다. 왕실 문장이 들어간 마르틴 수녀의 건강 음료는 요즘도 독일 가정의 상비품으로 약장을 지키고 있다.

10월 18일
몽꿋왕, 휘지만 부러지지 않는다

쌀과 관광 자원, 국왕의 권위. 태국의 키워드다. 세계적 쌀 수출국이며 관광 국가인 태국의 국왕은 존경의 대상이다. 쿠데타를 포함해 어떤 정치 행위도 국왕의 지지 없이는 불가능하다. 언제부터 그랬을까. 라마 4세, 몽꿋Mongkut왕부터다. 영화배우 율 브리너가 주연한 영화 〈왕과 나〉의 주인공 몽꿋왕의 정책은 크게 두 가지. '휘지만 부러지지 않는다'는 대나무 외교와 개혁이다. 태국이 여느 아시아 국가와

몽꿋왕

달리 독립을 유지한 것도 몽꿋왕과 그 아들 라마 5세의 뛰어난 외교력 덕분이다.

1804년 10월 18일 라마 2세의 43번째 자식으로 태어난 몽꿋은 젊은 날을 승려로 보냈다. 정실부인의 장남으로 승계권을 갖고 있었지만 어린 나이에 이복형에게 왕위를 내주고 왕세제로 지낸 41년 중 27년을 승려로 생활했다. 개혁 종파를 창건해 오늘날 태국 불교의 틀을 잡고 서양 선교사들에게 라틴어와 영어, 과학기술을 배운 것도 승려 시절이다.

제국주의 침략이 한창이던 1851년 라마 4세로 등위한 몽꿋은 영국과 프랑스의 세력 다툼을 이용해 독립을 유지하는 한편으로 적극적인 산업 진흥책을 펼쳤다. 무엇보다 주목한 것은 쌀. 경작을 장려하기 위해 법을 고치고 중국인을 대거 받아들였다. 마침 동남아 식민지의 주곡 문제로 고민하던 영국의 이해관계와 맞물려 태국은 거대한 쌀 산지로 거듭났다. 관광 상품으로 각광받는 태국 궁궐들도 미얀마와의 전쟁에서 황폐해진 궁궐을 몽꿋왕이 복원한 것이다.

숨 가쁜 지방 시찰 일정으로 말라리아를 얻은 몽꿋왕은 1868년 64번째 생일에 병사했으나 17년이라는 길지 않은 재위 기간에 근대적 독립국이라는 유산을 남겼다. 왕의 초상이 실린 돈은 접지도 않는다는 태국인들의 국왕에 대한 존경심, 국가적 구심체로서 국왕의 존재도 몽꿋왕부터다.

10월 19일

북해 유전, 파티는 끝났다

1970년 10월 19일 영국이 경사를 맞았다. 북해 포티 지역에서 유전을 찾아낸 것. 노르웨이와 덴마크 지역에서 원유가 발견된 적은 있어도 영국 해역에서 기름이 솟은 것은 사상 최초였다. 본격 발굴에 나선 지 15년 만에, 33번째 시추에서 얻은 결과여서 기쁨이 더욱 컸다. 북해에 원유가 매장되어 있을 것이라는 보고서가 나온 1938년으로 거슬러 올라가면 32년 만의 결실이다.

횡재는 여기서 끝나지 않고 브렌트 유전을 비롯한 거대 유전이 속속 터졌다. 유전 규모도 경제성 있음economic과 큰big, 대형large, 초대형giant을 넘어 '거대급elephant' 이었다. 영국이 유전을 찾아낼 수 있었던 비결은 끈기와 과학기술. 북해의 거친 강풍과 파도를 견디며 해저 수백 미터를 시추할 수 있는 신기술과 첨단 장비 덕분에 유전이 뚫렸다.

북해 유전

북해 유전은 영국 언론의 표현대로 '신의 축복' 이었다. 해마다 30~40억 파운드 적자를 기록하던 재정이 원유가 본격 생산된 후 60억 파운드 흑자로 돌아섰다. 국제통화기금의 구제 금융(1976)도 석유 수출 덕분에 재빨리 갚을 수 있었다. 대처 수상의 개혁도 북해산 원유 덕분에 힘을 얻었다. 새로운 산유국 영국의 등장은 국제 유가를 크게 떨어뜨려 배럴당 34달러였던 유가가 1980년대에는 10달러 선까지 내려갔다. 요즘도 북해에서는 영국과 노르웨이 등 7개국이 운영하는 131개 유정이 원유와 가스를 뽑아내고 있다.

문제는 고갈이 머지않았다는 점. 2020년이면 바닥을 보일 전망이다. 생산도 1990년 이미 정점을 지났다. 영국조차 원유 순수입국으로 돌아섰다. 북해 유전이 선사한 축복은 마지막이었는지도 모른다. 나날이 치솟는 유가에는 자원 고갈이라는 저주가 담겨 있다. 파티는 끝났다.

10월 20일
대장정, 미래를 열어나가는 씨앗

1935년 10월 20일 중국 산시성 옌안延安. 홍군紅軍 병사 7,000여 명이 몰려들었다. 지치고 헐벗고 굶주렸어도 병사들의 함성은 천지를 뒤흔들었다. 살아남았다는 안도감과 무엇이든 해낼 수 있다는 자신감에서다. 현대 중국의 초석인 대장정大長征이 마무리되는 순간이다.

산술적으로 본다면 장정은 공산군 군대인 홍군의 명백한 패배. 장제스의 국민당군이 70만 병력을 동원한 포위 섬멸전에 압도당해 중국 남부의 근거지인 장시성 루이진瑞金에서 대탈출을 시작할 때 병력 8만 6,000명이 12분의 1도 안 될 만큼 줄었기 때문이다. 국민당도 승리를 자축하며 공산군을 박멸했다고 여겼지만 커다란 착각이었다.

368일 동안 국민당군, 지방 군벌과 싸우면서 11개 성을 통과하고 18

개 산맥과 17개 강을 건너 2만 5,000리를 뚫고 나온 병사들은 최정예 부대이자 핵심 당원으로 거듭났다. 더 큰 소득은 씨앗을 뿌렸다는 점. 장정을 통해 2억여 명의 농민을 만난 홍군은 약탈 등 민폐를 일삼았던 국민당군이나 군벌과 달리 농민을 보호하고 계몽하려고 애쓴 결과 대중의 광범위한 지지를 얻어냈다. 불과 한 줌밖에 살아남지 못했던 홍군이 결국 중국 대륙을 차지한 것도 장정에서 파종한 씨앗 덕분이다.

장정은 오늘날에도 여전히 살아 있다. 개혁과 개방이 가속되면 될수록 중국 지도부는 장정의 정신을 되살리려 애쓴다. 과거의 회상을 넘어 미래를 열어나갈 불굴의 의지를 상징한다고 여기기 때문이다. 홍군이 추위와 질병, 기아 속에서 걸었던 장정의 행군로에는 요즘 서부 대개발이 한창이다. 우주선과 통신 위성을 발사하는 중국제 로켓 시리즈의 이름도 한결같이 '장정'이다. 세계 시장은 물론 우주까지 장정으로 넘겠다는 의지가 깔려 있다. 대장정의 끝은 과연 어디일까. 오싹해진다.

10월 21일
'죽음의 상인'의 인류를 위한 기부- 알프레드 노벨

전쟁과 평화. 알프레드 노벨Alfred Nobel의 삶과 죽음을 압축하는 두 단어다. 수많은 사람의 목숨을 앗아간 다이너마이트를 발명한 주인공인 동시에 노벨상이라는 불멸의 유산을 남긴 노벨은 어려서부터 극과 극을 오가며 자랐다.

1833년 10월 21일 스웨덴의 부유한 집안에서 태어났지만 아버지의 파산과 재기가 반복되며 어머니의 야채 행상과 형들의 성냥팔이로 겨우 생계를 꾸려나갔다. 훗날 부친이 러시아에서 무기 사업에 성공한

알프레드 노벨

덕에 가정교사들로부터 개별 교습을 받았지만 초등학교 2학년 수료가 정규 교육의 전부인 것도 이 때문이다.

베니어를 발명한 건축가이자 무기 제조업자였던 부친의 사업이 크리미아전쟁에 패배한 러시아의 주문량 격감으로 망해갈 무렵 노벨 가문은 석유라는 새로운 기회를 잡았다. 소총 개머리판에 쓸 목재를 구하기

위해 방문한 바쿠 지역의 거대한 유전에 투자한 덕분이다. 원유를 운반하는 파이프 라인과 유조선을 처음 만든 사람도 노벨 형제들이다.

노벨 자신은 다이너마이트와 '폭발성 젤라틴', 무연 화약을 잇따라 발명해 세계 각국에 90개 무기 및 폭약 공장을 소유한 재산가로 떠올랐다. 어디서든 연구하기를 좋아했던 노벨은 폭약뿐 아니라 광학, 기계 공학, 생리학과 수혈에 이르기까지 모두 355종의 특허를 등록했다.

다국적 기업 총수로서, 발명가로서의 삶에 만족하던 노벨은 1888년 대전환의 계기를 맞았다. 바로 윗형의 죽음을 노벨의 사망으로 착각한 파리의 한 신문사가 잘못 내보낸 '죽음의 상인 노벨 사망'이라는 부고 기사를 보고는 인류를 위해 공헌한 사람들을 위해 재산을 바치겠다고 결심한 것. 노벨 재단과 노벨상이 탄생한 연유다. 평생 독신으

로 살다 59세인 1896년 하직한 노벨의 사망일(12월 10일)에는 매년 노벨상 시상식이 열린다.

10월 22일
복사기, 구텐베르크 인쇄기 이후 최고의 작품

1938년 10월 22일 오리건 주 소도시 아스토리아. 허름한 창고 2층에서 32세의 체스터 칼슨Chester Carlson이 두 장의 종이를 보고 또 보았다. 새겨진 문자는 '10-22-38 Astoria'. 원본과 복사지가 똑같았다. 건식 복사 원리가 발명된 순간이다.

칼슨은 조수를 껴안고 환호성을 질렀다. 대공황 속에서 어렵게 얻은 직장, 야간 대학을 다니며 특허 변호사 자격을 땄어도 거듭 해고당한 후 매진한 6년간의 연구가 떠올랐기 때문이다. 돈방석에 올라 장모의 빚을 갚을 것으로 기대했지만 결과는 무소득. GM과 IBM, RCA, 코닥 등 대기업들은 눈길도 주지 않았다. 자금이 떨어지고 아내마저 이혼을 요구하던 1944년 비영리 연구 단체에서 관심을 가지며 실마리가 풀렸다. 이듬해 소규모 인화지 제조업체인 할로이드사가 합류한 지 4년여 후인 1948년 10월 22일, 시제품이 나왔다. 첫 발견으로부터 정확

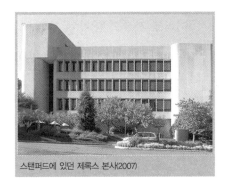

스탠퍼드에 있던 제록스 본사(2007)

히 10년 만이었지만 이번에도 관심을 끌지 못했다. 대기업들은 여전히 냉소를 보냈다.

할로이드사는 복사기에 승부를 걸기로 작정하고 사명을 라틴어 '말려서 쓴다'에서 따온 신조어 '제록스'로 변경한 뒤 1959년 '제록스 914'를 내놓았다. 분당 7장의 복사 속도, 대당 2만 5,000달러라는 가격에도 결과는 대박. 돈방석에 오른 제록스의 주가는 10년간 66배나 뛰었다. 칼슨을 수차례 무시했던 IBM의 결정은 경영 역사상 최대의 실패 사례로 손꼽힌다.

억만장자가 된 칼슨이 재산을 사회에 기부하다 1968년 향년 62세에 심장마비로 사망한 지 42년. 사무기기 혁명은 갈수록 거세지고 있다. 복사기와 프린터가 결합한 복합기의 발전 속도는 눈부실 정도다. 칼슨의 복사기에 대한 〈포브스〉지의 평가 한 대목, '구덴베르크 인쇄기 이후 최고의 작품'.

10월 23일
이라크 석유의 이방인 지배

1912년 10월 23일 터키석유회사TPC(Turkish Petroleum Company)가 간판을 걸었다. 설립 자본금 8만 파운드. 1908년 페르시아(이란)에서 발견된 거대한 유전에 자극받아 오스만 제국의 영토인 중동에서 원유를 찾을 목적으로 세워졌다.

터키석유회사의 특징은 모험 자본의 국제 결합. 지분을 25%씩 나눈 도이체방크와 영국·네덜란드계인 로열더치쉘이 경영을 이끌었다. 지분 50%는 터키 국립은행이 보유했으나 은행 자체의 소유권이 영국에 있었다. 그나마 출범 2년 만에 터키은행의 지분도 영국계인 앵글로페르시안석유로 넘겨졌다. 터키은행의 주식 30%를 보유했던 아르메니아 출신 사업가 굴벤키언도 5%의 개인 지분을 챙겼다.

1927년의 전쟁과 이라크 석유 발견은 지분 구도를 다시 변화시켰다. 1차 대전을 통해 석유의 중요성이 확인된 상황에서 메이저들은 물론 각국 정부는 터키석유회사의 지분을 확보하기 위해 치열한 경쟁을 벌였다. 1928년 합의된 결론은 공동 지배. 독일의 지분은 프랑스로 넘어가고 미국도 끼어들었다. 영국과 영국·네덜란드 연합, 프랑스, 미국계 자본이 각각 23.75%씩 지분을 나누었다. 나머지 5%는 굴벤키언에게 주었다.

최대 피해자는 패전 독일이 아니라 이라크. 약속받았던 20%의 지분은커녕 한 주도 못 얻었다. 사명이 '이라크석유회사'로 바뀌었어도 이라크의 석유는 1961년까지 외국인들이 주물렀다. 1972년 국유화 일정을 완료하고 스스로 '이라크 국영석유회사'를 운영하던 시절은 잠시뿐. 오늘날 이라크의 원유는 미국의 입김에서 자유롭지 못하다. 이라크를 점령했던 미군은 떠나가도 원유만큼은 미국계 자본의 손아귀에 잡혀 있다. 터키석유회사가 출범하던 순간부터 시작된 이방인의 지배는 이라크 석유의 숙명일까.

10월 24일

아침 같은 겸손, 대낮 같은 명랑, 저녁 같은 온화, 한밤 같은 침착- 메리 마셜

애덤 스미스도, 마르크스도 그랬다. 리카도나 맬서스도 마찬가지. '경제학economics'이라는 용어를 사용한 적이 없다. 자신의 학문을 도덕철학이나 정치경제학으로 여겼을 뿐이다. 용어로서 경제학의 시초는 앨프리드 마셜. 수요공급 곡선에서 외부 경제, 소비자 잉여 등의 개념을 뽑아낸 사람이다. 명구 '차가운 이성, 따뜻한 가슴'으로도 유명하다. 대표 저술《경제학 원론》(1890)은 요즘도 경제학 교과서의 원형으로 꼽힌다.

'경제학'이 정치경제학으로부터 독립한 것은 1879년. 마셜 부부의 공저《산업경제학Economics of Industry》을 통해서다. 《산업경제학》이

메리 마셜

메리 마셜Mary Marshall의 강의록을 기본으로 쓰였으니 용어 '경제학'의 숨은 저작권자는 메리인 셈이다. 1850년 10월 24일 성직자 집안에서 태어난 메리는 집안에서만 교육받았지만 케임브리지의 입학 허가를 얻은 최초의 여성. 맬서스와 인구 논쟁을 벌였던 철학자이자 목사인 할아버지 윌리엄 페일리의 영향을 받았는지 경제학에 두각을 나타냈다. 졸업 후 강사로 근무하던 메리는 1877년 경제학 스승이었던 8년 연상의 앨프리드와 결혼한 지 10년 후부터 내조에만 힘썼다. 병약했던 앨프리드가 현대 경제학의 기본 원리를 정교하

게 집대성한 것도 아내의 헌신적인 뒷바라지 덕이다.

1924년 남편과 사별한 후에도 메리는 재산과 대대로 내려온 서적을 모교에 기증, 경제 도서관을 꾸며 죽을 때까지 사서로 봉직하며 남편의 제자들을 돌보았다. 도서관을 가장 많이 이용했던 사람이 케인스. 뉴턴에서 처칠까지 10여 명의 위인전을 써낼 때 메리를 포함시켰다. 케인스는 메리 전기의 끝 문장을 이렇게 썼다. '아침과 같은 겸손, 대낮 같은 명랑, 저녁 같은 온화, 그리고 한밤과 같은 침착.'

10월 25일
전자레인지의 변천사

1955년 10월 25일. 미국 주방기기 회사 태펀Tappan이 회심작 하나를 선보였다. 출시품은 최초의 가정용 전자레인지microwave oven. 특허 사용권을 빌린 지 3년 만이다.

특허권자는 방위산업체인 레이언사. 연구원 스펜서가 2차 대전 말 군사용으로 개발 중인 레이더 앞을 지나다 바지 속의 땅콩초콜릿이 녹는 현상을 경험한 뒤 전자파로 음식을 조리할 수 있다는 생각을 갖게 된 게 시초다. 레이언사는 1947년 민수용 '레이저레인지'를 개발해냈지만 팔 수 없었다. 대형 냉장고만 한 크기에 사용전력이 3,000W에 달했던 탓이다. 전력 사용량을 절반으로 줄인 후속 모델도 대당 원가가 2,000~3,000달러로 여전히 비쌌다.

레이언은 결국 주방기기 전문 회사인 태펀사와 손을 잡고서야 1955

다양한 종류의 전자레인지 ⓒDaniel Christensen

년 첫 제품을 내놓았다. 가격은 1,295달러. 레이언과 태펀은 주방 혁명을 장담했지만 시장의 반응은 냉담했다. 소비자들이 관심을 갖기 시작한 것은 시카고 무역 박람회에 전시되고 가격이 400달러대로 떨어져 신축 주택의 사양으로 채택되기 시작한 1960대 후반 이후. 1976년에는 연간 100만 대가 팔려 보급률도 4%로 높아졌다. 결정적인 판매 붐은 전혀 예상하지 못했던 가공 식품 분야에서 일어났다. 전자레인지용 포장 팝콘이 개발된 후 너나없이 구입한 덕에 1980년대 중반에는 보급률이 95%까지 뛰고 전 세계로 퍼졌다.

한국도 전자레인지 붐을 톡톡히 누렸다. 한국산 전자제품 중 '월드 베스트' 상품에 처음 오른 게 전자레인지다. 중국산 저가품에 밀려 세계 1위 자리를 내주었지만 한국제 전자레인지는 세계 시장에서 명품으로 대접받는다. 그릴 기능이 더해진 전기 오븐의 선두주자도 한국이다. 국내 소비자들의 까다로운 요구를 충족시키는 과정에서 기술이 축적된 덕분이다.

10월 26일

OK목장의 결투에 숨은 진실

정의의 보안관과 무법자들의 대결. 1957년 개봉된 〈OK목장의 결투 Gunfight at the OK Corral〉의 줄거리다. 영화는 대성공을 거두었다. 한 해 동안 2,400만 달러(요즘 가치로 3억 4,222만 달러)의 입장료 수입을 기록했으니까. 뿐이랴. 해외 흥행과 음반까지 합치면 말 그대로 '대박'이다.

결투 자체는 역사적 사실에 근거한다. 1881년 10월 26일 오후 3시, 애리조나의 신흥 도시 툼스톤Tombstone에서 벌어진 30초가량의 총싸움이 영화의 근거다. 실제는 영화와 다른 점이 많았다. 영화에서 정의의 보안관으로 그려진 어프Earp 형제는 실상은 탈옥수에 살인범이었으며 정식 보안관도 아니었다. 악당으로 묘사된 클랜턴Clanton 일가는 지역의 목장주였다. 결투하는 모습도 영화와 달랐다. 결투보다는 전일 밤늦게까지 술을 먹고 퍼진 클랜턴 일가에 대한 어프 형제의 습격에 가깝다. 클랜턴 측이 비무장 상태였다는 증언도 있었다.

결투로 희생당한 클랜턴 일가

진짜 갈등은 정치 · 경제적 입장 차이. 어프 형제는 북군에 복무했던 공화당 지지자인 반면 클랜턴 측은 민주당 지지자였다. 경제적으로도 신흥 광산업과 도박업, 은행에 투자한 어프 형제와 목장주, 카우보이로 구성된 클랜턴 측의 이해관계가 엇갈렸다.

이분법적인 선악 구도가 우리네 취향과 맞아서일까. 복잡한 갈등 구조를 지나치게 단순하게 그려낸 영화는 한국에서 선풍적인 인기를 끌었다. 여물통을 의미하는 '코럴corral' 이 '목장ranch' 으로 오역되는 제목부터의 실수에도 아랑곳없이 무수히 많은 한국 팬들이 이 영화를 기억한다.

대결의 무대였던 툼스톤은 오늘날 인구 1,200명의 시골 도시로 쇠락했지만 관광객 덕에 먹고 산다. 결투에 대한 재해석도 한창이다. 경제는 경제대로 챙기면서도 진실을 가려내려는 그들이 부럽다.

10월 27일

풍운아 엔리코 마테이 - 국제 석유 자본의 공적

마테이Enrico Mattei에게는 적이 많았다. 국제 석유 자본과 서방 정보 기관이 이를 갈았다. 유전 확보 경쟁 때문이다.

1906년 태어난 마테이의 청년기는 저항 운동가. 24세부터 반 무솔리니 지하 조직에 몸담았다. 경력 덕에 1945년 파산 지경의 국영 석유 회사를 맡은 그는 경영을 혁신해 미국계 메이저로부터 내수 시장을 되찾아왔다. 정부가 포기한 국내 유전 개발을 고집, 1949년 소규모 유전과 가스전도 찾아냈다.

국민적 영웅으로 떠오른 그는 1953년부터 본격적인 해외 유전 개발에 나섰다. 문제는 틈이 없었다는 점. 새롭게 구성되는 컨소시엄에서도 메이저들이 지분을 주지 않자 마테이는 '석유 카르텔 일곱 자매Seven Sisters가 우리를 바보 취급한다'며 분통을 터뜨렸다. 석유 메이저 7개 사를 지칭하는 '일곱 자매'라는 용어가 이때부터 쓰였다.

엔리코 마테이

분노한 마테이는 상을 따로 차렸다. 프랑스와 싸우던 알제리 반군을 지원해 독립 후 유전 개발권을 얻어내고 이란에서는 유전 발견 시 이익을 75 대 25로 나눈다는 계약을 맺어 메이저들을 경악시켰다. 50 대 50의 이익 배분도 산유국 몫이 과도하다며 꺼리던 시절이다. 결정타는 소련산 원유 도입. 값싼 소련산 원유가 서방 경제의 혼란을 야기할 것이라고 판단한 미국은 국무장관을 내세워 메이저들에게 마테이에 대한 양보를 종용하고 케네디 대통령과 면담 일정까지 잡았다.

마테이의 승리와 미국 방문은 이루어지지 않았다. 1962년 10월 27일, 의문의 전용기 추락으로 사망(56세)했기 때문이다. 벼락 탓이라는 당시 발표와 달리 최근에는 내부 폭발이 있었다는 조사가 나왔다. 원인은 지금껏 베일 속이지만 확실한 것은 마테이 사후 소련산 원유 수입이 끊기고 국제 석유 자본에 거세게 대항한 사람도 더 이상 없었다는 사실이다.

10월 28일

반시장적 법률이 부른 폐해 – 금주법

1919년 10월 28일, 미국 의회가 볼스테드법Volstead Act을 통과시켰다. 정식 명칭이 전국 금주법National Prohibition Act인 이 법의 통과로 이듬해부터 술의 제조와 판매, 수송과 수출입이 전면 금지되었다.

동서양을 통틀어 기근이 닥친 경우 한시적으로 술을 금지한 적은 있었으나 법률로 알코올을 원천 봉쇄한 것은 사상 최초. 왜 그랬을까. 청교도적 사고방식에 1차 대전의 적국인 독일산 맥주에 대한 반감, 전쟁으로 남성들의 일자리를 대신하며 목소리가 커진 여성계의 요구가 겹쳤기 때문이다. 가난한 이민들의 모임 장소인 술집을 통제하지 않을 경우 불만이 폭동으로 번질 수 있다는 계산도 금주법을 태동시켰다.

금주법은 미국을 술 없는 유토피아로 바꾸었을까. 그 반대다. 대통령마저 밀주를 찾는 상황에서 약 3만㎞에 이르는 국경과 해안을 통해

적발한 술을 쏟아버리는 주류 단속원(시카고, 1921)

술이 밀수되고 가정마다 지하실에 증류기를 들였다. 금주법은 3,000여 명의 단속반을 유지한 국가에는 끝없는 지출을 강요한 반면 부자도 만들어냈다.

케네디 대통령의 아버지인 조지프 케네디와 냉전 시절 미국과 소련의 메신저 역할을 해낸 전설적 기업인 아몬드 해머가 밀주로 돈을 번 대표적 케이스다. 가장 횡재

한 세력은 조직폭력단. 마피아가 이때 확고한 뿌리를 내렸다.

폐해에도 정치권은 금주법을 감쌌다. 표를 의식해서다. 금주법이 최대 이슈였던 1928년 대선에서는 옹호자인 공화당의 후버가 대통령에 뽑혔다. 금주법이 폐지된 것은 1933년. 대공황을 맞아 대형 사업을 벌이던 루스벨트 행정부는 세수 확보를 명분으로 헌법까지 수정하며 금주를 풀고 술에서 세금을 걷었다. 이후 금지법은 악법을 통칭하는 대명사로 굳어졌다. 우리에게는 이런 게 없을까. 인터넷 규제에서 경제 규제까지 반시장적 법률이 낭비와 악을 부른다.

10월 29일
석유 황제 야마니의 실각

1986년 10월 29일 세계의 이목이 사우디아라비아의 리야드로 쏠렸다. '야마니 해임'이라는 짤막한 보도 때문이다. 야마니Ahmed Z. Yamani는 32세인 1962년 사우디아라비아의 석유 장관에 임명되어 국제 유가를 쥐락펴락해온 인물. 24년이라는 오랜 시간 동안 재임하면서 아랍 산유국의 석유 무기화를 성공시키고 사분오열 상태였던 석유수출국기구OPEC의 단합을 이끌어내 '석유 황제'로 불리던 그가 어떤 이유로 갑작스레 실각당했을까.

야마니 본인도 사전에 아무런 언질을 받지 못했다. 친구들과 저녁 식사를 나누는 도중 TV 뉴스를 지켜보라는 전갈을 받았을 뿐이다. 야마니는 뉴스 말미의 '석유 장관이 물러났다'는 보도를 통해 파면 사실을 알았다. 아무런 논평이나 해설도 곁들이지 않은 사우디 국영 TV의 보도는 무수한 억측을 낳았다.

국제 유가 하락으로 왕실의 재정이 줄어든 데 대한 견책이라는 해석에서 1972년 사망한 파이잘 전 국왕의 사람인 야마니를 파드 국왕이 탐탁지 않게 여겼다는 추론까지 나왔다. 제프리 로빈슨은《석유 황제 야마니Yamani-The Inside Story》에서 실각 원인을 국제 무기상과 왕실의 비자금 확보 음모에서 찾았다. 필요 이상으로 전투기를 구입해 리베이트를 챙기려는 왕실의 요구에 응하려면 더 많은 원유를 팔아야 하는데 이럴 경우 석유수출국기구의 단합이 깨진다는 점에서 야마니 스스로 해임을 각오하고 반대했기 때문이라는 해석이다. 소신과 양심에 따라 장관직을 버렸다는 얘기다. 국민과 시장의 불신에도 자리에 연연하는 우리네 장관들이 떠오른다. 물러날 때 야마니는 이런 말도 남겼다.

"중동에도 친미파가 적지 않다. 미국이 기름과 팔레스타인 중 하나만 양보해주면 친미파가 활동할 영역이 넓어지고 중동의 평화도 찾아올 수 있는데 안타깝다."

10월 30일
스위스=평화=앙리 뒤낭

1859년 이탈리아 북부 솔페리노 인근 교회. 포로인 적국의 군의관이 승전국의 위생병과 의대생을 이끌고 수술에 나섰다. 시민들은 모든 부상병을 돌보았다. 당시에는 상상조차 어려웠던 일이다. 어제까지도 싸우고 죽이던 사람들을 한 자리에 모은 인물은 앙리 뒤낭Jean H. Dunant.

앙리 뒤낭

스위스 태생의 31세 청년 실업가인 뒤낭이 전쟁 한복판에 온 이유는 사업상 청원 때문. 알제리 일대 사막 녹지화 사업이 난관에 부딪치자 나폴레옹 3세를 설득하려고 프랑스·사르디니아 (이탈리아) 연합군과 오스트리아 간 전투장으로 찾아온 것이다. 전장에서 4만 명의 사상자를 직접 본 그는 사업을 잊고 부상자를 치료하기 시작했다. 인근 마을로 찾아가 동조자를 구하고 예배보다 부상자들을 돌보아달라고 부르짖었다. 부상자들이 적과 아군의 구분 없이 동등하게 치료받은 것도 이때가 처음이다.

뒤낭이 당시의 체험을 소개한《솔페리노의 회상》은 전 세계 언어로 번역되며 '인류는 모두 형제자매'라는 생각을 확산시켰다. 1863년 국제 적십자가 창설되고 1864년 최초의 제네바 협약이 체결된 것도 뒤낭의 저술과 평화 운동 덕이다. 뒤낭은 1867년 알제리 사업 실패로 파산하고 파벌 싸움에 휩쓸려 국제 적십자사의 총재직에서도 쫓겨나 궁핍 속에서 살았지만 1901년 제1회 노벨 평화상 수상으로 공로를 인정받았다. 뒤낭은 1910년 10월 30일 초기 기독교인들의 믿음을 따라 한 마리 짐승처럼 무덤에 가겠다며 일체 장례 행사를 거부한 채 82세로 죽었다.

뒤낭의 존재로 가장 큰 이득을 본 것은 조국 스위스. '스위스=평화' 라는 인식이 뒤낭 덕에 굳어졌다. 스위스 주요 도시에 국제기구가 들어서 사람과 달러를 끌어들이게 된 시발점도 적십자사와 제네바 회의 시리즈부터다.

10월 31일
지하철 2호선, 편중 개발의 역사

1980년 10월 31일 서울 지하철 2호선 1구간이 뚫렸다. 잠실운동장에서 신설동까지 14.3km의 1단계 준공을 시작으로 2호선은 1984년 5월까지 5단계에 걸쳐 48.8km의 공사를 마쳤다.

2호선의 최대 특징은 국내 유일의 순환선이라는 점. 성수지선(5.4km)과 신정지선(6.0km)을 제외하고는 서울 강북과 영등포, 관악, 강남을 도는 노선이다. 도심을 중심으로 방사선 교통망을 먼저 건설한 뒤 순환망에 착수했던 선진국의 도시 계획과 달리 유신 정부는 순환선부터 시공했다. 왜 그랬을까. '강북 개발 억제와 강남 우선 개발' 이라는 정책 목표 때문이다.

서울 지하철의 밑그림이 처음 그려진 1960년대 중반 2호선 노선도는 서소문~성동 구간. 계획은 왕십리~을지로~마포~여의도 구간으로의 변경을 거쳐 1976년 순환선으로 바뀌었다. 당시 서울 시장이 20분 만에 빨간 사인펜으로 구간을 정했다는 설도 전해지는 2호선은 순환 구간이 준공될 때마다 주변의 모습을 바꿔놓았다.

강북의 도심권을 통과한 1호선과 달리 2호선은 부도심권을 연결해역을 중심으로 상권이 형성되고 아파트가 들어섰다. '역세권 개발'이 본격화한 것도 이때부터다. 지하철 2호선의 최대 수혜 지역은 강남. 2단계인 강남 구간이 개통된 1982년 말까지만 해도 허허벌판이었던

서울지하철 2호선 VVVF차량(2001)

삼성·선릉·역삼·강남 일대가 번화가로 바뀌었다. 유사시를 대비해 강북에 집중된 인구를 강남으로 옮겨야 한다며 강남을 개발 촉진 지구로 지정해 세금까지 면제해주었던 정부 정책이 그대로 들어맞은 셈이다.

2호선이 등장한 지 30년, 정부의 정책 목표는 과거와 정반대다. 역으로 벌어진 강남·북 간 격차를 어떻게 줄이느냐가 과제다. 오늘날 하루 150만 명의 승객을 실어 나르는 지하철 2호선에는 편중 개발의 역사가 담겨 있다.

11월

11월 1일

자연과학, 신의 영역을 벗어나다- 리스본 대지진

1755년 11월 1일 9시 40분, 포르투갈 리스본. 대성당 바닥에서 울린 굉음이 성가대의 합창 소리를 덮었다. 잠시 건물이 흔들리는가 싶더니 땅이 솟구쳤다. 세 차례 지진파가 도시를 파괴하는 데 걸린 시간은 단 3분.

마침 가톨릭의 모든 성인을 기리는 만성절이어서 교회에 모인 신도들의 피해가 가장 컸다. 무너진 교회를 간신히 빠져나와 도착한 '안전한 강가와 항구'에는 더 큰 재앙이 기다리고 있었다. 높이 10m가 넘는 거대한 해일, 쓰나미가 덮친 것. 바닷물이 쓸고 간 도시에는 곧 불길이 피어올라 강풍을 타고 사흘간 리스본을 태웠다.

지진이 멈춘 뒤 도시 변두리에 천막을 치고 살아가는 사람들의 모습을 형상화한 그림

사망자 추계는 최소 3만에서 최대 10만 명. 살아남은 자도 '저주의 도시'를 황급히 떠났다. 현대 기술로 추정한 당시 지진의 세기는 리히터 지진계로 진도 9 수준. 1556년 중국 산시성 지진(진도 10, 사망자 80만 명)보다 피해 규모는 작았지만 역사에 미친 파장은 훨씬 컸다.

먼저 회의론이 일었다. 계몽주의자 볼테르는 '신에게 정의가 있고 신도들을 사랑한다면 어떻게 이런 참극이 가능한가. 그토록 신앙심 두

텁다는 리스본이 파리나 런던보다 죄가 많기 때문인가'라며 울었다.

교회도 '인간의 죄에 대한 신의 응징'이라고 함부로 말하지 못했다. 신도들의 분노 때문이다. 민란을 우려한 포르투갈 정부는 교회에 '응징론'을 피해달라는 주문을 넣었다. 결국 교회는 '재앙과 신의 섭리는 상관이 없다'는 결론을 내렸다.

자연과학은 이렇게 신의 영역에서 벗어나 학문의 세계로 들어왔다. 당장 지질학이 생겼다. 17세기 중반부터 발명과 기술 개발이 잇따르고 산업혁명이 순식간에 퍼진 것도 이런 토양에서다. 무고한 인명의 희생으로 종교 이데올로기가 종언을 맞은 자리에 과학기술이 꽃핀 셈이다.

11월 2일
라디오 첫 정규 방송

1920년 11월 2일 오후 6시 미국 피츠버그시. 창고를 개조한 사무실에서 네 남자가 마이크를 잡았다. 상업적 라디오가 정규 방송을 시작한 순간이다. 최초의 정규 방송은 세인의 관심을 불러일으켰다. 대통령 선거 개표 속보를 실시간으로 중계했기 때문이다.

결과가 집계되는 동안 방송국은 축음기를 틀거나 악사들의 직접 연주를 내보냈다. 청취자가 극소수였지만 라디오는 하딩의 당선을 가장 빨리 알려 사람들에게 깊은 인상을 심어주었다.

캐나다의 한 방송국이 6개월 전에 정규 방송을 시작했다는 논란 속에서도 '최초의 라디오 정규 방송'으로 공인받은 개표 방송의 주인공은 KDKA. 웨스팅하우스 전기 회사가 라디오 판매 촉진책의 일환으로 세운 방송국이다.

첫 방송의 성공에 자극받아 1922년까지 499개 방송국이 생겼다. 방송 영역도 클래식 음악에서 예배 방송, 권투 중계까지로 넓어져 다양한 문화를 불특정 다수의 사람들에게 퍼뜨렸다. 아마추어 무선사들이나 자작하던 라디오의 판매 시장도 형성되어 1922년 매출 6,000만 달러(요즘 가치로 27억 달러)를 기록한 뒤 1929년에는 8억 4,255만 달러 규모로 커졌다. 방송 광고 시장도 태어났다. 1922년 한 부동산 업자가 50달러를 내고 10분 동안 광고할 시간을 따낸 뒤 기업들이 뛰어들며 기하급수적으로 커졌다.

눈에 보이지는 않지만 라디오는 미국 문화를 하나로 묶었다. 라디오의 재즈 선율, 권투와 프로야구 중계, 선거 속보와 광고 방송은 거대한 미국 땅에 동일한 유행과 문화를 심었다.

미국뿐 아니다. 라디오로부터 시작된 전파는 TV와 인터넷으로 진화하며 국경을 허물고 있다. 모든 게 라디오 첫 정규 전파 송출로부터 90년 만의 변화다. 변혁의 속도는 갈수록 빨라지고 있다. 90년 뒤의 세상은 또 어떻게 변할까.

11월 3일
리빙스턴과 스탠리의 만남, 그 이후

"리빙스턴 박사님이시죠?"

1871년 11월 3일 미국인 스탠리Henry M. Stanley 기자가 영국 선교사 리빙스턴David Livingstone을 찾아냈다. 초등학교 교과서에 한동안 탐험사의 명장면이자 인류애의 귀감으로 소개된 적도 있는 대목이다.

스탠리의 탐험 동기는 회사의 강권. 탐험가로 명성을 얻은 리빙스턴이 4차 아프리카 탐험을 떠난 뒤 3년간 소식이 없자 〈뉴욕 헤럴드〉지는 그를 내보냈다. 리빙스턴 기사가 흥미를 끌 수 있다고 판단했기 때문이다.

스탠리의 관심은 다른 데 있었다. 1869년 11월 수에즈 운하 개통식을 취재한 뒤 발칸 반도와 중동·인도 일대를 1년 6개월간 돌아다녔다. 성화에 못 이겨 아프리카에 도착한 지 8개월 만에 운 좋게도 리빙스턴을 찾아냈다.

세계적인 특종 기사를 안고 귀국한 스탠리는 전문 탐험가로 변신했다. 리빙스턴이 평생을 바쳐 제작한 지도를 활용하면 돈방석에 오를 것이라는 기대에서 기자직을 버렸지만 탐험 비용 모금이 여의치 않았다. 1873년 공황 탓이다.

마침 지도의 진가를 알아챈 거액 투자자가 나타났다. 벨기에 국왕 레오폴드 2세가 지원한 돈으로 1,500여 명의 탐험단을 꾸린 스탠리는 탐험의 여정에서 비우호적인 원주민을 학살하고 추장 500여 명을 회유해 '호의의 증표' 500여 장을 모았다.

증표는 레오폴드 2세의 영토권을 주장하는 근거로 활용되어 벨기에 면적의 80배인 콩고와 르완다 일대가 식민지로 전락했다. 마침 공기 타이어 발명으로 수요가 급증한 '검은 황금, 고무'를 캐내기 위해 벨

리빙스턴과 스탠리가 만나는 순간을 형상화한 그림

기에는 원주민 1,000만 명을 학살하고 강제 노동에 내몰았다.

악행의 상처는 여전하다. 쏟아지는 고무와 다이아몬드는 백인 차지일 뿐 원주민들은 기아와 식민 지배자들이 획책한 종족 분열책에 따른 내전에 시달린다. 어린 마음속의 영웅이었던 스탠리에게 물어보고 싶다. '왜 그랬느냐'고.

11월 4일

금전등록기에서 시작된 거래의 기계화와 전산화

식당 주인 제임스 리티James Ritty는 불안했다. 종업원이 매출을 빼돌린다는 의구심에서다. 현금 관리에 고민하던 리티는 유럽 여행길에서 힌트를 얻었다. 스크루 프로펠러의 회전수를 기록하는 기기를 보고 돈 세는 기계를 만들 구상으로 연결시킨 것. 세계 최초의 금전등록기가 이렇게 나왔다. 연구 끝에 특허를 따낸 게 1880년 11월 4일. 소형 금고 기능에 매출 합계까지 낼 수 있는 기계였다.

내셔널 금전등록기 초기 모델

막상 발명에 성공하고 작은 공장까지 만들었지만 리티는 새로운 고민에 빠졌다. 제조업과 세일즈 경험이 없던 탓이다. 리티의 식당에 설치된 금전등록기를 신기하게 구경하는 사람은 많았어도 사겠다는 주문은 많지 않았다. 리티는 결국 1884년 특허권과 사업을 넘겼다.

새로운 지배 주주는 존 패터슨. 광산·석탄 운반 사업에서 고전하던 패터슨은 금전등록기 사업의 가능성을 알아채고 회사를 처분한 자금 7,750달러로 지분을 사들였다. 대주주에 오른 후 실행한 첫 작업은 사명 변경. '내셔널 금전등록기 회사National Cash Register Company'로 사명을 바꾸었다. 세계적인 컴퓨터·금융 자동화 기기 메이커인 NCR의 출발점이다.

패터슨은 신화를 만들었다. 기기의 성능도 날로 개선되었지만 남다른 마케팅과 세일즈 덕분이다. 한 대에 150~200달러로 비교적 고가인 금전등록기 판매가 회사를 인수한 지 2년 뒤에는 연간 1만여 대 선까지 올라갔다. 영국을 시작으로 수출도 터져 1890년대 초에는 'NCR의 금전등록기에서 나는 종소리가 전 세계에서 들린다'는 말까지 돌았다.

금전등록기는 같은 시대에 발명된 실용적 타자기, 계산기와 더불어 미국 기업의 경쟁력을 끌어올린 3대 기기로 꼽힌다. 금전등록기로 시작된 거래의 기계화와 전산화는 요즘도 기업과 금융 회사의 경쟁력을 좌우하고 있다.

11월 5일

마커스 새뮤얼, 스탠더드 오일의 독점을 깨다

점유율 100%. 미국 스탠더드 오일의 극동 시장 영업 성적이다. 사용량이 급증하는 일본과 중국의 석유를 전량 공급하던 록펠러의 독점이 깨진 것은 1892년. 유대계 영국인 마커스 새뮤얼Marcus Samuel에 의해서다.

새뮤얼의 기반은 일본과 조개. 1853년 11월 5일 런던에서 태어난 새뮤얼은 16세부터 가업인 무역업에 참여해 일본산 조개껍질을 양복 단추와 여성용 장식품으로 가공해 팔고 영국제 기계 설비를 수출해 10년 만에 막대한 부를 쌓았다.

새뮤얼은 이에 만족하지 않고 석유로 눈을 돌렸다. 러시아산 석유를 수입하던 노벨 형제, 금융 재벌 로스차일드와 손을 잡았으나 문제는 가격. 스탠더드 오일과 가격 경쟁력으로 맞서기 위해 유조선을 현대화하고 중국과 일본, 싱가포르에 정제 시설과 저장 기지를 만들었다.

마커스 새뮤얼

새뮤얼이 고안한 근대식 유조선 '뮤렉스Murex(뿔고둥)' 호가 바쿠산 원유를 가득 싣고 일본에 도착한 게 1892년. 깡통으로 등유를 운반하던 스탠더드 오일보다 싼 가격 덕분에 극동 시장에서 자리를 굳혔다. 1895년 수에즈 운하를 통과한 유조선 69척 중 65척이 새뮤얼 선단이었다.

시추 작업도 벌여 1898년 쿠데이 유전(보르네이 유전의 역사가 여기서 비롯되었다)도 발견했지만 다른 난제가 나타났다. 중질유重質油였기 때문이다. 원유에서 조명용 등유만 뽑아 쓰고 유조선 연료조차 석탄이던 시절 그는 중유를 연료로 쓰자는 새로운 제안을 내놓았다. 불과 10여 년 만에 중유는 군함 등 주요 선박의 동력원으로 떠올랐다.

새뮤얼에게 부는 물론 기사 작위와 런던 시장이라는 명예까지 안겨준 석유 사업의 오늘날 이름은 로열더치쉘Royal Dutch Shell이다. 개발 연대에 쉘이 한국에서 빼내간 과실 송금을 생각하면 배가 아프지만 조개껍질 형상의 로고 속에 담긴 새뮤얼의 정신만큼은 기억할 만하다. 도전과 혁신.

11월 6일
최초의 전기면도기- 제이콥 시크

깨끗하게 면도하면 장수에 도움이 될까. 그렇게 하면 인간 수명 120세도 가능하다고 믿은 사람이 있었다. 제이콥 시크Jacob Schick. 면도에 대한 집착과 발명 의욕으로 전기면도기를 개발한 사람이다.

면도의 역사는 오래되었지만 안전면도날이 등장한 시기는 20세기 초. 1904년 미국인 질레트의 발명 이후다. 전기면도기는 이보다 4반세기 뒤에 나왔다. 시크는 1928년 11월 6일 특허를 얻고 1929년부터 영업을 시작했다.

광산주의 아들로 태어난 그는 어릴 때부터 철도 선로 전환기를 제작했을 만큼 발명에 특출한 재주를 타고난 인물. 21세에 육군 사병으로 입대한 뒤 미국·스페인전쟁 당시 필리핀에서 전공을 쌓아 7년 만에 장교로 임관되었으나 열대 기후에서 얻은 이질을 안고 미국에 돌아왔다. 건강을 위해 찬 기후가 좋겠다는 의사의 권유로 전출한 알래스카에서 시크는 병세 호전과 함께 발명의 영감을 얻었다.

알래스카의 군 유선통신망 건설 작업을 맡았던 시크는 세면하지 않고도 면도할 수 있는 방법을 궁리하다 전기면도기를 떠올렸다. 이미 개량형 연필깎이, 급류형 보트 발명으로 이름을 알렸던 그는 새로운 발명을 위해 전역하고 전기면도기에 매달렸다. 1차 대전으로 군에 복귀해 종전 시 중령으로 예편한 시크는 탄창형 안전면도기를 거쳐 1928년 전기면도기 발명에 성공했다.

시크의 전기면도기는 호사가의 소장품쯤으로 여겨져 고전했으나 곧 새로운 문화로 자리 잡았다. 오늘날에도 안전면도기가 많이 사용되지만 매출액에서는 전기면도기와 안전면도기가 시장을 양분하고 있다.

전기면도기로 돈을 번 시크는 세무 조사를 피해 48세 때 국적을 캐나다로 바꾸고 지주회사를 조세 회피 지역인 바하마로 옮겼으나 꿈꾸었던 120세의 절반에도 못 미치는 50세에 사망하고 말았다.

11월 7일
영부인의 자세- 엘리노어 루스벨트

프랭클린 루스벨트Franklin D. Roosevelt. 경제 대공황을 극복하고 2차 대전을 승리로 이끈 지도자이자 미국 유일의 4선 대통령이다. 그런

국제연합에서 발언하고 있는 엘리노어

데 '위대한 루스벨트'의 측근 한 사람의 평가가 흥미롭다.

'프랭클린 루스벨트의 90%는 바보, 10%는 엘리노어.'

부인 엘리노어가 없었다면 루스벨트도 없었다는 얘기다.

엘리노어Eleanor Roosevelt는 미국 역사상 가장 존경받는 여성. 심리학자 매슬로가 꼽은 '지구에서 자기실현을 이룬 9명의 위인' 중 한 사람이다. "사람은 베풀기를 그만둘 때 죽기 시작한다"는 명구의 주인공으로도 유명하다.

세간의 존경을 받는 이유도 바로 여기에 있다. 평생에 걸친 헌신. 소아마비에 걸려 정치를 포기하려는 남편에게 용기를 불어넣어 백악관에 입성하고는 소외된 국민들을 위해 뛰어다녔다. 대공황을 맞아 생활이 어려워지자 연금 조기 지급을 요구했으나 후버 대통령이 보낸 맥아더 참모 총장의 군대에 처참하게 짓밟혀 난민 생활을 하던 퇴역 군인 모임 '보너스 아미'의 천막촌에 커피포트를 들고 찾아가 노병들을 울린 일화는 전설처럼 내려온다. 1948년 국제연합이 세계인권선언을 채택한 배경에도 소련을 끈질기게 설득한 미국 대표 엘리노어의 노력이 깔려 있다.

아내로서 엘리노어는 행복했을까. 그렇지 않다. 남편의 외도를 알게 된 1918년부터는 배신감에 떨었다. 오죽하면 1962년 11월 7일 숨을 거두면서 침대 곁에 '1918년'이라고 새겼을까.

아픈 가슴을 잡고 국민을 사랑했던 영부인 엘리노어. 한국에도 비슷한 영부인이 있었다. 박정희 대통령의 독재와 바람기를 비판하는 사람들도 육영수 여사만큼은 인정한다. 문제는 거기서 끝났다는 점. 외환위기 직후 영부인의 '옷 로비 사건'은 정치 환멸감을 안겨주었다. 1,000만 원이 넘는 외제 핸드백으로 구설수에 올랐던 영부인도 있다.

11월 8일
1856년 처음으로 땅속에서 석유를 캐내다

"땅에서 석유를 캐낸다고? 제정신이 아니군."

뉴욕의 은행장 타운센드의 석유 굴착 사업에 대한 반응이다. 그럴만도 했다. 석유rock oil라는 이름 자체가 바위틈에서 흘러나오는 석탄의 기름방울이라는 뜻에서 생겼으니까.

투자자를 모집한 타운센드와 변호사 조지 비셀의 생각은 달랐다. 지하 소금 광맥을 찾아내는 중국의 염정鹽井 굴착 기술을 동원하면 기름을 찾을 수 있다고 믿었다. 이때가 1856년. 비셀은 우연히 만난 드레이크Edwin L. Drake에게 채굴 작업을 맡겼다. 전직 철도원인 드레이크의 무료 열차 탑승권이 시추지를 찾아다녀야 하는 탐사팀에는 매력이었다.

40세 초반의 드레이크는 월 85달러를 받으며 펜실베이니아 티누스빌에서 2년간 땅을 뚫었으나 성과가 나오지 않았다. 투자 자금 2,000달러(요즘 가치로 4만 8,640달러)가 바닥날 즈음인 1859년 8월 지하 21m

에드윈 드레이크

에서 유정이 보였다. 수동식 펌프로 끌어올렸더니 석유였다.

생산량은 하루 30배럴(4,767리터). 당시에는 대단한 규모였다. 티누스빌에는 1년 사이 300개의 유정이 뚫리고 미국 전역에서 개발 붐이 일었다. 근대 석유 산업의 출발점이다. 단 세 곳에 구멍을 뚫어 거부가 된 드레이크는 주식 투자로 재산을 날리고 펜실베이니아 주가 석유 발견 공로를 인정해 지급하는 종신 연금으로 연명하다 1880년 11월 8일 61세의 나이로 눈을 감았시만 오늘날 석유 산업의 아버지로 기억된다.

석유 본격 개발 154년, 찬란한 석유 문명 속에서 인류는 자원 고갈에 직면해 있다. 개발 초기 모든 원유는 램프용 등유로만 팔렸다. '불필요한 부산물'인 휘발유는 버리거나 운이 좋아야 1배럴당 80센트에 넘겼다. 값이 다소 떨어졌다는 요즘 주유소에서 그만큼 사려면 23만 원쯤 든다.

11월 9일
일상의 불편에서 착안한 연유의 발명

쫄딱 망한 50대 사내, 게일 보든Gail Borden 2세. 미국 낙농 산업이 그로부터 시작되었다. 젊었을 때는 미국이 텍사스 땅을 얻는 데 일조한 사람이다.

1801년 뉴욕에서 마차 제조업자의 아들로 태어난 그는 청년기까지 학교 교육을 거의 받지 못하며 자랐다. 병약했던 탓이다. 따뜻한 남부로 보내져 6년 반을 휴양하는 동안 보든은 건강도 찾고 독학으로 측량 기술도 배웠다.

측량으로 돈을 모아 여의도의 두 배가 넘는 땅을 사들여 농장주의 꿈을 키워가며 지역 신문사도 운영하던 30대 중반의 그가 유명해진 것은 1836년. 멕시코에 대해 반란을 일으킨 미국인들이 알라모 요새에서 옥쇄했다는 사실을 처음 보도했기 때문이다.

론스타 공화국에서 독립한 텍사스의 세관장 자리를 받은 보든은 공무원 월급으로 생활하기 어려워지자 발명에 나섰다. 첫 발명품은 쇠고기 육즙과 밀가루를 섞은 고기 비스킷. 1851년 열린 런던 국제 박람회에서 호평을 얻었지만 과잉 투자로 사업은 곧 망하고 말았다.

나이 51세에 전 재산을 날린 보든은 농축 우유에 눈을 돌렸다. 런던 박람회에서 돌아오는 배편에서 여객선에 실은 젖소가 멀미를 하는 통에 젖이 나오지 않아 아이들이 굶주렸던 광경을 떠올려 2년간의 연구 끝에 농축 우유, 즉 연유를 개발해냈다.

게일 보든

특허 분쟁과 첫 공장의 실패에도 굴하지 않고 사업을 영위한 그에게 남북전쟁은 거대한 수요를 안겨주었다. 종전 후 연유에 맛 들린 북군 병사들이 고향으로 돌아가 입소문을 낸 덕에 더 큰돈을 벌고 1874년 백만장자로 죽었다.

1990년대 초반까지 세계 최대의 유제품 회사로 군림하던 보든의 회사는 브랜드 남발로 1994년 매각되었지만 보든의 이름은 아직도 제품군 속에 살아 있다. 끝까지 포기하지 않고 도전했던 덕분이다. 중년에게도 기회는 있다.

11월 10일
근대적 자본 축적을 이룬 루카 파치올리의 복식부기

레오나르도 다빈치, 미켈란젤로, 라파엘로. 르네상스 예술을 대표하는 3대 거장이다. 경제사의 시각에서는 이들보다 더 뛰어난 인물이 있다. 루카 파치올리Luca Pacioli, 회계학의 아버지다. 1494년 11월 10일 그가 지은 《산술·기하·비율 및 비례 총람》은 유럽 전역에 복식부기를 확산시키며 주식회사 출범과 근대적 자본의 축적을 이끌었다.

괴테가 '인간의 창조물 중 가장 위대한 작품'이라고 극찬한 총람의 성격은 수학 백과사전. 아라비아 숫자를 처음 받아들인 베네치아 등 이탈리아 도시 국가들의 수학 법칙을 집대성한 책이다. 사금을 찾아내 금괴로 꾸민 셈이다. 파치올리는 방대한 지식을 어떻게 모았을까. 스승과 여행 덕이다. 1445년 이탈리아 중부 산 세폴크로에서 태어난 그는 수학의 원리를 이용해 원근법을 개척한 화가 프란체스카 밑에서 수학의 세계에 빠졌다. 20세에 부자 상인의 수학 가정교사로 들어갔을 때 상업 부기도 배우고 상선을 타고 여행하며 지중해에 접한 아라비아 지역에서 선진 수학을 익혔다.

서른 살 무렵 프란체스코 수도회에서 사
제 서품을 받은 후 파도바·나폴리대학에
서 강의하던 그는 일곱 살 연하인 다빈치와
도 사귀었다. 다빈치의 그림과 건축에 스며
있는 원근법과 기하학의 스승이 파치올리
다. 그의 초상화도 다빈치 작품이다.

'잊힌 천재'라고 하지만 파치올리는 행
복한 편이다. 총람이 '자본주의의 산파'로

루카 파치올리

불릴 만큼 서구의 발전을 낳았기 때문이다. 복식부기에 자본주 관계
까지 드러나는 개성부기(송도사개치부법松都四介治簿法)는 파치올리보
다 200년 앞섰건만 희미한 흔적만 남았을 뿐이다. 조선 왕조 초기에
정부 출납에 엄격히 적용되었던 중기重記(복식부기의 기본 원리인 이중
기입)도 흐지부지 없어져버렸다. 아쉽다.

11월 11일
덜 받고 더 내는 연금 구조, 가능할까?

1954년 11월 11일 런던. 웨스트민스터(국회의사당)로 몰려든 노인
4,000여 명이 목청을 높였다.

"생존이 위태롭다. 노인연금을 올려라!"

보수당 정부는 난감했다. 노인연금 전국연합이라는 기치 아래 모
인 노인들의 인상 요구 폭이 너무 컸기 때문이다. 가뜩이나 경기 침체

로 재정이 어려운 형편에 독신 기준 주당 10실링인 노인연금을 17실링으로 올려달라는 요구는 받아들이기 힘들었다.

영국 정부는 크리스마스 이전까지 확실한 대안을 내놓겠다고 약속했으나 시위대는 해산은커녕 의사당 중앙홀까지 점거해버렸다. 결국 특별위원회 설치와 추후 인상 시 소급 적용 등을 보장받고야 노인 시위대는 농성을 풀었다. 영국은 이듬해 연금을 30%가량 올려 지급했으나 또 다른 문제가 생겼다. 재원이 없어 젊은 층의 연금 적립액을 높이려 하자 노동자 계층이 반발하고 나선 것.

전후 영국에서 처음 일어난 연금 데모는 예고편이었다. 서유럽 대부분의 나라에서 노인들의 연금 인상 데모와 젊은 층의 갹출액 상향 조정 항의 데모가 되풀이되었다. 연금 제도를 개혁하려다 정권의 향방이 갈리는 경우도 적지 않다. 요즘도 연금 개혁은 각국 정부의 골칫거리다.

우리나라 역시 마찬가지다. 1988년 국민연금 제도를 도입할 때 '소득의 3%만 내면 20년 후에는 표준 소득의 70%를 연금으로 받을 수 있다'며 장밋빛 환상을 심어주었으나 급속한 노령화로 이행이 불가능하다. 1999년부터 60%로 떨어진 지급률조차 지키기 어려운 형편이다. 2048년께면 국민연금이 고갈된다는 추계도 있다. 미래의 위기에 대응하려면 '덜 받고 더 내는' 구조로의 개혁이 필요하지만 국민적 합의를 이루기가 쉽지 않다. 수급권자가 훨씬 적은 공무원·군인연금도 제대로 개혁하지 못하는 판이다.

11월 12일
삼각 무역, 서구 자본 형성의 기초

　인류 역사상 가장 수지맞았던 장사가 무엇일까. 삼각 무역이다. 미국과 영국, 아프리카를 오가며 영국산 의류와 구슬 같은 장신구, 아메리카산 면화와 설탕, 아프리카 흑인 노예를 교환하던 삼각 무역은 3세기 넘게 이어지며 서구의 자본 형성에 결정적인 영향을 끼쳤다.

　삼각 무역은 누가 개척했을까. 존 호킨스John Hawkyns다. 그는 해적에서 무역업자, 군인에 선박 설계까지 바다와 관련된 일이라면 안해본 게 없는 인물. 1532년 영국 폴리머스의 방계 귀족 가문에서 태어나 일찌감치 바다를 익히고 30세부터 외국 배를 강탈하는 사략 선장으로 나섰다. 1562년에는 카리브해에서 포르투갈의 노예선을 습격해 흑인 노예 301명을 빼앗아 서인도제도 연안에 팔아넘겼다. 영국의 노예 무역도 이때부터 본격화했다.

존 호킨스

　호킨스에게는 투자자들이 많았다. 고수익을 안겨주었기 때문이다. 가장 큰 손은 엘리자베스 여왕. 호킨스에게 외국 선박을 털고 노예를 가득 실으라고 대형 선박까지 아낌없이 내주었다. 왕실의 전폭적인 지원 속에 호킨스는 아프리카 연안에 도착해 삼각 무역망을 구상하고 실현시켰다. 영국에 담배와 감자를 전한 사람도 호킨스다.

　여왕의 눈에 들어 영국 해군의 회계감에 임명된 뒤 예산을 절약해 선박을 새로 건조하고 구형 선박을 보다 빠르고 전투에 용이하도록 개랑하던 그는 1588년 스페인 무적함대와 영국과의 결전에서도 부제독에 임명되어 육촌 형제인 프랜시스 드레이크와 함께 전승을 세웠다.

평화가 찾아오고 은퇴할 나이를 넘기고도 그는 해상 약탈에 나섰다. 노략질할 스페인 보물선을 찾아 헤매던 1595년 11월 12일 푸에르토리코 지역의 선상에서 열병으로 죽었다. 호킨스의 후손이 선조의 죄과를 사과했다는 소식이 들리지만 영국 정부나 왕실이 사과했다는 말은 들어본 적이 없다.

11월 13일
전태일, 노동자의 예수

1970년 11월 13일 오후 1시 30분 서울 청계천 7가 평화 시장. 한 노동자가 자신의 몸을 불태웠다. 살아남은 사람들은 그를 열사로 불렀다. 더러는 '인간 예수'라고 했다. 바로 전태일이다.

하도 많이 읽어 누더기가 된 근로기준법 책자가 손에 들려 있었다. 스물두 살 젊은 노동자를 죽음으로 내몬 평화 시장의 노동 현실은 비참했다. 하루 15시간이 넘는 중노동에 일요 근무는 예사였고 만성 신경통과 피부병, 위장병에 시달렸다. 잠이 안 오는 주사를 맞고 야근을 한 끝에 돌아오는 급여는 커피 한 잔 값인 70원. 열악한 환경 속에 소년 전태일은 서서히 눈을 뜬다.

스스로 근로기준법을 공부해 어린 봉제공을 도와가던 재단사 전태일은 박정희 대통령에게 장문의 편지를 보내기도 했다. 전태일의 요구는 노동 시간을 하루 10~12시간으로 단축하고 일요일을 쉬며 건강 진단을 실시하는 것이었다. 하지만 누구도 그 요구를 받아들이지 않았다. 무관심과 냉대 속에서 그는 스스로를 태웠다.

전태일

전태일의 분신은 한국 노동 운동사에 한 획을 그었다. 이듬해인 1971년 발생한 노사 분규가 1,656건. 전년의 165건보다 10배가 많았다. 대학가에도 영향을 미쳐 노학勞學 연대 투쟁은 1970년대 전체를 관통한다. 고 조영래 변호사가 남긴 《전태일 평전》은 대학 새내기의 필독서였다.

40년 전 오늘. 500여 명의 노동자들이 근로기준법 화형식을 치르기 위해 평화 시장 앞에서 웅성거릴 즈음, 전태일은 몸에 불을 붙인 채 피맺힌 절규를 쏟아냈다.

"근로기준법을 준수하라! 우리는 기계가 아니다!"

그리고 밤 10시, 명동 성모병원에서 어머니 이소선 씨 품에 안긴 전태일은 마지막 말을 남기고 눈을 감았다.

"배가 고파요."

11월 14일

불편한 진실을 밝힌 특종- 경기병 대대의 돌격

1854년 11월 14일 영국이 발칵 뒤집혔다. 〈타임스〉지에 실린 '경기병 대대의 돌격The Charge of the Light Brigade' 이라는 기사 때문이다.

윌리엄 러셀

러시아의 남하를 막기 위해 크리미아 전쟁에 참전한 영국군 일부가 참패했다는 기사를 영국인들은 믿지 못했다. '승전을 거듭하고 있다' 던 군의 공식 발표는 거짓이었다는 말인가.

그랬다. 기사가 나오기 열흘 전인 10월 25일, 흑해 연안 세바스토폴 인근 발라클라바에서 600여 명의 영국군 경기병 대대가 1만 3,000여 명의 러시아군을 향해 돌진을 감행해 불과 10분 만에 345명의 인명 손실을 내고 패주했다.

무모한 돌격의 원인은 지휘부의 무능과 반목, 상황 판단 미숙과 명령 전달 체계의 혼선. 언론사가 자비를 들여 전장에 내보낸 최초의 기자로 꼽히는 윌리엄 러셀William H. Russell은 현장에서 이 같은 혼선과 참패를 정확하게 취재하고 군이 독점한 통신망을 피해 특종 기사를 내보냈다.

러셀 특파원의 특종은 영국 사회의 뿌리부터 흔들었다. 당장 토리당의 애버딘 내각이 무너졌다. 귀족 가문의 자제들이 군의 요직을 차지하던 영국 군대에서 장교를 능력 위주로 선발하기 시작한 것도 이때부터다. 허례허식이 무너진 자리를 실용주의가 대신해 영국은 산업혁명으로 다져진 사회를 고도화할 수 있었다.

진실을 밝히는 특종 기사 하나가 거대 영국을 변화시킨 셈이다. 최초의 본격 종군 기자 러셀의 특종으로부터 156년이 지난 오늘날의 세계는 과거보다 나을까. 걸프전쟁에서 미군이 임베드 프로그램embed program으로 기자들의 자유 취재를 막은 결과 비판 보도는 사라졌지만 미국은 3조 달러의 전비를 퍼부으며 끝없는 수렁으로 빠져들었다. '불편한 진실'을 막으려는 시도는 발전을 저해한다.

11월 15일
주가 표시기, 절대로 거짓말을 하지 않는 공평한 정보원?

투자자들의 탄성이 터졌다. 주식 시세를 곧바로 전해주는 주가 표시기가 선보였기 때문이다. 1867년 11월 15일의 일이다. 거래 체결 정보를 들고 월가를 뛰어다니는 소년들이 일자리를 잃고 몇 시간 전 주가표를 파는 정보지 업자가 망했지만 주가 표시기는 주식 투자의 저변을 넓혔다.

발명자는 전신 기사 캘러헌Edward A. Calahan. 특허를 팔아 10만 달러(요즘 가치로 1,332만 달러)를 챙겼다. 폭 1인치(2.54cm)의 기다란 종이끈에 상장사 이름과 주가, 거래량이 찍혀 나오는 표시기의 속도는 초당 알파벳 한 글자. 속도가 느리고 고장이 잦아도 표시기는 뉴욕 부근에 한정되어 있던 주식 투자 가능 지역을 미국 전역으로 넓혔다. 마침 이리 철도를 둘러싼 큰손들의 공방전이 한창이어서 주가도 날개를 달았다.

발명왕 에디슨도 주가 표시기로 기

에디슨의 주가 표시기

반을 잡았다. 뉴욕 거래소 보일러실 모퉁이에서 1870년 제작한 캘러헌 표시기의 개량품 특허권을 4만 달러에 팔아 연구 자금을 마련한 것. 에디슨 표시기는 큰 개량 없이 1966년 전자식 표시기로 바뀔 때까지 쓰였다.

투자자들은 표시기를 '절대로 거짓말을 하지 않는 공평한 정보원'이라고 믿었지만 실제로는 그렇지 않았다. 거래가 많은 날이면 표시기는 매매 속도를 감당하지 못하기 일쑤였다. 1929년 10월 대공황 당시에는 매매 정보가 두 시간씩 늦게 나와 투자자들의 손해를 키웠다. 투기꾼과 결탁한 거래소 내부 직원이 투자 순서를 바꿔 입력하는 수법으로 시세를 조종하는 경우도 생겼다.

주가 표시기가 등장한 지 143년, 일반 투자자들이 접하는 주가 정보의 수준은 이전과 비할 바가 아니다. 컴퓨터와 통신 기술 발달 덕에 모든 정보를 실시간으로 파악할 수 있지만 불공정 거래는 끊이지 않는다. 인간의 탐욕은 끝이 없다.

11월 16일
잉카 제국의 멸망

잉카 제국 황제 아타우알파Atahualpa는 거칠 게 없었다. '태양의 아들'이었으니까. 이복형제와의 내전에서 승리한 직후 온천 도시 카하마르카에 머물던 황제는 프란시스코 피사로가 이끄는 스페인 탐험대의 면담 요청을 의심 없이 받아들였다.

황제가 8만 여 군대에서 추린 5,000여 명의 호위를 받으며 초대 장소에 나타난 게 1532년 11월 16일. 피사로는 황제에게 기독교로의 개종과 스페인 국왕에 대한 충성을 맹세하라고 다그쳤다. 분노한 황제가 성서를 내던졌을 때 피사로가 명령을 내렸다. '공격!'

숨겨둔 대포 3문과 화승총이 불을 뿜자 잉카인들은 혼비백산해 흩어지고

피사로에게 붙잡히는 아타우알파 황제

황제는 현장에서 붙잡혔다. 스페인의 병력은 기병 68명을 포함해 불과 168명. 스페인은 어떻게 30배에 이르는 열세에도 일방적인 승리를 거두었을까. 서구보다 뛰어난 건축 문화를 이루었지만 무기류는 보잘 것없었기 때문이다. 백인들이 못 보던 동물(말)과 함께 나타나 백성을 구제할 것이라는 잉카의 전설도 스페인에 대한 공포를 증폭시켰다.

사로잡힌 황제는 피사로에게 제안을 했다. '석방해준다면 감옥을 금으로 채워주겠다.' 5톤가량의 금이 쌓였지만 피사로는 후환을 없앤다며 끝내 황제의 목을 밧줄에 매달았다. 황제가 사망하자 스페인군을 에워싼 잉카의 대병력도 물러났다.

피사로의 승전보는 아스텍 왕국을 무너뜨린 코르테스의 무용담과 맞물리며 탐험 열기로 이어졌다. '황금의 땅'을 찾는 백인의 행렬이 늘어날수록 원주민들은 떼죽음을 맞았다. 강제 노동과 수탈, 전염병 탓이다.

피사로의 약탈은 현재진행형인지도 모른다. 남미 국가들의 최상류층과 토지 자본가의 대부분은 정복자의 후손들이다. 빼내가는 구조도 여전하다. 도구가 총에서 금융으로 바뀌었을 뿐이다. 주기적으로 반복되는 남미의 외환 위기가 남의 일 같지 않다.

11월 17일
뉴하모니, 실패한 유토피아가 남긴 것

하루 15시간 노동은 보통이고 대여섯 살짜리 고사리손마저 기계를 돌리던 19세기 초 영국. 뉴래너크 방직 공장은 천국이었다. 11시간 노동에 깨끗한 사택까지 제공되었기 때문이다. 아이들은 일 대신 부설학교에서 공부하며 놀았다. 세계 최초의 유치원도 운영했다. 노동 환경과 조기 교육이 개인과 사회의 장래를 결정한다는 공장주 로버트 오언Robert Owen의 신념에서다.

오언은 1771년 웨일스의 가난한 집안에서 태어나 열 살 때부터 점원으로 일하며 자수성가한 인물. 불황에도 해고나 임금 삭감 없이 생산 공동체를 운영한 그에게는 질시와 명성이 함께 따라붙었다. 영국 정부는 그에게 산업 평화와 노동 환경 개선에 대한 정책 자문도 구했다. 대안으로 제시한 협동조합안이 정부와 자본가들에게 거부당하자 그는 1824년 '자유의 나라' 미국행을 택했다. 인디애나 주에 3,672만 평의 땅을 사들여 '뉴하모니' 라는 이름의 공동체를 설립한 것.

그러나 오언의 유토피아는 실패로 끝났다. 온갖 악당과 부랑자, 사기꾼의 농간 속에 재산만 날린 그는 1828년 영국에 돌아와 아동 취업 금지를 골자로 한 공장법 제정에 앞장섰다. 1833년에는 50만 회원으로 구성된 '대국민 통합 노동 운동'이라는

오언이 구상한 뉴하모니의 청사진

전국적 산업 동맹도 만들었다. 노동 운동의 결말도 실패. 정부의 박해와 내분 탓이다.

거듭된 실패에도 오언은 1858년 11월 17일 87세를 일기로 사망할 때까지 10여 권의 저술을 통해 희망을 전파하려 애썼다. 프랑스의 생시몽, 푸리에와 더불어 '공상적 사회주의자'로 불리는 오언의 실패는 보다 과격한 사회주의, 즉 공산주의로 이어졌다. 애덤 스미스 이후 자본을 일방적으로 옹호하던 맬서스류의 경제학이 도덕적 부담을 자각하고 자본주의 경제에 복지 개념이 들어온 것도 오언부터다.

11월 18일
생선 가게의 고양이 조지프 케네디, 케네디가의 선봉장

'고양이에게 생선 가게를 맡긴 격'이라는 여론이 들끓었다. 1934년 조지프 케네디Joseph Kennedy를 초대 증권거래위원장에 임명한 데 대한 반응이다. 그럴 만했다. 지독한 투기꾼이었으니까.

상승 또는 하락 한 방향만 공략하는 여느 투기꾼과 달리 그는 한 종

조지프 케네디

목의 가격을 올렸다 내렸다 마음껏 조종하며 돈을 벌었다. 작전을 펼치면 호텔 방에 몇 달을 머물며 치밀하게 시세를 움직였다. 1929년 주가 대폭락 직전 시장을 빠져나온 일화도 유명하다. 구두닦이 소년까지 투자에 나서자 하락장세를 직감하고 모든 주식을 처분해 재산을 지켰다. 객장에 나타난 장바구니 든 아줌마를 보고 주식을 판 격이다. 금주법 시대에는 밀주 매매로도 부를 쌓았다.

루스벨트 대통령은 왜 증시 개혁의 핵심인 증권거래위원회SEC 수장에 불법의 대명사인 케네디를 앉혔을까. 빚 때문이나. 선거 자금을 댄 케네디에 대한 보상 차원. 케네디는 기대 이상의 성과를 올렸다. 불법을 근절하는 한편으로 유가 증권 인수를 꺼리던 투자은행들을 설득해 시중 자금 흐름의 정상화도 이끌었다. 루스벨트에게 부름을 받은 케네디는 1935년 위원장직을 사임하고 대통령 특사로 일하다 1938년 영국 대사직을 맡았다.

투기꾼에서 주류 밀매업자로, 공직 생활로의 전환에서 은퇴까지 그의 삶을 일관한 것은 재산 증가. 1957년 〈포브스〉지가 처음으로 부자 순위를 발표했을 때 그는 미국 9위 부자로 꼽혔다. 막대한 재산은 둘째아들 존 F. 케네디가 35대 대통령에 오르는 데 유용하게 쓰였다.

대통령에 법무장관, 상원의원 3명, 하원의원 2명을 배출한 케네디

왕국의 창시자 조지프 케네디는 1969년 11월 18일 81세로 눈을 감았다. 아들 둘을 암살로 잃은 뒤였다. 불법의 크기만큼 성공과 불행을 맛본 셈이다.

11월 19일
콩기름 스캔들

1963년 11월 19일 월가에 비상이 걸렸다. 증권업계와 자금 거래가 많은 식용유 회사 하나가 파산했기 때문이다. 증권사 두 곳의 거래가 중단된 사실이 알려진 21일 다우존스 공업평균지수는 10포인트 가까이 빠졌다. 콩기름 스캔들의 서막이다.

사건의 핵심은 앤서니 드 앤젤리스Anthony De Angelis(당시 48세). 국제적인 식품 상인이자 콩기름과 면화, 종이 등에 투자해 차익을 얻어가는 투기꾼이었다.

싹쓸이식 매매로 한때 미국산 콩 수출의 75%를 차지했던 그가 대규모 투기에 나선 것은 1960년. 소련의 옥수수와 해바라기 농사의 흉작으로 식물성 기름이 부족해질 것이라고 예상, 닥치는 대로 물량을 사들였다. 대형 저장고도 수없이 지었다. 예상과 달리 공급이 줄지 않아도 장기적인 가격 상승을 확신한 그는 콩기름을 더 사들이고 저장고를 증설하기 위해 보유한 콩기름을 담보로 돈을 빌렸다. 마침 스페인에 불량 콩을 수출했다는 구설로 자금 사정이 나빠지자 입고증으로 대출받은 뒤로 콩기름은 실수요자에게 팔아버렸다.

사기 행각은 입고증을 사들여 제3자에게 다시 넘기던 아메리칸 익스프레스의 재고 조사에서 들통 났다. 탱크에 콩기름 대신 물만 가득 찼다는 사실이 밝혀지자 앤젤리스의 파산은 물론 투자했던 증권사들도 위기를 맞았다. 정치인 연루설까지 이어지던 스캔들은 하루아침에 가라앉았다. 케네디 대통령의 암살(22일) 소식에 묻힌 채 증권사 한 곳의 파산으로 결말났다.

피해액 1억 7,500만 달러(요즘 가치 13억 달러)의 대부분은 개미들이 뒤집어썼다. 예외도 있다. 명성을 막 날리기 시작하던 워런 버핏은 스캔들로 반 토막 난 아멕스의 주식을 있는 대로 사 모았다. 결과는 수익률 600%. 절망의 순간에서도 돈 버는 사람은 정말 따로 있는 모양이다.

11월 20일

렌텐마르크의 기적 - 독일의 초인플레이션

빵 한 조각 800억, 쇠고기 한 근 9,000억. 실제 가격이다. 단위는 마르크. 1923년 독일의 모습이다. 1차 대전 직전까지 20마르크였던 구두 한 켤레는 4조 2,000억 마르크를 주어야 겨우 샀다. 주정뱅이가 쌓아둔 빈 술병의 가치가 술값만큼 저축한 사람의 예금 잔고보다 훨씬 높았을 정도다.

어떻게 이런 일이 벌어졌을까. 전쟁과 패전, 가혹한 배상 조건 탓이다. 1차 대전 중 재정 지출 증가분의 86.3%가 불태환 지폐 발행으로 충당되었다. 돈 가치가 떨어질 수밖에. 두 가지 빚덩이도 독일을 짓눌렀다. 전비 조달을 위해 발행한 내국채 1,440억 마르크 상환 부담과 승전국에 내주어야 할 배상금 1,320억 마르크를 감당해야 하는 독일의 선택은 통화 증발. 돈을 마구 찍어내는 통에 전쟁 전까지 미화 1달러

렌텐마르크 발행을 기다리는 사람들

당 4.2마르크였던 환율이 1920년엔 50마르크, 1923년 11월 15일에는 4조 2,000만 마르크로 뛰었다. 지폐로 세금을 내고 대출금이나 외상 대금을 갚은 기업의 재무 구조만 다소 나아졌을 뿐 독일 전역이 혼란에 빠졌다.

초인플레이션을 잡은 것은 새 돈인 렌텐마르크Rentenmark. 토지와 산업 시설을 담보로 발행된 새 돈을 1923년 11월 20일 옛 지폐와 1 대 1조 마르크의 비율로 강제 교환하자 거짓말처럼 인플레가 없어졌다. 정부는 1차 발행분이 바닥났어도 통화 증발 대신 재정 지출과 공무원 수를 줄이고 세금을 올려 통화 가치를 지켰다. 환율도 1달러 대 4.2렌텐마르크로 돌아와 미국 자본이 물밀듯 들어왔다. 독일 경제가 패전의 아픔에서 벗어난 것도 이때부터다.

오늘날 독일의 통화는 유로. 마르크화는 사라졌지만 '렌텐마르크의 기적'은 통화 가치 안정과 건전 재정의 중요성을 말해주는 사례로 경제사에 남아 있다.

11월 21일

자크 보캉송, 18세기 자동화 기기의 장인

1739년 프랑스 루이 15세의 궁정. 헤엄을 치고 날개를 퍼덕거리며 목을 빼 물과 먹이를 먹던 오리가 배설했을 때 박수가 터졌다. 부품 400개로 만들어진 기계였기 때문이다.

기계 오리 제작자 보캉송 Jacques de Vaucanson은 타고난 장인이었다. 코흘리개 시절 교회 시계를 보고 똑같이 작동되는 모조품을 만든 적도 있다. 장갑 제조업자의 10남매 중 막내로 1709년 태어난 보캉송은 일곱 살 때 부친을 여읜 뒤 수도원에 들어가 수학을 익혔다. 신학

자크 보캉송

보다 역학과 해부학, 음악을 좋아했던 그는 스무 살 무렵 수도원에서 나와 파리에서 각종 극장용 악기와 인형을 만들었다.

최초의 자동인형은 1738년 선보인 '플루트 연주자'. 태엽에 감긴 기계음이 아니라 손가락과 입술, 들숨과 날숨을 이용해 12곡을 연주하는 인형은 대성공을 거두었다. 노동자의 일주일 분 임금에 해당되는 3리브르씩의 관람료를 받은 그는 돈방석에 앉았다. 작동 비결은 높이 1.4m짜리 받침대. 인간의 모든 근육에 해당하는 장치를 집어넣었다.

관람객이 적어지자 그는 두 가지 신제품 '북 치는 사람'과 '기계 오리'를 내놓았다. 명성을 얻은 보캉송은 1741년 국영 비단 공장의 감독관 자리까지 따냈다. 자동화의 대상을 인형에서 공장으로 바꾼 그는

1745년 새 직조기를 발명하고 공정을 자동화시켰다. 프랑스가 영국보다 산업혁명을 먼저 시작했다고 주장하는 근거가 여기에 있다. 아크라이트의 수력 방적기가 등장(1771)하기 26년 전에 보캉송의 자동 직조기가 나왔다는 것이다.

문제는 단절. 직조기는 실직을 우려한 기술자들이 불태워버렸다. 보캉송은 1782년 11월 21일 사망할 때까지 '새 기계를 발명하면 보복하겠다'는 위협 속에 살았다고 전해진다.

11월 22일
린쩌쉬, 근대 중국 자존심의 상징

린쩌쉬林則徐. 중국인들에게 '구국의 영웅'으로 각인되어 있는 인물이다. 1785년 빈한한 집안에서 태어나 과거 시험을 거친 그는 초급 관리 시절부터 청렴결백으로 유명해 '임청천林青天'으로도 불렸다. '푸른 하늘처럼 공명정대'하다는 뜻이다.

역사에 이름을 남긴 것은 아편전쟁. 43세에 아편 무역을 단속하는 흠차대신(전권대신)에 임명된 뒤 내부적으로는 금연령을, 국내외 무역상에게는 아편 무역 금지령와 몰수령을 내렸다. 영국 상인들은 저항했지만 생필품 공급을 끊으며 압박하는 린쩌쉬에게 결국 굴복할 수밖에 없었다. 1,359톤에 달하는 아편을 몰수한 그는 1839년 4월 중국 근대사에서 가장 빛나는 순간인 호문소연虎門銷煙을 단행했다. 몰수한 아편 전량을 태우거나 파묻고 바다에 버린 것이다.

린쩌쉬

린쩌쉬의 정의로운 몰수는 영국의 탐욕과 정면으로 부닥쳤다. 아편 상인들의 로비를 받은 영국 의회는 1840년 4월 271 대 262라는 근소한 차이로 아편전쟁을 결의했다. 청은 영국의 상대가 되지 못했다. 전쟁은 청의 일방적 패배와 홍콩 할양, 추가 개항을 약속한 난징조약 체결로 이어졌다. 영국은 왜 부도덕한 전쟁을 강행했을까. 경제적 이유가 깔려 있다. 중국산 차茶 수입에 따른 무역 수지 적자를 메우려면 아편을 파는 수밖에 없다고 여겼기 때문이다.

아편전쟁 패배의 책임을 지고 추방된 린쩌쉬는 은거 중 서양 서적을 번역해 청의 근대화 정책인 양무 운동의 씨앗을 뿌렸다. 복권과 퇴임을 거쳐 태평천국의 난을 진압하는 흠차대신에 임명되어 전장으로 떠나던 중 1850년 11월 22일 길에서 병사했다. 향년 65세.

백성의 건강과 나라의 경제를 위해 전력했던 린쩌쉬는 근대 중국 자존심의 상징이다. 초강대국을 향해 전진하는 중국의 호흡에는 그의 숨결이 묻어 있다.

11월 23일
황열병의 원인 규명

미국·스페인 전쟁, 파나마 운하, 서재필, 그리고 모기. 관계없어 보이지만 겹치는 부분이 있다. 공통분모는 월터 리드Walter Reed. 신의 저주로만 알았던 황열병을 퇴치한 사람이다.

1851년 감리교 목사의 아들로 태어난 리드는 버지니아 의과대학을 졸업한 후 군에 들어갔다. 관심 분야인 미생물학과 세균학을 공부하는 데는 군의관이 적격이라는 판단에서다.

리드가 진가를 발휘한 무대는 미국·스페인 전쟁. 미군 사망자 5,642명 중 전사자 379명을 제외한 나머지가 황열병으로 죽어나가자 리드 소령은 원인 규명에 나섰다. 고열과 발작에 시달리다 사망에 이르는 황열병이 모기를 매개로 해 전염된다는 쿠바 의사 카를로스 핀라이의 학설을 신봉한 리드는 동료 의료진과 병사들을 상대로 인체 실험에 들어갔다. 실험 결과에 따라 예방책을 펼치자 모기와 황열병이 사라졌다.

월터 리드

정작 미국에서는 성과를 인정하지 않았다. 인체 실험 중 의사와 간호사가 사망했기 때문이다. 건강이 나빠진 리드도 복막염이 겹쳐 1902년 11월 23일 죽었다. 잊혔던 모기 퇴치법이 살아난 곳은 파나마. 프랑스에서 운하 건설권을 사들였지만 황열병 때문에 노동자 1,000명당 167명씩 죽어나가는 환경에 고민하던 미국은 리드의 처방을 택했다. 덕분에 파나마의 황열병은 1907년 자취를 감추고 운하도 뚫렸다.

뒤늦게 리드의 공적을 깨달은 미국은 '월터 리드 육군병원'을 세워 그를 기렸다. 요즘은 첨단 의학 연구소로 유명한 이곳은 한국인의 기억에 1960년 민주당 대통령 후보였던 조병옥 박사가 사망한 장소로

남아 있다. 리드 자신도 한국과 인연이 있다. 〈독립신문〉을 창간한 서
재필 박사가 쿠바 전선에 종군 의사로 참전했으며 리드 밑에서 연구
원으로 일했다고 전해진다.

11월 24일
샤오강의 저항, 중국 개방 · 개혁의 상징

　1978년 11월 24일 중국 안후이성 샤오강 마을小岡村. 농부 18명이
비밀 서약을 맺었다. 골자는 땅 분배. 각 농가가 마음대로 경작하자는
것이다. 공동 생산 · 공동 분배를 기조로 삼는 공산주의 치하에서 자
칫 감옥에 갈 수도 있는 서약을 맺은 동기는 간단하다. 굶주렸기 때문
이다. 농민들은 투옥되는 사람이 생길 경우 남은 사람들이 투옥된 사
람의 자녀를 성년이 될 때까지 부양한다는 조항까지 집어넣고 서약서
에 손도장을 찍었다.

　비밀은 지켜지지 않고 1년 후 모든 게 들통 났다. 몇 명이나 투옥되
었을까. 모두 무사했다. 종자와 비료, 농약의 배급량을 삭감하려는 지
방 정부의 제재조차 중국 공산당 중앙당이 막았다. 농민들을 살린 것
은 성과. 집단 농장을 내 땅같이 경작한 후부터 곡식이 남아돌았다.
눈에 불을 켜고 산을 깎아 논과 밭으로 만들어 경작 면적도 두 배로 늘
어났다.

　마침 덩샤오핑의 개혁 · 개방 정책과 맞물려 샤오강 마을 이야기는
'성공 사례'로 중국 전역에 번졌다. 농부들이 공산주의 생산 분배 방

식에 도전하는 비밀 결사를 조직한 지 6년 만인 1984년, 수만 개에 달하던 인민 공사(집단 농장)가 모두 사라졌다. 중국 전체의 농업 생산도 같은 기간 중 67%나 늘어났다.

중국 경제 개혁을 주도한 덩샤오핑

샤오강 마을보다 3개월 앞서 비밀 서약을 했다는 농촌도 있고 비밀 결사와 맹약서가 조작된 것이라는 논란도 있지만 샤오강 마을은 중국에서 농촌 개혁의 상징이다. 농부들이 32년 전에 맺은 비밀 서약서는 중앙 혁명 박물관에 전시되어 있다. 샤오강 마을 어귀에는 국가에서 내려준 '중국 농촌 개혁 제1촌'이라는 현판이 붙어 있다.

샤오강 마을의 사례는 억압과 이념보다 자율과 식량이 강하다는 사실을 말해준다. 인간을 억압하는 제도 역시 결국은 무너지게 마련이다. 보다 나은 세상을 위한 저항은 빵을 만들고 역사를 움직인다.

11월 25일
불편한 동거 대신 이혼 – 체코와 슬로바키아 분리

1992년 11월 25일 프라하. 체코슬로바키아 연방 의회가 헌법 542호를 통과시켰다. 골자는 연방 해체. 분리 날짜를 12월 31일로 못 박았다. 연방 해체를 규정한 마지막 헌법에 따라 체코슬로바키아는 1918년 연방 구성 이래 74년 만에 역사의 뒤로 사라졌다.

체코슬로바키아의 공산 독재 체제가 1989년 대학생과 지식인들의 무혈혁명(벨벳혁명)으로 막을 내렸듯이 분리에서도 유혈 충돌이 일어나지 않았다. 때문에 체코와 슬로바키아의 분리는 '벨벳 이혼' 이리는 이름을 얻었다.

벨벳혁명의 주역이었던 문인 출신 하벨 대통령 등의 반대에도 불구하고 연방은 왜 갈라졌을까. 상이한 민족 구성과 언어도 작용했지만 불만은 경제력 격차에서 터졌다. 체코 지역은 중세 보헤미안 공국 시절부터 다져온 공업 기반 위에 민주화 이후 경제가 급성장한 반면 군수 공업 외에 이렇다 할 제조업이 없는 농업 지대였던 슬로바키아 지역은 옛 공산권에 대한 무기 수출 격감으로 경제난을 겪었다. 실업률이 한 자릿수였던 체코 지역과 달리 슬로바키아 지역은 20%가 넘는 고실업에 시달렸다.

민주화 이후 연방 정부 보조금이 대폭 삭감되고 서방 자본의 투자도 98%가 체코 지역에 집중되자 슬로바키아 주민들은 '불편한 동거 대신 이혼을 택하겠다'며 분리 독립을 주장하는 정당에 몰표를 던져 결국 연방은 해체되고 말았다. 연방 재산(221억 달러)과 주요 군장비도 2 대 1의 비율로 갈랐다.

분리 16년이 지난 오늘날 두 나라는 협력(관세 동맹)과 선의의 경쟁을 벌이며 동유럽 경제의 허브로 떠오르고 있다. 유럽연합과 북대서양조약기구NATO에도 공동 가입해 서방의 일원으로도 인정받았다. 분리 과정에서 피를 보았던 옛 소련과 유고 연방의 경우와 대조적이다. 국가의 운명을 결정하는 데도 칼보다 대화가 효율적이며 아름답다.

11월 26일
사상 최대의 금괴 강탈 - 브링스 매트 사건

1983년 11월 26일 오전 6시 30분, 런던 히스로 국제공항 부근의 특급 창고 브링스 매트Brinks Mat. 권총을 든 6명의 복면 강도가 경비원들에게 수갑을 채우고 휘발유를 끼얹었으며 반항하면 불을 지르겠다고 으름장을 놓았다.

강도들의 애초 목표물은 현금 3만 파운드. 외국으로 보낼 현금이 창고에 들어온다는 첩보에 따라 보안이 느슨한 시간대를 골라 잠입했지만 돈다발을 찾을 수 없었다. 조바심 속에 창고를 뒤지던 강도들은 눈을 의심했다. 금괴 6,800개와 약간의 다이아몬드를 발견했기 때문이다. 모두 3톤에 이르는 금괴만 2,600만 파운드. 인플레이션과 환율, 금값 상승을 감안해 요즘 가치로 환산하면 3억 달러 이상인 금괴는 강도들의 승합차 2대와 함께 사라져버렸다.

사상 최대의 금괴 강탈 사건을 맞은 런던 경시청은 한 달 뒤 경비원 중 하나가 강도와 처남매부 간이라는 사실을 밝혀내고 둘을 잡아들였다. 문제는 금괴의 행방. 범인들이 법정에서 25년형을 선고받고도 입을 다무는 통에 수사는 진척을 이루지 못했다.

단서를 찾아낸 기관은 경찰이 아니라 재무부. 브리스톨 지역의 예금이 급증하는 점을 수상히 여긴 끝에 범인들이 금괴를 녹여 구리와 섞어 순도를 떨어뜨린 후 유통시켰다는 점을 밝혀냈다. 결국 장물아비로 개입한 금 매매업자 두 명도 구속되었으나 금괴의 98%는 찾아낼 수 없었다. 이미 3년의 시간이 흐르고 용의자들도 외국으로 흩어진 탓이다.

사건 발생 27년. 금의 향방은 여전히 오리무중이다. 범인들은 두 다리 펴고 강탈한 금으로 여생을 즐기고 있을까. 그렇지 않다. 수사선상에 올랐던 장물아비들이 총을 맞아 죽어가고 있다. 분배에 대한 불만과 복수로 보인다. 사전에 적발되었지만 2004년에도 비슷한 사건이 일어났다. 탐욕의 끝은 어디일까.

11월 27일
탐욕이 피를 부르는 '자하로프 시스템'

그리스는 자하로프를 믿었다. 잠수함의 성능을 반신반의하면서도 숙적 오스만튀르크에 대항할 비밀 병기가 될 것이라는 자하로프의 설득에 결국 넘어갔다. 1884년 한 척 주문. 그리스와의 계약서에 잉크가 마르기도 전에 자하로프는 이스탄불로 찾아가 그리스의 구매 사실을 흘렸다. 오스만튀르크는 2척을 주문했다. 자하로프의 다음 행선지는 러시아. 오스만 제국과 사이가 안 좋던 러시아는 잠수함 4척을 사들였다. '죽음의 유태인' 자하로프Basil Zaharoff는 이런 식으로 무기를 팔아먹었다.

자하로프가 무기상으로 나선 것은 24세 무렵. 가난한 유대계 러시아 상인의 아들로 1849년 태어나 소년원을 들락거리고 매춘업에도 종사했던 그는 무기 판매에서 물 만난 고기처럼 실적을 올렸다. 매출이 부진하면 분쟁을 일으켰다. 19세기 말부터 20세기 초반에 일어난 미국·스페인 전쟁, 보어전쟁, 러일전쟁의 뒤에는 어김없이 그가 나온다. 1차 대전에서 그가 공급한 무기는 대형 전함 4척, 순양함 5척, 잠수함 53척, 대포 2,328문, 어뢰 2만 2,000개, 비행기 5,500여 대, 기관총 10만여 정에 달한다.

연합국과 동맹국을 가리지 않고 무기를 팔아 엄청난 부도 쌓았다. 미국의 〈타임〉지로부터 '세계 최고의 부자'라고 평가받았을 정도다. 양쪽을 오가며 죽음을 팔았지만 명예도 얻었다. 1936년 11월 27일 85세를 일기로 숨지기 전까지 그는 영국의 기사 작위를 비롯해 30여 개국에서 300여 개의 훈장을 받았다.

긴장을 조성해 무기를 팔아먹는 행위는 요즘도 '자하로프 시스템' 이라고 불린다. 주체가 자하로프에서 거대 무기메이커로 바뀌었을 뿐 탐욕이 피를 부르는 구조는 아직도 여전하다. 지구촌에서 전쟁이 끊이지 않는 이유도 여기에 있다. 돈.

11월 28일
소년 도박사의 '현명한 투기' – 제시 리버모어

출입금지. 1893년 무렵 보스턴의 20여 개 주식방에 열여섯 살 소년 '제시 리버모어Jesse Livermore 경계령'이 내렸다. 주식방은 사설 경마장과 비슷한 무허가 중소 거래소. 투자자들을 상대로 95% 이상의 승률을 올리던 주식방들이 그를 마다한 이유는 한 가지, 귀신처럼 투자했기 때문이다.

리버모어가 주식과 인연을 맺은 것은 14세부터. 1877년 매사추세츠

제시 리버모어

의 빈농 집안에서 태어나 수학에 탁월한 재능을
보였으나 부친이 학업을 중단하고 농업에 전념
하라고 강권하자 어머니가 몰래 마련해준 5달
러를 들고 집을 나온 직후다.

첫 직업인 주식방의 시세판 서기는 인생을 갈
랐다. 주가 표시기가 토해내는 시세를 칠판에
옮겨 적으며 시장을 파악하고 주가 흐름을 배워
나갔다. 전업 투자자로 나선 그는 곧 '소년 도박사Boy Plunger'로 불
리며 업계의 기피 인물이 되었다. 수중에 2,500달러를 들고 월스트리
트에 진출한 그는 세 번의 파산을 겪을 때마다 오뚝이처럼 일어나 수
백만 달러를 벌었다.

투자 수법은 공매도. 주가가 하락할수록 이익이 커지는 공매도에
주력한 탓에 욕도 많이 먹었다. 1929년 주가 대폭락을 예견하고 공매
도 작전으로 단숨에 1억 달러(요즘 가치로 49억 달러)를 벌어들였을 때
'경제 대공황은 리버모어 탓'이라는 원성이 나왔을 정도다.

월스트리트 사상 가장 악명 높고 솜씨 좋은 투기꾼으로 기억되지만
그의 삶은 불행했다. 초호화 요트를 굴리며 염문을 뿌리다 가정이 깨
지고 재산까지 날린 그는 1940년 11월 28일 호텔 방에서 스스로 목숨
을 끊었다. 큰아들도 친어머니가 쏜 총에 맞아 일생을 장애인으로 살
다 자살했다. 탐욕과 회한으로 점철된 인생이지만 투자자들은 오늘도
그의 '현명한 투기'를 배우려 안달이다.

11월 29일

종호, 선상의 살처분- '노예는 짐승과 같다.'

살殺처분. 도살을 뜻한다. 조류독감 감염이 의심되는 닭을 산 채로 매립하듯 생사람을 살처분한 적이 있다. 1781년 11월 29일 대서양 영국 노예선 종Zong호. 선장 콜링우드가 '병든 노예를 끌어내라' 고 명령했다. 흑인 54명이 쇠사슬에 손과 발목이 묶인 채 바다로 내던져졌다.

이유는 두 가지. 전염병과 돈 때문이다. 항해 도중 기착한 섬에서 노예를 더 잡아들여 적정 수용 인원을 초과한 배에 식수 부족으로 전염병이 도졌다. 선원 7명과 흑인 60여 명이 죽자 선장은 극단적 조치를 취했다. 산 사람을 바다에 빠뜨리기를 꺼리는 선원들에게는 '노예가 병사하면 우리 책임이지만 익사하면 보험사가 피해를 보상한다' 며 다그쳤다. 30일에는 비교적 건강한 노예 79명을 더 내던졌다. 133명이 살처분된 셈이다.

복원한 종호의 모습(영국 타워브리지, 2007)

5개월간의 항해 끝에 영국 리버풀항에 돌아온 배의 소유주는 보험금 지급을 신청했으나 증인이 나타났다. 쇠사슬이 아까워 족쇄를 풀고 던진 노예 하나가 극적으로 살아남아 만행을 고발한 것. 대법원장이 '짐승을 던진 것과 다를 바 없다' 며 선주를 두둔해 누구도 처벌받지 않았지만 법원은 보험사들의 손을 들어주었다. 배에 충분한 물이 있었다는 점이 판명되었기 때문이다. 1812년에도 비슷한 사건이 발생해 39명이 희생되었다. 잇따른 사건은 노예 해방 논쟁을 낳았다. 영국 전체 수입의 30%가 노예 매매에서 나오던 상황에서 노예 해방론자들은 매국노 취급을 받았다. 노예 제도는 1833년에서야 법적으로 없어졌다.

유럽과 미국이 아프리카에서 잡은 노예는 약 1,200~1,400만 명. 여기서 400만 명가량이 항해와 정착 과정에서 죽어나갔다. 흑인은 화물이었을 뿐이다. 세계를 지배하는 서구 문명에는 압제와 잔혹사가 깔려 있다.

11월 30일
마크 트웨인의 투기와 투자

"계란을 한 바구니에 담고 잘 지켜보라."

소설가 마크 트웨인Mark Twain이 한 말이다. 분산 투자, 포트폴리오 배분 원칙과 상반된 입장을 펼칠 만큼 트웨인은 투자에 관심이 많았다. 정작 실적은 형편없었다. 거덜 난 적이 한두 번이 아니다. 오죽하면 '10월은 주식 투자에 극히 위험한 달이다. 또 7월과 1월, 9월, 4월, 11월, 5월, 3월, 6월, 12월, 8월, 2월도 위험하다'고 말했을까.

1835년 11월 30일, 미주리에서 변호사였지만 가난한 부친 밑에서 태어난 그가 본격적인 돈벌이에 나선 것은 26세부터. 미국을 휩쓴 금광 열풍에 편승해 산과 강을 뒤졌지만 단 한 번도 금맥을 찾지 못하고 저축한 돈만 잃었다. 파산 후 인쇄소 식자공을 거쳐 신문 기자로 지내던 그가 다시 재산을 모은 수단은 소설. 20대 초반 미시시피강 수로 안내인으로 일했던 경험을 바탕 삼아 출판한 《톰 소여의 모험》이 대박을 터뜨린 덕분이다.

마크 트웨인

트웨인의 돈은 다시 투기로 날아갔다. 광산에 대한 미련으로 빚까지 보태 투자한 광산주가 폭락하는 통에 2만 5,000달러(요즘 돈 274만 달러)를 잃었다. 나이 60줄에는 더 큰 파산을 맞았다. 자신의 발명품인 자동 식자기와 영양 보조제 사업에 실패한 탓이다. '은행가란 햇볕이 내리쬘 때 우산을 빌려준 다음 비가 내리는 순간 돌려달라고 하는 인간'이라는 말을 남긴 것도 재산 50만 달러(요즘 가치 5,695만 달러)를 잃고 부채 상환 압력에 시달릴 무렵이다.

트웨인의 말년은 해피엔딩. 인세와 강연료를 모아 빚을 갚고 재기에 성공한 그는 1910년 84세로 세상을 하직할 때까지 곁눈을 팔지 않아 유산 4,560만 달러를 남길 수 있었다. 위기 때마다 본업에 흘린 땀이 평생을 구제한 셈이다.

12월 1일

베버리지 보고서- 복지 국가의 출발점

결핍과 질병, 나태, 무지, 불결. 베버리지 보고서가 삶의 질 향상을 가로막는 요인으로 규정한 5대 악惡이다. 보고서의 요점은 사회적 약자에 대한 배려와 상호 부조를 통한 궁핍 해소. '요람에서 무덤까지'로 요약되는 영국 사회보장 제도가 여기서 나왔다. 서구식 복지 국가 모델의 출발점이기도 하다.

베버리지 보고서는 두 가지 점에서 흥미롭다. 첫째는 1년 반 동안 위원회를 이끈 베버리지William Beveridge 경의 출신. 골수 보수당원이

윌리엄 베버리지

었음에도 당론과 차이가 많은 사회 개혁을 위한 청사진을 만들어냈다. 두 번째는 1942년 12월 1일이라는 공표 시기. 유럽을 휩쓴 나치 독일의 위세가 하늘을 찌르고 런던이 공습으로 두들겨 맞던 시기에 국가의 존망마저 위태롭던 절망적 상황에서도 미래의 희망을 제시한 점이 놀랍다.

베버리지 보고서는 부자들만의 특권이던 '빈곤으로부터 경제적 자유'를 영국 국민이라면 누구나 보장받는 '기본적인 삶national minimum'으로 확산시켰다. 가족수당법(1945), 국민보험법(1946), 국민부조법(1947), 아동법(1948)이 잇따라 제정된 것도 보고서의 연장선이다. 세 부담이 늘어난 부유층의 반발이 없지 않았지만 두 차례의 세계대전을 치르며 형성된 국민 전체의 동류 의식이 개혁을 성공시켰다.

햇볕이 바람보다 강하다고 했던가. 베버리지 보고서는 서방 진영의 안보에도 기여했다. 동구권을 붉게 물들인 공산주의가 서유럽에 확산되지 않은 것은 군비 경쟁보다 사회보장 제도 덕분이라는 평가도 있다. 대처 집권 이후 지나친 복지 정책이 '영국병'을 고착화했다며 사회보장 예산을 대폭 줄였음에도 오늘날 영국의 복지 관련 예산은 국내총생산의 22.4%에 이른다. 최근 급증했다는 우리나라보다 세 배가량 높다.

12월 2일
포경 규제 협약– 한국과 일본의 차이

1946년 12월 2일, 미국 워싱턴 D.C.에 42개 해양 국가들이 모여 국제 포경 규제 협약을 맺었다. 11개항 34개조로 구성된 협약의 골자는 포경의 포괄적 금지. 협약 이행을 감시하고 이견을 조율할 국제기구인 국제포경위원회IWC(International Whaling Commission) 설치도 명시했다. 생태계와 종의 보전을 위한 최초의 지구적 합의가 이루어진 것이다. 시간이 흐르며 세부 조항이 더욱 엄격해진 협약의 가입국은 59개국으로 늘어났다.

협약 체결 54주년을 맞는 오늘날 포경은 사라졌을까. 천만의 말씀이다. 미국과 일본, 캐나다, 러시아, 덴마크, 노르웨이, 아이슬란드 등은 제한적이지만 여전히 고래를 잡고 있다. 고래의 멸종 위기론과 적정 포경론의 대립 속에서도 예외를 인정받았기 때문이다.

우리나라의 경우는 어떠한가. 전면 포경 금지 국가이면서도 고래 고기를 맛보기란 어렵지 않다. 연안에 좌초하거나 그물에 걸려 올라오는 혼획混獲량이 연간 수백 마리에 이른다. 어민 입장에서 마

작살을 이용해 고래를 잡는 모습

리당 수백만 원이 넘는 고래는 '로또'와 다름 아니다.

때문에 울산과 장생포 등지의 어민과 유통업자들은 포경의 제한적 허용을 강력하게 주장하고 있다. 가능할까. 그렇지 않다. 국제포경위원회의 예외 인정이 쉽지 않기 때문이다. 국제포경위원회로부터 '특별 허가에 의한 과학 조사'라는 이름으로 포경을 인정받은 일본의 경우 고래 고기 섭취가 전통 문화라는 점에 대한 논문 수백 편을 20여 년간 국제 사회에 발표하는 노력을 기울였다. 다른 나라도 비슷하다.

한국은 세계에서 가장 오래된 포경 문화를 증빙할 수 있는 유산인 울산 반구대 암각화(국보 285호)를 갖고 있으면서도 활용하지 못하는 실정이다. 자신에 대한 명확한 성찰과 연구도 없이 주장과 감정을 내세울 뿐이다. 포경의 재개와 정당성 여부를 떠나 결과만 원하는 우리의 단면을 보는 것 같아 씁쓸하다.

12월 3일

치매 들린 소니를 플레이스테이션이 먹여 살리다

1994년 12월 3일. 일본 소니사가 '플레이스테이션PlayStation'을 내놓았다. 휴대용 게임기 플레이스테이션은 입체 화면에서도, 내용에서도 예전의 제품과 격이 달랐다. 덕분에 40만 원 가까운 가격에도 불티나게 나갔다. 이듬해 9월 미국 시장 상륙을 시작으로 전 세계로 퍼져나간 플레이스테이션1 시리즈는 1억 4,209만 대나 팔렸다.

2000년 3월 출시된 후속 모델 플레이스테이션2 시리즈도 1억 2,000만 대 이상의 판매고를 올렸다. 소니는 돈방석에 앉았다. 게임기기 사상 최고 판매 기록도 기록이지만 장당 4~5만 원에 이르는 게임 CD는 더욱 짭짤한 수익을 안겨주었다.

플레이스테이션2

1960년대 트랜지스터와 1980년대 워크맨으로 내려온 소니 신화를 세기말과 뉴밀레니엄까지 연장한 주역은 입사 19년차인 '괴짜' 구타라기 겐. 학벌과 학력을 따지지 않을 만큼 자유분방한 소니의 인사 풍토에서도 가는 곳마다 충돌을 일으키고 사장과도 언성을 높이며 싸워 '이단아', '악동'으로 불렸다.

구타라기가 게임기 산업 진출을 건의했을 때 사내 반응도 신통치 않았다. '천하의 소니가 고작 장난감이나 만든다'는 사내 비아냥거림 속에 탄생한 플레이스테이션이 소니 전체 수익의 절반 이상을 내자 구타라기는 이렇게 말했다.

"치매 들린 소니를 플레이스테이션이 먹여 살린다."

발매 16주년을 맞는 플레이스테이션은 용량이 수백 배 높아지고 기능도 많아진 플레이스테이션3로 진화했지만 소니 신화는 흔들리고 있다. 경쟁자 닌텐도의 반격 때문이다. 소니는 닌텐도를 '화투나 만들던 2류 업체'라고 깔보았지만 시가 총액에서도 뒤졌다. 최고경영자에 올랐던 구타라기도 최근 물러났다.

아차, 하는 순간 뒤로 밀리는 경쟁 사회에서 우리를 돌아본다. 신기술과 투명 경영보다는 로비와 연줄이 앞서는 풍토에서 돌발적 천재와 세계를 휩쓸 상품이 나올 수 있을까.

12월 4일
1만 2,000여 명의 목숨을 앗아간 런던 스모그

1952년 12월 4일 영국 런던. 쾌청하던 날씨가 정오쯤 짙은 안개로 바뀌었다. 따뜻한 바람도 멈추고 기온이 떨어졌다. 날이 저물어 냉기가 퍼지자 각 가정에서는 석탄을 마구 땠다. 런던 시민들은 밤새 콜록거렸다.

하루가 지난 12월 5일, 도시가 스모그에 덮였다. 굴뚝 수십만 개가 내뿜는 연기와 아황산가스가 대기로 빠져나가지 못한 채 안개와 뒤섞여버렸기 때문이다. 한 치 앞을 분간할 수 없는 스모그에 보행자의 통행조차 어려웠다. 차량들은 대낮에도 전조등을 켰다. 런던 외곽으로

런던 스모그(1952)

퍼진 스모그 때문에 교외 역에서 열차 충돌 사건도 일어났다. 템스 강의 선박 운행도 금지되었다.

병원은 환자들로 넘쳐났다. 저항력이 약한 유아나 노약자들이 기관지와 호흡기 질환, 폐렴으로 죽었다. 남서풍이 불었던 9일 런던을 빠져나가기까지 5일간 스모그는 런던 시민 915명의 목숨을 앗아갔다. 후유증은 더 컸다. 12월 말까지 누계 사망자가 4,000여 명 선을 넘고 이듬해에는 8,000여 명이 추가로 사망했다.

런던 시민 1만 2,000명의 목숨을 앗아간 스모그 피해는 런던 교외는 물론 영불 해협을 넘어 프랑스, 벨기에, 네덜란드의 기후에도 영향을 미쳤다. 날씨와 기후, 환경 보전에 대한 국제적 협력의 필요성이 크게 부각된 것도 런던 스모그 이후다.

스모그는 남의 일이 아니다. 서울의 스모그는 공장과 가정의 매연이 원인인 런던형 스모그와 자동차 매연이 요인인 LA형 스모그의 복합형이다. 치유와 예방이 그만큼 어렵다. 세계경제포럼WEF이 조사한 환경 지속성 지수 결과에 따르면 한국은 조사 대상 146개 국가 중 122위다. 환경과 경제 여건을 감안할 때 지속적인 성장이 불가능할 수 있다는 얘기다. 환경을 도외시한 성장은 더 이상 불가능한 시대다.

12월 5일

'해밀턴 보고서', 미국의 제조업 육성 정책

'미국의 미래는 제조업에 있다. 보조금을 지급하고 수입 공산품에 관세를 매겨 국내 산업을 보호해야 한다.'

1791년 12월 5일 알렉산더 해밀턴 미국 재무장관이 의회에 제출한 '제조업에 대한 보고서Report on Manufactures'의 골자다. 보고서의 배경은 영국의 자유무역 정책. 무역수지 흑자를 중시하는 중상주의에 따라 어떤 나라보다도 높은 관세를 유지했던 영국이 산업혁명으로 자신감을 갖고 자유무역으로 선회하자 영국의 제조업을 영원히 따라갈 수 없다는 위기감에서 보고서를 만들었다.

해밀턴은 보고서를 회심작으로 여겼다. 연방 국채 발행을 통한 공공 채무 해결과 중앙은행 설립에 대한 반대를 두 차례의 보고서 제출로 극복했던 터라 자신감도 넘쳤다. 결과는 어떻게 되었을까. 1804년 해밀턴이 죽을 때까지 전혀 실행되지 못했다. 면화와 담배를 유럽에 수출해온 남부의 반대가 극심했기 때문이다.

알렉산더 해밀턴

가장 먼저 해밀턴 보고서가 꽃피운 곳은 독일. 미국에 망명 중이던 프리드리히 리스트는 제조업 보고서에 영감을 얻어 독일에 '유치산업 보호론'을 심었다. 독일 역사학파 경제학도 이런 과정 속에서 생겨났다.

미국에서 제조업 육성 논란은 피를 불렀다. 관세법을 '증오의 법률' 이라며 반대하던 남부의 반발이 남북전쟁으로 뭉개진 뒤부터 미국은 해밀턴 보고서를 경제 정책의 근간으로 삼아 2차 대전이 끝날 때까지 세계에서 가장 높은 관세를 유지하며 제조업을 키웠다. '관세와 보조금이라는 사다리'를 타고 일등 공업 국가에 오른 셈이다.

경쟁력을 갖춘 뒤 미국은 자유무역으로 돌아섰다. 다른 나라들의 관세와 보조금은 인정하지 않았다. 세상은 돌고 돈다고 했던가. 경쟁력을 상실한 자동차 같은 분야에서 미국은 보호 무역으로 선회하려는 조짐이다. 남의 사다리는 걷어차고, 자신들의 사다리는 다시 꺼내고……. 세상 참 불공평하게 돌아간다.

12월 6일
브리태니커 백과사전

1768년 12월 6일 영국 에든버러. 팸플릿 수준의 책자 하나가 나왔다. 《브리태니커 백과사전Encyclopaedia Britannica》의 출발점이다.

사전을 만든 사람은 윌리엄 스마일. 당시 28세였던 그는 출판업자이자 인쇄업자의 의뢰를 받아 언어는 물론 사회 전반의 현상을 모았다. 스마일이 사전 편찬으로 받았던 돈은 200파운드. 비슷한 시대의 인물이며 경제학의 아버지라고 불리는 애덤 스미스가 글래스고대학 정교수 자리를 집어치우고 귀족의 개인교사로 들어가며 받았던 연봉이 300파운드였으니까 적지 않은 금액이었다.

스마일이 펴낸 팸플릿은 처음부터 인기를 끌었다. 격주간으로 발행된 팸플릿 가격은 6펜스. 어지간한 지식인이면 부담이 없었다. 팸플릿 100회가 모여 3권짜리 《브리태니커 백과사전》으로 엮어졌을 때 영국인 독자들은 열광했다. 프랑스와 건줄 만하다고 여겼기 때문이다. 당시 프랑스 출판계를 휩쓸던 최고의 사전은 《백과전서》.

볼테르와 경제학자 케네가 집필하고 달랑베르가 편찬한 지식 결합물인 《백과전

《브리태니커 백과사전》 첫 번째 판본의 표지

서》에 버금갈 지식 합체물이 나왔다는 사실에 감격한 영국인들은 책을 끼고돌았다. 지식도 그만큼 깊어지고 널리 퍼졌다. 18세기를 지배한 대영 제국 힘의 근원은 《브리태니커 백과사전》이라는 시각도 있다.

《브리태니커 백과사전》은 이후 소유권이 미국에 넘어가며 새로운 전기를 맞았다. 영국의 과거 영광과 미국의 지도력이 맞물린 결과다. 요즘 브리태니커의 판권은 스위스의 영화배우이자 사업자에게 넘어갔지만 그 권위는 여전하다.

문제는 브리태니커의 장래. 불투명하다. 사전의 권위를 믿고 안주한 결과다. 요즘 인터넷에서 조회수를 보면 브래티니커는 하향 추세다. 세월의 변화에 대응하지 못했기 때문이다. 브리태니커 사례가 우리에게 던지는 메시지가 있다. 창의력과 늦지만 꾸준한 개혁, 그리고 적응.

12월 7일

폭발하는 당구공에서 플라스틱까지

폭발하는 당구공. 가능할 얘기일까. 그렇다. 가끔 터지는 인조 당구 공에 사람이 다친 적이 있다. 인조 당구공이 등장한 시기는 1870년. 인쇄공 하이아트에 의해서다. 급증하는 당구 인구로 공의 재료인 코끼리 상아가 부족해지자 대체 물질로 개발된 게 하이아트의 합성수지 셀룰로이드다.

7년간 연구 끝에 나온 최초의 플라스틱 셀룰로이드는 곧잘 폭발한다는 심각한 문제를 안고 있었다. 결국 셀룰로이드는 당구공 재료 대신 장난감과 영화용 필름을 만드는 데 사용되었으나 폭발 사고는 그치지 않았다.

레오 베이클랜드

본격적인 플라스틱 시대는 터지는 당구공으로부터 39년이라는 세월이 흐른 뒤에야 열렸다. 벨기에 출신 미국인 발명가 베이클랜드Leo Baekeland는 터지지도, 줄어들지도 않는 합성수지를 개발해 1909년 12월 7일 특허를 따냈다. 오늘날의 플라스틱과 비슷한 발명품에 '베이클라이트'라는 명칭을 붙인 베이클랜드는 곧 돈방석에 앉았다. 전기가 급속도로 보급되던 시기에 녹지도, 부식되지도 않고 가벼운데다 절연성이 뛰어난 베이클라이트는 전기 제품 재료로 안성맞춤이었다.

대공황기를 맞아 주춤거렸던 사업은 2차 대전이 터진 뒤 다시금 활기를 찾았다. 베이클라이트도 플라스틱으로 바뀌었다. '성형하기 쉽다' 는 뜻을 지닌 그리스어의 '플라스티코스'에서 이름을 따온 것처럼 플라스틱은 온갖 생산품으로 진화했다. 나일론 스타킹도 플라스틱의 파생물이다.

문제는 환경오염. 조물주가 창조하지 않은 물품을 만든 형벌일까. 플라스틱은 환경오염을 초래했다. 유해 환경호르몬을 방출한다는 지적도 있다. 자연 부식되는 친환경 제품이 나왔다지만 실용화하기에는 가격이 비싸다. 100년도 안 되는 세월 동안 쓰고 버린 플라스틱 쓰레기에 수십억 년을 내려온 지구촌이 멍들어간다.

12월 8일
쌀 막걸리의 부활

1977년 12월 8일 전국의 대포집이 북새통을 이루었다. 14년 만에 등장한 쌀 막걸리를 맛보려는 고객들은 기쁜 마음으로 잔을 채웠다. 1963년 양곡 관리법으로 쌀로 술을 빚는 행위를 금지한 이래 밀가루 막걸리만 마셔왔으니 맛도 맛이지만 감회가 앞섰다.

쌀의 자급자족을 위해 술 제조를 금지하고 혼·분식을 장려하던 정부가 규제를 해제한 것은 연이은 풍작 때문. 통일벼 보급으로 생산이 늘고 쌀 재고량도 적정 수준을 초과하자 막걸리 제조 금지를 풀었다.

기대와 호기심이 유발한 쌀 막걸리 선풍은 오래가지 않았다. 금지의 세월 동안 도수가 높은 독주에 익숙해진데다 막걸리의 품질도 좋지 않았다. 많이 마신 다음 날이면 어김없이 편두통에 시달렸다.

막걸리

막걸리는 숙취에서 벗어날 수 없는 술일까. 그렇지 않다. 제조와 유통의 문제 탓이다. 막걸리의 생명인 효모가 숙성되기 이전에 출고하거나 제조 과정에서 잡균이 들어가 효모 생성을 억제했으니 인체에 들어간 후에는 소화가 안 되고 머리까지 아플 수밖에. 빨리 숙성시키기 위한 장삿속으로 카바이트 막걸리까지 판매되며 인식은 나빠질 대로 나빠졌다.

요즘 막걸리의 품질은 이전과 딴판이다. 깨끗하고 숙취도 없으며 몸에 좋다. 지역 공급 제한도 없어졌다. 빚은 지 일주일부터 보름 사이에 소량으로 마시는 생막걸리는 보약만큼 좋다는 연구 결과도 있다. 두부 같은 간단한 안주를 곁들이면 한 끼 식사대용으로도 손색이 없다. 지난 2001년을 바닥으로 수요가 점차 늘고 있는 현상도 '막걸리=웰빙 술'이라는 인식 덕분이다.

아직도 국산 쌀을 100% 사용하는 막걸리는 많지 않은 형편이지만 막걸리의 미래는 밝은 편이다. 양조 기술 발달로 유통기한도 다소나마 길어졌다. '제대로 만들고 마시면 정말 좋은 술, 우리 막걸리'가 시나브로 부활하고 있다.

12월 9일
클래런스 버즈아이, 냉동식품의 아버지

사업 자금 달랑 7달러. 선풍기 한 대와 소금물 한 통, 얼음 조각이 전부였다. 6년 후인 1929년 회사는 2,200만 달러(요즘 가치로 8억 달러)에 팔렸다. 대박의 주인공은 클래런스 버즈아이Clarence Birdseye. 냉동식품의 아버지다.

1886년 12월 9일 브루클린에서 태어난 버즈아이는 여행과 사냥, 채집에 유난히 관심이 많았다. 동물 박제에 매달려 고교 시절을 보낸 후 월가의 증권사에서 잠시 일한 뒤 암허스트대학에서 생물학을 공부했다. 집안 사정으로 대학을 중퇴한 그의 첫 직장은 미국 농무부. 생물 표본을 수집하는 일을 맡았다.

알래스카 출장 중 그는 일생을 바꿀 사건을 만났다. 에스키모들의 냉동과 저장 방법 가운데 급속 냉동 방식이 생선의 선도와 맛을 더 오래 유지시킨다는 사실을 깨달은 것. 아이스크림 공장 한구석에 연구실을 빌린 그는 1925년 급속 냉동 기계를 발명해냈다.

기대와 달리 매출은 형편없었다. 급속 냉동한 생선을 공급했지만 인식이 부족한 탓에 회사는 곧 문을 닫았다. 재기에 나선 버즈아이는 자금부터 챙겼다. 설비 투자와 연구비를 늘리고 자동 냉동 기계도 발명

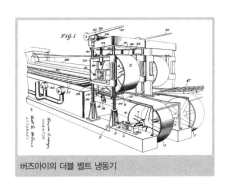

버즈아이의 더블 벨트 냉동기

했다. 성장가도를 질주하던 그는 운 좋게 1929년 대공황이 찾아오기 직전 거액의 프리미엄을 받고 회사를 넘겼다.

버즈아이는 물기를 없애는 적외선램프 등 1956년 70세로 사망할 때까지 250건의 특허를 남겼다. 버즈아이의 급속 냉동법은 가전 산업도 일으켜 세웠다. 1930년대 미국에서 냉장고 등 가전품이 급속히 보급된 데는 냉동 보관법이 한몫했다.

냉동식품 산업은 성장 산업이다. 수요 증가가 소득 상승을 앞지른다. 약 5,000억 원으로 추산되는 국내 시장은 고급화 추세를 타며 규모가 커지고 있다. 미국의 시장 규모는 25~26조 원으로 추산된다.

12월 10일
프랑스 정치와 경제를 한데 묶은 미터법

1799년 12월 10일 프랑스가 미터법을 도입했다. '헷갈린다'는 반발이 없지 않았지만 소리를 못 냈다. 쿠데타로 정권을 잡은 지 꼭 한 달 된 나폴레옹의 권세가 두려워서다.

강압적인 법령 발표와 달리 준비는 치밀하게 진행되었다. 과학과 문물이 급속도로 발달하던 17세기부터 십진법 체계가 필요하다는 논란을 구체화하고 실행한 주역은 귀족 출신임에도 혁명에 적극 가담한 탈레랑Charles Maurice de Talleyrand. 혁명 이듬해인 1790년 프랑스 과학아카데미에 십진법을 바탕으로 한 새로운 도량형 개발을 의뢰하고 자금 지원을 아끼지 않았다.

프랑스 과학자들은 북극에서 남극까지의 거리인 지구 자오선의 2,000만 분의 1을 길이의 단위로 삼자는 데 합의했다. 문제는 프랑스 바깥은 실측 방법이 없었다는 점. 결국 각국의 자료를 모아 합산하기로 정했지만 난제를 떠맡은 천문학자들은 놀라지 않을 수 없었다. 세계 각국의 단위가 무려 2만 5,000여 가지에 달했으니까.

샤를 탈레랑

7년간의 노력 끝에 결정된 새로운 십진법 도량형은 나폴레옹이 실각한 뒤 폐지 여론이 일었지만 끝내 살아남아 분권적인 프랑스의 정치와 경제를 한데 묶는 데 결정적으로 기여했다. 1875년에는 17개국이 모여 국제 표준으로 삼자는 미터조약도 맺었다.

미터법이 법령으로 등장한 지 211주년. 미터법은 자유·평등·박애의 정신과 함께 프랑스혁명이 인류에게 남긴 최대 유산으로 꼽힌다. 우리나라도 2007년부터 평坪이나 근斤 같은 척관 단위 대신 미터 체계를 법으로 강제하고 있다. 세계화에 뒤지지 않기 위해서다.

전 세계를 통틀어 미터법을 채용하지 않은 국가는 단 3개국뿐이다. 미얀마와 라이베리아, 미국이다. 미터와 인치의 혼용으로 우주선이 폭발한 경험을 가졌으면서도 미국은 미터법을 외면하고 있다. 익숙하지 않다는 이유에서다.

12월 11일

근대 일본의 정체성 확립을 도운 시마바라의 난

1637년 12월 11일(일본력 10월 25일), 시마바라島原. 농민들이 징세관을 살해하는 사건이 일어났다. 사건은 순식간에 부녀자를 포함해 3만 7,000여 명이 참가하는 대규모 반란으로 번졌다.

급속히 확산된 이유는 세 가지. 기근에도 악착같이 세금을 거두고 농번기에도 성을 쌓는다며 농부를 징발해온 다이묘(영주)에 대한 불만과 새로운 도쿠가와 막부 정권에서 밀려나 낭인으로 전락한 사무라이들의 합세, 박해에 신음하던 천주교도의 불만이 합쳐졌기 때문이다.

봉기군의 주력은 천주교도였다. 임진왜란 때 왜군의 선봉이며 천주교 신자였던 고니시 유키나가小西行長가 일본의 패권을 둘러싼 싸움(세키가하라전투)에서 패해 참수되었다는 점이 복수심을 낳고 잡다한 성분의 봉기군을 한데 묶었다.

옛 성곽에 여자와 어린아이를 포함해 3만 7,000여 명이 농성 중이라는 소식을 접한 3대 쇼군 이에미쓰는 12만 5,800명의 대군을 보냈다. 절대 군주를 향한 집념이 그만큼 강했다. 끈질기게 항거하던 봉기군은 결국 4개월 후 패배하고 말았다. 반란의 종점은 대학살. 남녀노소 전원이 죽어나갔다.

막부는 이후 전면적인 천주교 금지령을 내렸다. 스페인령 멕시코에 상인까지 보냈던 초기의 개방 정책도 쇄국령으로 완전히 뒤바뀌었다. 조선과 중국, 진압 작전에 참가한 네덜란드를 제외한 모든 나라와의 통상은 법으로 금지됐다.

시마바라의 난은 세계 종교사에서 '거룩한 순교'로 기억되는 뒤편으로 근대 일본의 정체성 확립에 결정적으로 기여했다. 일본 유학자들 사이에서는 '공자와 맹자가 이끄는 군대가 일본에 쳐들어오더라도 맞서 싸우는 게 공맹의 참 가르침'이라고 믿는 풍토까지 생겼다. 일본의 개항은 이런 바탕에서 이루어졌다. 순교의 최대 수혜자는 종교가 아니라 민족국가 일본이었다.

12월 12일
함부르크 은화 열차는 언제 오는가

공포가 씻은 듯이 가셨다. 도산 위기에 몰렸던 은행들이 정상 영업하고 급전을 요구하던 기업은 대출 신청서를 접었다. 1857년 12월 12일 자유 도시 함부르크에서 일어난 일이다.

일시에 불안 요인을 제거한 것은 '돈의 홍수'. 은화銀貨를 가득 적재한 기차가 들어와 돈을 풀자 경색도 풀렸다. 운임을 받지 못한 화물 선주들의 태업으로 기능이 정지되었던 항구도 제대로 돌아갔다. 돈이 궁할 때 '함부르크 은화 열차는 언제 오는가'라는 관용구 표현도 생겼다.

독일에서 가장 잘살던 함부르크가 경제 위기를 맞은 것은 항구 도시였기 때문. 1857년 8월 미국에서 발생한 공황이 단시일 내에 런던과 파리는 물론 북유럽과 남미, 아프리카까지 파급되었을 때 항구인 함부르크가 독일에서는 가장 먼저 매를 맞았다.

함부르크 의회는 1,500만 마르크의 차입을 결정했으나 예상과 달리 빌려준다는 곳이 없었다. 믿었던 프로이센마저 대출을 꺼려 연쇄 도산의 공포가 덮친 순간 기대하지도 않았던 오스트리아가 부족한 만큼의 은화를 실은 열차를 보냈다.

경쟁 상대인 프로이센을 견제하려는 오스트리아의 대출은 함부르크의 위기뿐 아니라 '전 세계가 공유한 최초의 위기'였다는 1857년 공황의 확산을 막아냈다. 함부르크가 프로이센의 영향력 아래 편입되는 상황을 방지하겠다는 오스트리아의 정치적 판단이 뜻밖에 '돈의 홍수'를 일으키고 위기를 잠재운 셈이다.

150년 전에 발생한 국제 금융 거래는 오늘날 더욱 복잡하게 발전하고 있다. 국가 간 통화협정에서 국제통화기금의 자금 지원까지 수단도 다양해졌다. 변치 않는 것은 반대급부가 있어야 한다는 점. 상대방에게 무엇인가 줄 수 있을 때 돈을 빌릴 수 있다. 경제 정책 변경을 강요받는 등 대가도 비싸다. 은화 열차는 결코 공짜로 오지 않는다.

12월 13일
브레티뉴의 결혼- 지참금 최대 신부

혼수를 가장 많이 넘겨준 신부는 누굴까. 브레티뉴의 상속녀인 안느Anne de Bretagne다. 브레티뉴는 프랑스 서부 해안가에 위치했던 공국公國. 1491년 12월 13일, 샤를르 8세와 안느의 결혼으로 사실상의 독립국이던 브레타뉴 지역은 프랑스왕의 직할령으로 들어간다.

영국과 백년전쟁(1337~1453)이 끝나고 왕권 강화가 추진되던 시기다. 안느의 당초 정혼자는 오스트리아 막시밀리안 1세. 혼담은 프랑스의 개입으로 깨졌다. 프랑스 발로아 왕가는 브레티뉴 공의 갑작스런 사망으로 상속녀가 된 안느의 영지를 탐냈다. 청혼은 집요했다. 4만 명의 군대가 동원된 무력시위

샤를르 8세와 안느의 결혼

끝에 결혼이 성사된다. 샤를르 8세 스물한 살, 안느는 열네 살이었다.

마지못해 승낙한 결혼 생활이 7년간 이어졌지만 아이가 들어서지 않았다. 샤를르 8세가 스물여덟 살의 젊은 나이로 세상을 떠나자 후계는 매형에게 이어졌다. 르네상스 문화를 프랑스에 들여오고 행정 제도를 개편해 '국민의 아버지' 라는 칭송을 얻었던 루이 12세, 바로 그 사람이다. 루이 12세는 '젊고 돈(영지) 많은 과부' 를 가만 두지 않았다. 선왕 샤를르 8세의 누나인 잔느와 이혼하고 처남댁 안느와 재혼한 것. 또다시 왕비가 된 안느는 딸만 둘 낳았다.

왕권은 이번에도 사위가 계승했다. 맏딸 끌로드와 사위 프랑소아 1세 사이에 1519년 아들이 태어난다. 앙리 2세다. 모계로 이어진 봉토 귀속권은 완전히 프랑스왕 부계로 넘어왔다. 땅에 얽힌 애증의 세월도 끝을 맺었다.

안느가 오스트리아왕과 결혼했다면 브레타뉴 지역은 다른 나라가 되었을지도 모른다. 합스부르크가에 넘겨진 부르고뉴 지역이 네덜란드와 벨기에, 룩셈부르크로 떨어져나간 것처럼.

12월 14일
주신구라, 사무라이의 충성과 복수극

주신구라忠臣藏. 연말연시면 으레 일본의 TV에 등장하는 특집극 소재다. 내용은 주군을 잃은 사무라이 47인의 복수극. 각급 학교의 교과서에도 빠짐없이 나온다.

이야기의 발단은 이렇다. '시골의 다이묘 아사노가 수도인 에도에서 다른 다이묘인 기라에게 상처를 입혔다.' 아사노가 분개한 이유는 술수에 빠져 격식과 예법에 맞지 않는 행동을 하게 되어 위신을 잃었다고 판단했기 때문. 아사노는 술책을 꾸민 기라의 얼굴에 칼자국을 남겨 무사로서 위신을 세웠으나 '할복' 명령을 받았다. 쇼군 앞에서 칼을 뽑았다는 이유에서다.

아사노가 죽자 로닌浪人(떠돌이 무사)이 될 처지인 가신 300여 명이

기라의 에도 저택 습격

모였다. 우두머리 격인 오이시는 '당장 기라를 치자' 는 사무라이들을 만류하고 은거에 들어갔다. 적의 감시에서 벗어나고 끝까지 함께 갈 동지를 가려내기 위해서다. 오이시가

고른 47명은 '주군과 의리를 저버린 자' 라는 수모 속에서 시간을 기다렸다. 군자금을 마련하려 행상에 나서고 가족을 버렸다. 어떤 로닌은 여동생을 원수인 기라에게 하녀 겸 첩으로 바쳤다.

1년 9개월 동안 칼을 갈아온 47인의 로닌이 거사에 나선 것은 1702년 12월 14일 밤. 원수인 기라의 에도 저택을 습격해 주군의 원수를 갚았다. 이튿날 아침 원수의 수급을 쳐들고 주군의 묘소로 행진하는 로닌들에게 에도 시민들은 박수갈채를 보냈다. 복수에 성공한 로닌들은 쇼군의 할복 명령으로 세상을 떠났지만 일본인들에게는 영원히 살아 있다.

국가적으로 47인의 로닌이 재평가된 것은 메이지 유신기. 무사도의 전형이자 신시대의 일본인이 본받아야 할 상징으로 칭송받고 교과서에 올랐다. 호전적 일본과 집요하게 기술을 개발하고 시장을 개척하는 일본 기업에도 '주신구라'라는 공통의 인자가 담겨 있다.

12월 15일
스탠호프 인쇄기, 신문의 발전과 지식 전파의 가교

앙상한 몸매에 구부정한 허리, 벗겨진 이마…… 찰스 스탠호프 Charles Stanhope는 신문 풍자화에 단골로 등장했다. 정치가이며 과학자로서 뉴스를 많이 탔기 때문이다. 보수 성향의 신문들은 그를 괴이한 모습의 캐리커처로 그려댔지만 스탠호프는 신문 발전과 지식의 전파에 누구보다 많은 영향을 끼쳤다. 구텐베르크 이후 350여 년간 이어져 온 목제 인쇄기를 대체할 철제 인쇄기를 처음 도입한 사람이 바로 스탠호프다.

1753년 2대 스탠호프 백작의 장남으로 태어난 그는 이튼스쿨을 거

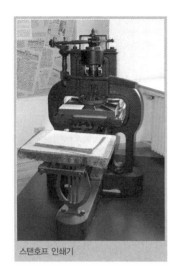
스탠호프 인쇄기

쳐 제네바대학에서 수학과 물리학을 공부한 뒤 정계에 뛰어들었으나 정치인으로서는 뚜렷한 업적을 남기지 못했다. 프랑스혁명에 대한 동정적인 발언으로 논란에 휘말리고 처남이었던 윌리엄 피트(아들)와 사이도 틀어졌다. 대신 과학자로서는 다방면에서 성공을 거두었다. 계산기와 빌딩의 방화 · 방재 장비를 발명하고 피아노 조율기도 만들었다.

가장 큰 업적은 1803년의 철제 인쇄기 제작. 새질뿐 아니라 나사 회전 방식을 레버식으로 바꾸어 인쇄의 질과 능률을 크게 향상시켰다. 이듬해에는 석고를 이용해 인쇄할 페이지 전체의 활자판과 그림을 제작하는 주형 기법까지 개발해냈다. 그의 연쇄적인 발명 이후 인쇄 가능 면적이 늘어나고 속도는 4배 이상 빨라졌다. 덕분에 신문의 판형도 커질 수 있었다.

스탠호프는 1816년 12월 15일 63세를 일기로 숨졌지만 아직도 철제 인쇄기를 통칭하는 보통명사처럼 종종 사용된다. 그의 가문 중에도 유명한 사람이 많다. 어려서 어머니를 잃고 외삼촌인 피트 수상 집에서 지내다 '동방의 여왕'이 될 것이라는 예언을 듣고는 평생 독신으로 중동을 여행했던 레이디 헤스더 스탠호프가 그의 딸이다. 그리고 1720년 영국을 뒤흔든 남해 회사 투기 사건에서 뇌물 수뢰 혐의가 밝혀진 직후 사망한 스탠호프 백작이 그의 할아버지다.

12월 16일 수백만 년의 시간을 압축한 합성 다이아몬드

1954년 12월 16일 뉴욕 제너럴일렉트릭General Electric 연구소. 밀폐된 컨테이너가 미세한 검은 돌 조각 몇 개를 토해냈다. 흑연을 10만 기압과 섭씨 5,000도의 고온으로 38시간 동안 달군 결과다.

실험 결과물의 크기라야 불과 0.1캐럿에도 못 미쳤지만 연구진은 환호성을 질렀다. 천연 다이아몬드와 똑같은 구조를 갖고 있었기 때문이다. 특급 보석 감정사들도 천연 다이아몬드와의 차이를 구분하지 못할 만큼 실험 합성물은 다이아몬드로서의 모든 조건을 갖추고 있었다.

비결은 압축. 천연품이 지하 수백km의 자연 환경에서 생성되어 지각 활동을 통해 지표면으로 올라오기까지 걸리는 수백만 년의 시간을 압축하기 위해 초고온·초기압의 환경을 동원했다. 과학이라는 축지법으로 시간의 제약을 뛰어넘어 다이아몬드를 만들 수 있다는 구상이 나온 것은 18세기 후반. 숱한 과학자들이 뛰어들었으나 모두 허사였다. 1906년 노벨 화학상을 받은 프랑스인 앙리 무아상이 1901년 합성에 성공한 것으로 알려졌으나 조교가 실험에 지친 스승을 위로하기 위해 천연품을 섞은 것으로 훗날 드러났다.

다양한 종류의 합성 다이아몬드

연구를 가장 두려워한 곳은 세계 최대 다이아몬드 업체인 '드비어스' 사. 합성 성공 두 달 뒤 연구 결과가 발표되었을 때 드비어스사 주가가 곤두박질쳤다. 충격은 거기에서 그쳤다. 드비어스 등 기존 메이저의 교묘한 방해와 생산 단가가 채굴에 버금갈 만큼 높다는 점 때문에 합성품은 보석용으로는 자리 잡지 못하고 있다.

　다만 공업용의 수요는 확대일로다. 우리나라도 일진 다이아몬드가 1988년 생산에 성공한 이래 특허 소송을 이겨내고 세계적인 업체로 발돋움하고 있다. 공업 용도의 합성 다이아몬드는 절삭용을 넘어 초고성능 반도체 제조에도 활용될 예정이다. 현대판 연금술의 끝이 어디까지 이어질지 주목된다.

12월 17일
소가 사람을 먹는다– 스미스필드 클럽 품평회

　'최대한 키워라.'

19세기 영국에 소 키우기 경쟁이 붙었다. 품종이 우량하고 무게가 많이 나가는 소는 부와 명예의 상징이었으니까. 목축업자뿐 아니라 귀족 계급까지 소 사육 열풍에 끼어들고 화가들은 살찐 소를 화폭에 담았다.

　품평회도 우후죽순 격으로 생겨났다. 상을 탄 소는 부르는 게 값이었다. 수많은 품평회 중에서 최고 권위를 인정받은 것은 스미스필드 클럽 품평회Smithfield Club Show. 1799년 12월 17일 설립된 목축 협회 스미스필드 클럽이 1800년부터 열기 시작한 가축쇼는 얼마 안 지나 왕족까지 참관하는 사회적 행사로 자리 잡았다.

　품평회에서 입상한 소들은 대부분 거대한 지방 때문에 스스로 일어서지 못할 만큼 비대했다. 무게 1,300㎏이 넘는 소도 잇따라 나왔다. 영국인들은 왜 큰 소에 열광했을까. 로마 시대 기록에도 남아 있을 만큼 전통적으로 육식을 선호했던 마당에 산업혁명으로 살기가 나아지면서 보다 맛있는 고기를 찾은 결과다. 지방이 끼면 낄수록 육질이 좋고 지방을 키우려면 무게를 늘려야 한다는 점이 경쟁을 부추긴 요인이다. 무게를 늘리려 소에게 풀 대신 옥수수 같은 곡식을 사료로 먹인 것도 이때부터다.

갈수록 늘어난 영국의 쇠고기 수요는 바다를 넘었다. 남북전쟁 이후 미국인들이 야생 소(버펄로)와 인디언을 학살하고 서부 대평원을 목장과 옥수수 밭으로 바꾸어 놓은 것도 영국에서 시작된 쇠고기 수요 급증 탓이다.

문제는 영국의 습성이 미국에 옮겨지고 세계화 과정을 겪으며 '소가 사람을 밀어내고 있다'는 사실이다. 식량 부족으로 사람들이 죽어나가는 한편으로 세계 곡물 생산의 3분의 1이 소를 비롯한 가축을 먹이기 위해 투입된다. 기름 낀 고기에 탐닉하는 행태는 과거지사일까. '소가 사람을 먹는다.' 우울하다.

12월 18일
담배, 하얀 죽음을 퍼뜨리다─ 워싱턴 듀크

3,500억 달러. 담배의 연간 세계 시장 규모다. 흡연 때문에 치러야 할 비용도 여기에 버금간다. 하얀 연기 속에 천문학적인 돈이 날아가

듀크의 동상(듀크대학 소재)

는 셈이지만 니코틴의 유혹을 끊기란 쉽지 않다. 청소년기에 담배를 태운 사람의 70%가 죽을 때까지 담배를 구입한다는 통계도 있다.

콜럼버스의 신대륙 발견과 함께 유럽에 소개되었던 담배가 거대 산업으로 자리 잡은 시기는 남북전쟁 직후. 이 사람이 주도했다. 워싱턴 듀크Washington Duke.

1820년 12월 18일 미국 노스캐롤라이나의 더럼에서 태어나 평범한 농장주로 지내던 그의 행로를 바꾼 것은 남북전쟁. 노예 제도에 반대했음에도 남부 농맹 해군에 복무했던 그는 종전 후 생계가 막막해지자 담배를 길렀다. 그가 주목한 것은 궐련의 가능성. 담배의 대부분이 시가나 파이프, 코담배였던 시절인 1881년 고유 브랜드 궐련 생산에 들어갔다.

문제는 공급. 잎담배를 잘게 썰어 종이로 감싸는 수작업으로 숙련공이 1분에 4개비를 만들었으니 공급이 달렸다. 듀크는 제임스 본색이 발명한 궐련 제조기의 독점 사용권을 얻어 분당 200개비의 궐련을 쏟아냈다. 무용단의 무료 공연으로 도시를 순회하고 대량 고객에게는 사은품을 안기는 판매 기법도 선보였다.

생산과 판매를 자신한 그는 가격을 갑당 15센트에서 10센트로 내리고 경쟁 업계를 마구 사들여 1890년께에는 시장의 86%를 휩쓸었다. 듀크의 아들들은 영국에도 진출해 회사를 다국적 기업으로 만들며 전 세계에 담배를 뿌렸다.

‘듀크는 하얀 죽음을 퍼뜨린 장본인’ 이라는 평가도 없지 않지만 그
보다는 자선 사업가로 기억된다. 사망 9년 전인 1896년 감리교 계통
트리니티대학에 10만 달러를 기부한 덕분이다. 1924년 듀크대학교로
개칭한 이 학교에는 그의 동상이 자리 잡고 있다.

12월 19일
비투스 베링, 극지의 길과 바다의 개척자

1741년 12월 19일 아시아 대륙의 동쪽 끝과 알래스카 사이의 작은
섬 해안. 난파한 배에서 내린 뒤 지치고 굶주린 병사들 틈에서 늙은
군인 한 사람이 숨졌다. 러시아 해군 준장 이반 이바노비치, 덴마크
이름으로는 비투스 베링Vitus Bering. 알래스카를 발견한 탐험가다.

1681년 덴마크에서 태어나 네덜란드 동인도회사에서 항해사로 근
무하던 그는 22세 때 일생을 바꾼 결정을 내렸다. 러시아 해군에 입대
한 것. 스웨덴, 오스만튀르크와의 전쟁을 포함해 21년간 복무를 마치
고 대령으로 예편한 그를 표트르
대제가 불러들였다.

극동 지방 탐사와 신항로 개척
을 위해 1725년 페테르부르크를 출
발한 베링은 두 차례에 걸친 캄차
카 탐험에서 시베리아 동쪽 끝과

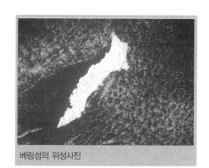

베링섬의 위성사진

맞은편 대륙이 바다로 갈라져 있음을 육안으로 확인했다. 그가 본 바다는 오늘날 베링해로 불린다.

1차 탐험을 마치고 돌아온 그는 공로를 인정받아 준장으로 승진했으나 생각지도 않았던 불행을 맛보았다. 탐험 기간 중 자녀 다섯 명이 전염병으로 희생되었다는 소식을 들은 것이다. 크게 상심한 그는 이후 2차 탐험에 자원해 베링섬으로 이름이 바뀌게 될 아바차섬에서 비극적인 최후를 맞았다.

육로 3만㎞를 걸어서 이동하고 손수 건조한 선박으로 북극해의 언 바다를 항해했던 그의 탐험은 러시아에 보물 창고를 안겼다. 광활한 알래스카를 미국에 720만 달러를 받고 팔아넘긴 러시아는 두고두고 후회했지만 베링이 지나갔던 극지의 길과 바다에서 나오는 석유와 천연가스, 풍부한 어족 자원의 혜택을 받고 있다.

요즘에는 그 가치가 더욱 커졌다. 북극의 얼음이 녹아 환경 재앙의 위험이 높아지는 한편 유럽과 아시아를 최단거리로 연결하는 북서항로의 가능성이 커지고 북극해 자원 선점을 둘러싼 신경전까지 벌어지고 있다.

12월 20일

강희제, The Great Leader

초강대국을 향해 달려가는 사회주의 중국인들이 벤치마킹하려는 이민족 봉건 군주가 있다. 청의 4대 황제 강희제康熙帝. 1722년 12월

20일 68세의 일기로 세상을 떠난 강희제의 재위 기간은 61년. 역대 중국 천자 중 가장 길다.

강희제

청나라 268년 동안 반청복명反淸復明을 잊은 적이 없었던 중국인들이 왜 이 민족의 황제를 첫손가락에 꼽을까. 그레이트 리더great leader이기 때문이다. 정복 군주인 그는 현대 중국의 국경선을 확정한 인물. 대만과 티베트를 정복하고 남하하는 제정 러시아를 물리쳐 중국에 유리한 국경 조약인 네르친스크조약을 맺었다.

그는 문화 군주이기도 하다. 5만여 자에 이르는《강희자전康熙字典》을 비롯,《전당시全唐時》,《주자전서朱子全書》,《성리대전性理大全》을 펴냈다. 정작 그를 성군의 반열에 들게 한 것은 화합 정치와 절세 정책이다. 반청 감정이 강했던 남방 지역을 6차례나 순행하면서 하사한 액자와 편액은 한족 지방관들을 감동시켰다.

한학에 대한 조예가 '필묵 정치'를 가능하게 한 원동력이다. 드라마〈대장금〉에서 최고의 요리로 소개되었던 '만한전석滿漢全席(만주족과 한족의 108가지 요리)'도 민족 간 화합을 위해 그의 명령에 따라 선보인 음식이다. 청나라 후대에 문란해졌지만 인두세를 은으로 내게 한 '지정은地丁銀 제도'는 봉건 시대 감세 정책의 백미로 꼽힌다. 50년간 면세 총액이 1억 냥에 달했다고 전해진다.

조세 수입이 감소했어도 상업이 일어나 나중에는 오히려 재정이 넘쳐났다. 강희제부터 옹정제雍正帝, 건륭제乾隆帝까지 150여 년간 중국 역사상 최고의 태평성대의 하나라는 '강옹건康雍乾의 치세'가 펼쳐진 것도 넉넉한 국가 살림살이 덕분이다. 중국의 지도자와 최고경영자들은 오늘도 강희제를 본뜨려고 애쓴다.

12월 21일
과학의 한복판에서 맞이한 삶과 죽음 – 퀴리 부처

부부는 밤낮없이 연구에 매달렸다. 독일 과학자 뢴트겐의 X선 발견에 자극받아 연구에 몰두하던 퀴리 부부는 1898년 12월 21일 성과를 발표했다. '라듐'의 발견이다. 학계가 반신반의하자 부부는 남편 피에르의 학교 자재 창고로 짐을 옮겼다. 비가 새고 배기 장치도 없는 헛간에서 분리 작업을 맡은 마리 퀴리 부인은 매일 20㎏이 넘는 광석을 곤죽처럼 녹이기 위해 키보다 긴 쇠막대를 들고 온종일 저어댔다. 3년 반에 걸친 실험 끝에 부부는 1데시그램(0.1g)의 라듐 추출에 성공했다.

퀴리 부부는 떼돈을 벌 수 있었다. 고가의 라듐 추출법을 독점한 상태. 가난했던 부부는 돈보다 명예를 택했다. 추출 과정이 모두 공개되어 인류의 공동 자산이 된 라듐은 수많은 생명을 구해냈다. 이듬해인 1903년 부부는 노벨 물리학상을 공동 수상하는 영예를 안았다. 피에르가 교통사고로 사망한 후 마리는 스캔들에 휘말리면서도 연구를 계

속해 1911년 노벨 화학상을 단
독으로 수상했다. 1차 대전이
터졌을 때는 야전 방사능센터
를 세워 부상자들을 돌보았다.

실험실의 퀴리 부부(1907)

퀴리 부인의 연구가 얼마나
치열했는지 그의 실험 노트는
오늘날까지 강한 방사능을 내
뿜는다고 전해진다. 사인인 백혈병도 누적된 방사능 피폭에서 왔다.
삶과 죽음을 과학의 한복판에서 보낸 셈이다.

과학이 거짓과 불신을 증폭시키는 세태에서 퀴리 부부의 과학적 업
적과 도덕적 유산은 더욱 빛을 발한다. 마리는 '사치와 부를 미치광이
처럼 추구하는 사회에서는 과학이 인간 사회의 가장 가치 있는 정신
적 유산이라는 것을 알 리가 없다' 는 말을 남겼다. 알베르트 아인슈타
인의 퀴리 부인을 위한 헌사가 가슴에 와 닿는다.

"그는 저명인사 가운데 명성 때문에 부패하지 않은 유일한 인물이
다."

12월 22일
나는 고발한다- 드레퓌스 사건

1894년 12월 22일 프랑스 육군 군법 회의가 알프레드 드레퓌스 L'
affaire Dreyfus 대위에게 종신형을 선고했다. 죄목은 반역죄. 독일로 넘

드레퓌스 대위

겨질 비밀 서류의 필적과 그의 필적이 비슷하다는 혐의는 유대계 포병 대위를 간첩으로 둔갑시켰다. 재판의 내용도 '국가 안보'라는 이름으로 감추어졌다.

범인은 따로 있다는 사실이 밝혀졌지만 실수를 인정하고 싶지 않았던 군부는 진범 에스테라지 소령에게 무죄 선고를 내렸다. 여론은 둘로 갈라졌다. '군의 명예와 국가 질서'를 내세운 반드레퓌스파와 진실·정의·인권 옹호를 부르짖는 드레퓌스 지지파 간 팽팽한 논쟁 속에 소설가 에밀 졸라가 등장한다. '나는 고발한다'라는 제목의 그의 신문 기고문은 커다란 반향을 일으켰다. 양분되었던 여론도 '무죄'로 돌아섰다. 결국 1906년 최고 재판소에서 무죄를 확정 선고받은 드레퓌스는 소령으로 군에 복귀했다.

사건의 파장은 넓게 퍼졌다. 공작을 통해 진실을 은폐 왜곡하고 개인의 자유를 억압하려는 정권에 맞선 지식인들의 저항과 승리는 현대 유럽 시민 사회의 정신적 근간으로 자리 잡았다. 심심하면 고개를 들던 왕정 복고론이 자취를 감추고 군부와 가톨릭 등 기득권 세력도 힘을 잃었다. 자유와 평등, 박애로 시작한 프랑스대혁명이 이 사건을 통해 비로소 완성되었다는 평가도 있다.

드레퓌스 사건의 최대 수혜자는 이스라엘. 재판 취재 과정에서 반유대주의를 통감한 오스트리아 신문의 유대인 기자 테어도어 헤르츨은 예루살렘으로 돌아가자는 시오니즘 운동을 주창, 1948년 이스라엘 국가 수립의 계기를 마련했다.

드레퓌스 재판 종결 104주년이 지난 오늘날, 근거 없는 질서와 억압은 사라졌을까. '열린 사회' 라는 프랑스조차 심심치 않게 인종 분규에 시달리고 중동에서도 분노와 원한이 쌓여만 간다. 드레퓌스 사건은 여전히 현재진행형인지도 모른다.

12월 23일
《자조론》, 즐거운 인내

새뮤얼 스마일스Samuel Smiles. 19세기 말 영국의 저술가다. 전공은 의학. 경제와는 특별한 접점이 없지만 경제의 흐름과 노동 가치관에 누구보다 많은 영향을 끼쳤다. '하늘은 스스로 돕는 자를 돕는다' 는 문장으로 시작되는《자조론Self-Help》을 남겼기 때문이다.

1812년 12월 23일 영국 에든버러 인근 해딩턴에서 태어난 그는 의사, 잡지 주간, 정치 개혁 운동가, 철도 회사와 보험사 임원을 섭렵한 인물. 산업 발전사, 인물 전기 등 25편의 저술 중《자조론》이 대표작으로 꼽힌다. 야학 교사 시절의 강의록을 모아 펴낸《자조론》은 고대 그리스부터 근대까지 영웅과 학자, 예술가, 사업인, 발명가 등 100여 명의 성공 스토리. '즐거운 인내' 로 역경을 이겨내면 성취할 수 있다는 내용은 1859년 초판 발간부터 '상류층의 이익과 빅토리아 왕조의 도덕주의를 대변한다' 는 비판에도 반향을 일으켰다. 스마일스가 사망한 1904년까지 영국에서만 25만 부가 팔렸다. 세계 각국어로 정식 번

새뮤얼 스마일스

역판이 나온 것은 물론 미국과 캐나다에서는 해적판이 돌았다.

가장 널리 읽힌 곳은 일본. 윤리 교과서로 지정되어 전국 학교에 깔렸다. 서구 과학기술을 받아들이되 민권과 권리 의식 확산은 우려했던 일본 위정자들의 구미에 들어맞았던 까닭이다. 식민지 조선에서도 《자조론》은 계몽 의식을 일깨운 한편 망국은 일본의 잘못이 아니라 내 탓이라는 친일파들의 논리를 거들었다.

자기계발서의 원조 격인 《자조론》에 대한 평가는 요즘도 분분하다. 자아 발전을 위한 복음서라는 격찬 뒤편에 달콤한 말씀에 취해 일그러진 현실을 잊게 만드는 당의정이라는 비판이 공존한다. 출간 150여 년간 논란이 이어진다는 점은 책의 생명력을 말해주는 대목이다. 《자조론》의 한 구절이 더 떠오른다. '국민의 인격이 국가의 품격을 결정한다.'

12월 24일
신이 여기에 있다- 성탄 휴전

1914년 12월 24일 서부 전선 벨기에 이프레. 독일군 진영에서 수많은 불빛이 반짝였다. 크리스마스트리에 매단 촛불의 정체를 영국군이 의심하고 있을 때 캐럴이 울려 퍼졌다. '고요한 밤~ 거룩한 밤~'.

영국군은 '노엘~ 노엘~'로 응수했다. 총알과 포탄 대신 캐럴과 박수가 오간 뒤 작은 트리를 든 한 독일군 장교가 영국군 참호에 접근해 말을 꺼냈다.

"이 밤, 우리는 적대 행위를 하지 않겠소."

양쪽 병사들은 참호에서 나와 담배와 햄, 위스키를 선물로 주고받았다.

성탄절인 25일 양측은 참호 주변의 시신을 수습하고 공동 장례식을 치렀다. 병사들끼리 주소를 교환하고 영국군은 독일군의 머리를 깎아주었다. 축구도 했다. 독일의 3 대 2 승리. 작은 휴전 소식은 빠르게 퍼져 약 400㎞에 이르는 전선에서 병사들은 평화를 맛보았다.

비공식 성탄 휴전은 영국 〈타임스〉지에 실린 기사를 본 양국군 수뇌부에 의해 깨졌다. 전투 명령을 받고도 1월 말까지 허공에 총을 쏘던 병사들의 태업은 오래가지 못하고 양측은 살육 모드로 돌아갔다. 광기로 치닫는 시간은 극히 짧았다. 4개월 뒤 독일군은 성탄 휴전이 있었던 이프레 전선에서 독가스까지 선보였다.

미국이 2차 대전으로 대공황에서 벗어난 것처럼 작금의 세계적 불황을 극복할 수단은 전쟁이라는 일부 주장도 있지

성탄 휴전 기간 중 모여 있는 영국군과 독일군의 모습

만 턱도 없는 소리다. 생산과 고용 극대화라는 이전 전쟁의 부수적 효과는 사라진 지 오래다. 요즘은 단추만 누르면 모두가 공멸하는 세상

이다. 최악의 평화라도 최선의 전쟁보다는 낫다.

성탄 휴전으로부터 94년 만인 2008년 11월 영국과 독일 군대는 이 프레에서 축구 시합을 포함한 첫 공식 기념 행사를 가졌다. 2006년 한 경매에서 1만 4,400파운드에 낙찰된 당시 병사의 편지 한 구절. '성탄절이다. 신이 여기에 있다.'

12월 25일
다른 곳도 마찬가지인데 재수가 없었을 뿐 – 대연각호텔 화재

1971년 12월 25일 오전 9시 50분, 대연각호텔에서 불길이 솟았다. 2층 커피숍의 프로판 가스통 폭발로 시작된 불길은 카펫과 커튼, 벽지 같은 가연성 물질을 타고 순식간에 번졌다.

서울 중부소방서가 긴급 출동한 10시 17분 무렵 불은 이미 21개 층 전체를 삼키고 있었다. 화재를 견뎌냈어야 할 비상계단에 쌓여 있던 가연 물질에 불이 옮겨붙어 겨울의 강풍을 타고 퍼진 탓이다. 계단은 독성 가스와 화염, 열기로 가득 차고 투숙객들은 대피 수단을 찾지 못했다. 옥상으로 향했던 사람들은 닫힌 철제문 앞에서 타 죽었다.

소방대와 군, 미군의 헬기까지 동원되었지만 접근이 어려워 구조된 사람은 소수에 불과했다. 위로도 아래로도 출구가 막혀버린 상황에서 투숙객은 창문에서 뛰어내렸다. 투신으로 사망한 38명을 포함해 모두 163명이 숨진 대연각 화재 사건은 호텔 화재로서는 세계 최악의 사건이라는 기록을 아직도 갖고 있다. 성탄절 휴일, 하루 종일 TV와 라디오를 타고 전해지던 화재 소식이 아직도 들리는 것 같다.

재앙은 예고된 것이었다. 허가된 20층을 초과해 한 층을 더 올리고도 막판에 건축법 제한이 풀려 준공 검사를 받은 지 한 달 만에 사고가 일어났다. 스프링클러는 물론 방화벽도 없었다. 엉터리 준공 검사에도 처벌은 호텔 사장과 지배인에 그쳤다.

'다른 곳도 마찬가지인데 재수가 없었을 뿐' 이라는 인식은 서울 시민회관(1972년, 사망 51명), 청량리 대왕코너(1974년, 사망 88명) 등 잇따라 일어난 대형 화재에도 별반 사라지지 않았다. 성수대교와 삼풍백화점 붕괴같이 국제적 망신을 산 사건들도 개발 시대의 안전 불감증과 '빨리 빨리 증후군' 이 빚어낸 결과다.

다시금 성장과 속도가 중시되는 분위기 속에 혹여 안전이 뒷전으로 밀리지나 않을지. 걱정된다.

12월 26일
황금알을 품은 알래스카

1967년 12월 26일 알래스카 프루도Prudhoe 만. 북위 70도, 영하 35도의 강추위 속에 사람들이 시추정 주위로 몰려들었다. 진동음 때문이다. 소음의 정체는 천연가스. 굉음과 함께 천연가스는 강풍을 뚫고 거대한 불기둥을 토해냈다. 알래스카에서 검은 황금이 발견된 순간이다.

이듬해에는 11㎞ 떨어진 곳에서도 원유가 솟아 거대 유전의 존재가 밝혀졌다. 가채 매장량 100억 배럴로 북미 최대인 알래스카 유전의 발

알래스카 프루도 만

건에는 행운이 작용했다. 포기 직전 마지막 시추공에서 대박이 터진 것이다.

시추 성공은 새로운 고난의 시작이었다. 혹독한 기후 탓이다. 한겨울이면 영하 65도의 추위에 땅이 콘크리트처럼 단단해지고 땅을 겨우 헤집으면 만년빙이 나타나 채유봉을 부러뜨렸다. 더 큰 문제는 운송. 쇄빙 유조차 도입과 점보제트 유조 비행기 제작에 대한 의견뿐 아니라 그린란드에 핵폭탄을 폭발시켜 해저 항구를 만들고 핵잠수함 유조선단을 동원해 북극해의 얼음 밑으로 원유를 수송하자는 주장까지 나왔다.

결론은 파이프라인 건설. 거액을 들여 직경 1.2m짜리 파이프 50만 톤을 사들이자 이번에는 환경 단체의 반대로 공사가 5년간 늦추어졌다. 결국 공사비 80억 달러를 쏟아부어 1977년에야 길이 1,287km의 송유관이 완공되었다.

우여곡절 끝에 개발된 알래스카 유전과 파이프라인은 요즘 국제 유가를 좌우하고 있다. 정상 가동 여부에 따라 미국의 비축유 물량이 결정되고 유가도 춤춘다. 중요한 대목은 개발 여지가 무궁하다는 점. 환경보호와 개발 코스트가 비싸다는 이유로 알래스카 개발은 첫 삽만 뜬 상태다. 1867년 러시아로부터 평당 1원꼴로 720만 달러에 사들인 지 100년 만에 석유를 선사한 알래스카는 얼마나 더 많은 황금을 품고 있을까.

12월 27일

창조론에 도전하다- 비글호의 남미 탐사

1831년 12월 27일 영국 폴리머츠항. 길이 27.5m, 242톤짜리 중형 범선 비글호가 닻을 올렸다. 목적지는 남미와 태평양. 지질 조사와 해역 탐사가 임무였다. 5년에 걸친 항해를 마치고 돌아올 때까지 이 범선의 이름이 역사에 길이 남을 줄은 아무도 몰랐다. 생물학자 찰스 다윈 Charles R. Darwin이 타고 있었기 때문이다.

비글호에 승선할 당시 다윈의 나이는 22세. 전공인 의학에 싫증을 느껴 박물학과 지질학, 신학을 공부한 젊은 학자는 4년 10개월 동안 남미와 태평양, 오스트레일리아의 거친 바다와 섬들을 오가며 지질학과 생물학에 빠져들었다. 귀국 후 3년이 지나 다윈은 '모든 생물은 신이 창조했다'는 창조론에 도전하는 저술을 내놓았다.

《비글호 항해기》는 출간과 동시에 논란에 휩싸였다. 연구를 거듭한 끝에 50세에 발표한《종의 기원》은 다윈을 뉴턴과 코페르니쿠스에 버금가는 학자의 반열에 올려놓았다. 다윈 때문에 성역이 없어진 학문의 발전은 속도를 더해갔다.

다윈의 진화론을 낳은 비글호의 탐사는 세계 최강국이었던 영국의 바다에 대한 끝없는 투자를 말해

비글호의 남미 탐사 모습을 형상화한 그림

준다. 비글호가 진수된 해는 1820년. 영국은 비글호와 동일한 제원인 '체로키급' 범선을 117척이나 만들어냈다. 척당 건조비 7,800파운드가 들어간 체로키급은 전 세계 해양을 누비며 조사하고 다녔다. '해가 지지 않는다'는 대영 제국의 신경 세포이자 척후병이었던 셈이다.

제국의 확장을 목적으로 건조되어 자연과학사에 이름을 남긴 아이러니를 갖고 있는 비글호는 1870년 고물상에 넘겨져 해체되었지만 배의 이름은 이어지고 있다. '비글'이란 이름을 사용한 역대 영국 해군 함정만 8척에 이른다. 미국과 러시아, 중국의 우주 개발에 맞서 유럽 연합이 지난 6월 쏘아올린 화성 탐사선의 이름도 '비글'호다.

12월 28일
조선 토지 개량령, 식민지 경제의 표본

전답 정비, 자금 지원, 수리 시설 확충. 조선 총독부가 1927년 12월 28일 공포한 토지 개량령의 골자다. 55개조로 이루어진 토지 개량령은 1921년부터 시작된 산미 증식 계획의 일환. 1918년 주부들의 쌀 폭동을 야기할 정도로 일본 내 미곡 공급이 달리자 조선에서의 증산을 통해 식량난을 풀고자 한 것이다.

저리 자금 융자가 포함된 토지 개량령은 과도한 수리 조합비 부담으로 지지부진하던 산미 증식 계획에 불을 붙였다. 10년을 목표로 진행된 토지 개량 사업은 외형적인 성과도 올렸다. 1927년 1,885만 섬이던 조선의 쌀 생산이 1935년에는 2,175만 섬으로 늘어났다. 일제강점기를 통틀어 정점이었던 1937년에는 소출 2,680만 섬을 기록했다. 요즘 일본 정치인들이 걸핏하면 '식민 지배가 한국을 발전시켰다' 고 주장하는 근거 중의 하나다.

내용은 정반대다. 1926년 543만 섬이던 대일 쌀 수출이 1938년 1,033만 섬으로 늘어날 만큼 중산분 이상의 쌀이 일본으로 빠져나갔다. 한일병탄 직후인 1911년 0.78섬이던 조선인 1인당 연간 미곡 소비량이 1934년에는 0.37섬으로 오히려 줄어든 것도 이 때문이다. 반면 일본인들은 1인당 1.1섬씩의 미곡을 '안정적' 으로 먹었다.

농민의 삶은 더 처참하다. 1930년대에는 소규모 자영농이 사라지고 소작농이 2배가량 급증하는 세계적으로 유례없는 농민 분해가 일어났다. 수출이라는 시장 원리로 일본에 쌀이 나갔다고 하지만 덕을 본 계층은 알짜배기 땅을 갖고 있던 일본인과 극소수 조선인 대주주뿐이다. 그나마 1941년부터는 쌀 수출도 강제 공출로 바뀌고 '공정 가격' 으로 계산했다는 수매 대금은 강제 저축으로 빼앗겼다. 땀 흘려 농지를 개량했지만 '빼앗긴 들' 에서 '조선인 경제' 는 없었다. 식민지 경제만 존재했을 뿐이다.

12월 29일
미국에 뿌려진 인디언의 피

말을 타고 달려온 백인 청년이 깃발을 꽂았다. 그는 땅을 얻었다. 개울가의 그림 같은 집에서 아름다운 아내와 살아가는 환상이 청년의 머

동사한 라코타족 추장 빅풋big foot의 모습

릿속에 펼쳐진다. 1992년 개봉된 영화 〈파 앤드 어웨이Far and Away〉의 마지막 장면이다. 가난에 짓눌렸던 주인공은 서부 개척민에게 160에이커(19만 5,870평)의 땅을 사실상 공짜로 내주는 정책(homestead act) 덕분에 아메리칸 드림을 이루었다.

영화의 이면에는 인디언의 슬픈 역사가 감추어져 있다. 미국 정부는 남의 땅으로 선심을 베풀었다. 백인에게 터전을 앗기고 종족이 죽어나가자 수우족 인디언들은 종교에 빠져들었다. 전통 신앙과 기독교 교리가 합쳐진 '망령의 춤교Ghost Dance Religion'가 들불처럼 번졌다.

1890년 겨울, 라코타족 350명은 '봄이 오면 메시아가 지진을 일으켜 악마(백인)를 몰살시키고 억울하게 죽은 인디언들을 살려낼 것'이라는 믿음 속에서 약속의 땅으로 이동하던 도중 제7기병대와 마주쳤다.

저항하지 않기로 결정한 인디언을 상대로 총기와 도끼는 물론 천막을 세우기 위한 지주 막대기까지 빼앗으려던 미군은 끝내 최신형 호치키스 기관총 4정을 동원, 총탄을 퍼부었다. 라코타족 153명이 즉사하고 부상자 147명도 얼어 죽었다.

목적지였던 '믿음의 땅'에 도달한 인디언은 남자 4명, 여자와 아이들 47명뿐이었다. 인근 백인들의 예배당 크리스마스트리 위에는 '땅에는 자비, 사람에겐 평화'란 푯말이 걸려 있었다.

학살은 멍에가 아니라 명예였다. 미국 의회는 12월 29일 자행된 운

디드 니Wounded Knee 학살에 참가한 미군 병사 20명에게 명예 메달을 달아주었다. 미국은 인디언의 피를 먹고 자랐다.

12월 30일
마셜 플랜, 유럽 부흥 계획

전쟁은 끝났지만 유럽의 현실은 비참했다. 생산과 소비, 어느 것도 전쟁 이전 수준을 밑돌았다. 1947년 겨울엔 식량 부족에 시달렸다.

2년 후인 1949년의 그림은 딴판이다. 유럽 주요국의 경제는 전쟁 전보다 15% 넘게 성장했다. 어떤 마술이 펼쳐진 것일까. 마셜 플랜Marshall Plan(유럽 부흥 계획) 덕이다.

골자는 대규모 원조. 1947년 조지 마셜 미 국무장관의 제안으로 이듬해 4월부터 시작되어 1951년 12월 30일 종료되기까지 130억 달러가 유럽의 전후 복구에 들어갔다. 미국이 거액을 투자한 것은 유럽의 공산화 위험 때문. 좌우 내전 상태인 그리스에 주둔하던 영국군이 비용을 감당할 수 없다며 철수하자 미국은 더욱 다급해졌다.

전후 복구가 미진한 유럽을 방치할 경우 소련에 넘어간다는 위기감에서 금고가 열렸다. 원조에는 미국제 우선 구매라는 조건이 붙었다. 선박에서 보험 가입, 곡물, 생필물에 이르기까지 성조기가 나부꼈다. 미국 경제는 침체 조짐에서 벗어났다.

마셜 플랜이 미국 패권주의의 다른 표현이라는 점에 대한 논란은 여전하지만 두 가지는 분명해 보인다. 냉전의 격화와 유럽의 부흥이다. 마셜 플랜이 진행된 4년간 유럽 경제의 성장률은 36%에 달한다.

　마셜 플랜은 사회주의권의 단결을 낳았다. 1948년 6월부터 1년간 베를린 봉쇄가 지속되는 동안 인류는 3차 대전의 위기에 떨었다. 나토가 결성된 것도 이 무렵이다.

　'동서 냉전은 평화적으로 해결될 수 있다' 는 스탈린 선언으로 유럽은 전쟁 위기에서 벗어났지만 불똥은 극동으로 튀었다. 한국전쟁과 1차 인도차이나전쟁이 그것이다. 마셜 플랜과 냉전 구도 속에서 번영 가도를 질주한 미국과 유럽의 그림자엔 한반도 분단 고착화라는 역사가 숨어 있다.

12월 31일
창문세, 어리석은 조세 정책의 우화

　벽난로세Hearth Tax는 조세 저항을 야기했다. 화로 수를 파악하기 위해 집에 들어오려는 징수업자들과 주민 간의 충돌이 끊이지 않았다. 영국은 결국 1688년 벽난로세를 없애버렸다.

　사람들은 환호작약했지만 당장 국세 수입에 차질이 생겼다. 영국의 당시 세입 규모는 약 180만 파운드. 20만 파운드를 걷어주던 벽난로세 폐지는 다른 세목의 신설로 이어졌다. 1696년 12월 31일, 영국 의회는 '창문세Window Tax' 신설을 의결했다. 창문세는 부유층을 타깃으로 한 일종의 재산세였다. 창문의 재료인 유리가 워낙 비싸 창문 없는 집에 사는 사람도 많던 시절이다.

창문 수에 따라 세금이 부과되자 파장이 일었다. 세금을 피하기 위해 벽난로를 부수었던 사람들은 창문을 아예 없앴다. 신축 건물에는 창문을 달지 않았다. 건물들의 외형은 기형적으로 변해갔다. 세금보다 어둠을 택한 것이다.

당국도 물러서지 않았다. 창문 간 간격이 일정 기준보다 벌어져 있으면 별도의 창문으로 간주해 세금을 때렸다. 일시적으로 창문을 폐쇄했다가 다시 여는 행위가 적발될 경우 20실링의 벌금을 물렸다. 창문세는 1851년 주택세가 도입될 때까지 존속했다.

'공급은 스스로 수요를 창출한다'는 '세이의 법칙'을 주창한 프랑스 경제학자 세이는 영국 여행에서 창문세의 폐단을 목도한 후 기회 있을 때마다 세금 비판론을 쏟아냈다. 창문세는 오늘날에도 어리석은 조세 정책을 비꼬는 용도로 회자된다.

말도 많고 탈도 많았던 창문세를 도입한 장본인은 윌리엄 3세. 명예혁명을 위해 네덜란드에서 데려온 군대는 물론 아일랜드와 아메리카 식민지 유지에도 돈이 들어갔다. 창문세는 명예와 민주주의, 제국 팽창의 다른 이름이었던 셈이다.

99%의
롤모델
오늘의 부족한 1%를 채우는 역사

ⓒ 권홍우, 2010

초판 1쇄 2010년 2월 10일

지은이 | 권홍우 펴낸이 | 강준우 기획편집 | 정지희, 이지선, 김미량, 이혜미
디자인 | 이은혜, 임현주 마케팅 | 이태준, 최현수 관리 | 김수연 펴낸곳 | 인물과사상사
출판등록 | 제17-204호 1998년 3월 11일 주소 | (121-839) 서울시 마포구 서교동 392-4 삼양빌딩 2층
전화 | 02-325-6364 팩스 | 02-474-1413 홈페이지 | www.inmul.co.kr | insa@inmul.co.kr
ISBN 978-89-5906-138-9 03900
값 17,500원

3 4 5 6 7 8 9 10 11 12 13 14 15 16 17 18 1
21 22 23 24 25 26 27 28 29 30 31 32 33 34 3
37 38 39 40 41 42 43 44 45 46 47 48 49 50 5
53 54 55 56 57 58 59 60 61 62 63 64 65 66 6
69 70 71 72 73 74 75 76 77 78 79 80 81 82 8
85 86 87 88 89 90 91 92 93 94 95 96 97 98 9
101 102 103 104 105 106 107 108 109 11
112 113 114 115 116 117 118 119 120 12
123 124 125 126 127 128 129130 131 13
134 135 136 137 138 139 140 141 142 14
145 146 147 148 149 150 151 152 153 15
156 157 158 159 160 161 162 163 164 16
167 168 169 170 171 172 173 174 175 17
178 179 180 181 182 183 184 185 186 18
189 190 191 192 193 194 195 196 197 19
200 201 202 203 204 205 206 207 208 20
211 212 213 214 215 216 217 218 219 22
222 223 224 225 226 227 228 229 230 23
233 234 235 236 237 238 239 240 241 24
244 245 246 247 248 249 250 251 252 25
255 256 257 258 259 260 261 262 263 26
266 267 268 269 270 271 272 273 274 27
277 278 279 280 281 282 283 284 285 28
288 289 290 291 292 293 294 295 296 29
299 300 301 302 303 304 305 306 307 30
310 311 312 313 314 315 316 317 318 31
321 322 323 324 325 326 327 328 329 33
332 333 334 335 336 337 338 339 340 34
343 344 345 346 347 348 349 350 351 35
354 355 356 357 358 359 360 361 362 36